河湖长制相关法律法规汇编

河湖政策文件

水利部河湖保护中心　编

中国水利水电出版社
www.waterpub.com.cn
·北京·

图书在版编目（CIP）数据

河湖长制相关法律法规汇编. 河湖政策文件 / 水利部河湖保护中心编. -- 北京 : 中国水利水电出版社, 2023.8
ISBN 978-7-5226-0556-2

Ⅰ. ①河… Ⅱ. ①水… Ⅲ. ①河道整治－水法－汇编－中国 Ⅳ. ①D922.669

中国版本图书馆CIP数据核字(2022)第060181号

书　　名	河湖长制相关法律法规汇编 **河湖政策文件** HEHU ZHENGCE WENJIAN
作　　者	水利部河湖保护中心　编
出版发行	中国水利水电出版社 （北京市海淀区玉渊潭南路 1 号 D 座　100038） 网址：www. waterpub. com. cn E - mail：sales@mwr. gov. cn 电话：（010）68545888（营销中心）
经　　售	北京科水图书销售有限公司 电话：（010）68545874、63202643 全国各地新华书店和相关出版物销售网点
排　　版	中国水利水电出版社微机排版中心
印　　刷	清淞永业（天津）印刷有限公司
规　　格	170mm×240mm　16 开本　156 印张（总）　2632 千字（总）
版　　次	2023 年 8 月第 1 版　2023 年 8 月第 1 次印刷
印　　数	0001—1000 册
总 定 价	**598.00** 元（全四册）

编辑人员名单

主　　编： 蒋牧宸

副 主 编： 李春明　杨元月　吴　健

执行主编： 谢智龙

参编人员： 彭聪聪　刘中伟　张　攀　宋海波
冯晓波　常　跃　朱　锐　覃俊凯
李　鑫　徐　伟　王　玉　郑和祥
李晓林

前　言

党中央、国务院高度重视河湖管理保护工作，特别是2016年全面推行河长制以来，中央和地方出台了一系列法律法规、政策文件。为促进河湖管理保护制度化、规范化，同时方便各级河长、湖长和广大河湖管理人员更好地学习贯彻河湖法律法规和政策文件，水利部河湖保护中心组织编辑了《河湖长制相关法律法规汇编》。

《河湖长制相关法律法规汇编》分为《河湖法规》《河湖地方法规》《河湖政策文件》及《三峡库区及中下游影响区河湖法规文件》。共收录涉及河湖管理保护的法律20部、法规117部、司法解释5件、部门规章45件，规范性文件100件。

由于时间仓促，本书在编辑过程中可能存在错漏之处，敬请读者批评指正。

水利部河湖保护中心

二〇二三年八月

目　录

2. 水利部河长办关于印发河长制办公室工作规则（试行）的通知
（第 85 号） …… 71
3. 水利部　环境保护部关于印发贯彻落实《关于全面推行河长制的意见》实施方案的函
水建管函〔2016〕449 号 …… 76
4. 水利部贯彻落实《关于在湖泊实施湖长制的指导意见》的通知
水建管〔2018〕23 号 …… 80
5. 水利部办公厅印发《关于进一步强化河长湖长履职尽责的指导意见》的通知
办河湖〔2019〕267 号 …… 83
6. 水利部关于印发对河长制湖长制工作真抓实干成效明显地方进一步加大激励支持力度的实施办法的通知
水河湖〔2022〕48 号 …… 90
7. 水利部印发关于推动河长制从“有名”到“有实”的实施意见的通知
水河湖〔2018〕243 号 …… 93
8. 水利部办公厅关于加强山区河道管理的通知
办河湖〔2023〕140 号 …… 101
9. 水利部办公厅关于印发河湖岸线保护与利用规划编制指南（试行）的通知
办河湖函〔2019〕394 号 …… 104
10. 水利部办公厅关于印发《“一河（湖）一档”建立指南（试行）》的通知
办建管函〔2018〕360 号 …… 119
11. 水利部办公厅关于印发《“一河（湖）一策”方案编制指南（试行）》的通知
办建管函〔2017〕1071 号 …… 123
12. 水利部关于印发《关于加强河湖管理工作的指导意见》的通知
水建管〔2014〕76 号 …… 132
13. 水利部办公厅关于强化流域管理机构河湖管理工作的通知
水办〔2022〕1 号 …… 137

14. 水利部办公厅关于开展幸福河湖建设的通知
办河湖〔2022〕114 号 …… 141
(二) 水资源　水生态　水环境 …… 144
1. 国家发展改革委　水利部关于印发《国家节水行动方案》的通知
发改环资规〔2019〕695 号 …… 144
2. 水利部关于印发《关于推动水利风景区高质量发展的指导意见》的通知
水综合〔2002〕316 号 …… 153
3. 水利部关于印发《水利风景区管理办法》的通知
水综合〔2022〕138 号 …… 158
4. 水利部关于做好河湖生态流量确定和保障工作的指导意见
水资管〔2020〕67 号 …… 164
5. 水利部关于复苏河湖生态环境的指导意见
水资管〔2021〕393 号 …… 168
6. 水利部关于做好跨省江河流域水量调度管理工作的意见
水资源〔2018〕144 号 …… 176
7. 住房城乡建设部　生态环境部关于印发城市黑臭水体治理攻坚战实施方案的通知
办资管〔2019〕251 号 …… 181
8. 关于印发《关于推进生态环境损害赔偿制度改革若干具体问题的意见》的通知
环法规〔2020〕44 号 …… 189
9. 关于印发《生态环境损害赔偿管理规定》的通知
环法规〔2022〕31 号 …… 195
10. 农业农村部关于长江流域重点水域禁捕范围和时间的通告
农业农村部通告〔2019〕4 号 …… 203
(三) 水域岸线 …… 206
1. 水利部关于加强河湖水域岸线空间管控的指导意见
水河湖〔2022〕216 号 …… 206
2. 水利部办公厅关于深入推进河湖“清四乱”常态化规范化的通知
办河湖〔2020〕35 号 …… 211

3. 水利部办公厅关于开展全国河湖“清四乱”专项行动的通知
办建管〔2018〕130 号 …… 216
4. 水利部办公厅关于明确全国河湖“清四乱”专项行动问题认定及清理整治标准的通知
办河湖〔2018〕245 号 …… 220
5. 水利部关于加快推进河湖管理范围划定工作的通知
水河湖〔2018〕314 号 …… 223
6. 国土资源部　国家发展改革委　水利部　国家能源局关于加大用地政策支持力度促进大中型水利水电工程建设的意见
国土资规〔2016〕1 号 …… 226
7. 水利部关于加快水利工程土地划界工作的通知
水管〔1995〕13 号 …… 231
8. 国家土地管理局关于印发《确定土地所有权和使用权的若干规定》的通知
〔1995〕国土〔籍〕字第 26 号 …… 233
9. 国家土地管理局关于重新印发《土地登记规则》的通知
〔1995〕国土〔法〕字第 184 号 …… 242
10. 国家土地管理局、水利部关于水利工程用地确权有关问题的通知
〔1992〕国土〔籍〕字第 11 号 …… 253
(四）河道采砂 …… 255
1. 水利部　交通运输部关于推行河道砂石采运管理单制度的通知
水河湖〔2023〕5 号 …… 255
2. 水利部办公厅关于推广应用河道采砂许可电子证照的通知
办河湖〔2022〕263 号 …… 259
3. 水利部关于印发水利部流域管理机构直管河段采砂管理办法的通知
水河湖〔2020〕218 号 …… 261
4. 水利部　公安部　交通运输部关于建立长江河道采砂管理合作机制的通知
水河湖〔2020〕37 号 …… 264
5. 水利部办公厅关于组织开展黄河流域河道采砂专项整治的通知
办河湖函〔2020〕202 号 …… 267

6. 水利部　交通运输部关于加强长江干流河道疏浚砂综合利用管理工作的指导意见
水河湖〔2020〕205号 …… 273
7. 水利部办公厅关于加快规划编制工作、合理开发利用河道砂石资源的通知
办河湖函〔2019〕1054号 …… 276
8. 水利部关于河道采砂管理工作的指导意见
水河湖〔2019〕58号 …… 279
9. 水利部　交通运输部关于长江河道采砂管理实行砂石采运管理单制度的通知
水河湖〔2019〕64号 …… 283
10. 水利部办公厅关于开展全国河湖采砂专项整治行动的通知
办建管函〔2018〕685号 …… 285
11. 关于印发《关于促进砂石行业健康有序发展的指导意见》的通知
发改价格〔2020〕473号 …… 286
12. 水利部办公厅关于开展全国河道非法采砂专项整治行动的通知
办河湖〔2021〕252号 …… 291
13. 水利部　公安部　交通运输部关于开展长江河道采砂综合整治行动的通知
水河湖〔2021〕80号 …… 294
14. 水利部　公安部　交通运输部　工业和信息化部　市场监管总局关于进一步明确长江河道采砂综合整治有关事项的通知
水河湖〔2021〕113号 …… 297
15. 水利部关于加强长江河道采砂现场监管和日常巡查工作的通知
水建管〔2013〕467号 …… 301
（五）水行政许可 …… 305
1. 水利部办公厅关于进一步加强河湖管理范围内建设项目管理的通知
办河湖〔2020〕177号 …… 305
2. 水利部关于印发《水利部简化整合投资项目涉水行政审批实施办法（试行）》的通知
水规计〔2016〕22号 …… 309

3. 水利部关于印发河湖管理范围内建设项目各流域管理机构审查权限的通知
水河湖〔2021〕237 号 …… 313
4. 关于明确由长江水利委员会负责审查并签署水工程建设规划同意书的河流（河段）湖泊名录和范围（试行）的通知
水规计〔2010〕175 号 …… 321
5. 关于明确由黄河水利委员会负责审查并签署水工程建设规划同意书的河流（河段）湖泊名录和范围（试行）的通知
水规计〔2010〕74 号 …… 323
6. 关于明确由淮河水利委员会负责审查并签署水工程建设规划同意书的河流（河段）湖泊名录和范围（试行）的通知
水规计〔2009〕144 号 …… 325
7. 关于明确由海河水利委员会负责审查并签署水工程建设规划同意书的河流（河段）名录和范围（试行）的通知
水规计〔2009〕457 号 …… 327
8. 关于明确由珠江水利委员会负责审查并签署水工程建设规划同意书的河流（河段）名录和范围（试行）的通知
水规计〔2008〕358 号 …… 329
9. 关于明确由松辽水利委员会负责审查并签署水工程建设规划同意书的河流（河段）名录和范围（试行）的通知
水规计〔2008〕521 号 …… 331
10. 关于明确由太湖流域管理局负责审查并签署水工程建设规划同意书的河流（河段）湖泊名录和范围（试行）的通知
水规计〔2011〕687 号 …… 333
（六）监督检查 …… 335
1. 水利部关于印发水利监督规定的通知
水监督〔2022〕418 号 …… 335
2. 水利部关于印发河湖管理监督检查办法（试行）的通知
水河湖〔2019〕421 号 …… 342
3. 水利部关于印发水资源管理监督检查办法（试行）的通知
水资管〔2019〕402 号 …… 349

4. 水利部关于印发《水功能区监督管理办法》的通知
水资源〔2017〕101 号 …………………………………………………… 355
5. 水利工程运行管理监督检查办法（试行）
水监督〔2020〕123 号 …………………………………………………… 363
6. 小型水库安全运行监督检查办法
水监督〔2022〕82 号 …………………………………………………… 367
7. 水利部关于印发农村供水工程监督检查管理办法（试行）的通知
水农〔2019〕243 号 …………………………………………………… 372
8. 水利部关于修订印发汛限水位监督管理规定（试行）的通知
水防〔2020〕99 号 …………………………………………………… 377
9. 水利部特定飞检工作规定（试行）
水监督〔2019〕123 号 …………………………………………………… 384
10. 关于流域管理机构决定《防洪法》规定的行政处罚和行政措施权限的通知
水政法〔1999〕231 号 …………………………………………………… 387
11. 最高人民检察院　水利部关于印发《关于建立健全水行政执法与检察公益诉讼协作机制的意见》的通知
高检发办字〔2022〕69 号 …………………………………………………… 395
12. 水利部　公安部印发《关于加强河湖安全保护工作的意见》的通知
水政法〔2022〕362 号 …………………………………………………… 400
（七）其他 …………………………………………………… 405
1. 自然资源部　农业农村部关于加强和改进永久基本农田保护工作的通知
自然资规〔2019〕1 号 …………………………………………………… 405
2. 水利部办公厅关于实施乡村振兴战略加强农村河湖管理的通知
办河湖〔2018〕274 号 …………………………………………………… 414
3. 农业部关于印发《养殖水域滩涂规划编制工作规范》和《养殖水域滩涂规划编制大纲》的通知
农渔发〔2016〕39 号 …………………………………………………… 417
4. 关于印发《遥感影像公开使用管理规定（试行）》的通知
国测成发〔2011〕9 号 …………………………………………………… 426

中央文件

中共中央办公厅　国务院办公厅 印发《关于全面推行河长制的意见》的通知

各省、自治区、直辖市党委和人民政府，中央和国家机关各部委，解放军各大单位、中央军委机关各部门，各人民团体：

《关于全面推行河长制的意见》已经中央领导同志同意，现印发给你们，请结合实际认真贯彻落实。

中共中央办公厅

国务院办公厅

2016 年 11 月 28 日

关于全面推行河长制的意见

河湖管理保护是一项复杂的系统工程，涉及上下游、左右岸、不同行政区域和行业。近年来，一些地区积极探索河长制，由党政领导担任河长，依法依规落实地方主体责任，协调整合各方力量，有力促进了水资源保护、水域岸线管理、水污染防治、水环境治理等工作。全面推行河长制是落实绿色发展理念、推进生态文明建设的内在要求，是解决我国复杂水问题、维护河湖健康生命的有效举措，是完善水治理体系、保障国家水安全的制度创新。为进一步加强河湖管理保护工作，落实属地责任，健全长效机制，现就全面推行河长制提出以下意见。

一、总体要求

（一）指导思想。全面贯彻党的十八大和十八届三中、四中、五中、六中全会精神，深入学习贯彻习近平总书记系列重要讲话精神，紧紧围绕统筹推进“五位一体”总体布局和协调推进“四个全面”战略布局，牢固树立新发展理念，认真落实党中央、国务院决策部署，坚持节水优先、空间均衡、系统治理、两手发力，以保护水资源、防治水污染、改善水环境、修复水生

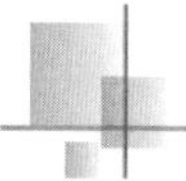

态为主要任务，在全国江河湖泊全面推行河长制，构建责任明确、协调有序、监管严格、保护有力的河湖管理保护机制，为维护河湖健康生命、实现河湖功能永续利用提供制度保障。

（二）基本原则

——坚持生态优先、绿色发展。牢固树立尊重自然、顺应自然、保护自然的理念，处理好河湖管理保护与开发利用的关系，强化规划约束，促进河湖休养生息、维护河湖生态功能。

——坚持党政领导、部门联动。建立健全以党政领导负责制为核心的责任体系，明确各级河长职责，强化工作措施，协调各方力量，形成一级抓一级、层层抓落实的工作格局。

——坚持问题导向、因地制宜。立足不同地区不同河湖实际，统筹上下游、左右岸，实行一河一策、一湖一策，解决好河湖管理保护的突出问题。

——坚持强化监督、严格考核。依法治水管水，建立健全河湖管理保护监督考核和责任追究制度，拓展公众参与渠道，营造全社会共同关心和保护河湖的良好氛围。

（三）组织形式。全面建立省、市、县、乡四级河长体系。各省（自治区、直辖市）设立总河长，由党委或政府主要负责同志担任；各省（自治区、直辖市）行政区域内主要河湖设立河长，由省级负责同志担任；各河湖所在市、县、乡均分级分段设立河长，由同级负责同志担任。县级及以上河长设置相应的河长制办公室，具体组成由各地根据实际确定。

（四）工作职责。各级河长负责组织领导相应河湖的管理和保护工作，包括水资源保护、水域岸线管理、水污染防治、水环境治理等，牵头组织对侵占河道、围垦湖泊、超标排污、非法采砂、破坏航道、电毒炸鱼等突出问题依法进行清理整治，协调解决重大问题；对跨行政区域的河湖明晰管理责任，协调上下游、左右岸实行联防联控；对相关部门和下一级河长履职情况进行督导，对目标任务完成情况进行考核，强化激励问责。河长制办公室承担河长制组织实施具体工作，落实河长确定的事项。各有关部门和单位按照职责分工，协同推进各项工作。

二、主要任务

（五）加强水资源保护。落实最严格水资源管理制度，严守水资源开发

利用控制、用水效率控制、水功能区限制纳污三条红线，强化地方各级政府责任，严格考核评估和监督。实行水资源消耗总量和强度双控行动，防止不合理新增取水，切实做到以水定需、量水而行、因水制宜。坚持节水优先，全面提高用水效率，水资源短缺地区、生态脆弱地区要严格限制发展高耗水项目，加快实施农业、工业和城乡节水技术改造，坚决遏制用水浪费。严格水功能区管理监督，根据水功能区划确定的河流水域纳污容量和限制排污总量，落实污染物达标排放要求，切实监管入河湖排污口，严格控制入河湖排污总量。

（六）加强河湖水域岸线管理保护。严格水域岸线等水生态空间管控，依法划定河湖管理范围。落实规划岸线分区管理要求，强化岸线保护和节约集约利用。严禁以各种名义侵占河道、围垦湖泊、非法采砂，对岸线乱占滥用、多占少用、占而不用等突出问题开展清理整治，恢复河湖水域岸线生态功能。

（七）加强水污染防治。落实《水污染防治行动计划》，明确河湖水污染防治目标和任务，统筹水上、岸上污染治理，完善入河湖排污管控机制和考核体系。排查入河湖污染源，加强综合防治，严格治理工矿企业污染、城镇生活污染、畜禽养殖污染、水产养殖污染、农业面源污染、船舶港口污染，改善水环境质量。优化入河湖排污口布局，实施入河湖排污口整治。

（八）加强水环境治理。强化水环境质量目标管理，按照水功能区确定各类水体的水质保护目标。切实保障饮用水水源安全，开展饮用水水源规范化建设，依法清理饮用水水源保护区内违法建筑和排污口。加强河湖水环境综合整治，推进水环境治理网格化和信息化建设，建立健全水环境风险评估排查、预警预报与响应机制。结合城市总体规划，因地制宜建设亲水生态岸线，加大黑臭水体治理力度，实现河湖环境整洁优美、水清岸绿。以生活污水处理、生活垃圾处理为重点，综合整治农村水环境，推进美丽乡村建设。

（九）加强水生态修复。推进河湖生态修复和保护，禁止侵占自然河湖、湿地等水源涵养空间。在规划的基础上稳步实施退田还湖还湿、退渔还湖，恢复河湖水系的自然连通，加强水生生物资源养护，提高水生生物多样性。开展河湖健康评估。强化山水林田湖系统治理，加大江河源头区、水源涵养区、生态敏感区保护力度，对三江源区、南水北调水源区等重要生态保护区实行更严格的保护。积极推进建立生态保护补偿机制，加强水土流失预防监

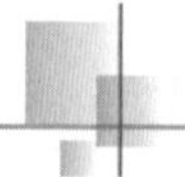

督和综合整治，建设生态清洁型小流域，维护河湖生态环境。

（十）加强执法监管。建立健全法规制度，加大河湖管理保护监管力度，建立健全部门联合执法机制，完善行政执法与刑事司法衔接机制。建立河湖日常监管巡查制度，实行河湖动态监管。落实河湖管理保护执法监管责任主体、人员、设备和经费。严厉打击涉河湖违法行为，坚决清理整治非法排污、设障、捕捞、养殖、采砂、采矿、围垦、侵占水域岸线等活动。

三、保障措施

（十一）加强组织领导。地方各级党委和政府要把推行河长制作为推进生态文明建设的重要举措，切实加强组织领导，狠抓责任落实，抓紧制定出台工作方案，明确工作进度安排，到2018年年底前全面建立河长制。

（十二）健全工作机制。建立河长会议制度、信息共享制度、工作督察制度，协调解决河湖管理保护的重点难点问题，定期通报河湖管理保护情况，对河长制实施情况和河长履职情况进行督察。各级河长制办公室要加强组织协调，督促相关部门单位按照职责分工，落实责任，密切配合，协调联动，共同推进河湖管理保护工作。

（十三）强化考核问责。根据不同河湖存在的主要问题，实行差异化绩效评价考核，将领导干部自然资源资产离任审计结果及整改情况作为考核的重要参考。县级及以上河长负责组织对相应河湖下一级河长进行考核，考核结果作为地方党政领导干部综合考核评价的重要依据。实行生态环境损害责任终身追究制，对造成生态环境损害的，严格按照有关规定追究责任。

（十四）加强社会监督。建立河湖管理保护信息发布平台，通过主要媒体向社会公告河长名单，在河湖岸边显著位置竖立河长公示牌，标明河长职责、河湖概况、管护目标、监督电话等内容，接受社会监督。聘请社会监督员对河湖管理保护效果进行监督和评价。进一步做好宣传舆论引导，提高全社会对河湖保护工作的责任意识和参与意识。

各省（自治区、直辖市）党委和政府要在每年1月底前将上年度贯彻落实情况报党中央、国务院。

中共中央办公厅　国务院办公厅印发《关于在湖泊实施湖长制的指导意见》的通知

各省、自治区、直辖市党委和人民政府，中央和国家机关各部委，解放军各大单位、中央军委机关各部门，各人民团体：

《关于在湖泊实施湖长制的指导意见》已经中央领导同志同意，现印发给你们，请结合实际认真贯彻落实。

中共中央办公厅

国务院办公厅

2017 年 12 月 26 日

关于在湖泊实施湖长制的指导意见

为深入贯彻党的十九大精神，全面落实《中共中央办公厅、国务院办公厅印发〈关于全面推行河长制的意见〉的通知》要求，进一步加强湖泊管理保护工作，现就在湖泊实施湖长制提出如下意见。

一、充分认识在湖泊实施湖长制的重要意义及特殊性

党的十九大强调，生态文明建设功在当代、利在千秋，要推动形成人与自然和谐发展现代化建设新格局。湖泊是江河水系的重要组成部分，是蓄洪储水的重要空间，在防洪、供水、航运、生态等方面具有不可替代的作用。长期以来，一些地方围垦湖泊、侵占水域、超标排污、违法养殖、非法采砂，造成湖泊面积萎缩、水域空间减少、水质恶化、生物栖息地破坏等问题突出，湖泊功能严重退化。在湖泊实施湖长制是贯彻党的十九大精神、加强生态文明建设的具体举措，是关于全面推行河长制的意见提出的明确要求，是加强湖泊管理保护、改善湖泊生态环境、维护湖泊健康生命、实现湖泊功能永续利用的重要制度保障。

同时，在湖泊实施湖长制具有特殊性：一是湖泊一般有多条河流汇入，

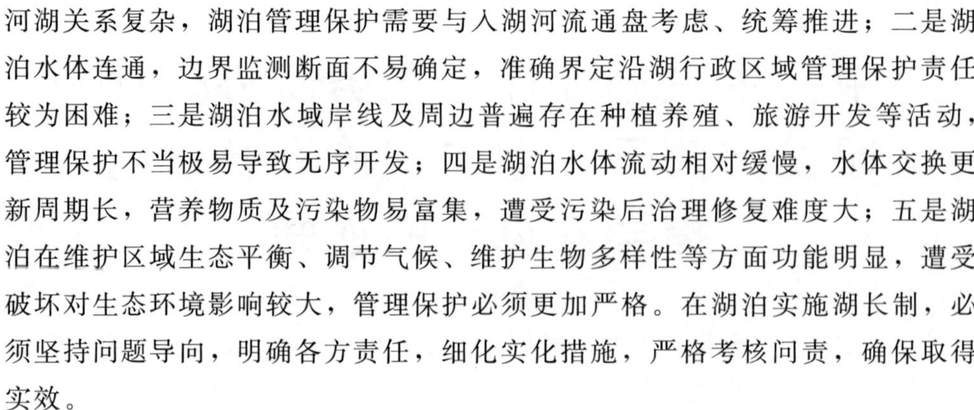

河湖关系复杂，湖泊管理保护需要与入湖河流通盘考虑、统筹推进；二是湖泊水体连通，边界监测断面不易确定，准确界定沿湖行政区域管理保护责任较为困难；三是湖泊水域岸线及周边普遍存在种植养殖、旅游开发等活动，管理保护不当极易导致无序开发；四是湖泊水体流动相对缓慢，水体交换更新周期长，营养物质及污染物易富集，遭受污染后治理修复难度大；五是湖泊在维护区域生态平衡、调节气候、维护生物多样性等方面功能明显，遭受破坏对生态环境影响较大，管理保护必须更加严格。在湖泊实施湖长制，必须坚持问题导向，明确各方责任，细化实化措施，严格考核问责，确保取得实效。

二、建立健全湖长体系

各省（自治区、直辖市）要将本行政区域内所有湖泊纳入全面推行湖长制工作范围，到2018年年底前在湖泊全面建立湖长制，建立健全以党政领导负责制为核心的责任体系，落实属地管理责任。

全面建立省、市、县、乡四级湖长体系。各省（自治区、直辖市）行政区域内主要湖泊，跨省级行政区域且在本辖区地位和作用重要的湖泊，由省级负责同志担任湖长；跨市地级行政区域的湖泊，原则上由省级负责同志担任湖长；跨县级行政区域的湖泊，原则上由市地级负责同志担任湖长。同时，湖泊所在市、县、乡要按照行政区域分级分区设立湖长，实行网格化管理，确保湖区所有水域都有明确的责任主体。

三、明确界定湖长职责

湖泊最高层级的湖长是第一责任人，对湖泊的管理保护负总责，要统筹协调湖泊与入湖河流的管理保护工作，确定湖泊管理保护目标任务，组织制定“一湖一策”方案，明确各级湖长职责，协调解决湖泊管理保护中的重大问题，依法组织整治围垦湖泊、侵占水域、超标排污、违法养殖、非法采砂等突出问题。其他各级湖长对湖泊在本辖区内的管理保护负直接责任，按职责分工组织实施湖泊管理保护工作。

流域管理机构要充分发挥协调、指导和监督等作用。对跨省级行政区域的湖泊，流域管理机构要按照水功能区监督管理要求，组织划定入河排污口禁止设置和限制设置区域，督促各省（自治区、直辖市）落实入湖排污总量管控责任。要与各省（自治区、直辖市）建立沟通协商机制，强化流域规划约束，切实加强对湖长制工作的综合协调、监督检查和监测评估。

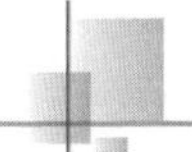

四、全面落实主要任务

（一）严格湖泊水域空间管控。各地区各有关部门要依法划定湖泊管理范围，严格控制开发利用行为，将湖泊及其生态缓冲带划为优先保护区，依法落实相关管控措施。严禁以任何形式围垦湖泊、违法占用湖泊水域。严格控制跨湖、穿湖、临湖建筑物和设施建设，确需建设的重大项目和民生工程，要优化工程建设方案，采取科学合理的恢复和补救措施，最大限度减少对湖泊的不利影响。严格管控湖区围网养殖、采砂等活动。流域、区域涉及湖泊开发利用的相关规划应依法开展规划环评，湖泊管理范围内的建设项目和活动，必须符合相关规划并科学论证，严格执行工程建设方案审查、环境影响评价等制度。

（二）强化湖泊岸线管理保护。实行湖泊岸线分区管理，依据土地利用总体规划等，合理划分保护区、保留区、控制利用区、可开发利用区，明确分区管理保护要求，强化岸线用途管制和节约集约利用，严格控制开发利用强度，最大程度保持湖泊岸线自然形态。沿湖土地开发利用和产业布局，应与岸线分区要求相衔接，并为经济社会可持续发展预留空间。

（三）加强湖泊水资源保护和水污染防治。落实最严格水资源管理制度，强化湖泊水资源保护。坚持节水优先，建立健全集约节约用水机制。严格湖泊取水、用水和排水全过程管理，控制取水总量，维持湖泊生态用水和合理水位。落实污染物达标排放要求，严格按照限制排污总量控制入湖污染物总量、设置并监管入湖排污口。入湖污染物总量超过水功能区限制排污总量的湖泊，应排查入湖污染源，制定实施限期整治方案，明确年度入湖污染物削减量，逐步改善湖泊水质；水质达标的湖泊，应采取措施确保水质不退化。严格落实排污许可证制度，将治理任务落实到湖泊汇水范围内各排污单位，加强对湖区周边及入湖河流工矿企业污染、城镇生活污染、畜禽养殖污染、农业面源污染、内源污染等综合防治。加大湖泊汇水范围内城市管网建设和初期雨水收集处理设施建设，提高污水收集处理能力。依法取缔非法设置的入湖排污口，严厉打击废污水直接入湖和垃圾倾倒等违法行为。

（四）加大湖泊水环境综合整治力度。按照水功能区区划确定各类水体水质保护目标，强化湖泊水环境整治，限期完成存在黑臭水体的湖泊和入湖河流整治。在作为饮用水水源地的湖泊，开展饮用水水源地安全保障达标和规范化建设，确保饮用水安全。加强湖区周边污染治理，开展清洁小流域建

设。加大湖区综合整治力度，有条件的地区，在采取生物净化、生态清淤等措施的同时，可结合防洪、供用水保障等需要，因地制宜加大湖泊引水排水能力，增强湖泊水体的流动性，改善湖泊水环境。

（五）开展湖泊生态治理与修复。实施湖泊健康评估。加大对生态环境良好湖泊的严格保护，加强湖泊水资源调控，进一步提升湖泊生态功能和健康水平。积极有序推进生态恶化湖泊的治理与修复，加快实施退田还湖还湿、退渔还湖，逐步恢复河湖水系的自然连通。加强湖泊水生生物保护，科学开展增殖放流，提高水生生物多样性。因地制宜推进湖泊生态岸线建设、滨湖绿化带建设、沿湖湿地公园和水生生物保护区建设。

（六）健全湖泊执法监管机制。建立健全湖泊、入湖河流所在行政区域的多部门联合执法机制，完善行政执法与刑事司法衔接机制，严厉打击涉湖违法违规行为。坚决清理整治围垦湖泊、侵占水域以及非法排污、养殖、采砂、设障、捕捞、取用水等活动。集中整治湖泊岸线乱占滥用、多占少用、占而不用等突出问题。建立日常监管巡查制度，实行湖泊动态监管。

五、切实强化保障措施

（一）加强组织领导。各级党委和政府要以习近平新时代中国特色社会主义思想为指导，把在湖泊实施湖长制作为全面贯彻党的十九大精神、推进生态文明建设的重要举措，切实加强组织领导，明确工作进展安排，确保各项要求落到实处。要逐个湖泊明确各级湖长，进一步细化实化湖长职责，层层建立责任制。要落实湖泊管理单位，强化部门联动，确保湖泊管理保护工作取得实效。水利部要会同全面推行河长制工作部际联席会议各成员单位加强督促检查，指导各地区推动在湖泊实施湖长制工作。

（二）夯实工作基础。各地区各有关部门要抓紧摸清湖泊基本情况，组织制定湖泊名录，建立“一湖一档”。抓紧划定湖泊管理范围，实行严格管控。对堤防由流域管理机构直接管理的湖泊，有关地方要积极开展管理范围划定工作。

（三）强化分类指导。各地区各有关部门要针对高原湖泊、内陆湖泊、平原湖泊、城市湖泊等不同类型湖泊的自然特性、功能属性和存在的突出问题，因湖施策，科学制定“一湖一策”方案，进一步强化对湖泊管理保护的分类指导。

（四）完善监测监控。各地区要科学布设入湖河流以及湖泊水质、水量、

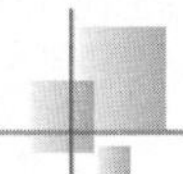

水生态等监测站点，建设信息和数据共享平台，不断完善监测体系和分析评估体系。要积极利用卫星遥感、无人机、视频监控等技术，加强对湖泊变化情况的动态监测。跨行政区域的湖泊，上一级有关部门要加强监测。

（五）严格考核问责。各地区要建立健全考核问责机制，县级及以上湖长负责组织对相应湖泊下一级湖长进行考核，考核结果作为地方党政领导干部综合考核评价的重要依据。实行湖泊生态环境损害责任终身追究制，对造成湖泊面积萎缩、水体恶化、生态功能退化等生态环境损害的，严格按照有关规定追究相关单位和人员的责任。要通过湖长公告、湖长公示牌、湖长APP、微信公众号、社会监督员等多种方式加强社会监督。

中共中央办公厅　国务院办公厅
关于印发《党政领导干部生态环境
损害责任追究办法（试行）》的通知

第一条　为贯彻落实党的十八大和十八届三中、四中全会精神，加快推进生态文明建设，健全生态文明制度体系，强化党政领导干部生态环境和资源保护职责，根据有关党内法规和国家法律法规，制定本办法。

第二条　本办法适用于县级以上地方各级党委和政府及其有关工作部门的领导成员，中央和国家机关有关工作部门领导成员；上列工作部门的有关机构领导人员。

第三条　地方各级党委和政府对本地区生态环境和资源保护负总责，党委和政府主要领导成员承担主要责任，其他有关领导成员在职责范围内承担相应责任。

中央和国家机关有关工作部门、地方各级党委和政府的有关工作部门及其有关机构领导人员按照职责分别承担相应责任。

第四条　党政领导干部生态环境损害责任追究，坚持依法依规、客观公正、科学认定、权责一致、终身追究的原则。

第五条　有下列情形之一的，应当追究相关地方党委和政府主要领导成员的责任：

（一）贯彻落实中央关于生态文明建设的决策部署不力，致使本地区生态环境和资源问题突出或者任期内生态环境状况明显恶化的；

（二）作出的决策与生态环境和资源方面政策、法律法规相违背的；

（三）违反主体功能区定位或者突破资源环境生态红线、城镇开发边界，不顾资源环境承载能力盲目决策造成严重后果的；

（四）作出的决策严重违反城乡、土地利用、生态环境保护等规划的；

（五）地区和部门之间在生态环境和资源保护协作方面推诿扯皮，主要领导成员不担当、不作为，造成严重后果的；

（六）本地区发生主要领导成员职责范围内的严重环境污染和生态破坏事件，或者对严重环境污染和生态破坏（灾害）事件处置不力的；

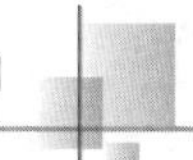

（七）对公益诉讼裁决和资源环境保护督察整改要求执行不力的；

（八）其他应当追究责任的情形。

有上述情形的，在追究相关地方党委和政府主要领导成员责任的同时，对其他有关领导成员及相关部门领导成员依据职责分工和履职情况追究相应责任。

第六条　有下列情形之一的，应当追究相关地方党委和政府有关领导成员的责任：

（一）指使、授意或者放任分管部门对不符合主体功能区定位或者生态环境和资源方面政策、法律法规的建设项目审批（核准）、建设或者投产（使用）的；

（二）对分管部门违反生态环境和资源方面政策、法律法规行为监管失察、制止不力甚至包庇纵容的；

（三）未正确履行职责，导致应当依法由政府责令停业、关闭的严重污染环境的企业事业单位或者其他生产经营者未停业、关闭的；

（四）对严重环境污染和生态破坏事件组织查处不力的；

（五）其他应当追究责任的情形。

第七条　有下列情形之一的，应当追究政府有关工作部门领导成员的责任：

（一）制定的规定或者采取的措施与生态环境和资源方面政策、法律法规相违背的；

（二）批准开发利用规划或者进行项目审批（核准）违反生态环境和资源方面政策、法律法规的；

（三）执行生态环境和资源方面政策、法律法规不力，不按规定对执行情况进行监督检查，或者在监督检查中敷衍塞责的；

（四）对发现或者群众举报的严重破坏生态环境和资源的问题，不按规定查处的；

（五）不按规定报告、通报或者公开环境污染和生态破坏（灾害）事件信息的；

（六）对应当移送有关机关处理的生态环境和资源方面的违纪违法案件线索不按规定移送的；

（七）其他应当追究责任的情形。

有上述情形的，在追究政府有关工作部门领导成员责任的同时，对负有责任的有关机构领导人员追究相应责任。

第八条 党政领导干部利用职务影响，有下列情形之一的，应当追究其责任：

（一）限制、干扰、阻碍生态环境和资源监管执法工作的；

（二）干预司法活动，插手生态环境和资源方面具体司法案件处理的；

（三）干预、插手建设项目，致使不符合生态环境和资源方面政策、法律法规的建设项目得以审批（核准）、建设或者投产（使用）的；

（四）指使篡改、伪造生态环境和资源方面调查和监测数据的；

（五）其他应当追究责任的情形。

第九条 党委及其组织部门在地方党政领导班子成员选拔任用工作中，应当按规定将资源消耗、环境保护、生态效益等情况作为考核评价的重要内容，对在生态环境和资源方面造成严重破坏负有责任的干部不得提拔使用或者转任重要职务。

第十条 党政领导干部生态环境损害责任追究形式有：诫勉、责令公开道歉；组织处理，包括调离岗位、引咎辞职、责令辞职、免职、降职等；党纪政纪处分。

组织处理和党纪政纪处分可以单独使用，也可以同时使用。

追责对象涉嫌犯罪的，应当及时移送司法机关依法处理。

第十一条 各级政府负有生态环境和资源保护监管职责的工作部门发现有本办法规定的追责情形的，必须按照职责依法对生态环境和资源损害问题进行调查，在根据调查结果依法作出行政处罚决定或者其他处理决定的同时，对相关党政领导干部应负责任和处理提出建议，按照干部管理权限将有关材料及时移送纪检监察机关或者组织（人事）部门。需要追究党纪政纪责任的，由纪检监察机关按照有关规定办理；需要给予诫勉、责令公开道歉和组织处理的，由组织（人事）部门按照有关规定办理。

负有生态环境和资源保护监管职责的工作部门、纪检监察机关、组织（人事）部门应当建立健全生态环境和资源损害责任追究的沟通协作机制。

司法机关在生态环境和资源损害等案件处理过程中发现有本办法规定的追责情形的，应当向有关纪检监察机关或者组织（人事）部门提出处理建议。

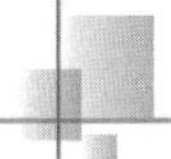

负责作出责任追究决定的机关和部门，一般应当将责任追究决定向社会公开。

第十二条　实行生态环境损害责任终身追究制。对违背科学发展要求、造成生态环境和资源严重破坏的，责任人不论是否已调离、提拔或者退休，都必须严格追责。

第十三条　政府负有生态环境和资源保护监管职责的工作部门、纪检监察机关、组织（人事）部门对发现本办法规定的追责情形应当调查而未调查，应当移送而未移送，应当追责而未追责的，追究有关责任人员的责任。

第十四条　受到责任追究的人员对责任追究决定不服的，可以向作出责任追究决定的机关和部门提出书面申诉。作出责任追究决定的机关和部门应当依据有关规定受理并作出处理。

申诉期间，不停止责任追究决定的执行。

第十五条　受到责任追究的党政领导干部，取消当年年度考核评优和评选各类先进的资格。

受到调离岗位处理的，至少一年内不得提拔；单独受到引咎辞职、责令辞职和免职处理的，至少一年内不得安排职务，至少两年内不得担任高于原任职务层次的职务；受到降职处理的，至少两年内不得提升职务。同时受到党纪政纪处分和组织处理的，按照影响期长的规定执行。

第十六条　乡（镇、街道）党政领导成员的生态环境损害责任追究，参照本办法有关规定执行。

第十七条　各省、自治区、直辖市党委和政府可以依据本办法制定实施细则。国务院负有生态环境和资源保护监管，职责的部门应当制定落实本办法的具体制度和措施。

第十八条　本办法由中央组织部、监察部负责解释。

第十九条　本办法自 2015 年 8 月 9 日起施行。

中共中央办公厅　国务院办公厅

2015 年 8 月 9 日

国务院办公厅关于同意调整完善全面推行河湖长制工作部际联席会议制度的函

国办函〔2021〕21号

水利部：

你部关于调整完善全面推行河湖长制工作部际联席会议制度的请示收悉。经国务院同意，现函复如下：

国务院同意调整完善全面推行河湖长制工作部际联席会议制度。联席会议不刻制印章，不正式行文，请按照党中央、国务院有关文件精神认真组织开展工作。

附件：全面推行河湖长制工作部际联席会议制度

国务院办公厅

2021年3月1日

附件

全面推行河湖长制工作部际联席会议制度

为全面贯彻党的十九届五中全会精神，深入落实党中央、国务院决策部署，进一步加强对河湖长制工作的组织领导，强化协调配合，经国务院同意，调整完善全面推行河湖长制工作部际联席会议（以下简称联席会议）制度。

一、主要职责

贯彻落实党中央、国务院关于强化河湖长制的重大决策部署；统筹协调全国河湖长制工作，研究部署重大事项；协调解决河湖长制推行过程中的重大问题；监督检查各地河湖长制工作落实情况；完成党中央、国务院交办的

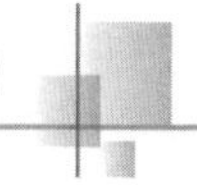

其他事项。

二、成员单位

联席会议由水利部、国家发展改革委、教育部、工业和信息化部、公安部、民政部、司法部、财政部、人力资源社会保障部、自然资源部、生态环境部、住房城乡建设部、交通运输部、农业农村部、文化和旅游部、国家卫生健康委、应急部、国家林草局等18个部门组成，水利部为牵头单位。

国务院分管领导同志担任联席会议召集人，水利部主要负责同志和国务院分管副秘书长担任副召集人，其他成员单位有关负责同志为联席会议成员（名单附后）。联席会议成员因工作变动需要调整的，由所在单位提出，联席会议确定。

联席会议办公室设在水利部，承担联席会议日常工作，办公室主任由水利部分管负责同志兼任。联席会议设联络员，由各成员单位有关司局负责同志担任。

三、工作规则

联席会议根据工作需要定期或不定期召开会议，由召集人或召集人委托的副召集人主持。根据工作需要，可邀请其他部门和单位负责同志参加会议。联席会议以纪要形式明确议定事项并印发有关方面，重大事项按程序报批。

四、工作要求

各成员单位要按照职责分工，深入研究全面推行河湖长制工作中的重大问题，制定相关配套政策措施；认真落实联席会议确定的工作任务和议定事项；加强沟通、密切配合，相互支持、形成合力，充分发挥联席会议的作用，共同推进河湖长制工作。联席会议办公室要及时向各成员单位通报有关情况，并加强对会议议定事项的督促落实。

全面推行河湖长制工作部际联席会议成员名单

召 集 人：胡春华　国务院副总理

副召集人：李国英　水利部部长

　　　　　高　雨　国务院副秘书长

成　　员：唐登杰　国家发展改革委副主任

　　　　　孙　尧　教育部副部长

辛国斌　工业和信息化部副部长
林　锐　公安部副部长
詹成付　民政部副部长
刘　炤　司法部副部长
程丽华　财政部副部长
王少峰　人力资源社会保障部副部长
庄少勤　自然资源部副部长
翟　青　生态环境部副部长
黄　艳　住房城乡建设部副部长
刘小明　交通运输部副部长
魏山忠　水利部副部长
于康震　农业农村部副部长
王晓峰　文化和旅游部党组成员
李　斌　国家卫生健康委副主任
周学文　应急部副部长兼水利部副部长
李春良　国家林草局副局长

国务院关于实行最严格水资源管理制度的意见

国发〔2012〕3号

各省、自治区、直辖市人民政府，国务院各部委、各直属机构：

水是生命之源、生产之要、生态之基，人多水少、水资源时空分布不均是我国的基本国情和水情。当前我国水资源面临的形势十分严峻，水资源短缺、水污染严重、水生态环境恶化等问题日益突出，已成为制约经济社会可持续发展的主要瓶颈。为贯彻落实好中央水利工作会议和《中共中央国务院关于加快水利改革发展的决定》（中发〔2011〕1号）的要求，现就实行最严格水资源管理制度提出以下意见：

一、总体要求

（一）指导思想。深入贯彻落实科学发展观，以水资源配置、节约和保护为重点，强化用水需求和用水过程管理，通过健全制度、落实责任、提高能力、强化监管，严格控制用水总量，全面提高用水效率，严格控制入河湖排污总量，加快节水型社会建设，促进水资源可持续利用和经济发展方式转变，推动经济社会发展与水资源水环境承载能力相协调，保障经济社会长期平稳较快发展。

（二）基本原则。坚持以人为本，着力解决人民群众最关心最直接最现实的水资源问题，保障饮水安全、供水安全和生态安全；坚持人水和谐，尊重自然规律和经济社会发展规律，处理好水资源开发与保护关系，以水定需、量水而行、因水制宜；坚持统筹兼顾，协调好生活、生产和生态用水，协调好上下游、左右岸、干支流、地表水和地下水关系；坚持改革创新，完善水资源管理体制和机制，改进管理方式和方法；坚持因地制宜，实行分类指导，注重制度实施的可行性和有效性。

（三）主要目标。确立水资源开发利用控制红线，到2030年全国用水总量控制在7000亿立方米以内；确立用水效率控制红线，到2030年用水效率达到或接近世界先进水平，万元工业增加值用水量（以2000年不变价计，下同）降低到40立方米以下，农田灌溉水有效利用系数提高到0.6以上；确立水功能区限制纳污红线，到2030年主要污染物入河湖总量控制在水功能区纳污能力范围之内，水功能区水质达标率提高到95%以上。

为实现上述目标，到2015年，全国用水总量力争控制在6350亿立方米以内；万元工业增加值用水量比2010年下降30%以上，农田灌溉水有效利用系数提高到0.53以上；重要江河湖泊水功能区水质达标率提高到60%以上。到2020年，全国用水总量力争控制在6700亿立方米以内；万元工业增加值用水量降低到65立方米以下，农田灌溉水有效利用系数提高到0.55以上；重要江河湖泊水功能区水质达标率提高到80%以上，城镇供水水源地水质全面达标。

二、加强水资源开发利用控制红线管理，严格实行用水总量控制

（四）严格规划管理和水资源论证。开发利用水资源，应当符合主体功能区的要求，按照流域和区域统一制定规划，充分发挥水资源的多种功能和综合效益。建设水工程，必须符合流域综合规划和防洪规划，由有关水行政主管部门或流域管理机构按照管理权限进行审查并签署意见。加强相关规划和项目建设布局水资源论证工作，国民经济和社会发展规划以及城市总体规划的编制、重大建设项目的布局，应当与当地水资源条件和防洪要求相适应。严格执行建设项目水资源论证制度，对未依法完成水资源论证工作的建设项目，审批机关不予批准，建设单位不得擅自开工建设和投产使用，对违反规定的，一律责令停止。

（五）严格控制流域和区域取用水总量。加快制定主要江河流域水量分配方案，建立覆盖流域和省市县三级行政区域的取用水总量控制指标体系，实施流域和区域取用水总量控制。各省、自治区、直辖市要按照江河流域水量分配方案或取用水总量控制指标，制定年度用水计划，依法对本行政区域内的年度用水实行总量管理。建立健全水权制度，积极培育水市场，鼓励开展水权交易，运用市场机制合理配置水资源。

（六）严格实施取水许可。严格规范取水许可审批管理，对取用水总量已达到或超过控制指标的地区，暂停审批建设项目新增取水；对取用水总量接近控制指标的地区，限制审批建设项目新增取水。对不符合国家产业政策或列入国家产业结构调整指导目录中淘汰类的，产品不符合行业用水定额标准的，在城市公共供水管网能够满足用水需要却通过自备取水设施取用地下

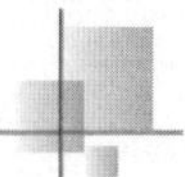

水的，以及地下水已严重超采的地区取用地下水的建设项目取水申请，审批机关不予批准。

（七）严格水资源有偿使用。合理调整水资源费征收标准，扩大征收范围，严格水资源费征收、使用和管理。各省、自治区、直辖市要抓紧完善水资源费征收、使用和管理的规章制度，严格按照规定的征收范围、对象、标准和程序征收，确保应收尽收，任何单位和个人不得擅自减免、缓征或停征水资源费。水资源费主要用于水资源节约、保护和管理，严格依法查处挤占挪用水资源费的行为。

（八）严格地下水管理和保护。加强地下水动态监测，实行地下水取用水总量控制和水位控制。各省、自治区、直辖市人民政府要尽快核定并公布地下水禁采和限采范围。在地下水超采区，禁止农业、工业建设项目和服务业新增取用地下水，并逐步削减超采量，实现地下水采补平衡。深层承压地下水原则上只能作为应急和战略储备水源。依法规范机井建设审批管理，限期关闭在城市公共供水管网覆盖范围内的自备水井。抓紧编制并实施全国地下水利用与保护规划以及南水北调东中线受水区、地面沉降区、海水入侵区地下水压采方案，逐步削减开采量。

（九）强化水资源统一调度。流域管理机构和县级以上地方人民政府水行政主管部门要依法制订和完善水资源调度方案、应急调度预案和调度计划，对水资源实行统一调度。区域水资源调度应当服从流域水资源统一调度，水力发电、供水、航运等调度应当服从流域水资源统一调度。水资源调度方案、应急调度预案和调度计划一经批准，有关地方人民政府和部门等必须服从。

三、加强用水效率控制红线管理，全面推进节水型社会建设

（十）全面加强节约用水管理。各级人民政府要切实履行推进节水型社会建设的责任，把节约用水贯穿于经济社会发展和群众生活生产全过程，建立健全有利于节约用水的体制和机制。稳步推进水价改革。各项引水、调水、取水、供用水工程建设必须首先考虑节水要求。水资源短缺、生态脆弱地区要严格控制城市规模过度扩张，限制高耗水工业项目建设和高耗水服务业发展，遏制农业粗放用水。

（十一）强化用水定额管理。加快制定高耗水工业和服务业用水定额国家标准。各省、自治区、直辖市人民政府要根据用水效率控制红线确定的目

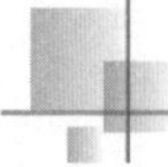

标，及时组织修订本行政区域内各行业用水定额。对纳入取水许可管理的单位和其他用水大户实行计划用水管理，建立用水单位重点监控名录，强化用水监控管理。新建、扩建和改建建设项目应制订节水措施方案，保证节水设施与主体工程同时设计、同时施工、同时投产（即“三同时”制度），对违反“三同时”制度的，由县级以上地方人民政府有关部门或流域管理机构责令停止取用水并限期整改。

（十二）加快推进节水技术改造。制定节水强制性标准，逐步实行用水产品用水效率标识管理，禁止生产和销售不符合节水强制性标准的产品。加大农业节水力度，完善和落实节水灌溉的产业支持、技术服务、财政补贴等政策措施，大力发展管道输水、喷灌、微灌等高效节水灌溉。加大工业节水技术改造，建设工业节水示范工程。充分考虑不同工业行业和工业企业的用水状况和节水潜力，合理确定节水目标。有关部门要抓紧制定并公布落后的、耗水量高的用水工艺、设备和产品淘汰名录。加大城市生活节水工作力度，开展节水示范工作，逐步淘汰公共建筑中不符合节水标准的用水设备及产品，大力推广使用生活节水器具，着力降低供水管网漏损率。鼓励并积极发展污水处理回用、雨水和微咸水开发利用、海水淡化和直接利用等非常规水源开发利用。加快城市污水处理回用管网建设，逐步提高城市污水处理回用比例。非常规水源开发利用纳入水资源统一配置。

四、加强水功能区限制纳污红线管理，严格控制入河湖排污总量

（十三）严格水功能区监督管理。完善水功能区监督管理制度，建立水功能区水质达标评价体系，加强水功能区动态监测和科学管理。水功能区布局要服从和服务于所在区域的主体功能定位，符合主体功能区的发展方向和开发原则。从严核定水域纳污容量，严格控制入河湖排污总量。各级人民政府要把限制排污总量作为水污染防治和污染减排工作的重要依据。切实加强水污染防控，加强工业污染源控制，加大主要污染物减排力度，提高城市污水处理率，改善重点流域水环境质量，防治江河湖库富营养化。流域管理机构要加强重要江河湖泊的省界水质水量监测。严格入河湖排污口监督管理，对排污量超出水功能区限排总量的地区，限制审批新增取水和入河湖排污口。

（十四）加强饮用水水源保护。各省、自治区、直辖市人民政府要依法划定饮用水水源保护区，开展重要饮用水水源地安全保障达标建设。禁止在

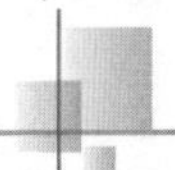

饮用水水源保护区内设置排污口，对已设置的，由县级以上地方人民政府责令限期拆除。县级以上地方人民政府要完善饮用水水源地核准和安全评估制度，公布重要饮用水水源地名录。加快实施全国城市饮用水水源地安全保障规划和农村饮水安全工程规划。加强水土流失治理，防治面源污染，禁止破坏水源涵养林。强化饮用水水源应急管理，完善饮用水水源地突发事件应急预案，建立备用水源。

（十五）推进水生态系统保护与修复。开发利用水资源应维持河流合理流量和湖泊、水库以及地下水的合理水位，充分考虑基本生态用水需求，维护河湖健康生态。编制全国水生态系统保护与修复规划，加强重要生态保护区、水源涵养区、江河源头区和湿地的保护，开展内源污染整治，推进生态脆弱河流和地区水生态修复。研究建立生态用水及河流生态评价指标体系，定期组织开展全国重要河湖健康评估，建立健全水生态补偿机制。

五、保障措施

（十六）建立水资源管理责任和考核制度。要将水资源开发、利用、节约和保护的主要指标纳入地方经济社会发展综合评价体系，县级以上地方人民政府主要负责人对本行政区域水资源管理和保护工作负总责。国务院对各省、自治区、直辖市的主要指标落实情况进行考核，水利部会同有关部门具体组织实施，考核结果交由干部主管部门，作为地方人民政府相关领导干部和相关企业负责人综合考核评价的重要依据。具体考核办法由水利部会同有关部门制订，报国务院批准后实施。有关部门要加强沟通协调，水行政主管部门负责实施水资源的统一监督管理，发展改革、财政、国土资源、环境保护、住房城乡建设、监察、法制等部门按照职责分工，各司其职，密切配合，形成合力，共同做好最严格水资源管理制度的实施工作。

（十七）健全水资源监控体系。抓紧制定水资源监测、用水计量与统计等管理办法，健全相关技术标准体系。加强省界等重要控制断面、水功能区和地下水的水质水量监测能力建设。流域管理机构对省界水量的监测核定数据作为考核有关省、自治区、直辖市用水总量的依据之一，对省界水质的监测核定数据作为考核有关省、自治区、直辖市重点流域水污染防治专项规划实施情况的依据之一。加强取水、排水、入河湖排污口计量监控设施建设，加快建设国家水资源管理系统，逐步建立中央、流域和地方水资源监控管理平台，加快应急机动监测能力建设，全面提高监控、预警和管理能力。及时发布水资源公报等信息。

（十八）完善水资源管理体制。进一步完善流域管理与行政区域管理相结合的水资源管理体制，切实加强流域水资源的统一规划、统一管理和统一调度。强化城乡水资源统一管理，对城乡供水、水资源综合利用、水环境治理和防洪排涝等实行统筹规划、协调实施，促进水资源优化配置。

（十九）完善水资源管理投入机制。各级人民政府要拓宽投资渠道，建立长效、稳定的水资源管理投入机制，保障水资源节约、保护和管理工作经费，对水资源管理系统建设、节水技术推广与应用、地下水超采区治理、水生态系统保护与修复等给予重点支持。中央财政加大对水资源节约、保护和管理的支持力度。

（二十）健全政策法规和社会监督机制。抓紧完善水资源配置、节约、保护和管理等方面的政策法规体系。广泛深入开展基本水情宣传教育，强化社会舆论监督，进一步增强全社会水忧患意识和水资源节约保护意识，形成节约用水、合理用水的良好风尚。大力推进水资源管理科学决策和民主决策，完善公众参与机制，采取多种方式听取各方面意见，进一步提高决策透明度。对在水资源节约、保护和管理中取得显著成绩的单位和个人给予表彰奖励。

国务院

二〇一二年一月十二日

国务院关于印发水污染防治行动计划的通知

国发〔2015〕17号

各省、自治区、直辖市人民政府，国务院各部委、各直属机构：

现将《水污染防治行动计划》印发给你们，请认真贯彻执行。

国务院

2015年4月2日

水污染防治行动计划

水环境保护事关人民群众切身利益，事关全面建成小康社会，事关实现中华民族伟大复兴中国梦。当前，我国一些地区水环境质量差、水生态受损重、环境隐患多等问题十分突出，影响和损害群众健康，不利于经济社会持续发展。为切实加大水污染防治力度，保障国家水安全，制定本行动计划。

总体要求：全面贯彻党的十八大和十八届二中、三中、四中全会精神，大力推进生态文明建设，以改善水环境质量为核心，按照“节水优先、空间均衡、系统治理、两手发力”原则，贯彻“安全、清洁、健康”方针，强化源头控制，水陆统筹、河海兼顾，对江河湖海实施分流域、分区域、分阶段科学治理，系统推进水污染防治、水生态保护和水资源管理。坚持政府市场协同，注重改革创新；坚持全面依法推进，实行最严格环保制度；坚持落实各方责任，严格考核问责；坚持全民参与，推动节水洁水人人有责，形成“政府统领、企业施治、市场驱动、公众参与”的水污染防治新机制，实现环境效益、经济效益与社会效益多赢，为建设“蓝天常在、青山常在、绿水常在”的美丽中国而奋斗。

工作目标：到2020年，全国水环境质量得到阶段性改善，污染严重水体较大幅度减少，饮用水安全保障水平持续提升，地下水超采得到严格控制，地下水污染加剧趋势得到初步遏制，近岸海域环境质量稳中趋好，京津冀、长三角、珠三角等区域水生态环境状况有所好转。到2030年，力争全国水环境质量总体改善，水生态系统功能初步恢复。到本世纪中叶，生态环境质量全面改善，生态系统实现良性循环。

主要指标：到2020年，长江、黄河、珠江、松花江、淮河、海河、辽河等七大重点流域水质优良（达到或优于Ⅲ类）比例总体达到70%以上，地级及以上城市建成区黑臭水体均控制在10%以内，地级及以上城市集中式饮用水水源水质达到或优于Ⅲ类比例总体高于93%，全国地下水质量极差的比例控制在15%左右，近岸海域水质优良（一、二类）比例达到70%左右。京津冀区域丧失使用功能（劣于Ⅴ类）的水体断面比例下降15个百分点左右，长三角、珠三角区域力争消除丧失使用功能的水体。

到2030年，全国七大重点流域水质优良比例总体达到75%以上，城市建成区黑臭水体总体得到消除，城市集中式饮用水水源水质达到或优于Ⅲ类比例总体为95%左右。

一、全面控制污染物排放

（一）狠抓工业污染防治。取缔“十小”企业。全面排查装备水平低、环保设施差的小型工业企业。2016年年底前，按照水污染防治法律法规要求，全部取缔不符合国家产业政策的小型造纸、制革、印染、染料、炼焦、炼硫、炼砷、炼油、电镀、农药等严重污染水环境的生产项目。（环境保护部牵头，工业和信息化部、国土资源部、能源局等参与，地方各级人民政府负责落实。以下均需地方各级人民政府落实，不再列出）

专项整治十大重点行业。制定造纸、焦化、氮肥、有色金属、印染、农副食品加工、原料药制造、制革、农药、电镀等行业专项治理方案，实施清洁化改造。新建、改建、扩建上述行业建设项目实行主要污染物排放等量或减量置换。2017年年底前，造纸行业力争完成纸浆无元素氯漂白改造或采取其他低污染制浆技术，钢铁企业焦炉完成干熄焦技术改造，氮肥行业尿素生产完成工艺冷凝液水解解析技术改造，印染行业实施低排水染整工艺改造，制药（抗生素、维生素）行业实施绿色酶法生产技术改造，制革行业实施铬减量化和封闭循环利用技术改造。（环境保护部牵头，工业和信息化部等参与）

集中治理工业集聚区水污染。强化经济技术开发区、高新技术产业开发区、出口加工区等工业集聚区污染治理。集聚区内工业废水必须经预处理达到集中处理要求，方可进入污水集中处理设施。新建、升级工业集聚区应同步规划、建设污水、垃圾集中处理等污染治理设施。2017年年底前，工业集聚区应按规定建成污水集中处理设施，并安装自动在线监控装置，京津冀、长三角、珠三角等区域提前一年完成；逾期未完成的，一律暂停审批和核准其增加水污染物排放的建设项目，并依照有关规定撤销其园区资格。（环境保护部牵头，科技部、工业和信息化部、商务部等参与）

（二）强化城镇生活污染治理。加快城镇污水处理设施建设与改造。现有城镇污水处理设施，要因地制宜进行改造，2020年年底前达到相应排放标准或再生利用要求。敏感区域（重点湖泊、重点水库、近岸海域汇水区域）城镇污水处理设施应于2017年年底前全面达到一级A排放标准。建成区水体水质达不到地表水Ⅳ类标准的城市，新建城镇污水处理设施要执行一级A排放标准。按照国家新型城镇化规划要求，到2020年，全国所有县城和重点镇具备污水收集处理能力，县城、城市污水处理率分别达到85%、95%左右。京津冀、长三角、珠三角等区域提前一年完成。（住房城乡建设部牵头，发展改革委、环境保护部等参与）

全面加强配套管网建设。强化城中村、老旧城区和城乡结合部污水截流、收集。现有合流制排水系统应加快实施雨污分流改造，难以改造的，应采取截流、调蓄和治理等措施。新建污水处理设施的配套管网应同步设计、同步建设、同步投运。除干旱地区外，城镇新区建设均实行雨污分流，有条件的地区要推进初期雨水收集、处理和资源化利用。到2017年，直辖市、省会城市、计划单列市建成区污水基本实现全收集、全处理，其他地级城市建成区于2020年年底前基本实现。（住房城乡建设部牵头，发展改革委、环境保护部等参与）

推进污泥处理处置。污水处理设施产生的污泥应进行稳定化、无害化和资源化处理处置，禁止处理处置不达标的污泥进入耕地。非法污泥堆放点一律予以取缔。现有污泥处理处置设施应于2017年底前基本完成达标改造，地级及以上城市污泥无害化处理处置率应于2020年底前达到90%以上。（住房城乡建设部牵头，发展改革委、工业和信息化部、环境保护部、农业部等参与）

（三）推进农业农村污染防治。防治畜禽养殖污染。科学划定畜禽养殖禁养区，2017年年底前，依法关闭或搬迁禁养区内的畜禽养殖场（小区）和

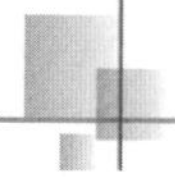

养殖专业户，京津冀、长三角、珠三角等区域提前一年完成。现有规模化畜禽养殖场（小区）要根据污染防治需要，配套建设粪便污水贮存、处理、利用设施。散养密集区要实行畜禽粪便污水分户收集、集中处理利用。自2016年起，新建、改建、扩建规模化畜禽养殖场（小区）要实施雨污分流、粪便污水资源化利用。（农业部牵头，环境保护部参与）

控制农业面源污染。制定实施全国农业面源污染综合防治方案。推广低毒、低残留农药使用补助试点经验，开展农作物病虫害绿色防控和统防统治。实行测土配方施肥，推广精准施肥技术和机具。完善高标准农田建设、土地开发整理等标准规范，明确环保要求，新建高标准农田要达到相关环保要求。敏感区域和大中型灌区，要利用现有沟、塘、窖等，配置水生植物群落、格栅和透水坝，建设生态沟渠、污水净化塘、地表径流集蓄池等设施，净化农田排水及地表径流。到2020年，测土配方施肥技术推广覆盖率达到90%以上，化肥利用率提高到40%以上，农作物病虫害统防统治覆盖率达到40%以上；京津冀、长三角、珠三角等区域提前一年完成。（农业部牵头，发展改革委、工业和信息化部、国土资源部、环境保护部、水利部、质检总局等参与）

调整种植业结构与布局。在缺水地区试行退地减水。地下水易受污染地区要优先种植需肥需药量低、环境效益突出的农作物。地表水过度开发和地下水超采问题较严重，且农业用水比重较大的甘肃、新疆（含新疆生产建设兵团）、河北、山东、河南等五省（区），要适当减少用水量较大的农作物种植面积，改种耐旱作物和经济林；2018年年底前，对3300万亩灌溉面积实施综合治理，退减水量37亿立方米以上。（农业部、水利部牵头，发展改革委、国土资源部等参与）

加快农村环境综合整治。以县级行政区域为单元，实行农村污水处理统一规划、统一建设、统一管理，有条件的地区积极推进城镇污水处理设施和服务向农村延伸。深化“以奖促治”政策，实施农村清洁工程，开展河道清淤疏浚，推进农村环境连片整治。到2020年，新增完成环境综合整治的建制村13万个。（环境保护部牵头，住房城乡建设部、水利部、农业部等参与）

（四）加强船舶港口污染控制。积极治理船舶污染。依法强制报废超过使用年限的船舶。分类分级修订船舶及其设施、设备的相关环保标准。2018

年起投入使用的沿海船舶、2021年起投入使用的内河船舶执行新的标准；其他船舶于2020年底前完成改造，经改造仍不能达到要求的，限期予以淘汰。航行于我国水域的国际航线船舶，要实施压载水交换或安装压载水灭活处理系统。规范拆船行为，禁止冲滩拆解。（交通运输部牵头，工业和信息化部、环境保护部、农业部、质检总局等参与）

增强港口码头污染防治能力。编制实施全国港口、码头、装卸站污染防治方案。加快垃圾接收、转运及处理处置设施建设，提高含油污水、化学品洗舱水等接收处置能力及污染事故应急能力。位于沿海和内河的港口、码头、装卸站及船舶修造厂，分别于2017年底前和2020年底前达到建设要求。港口、码头、装卸站的经营人应制定防治船舶及其有关活动污染水环境的应急计划。（交通运输部牵头，工业和信息化部、住房城乡建设部、农业部等参与）

二、推动经济结构转型升级

（五）调整产业结构。依法淘汰落后产能。自2015年起，各地要依据部分工业行业淘汰落后生产工艺装备和产品指导目录、产业结构调整指导目录及相关行业污染物排放标准，结合水质改善要求及产业发展情况，制定并实施分年度的落后产能淘汰方案，报工业和信息化部、环境保护部备案。未完成淘汰任务的地区，暂停审批和核准其相关行业新建项目。（工业和信息化部牵头，发展改革委、环境保护部等参与）

严格环境准入。根据流域水质目标和主体功能区规划要求，明确区域环境准入条件，细化功能分区，实施差别化环境准入政策。建立水资源、水环境承载能力监测评价体系，实行承载能力监测预警，已超过承载能力的地区要实施水污染物削减方案，加快调整发展规划和产业结构。到2020年，组织完成市、县域水资源、水环境承载能力现状评价。（环境保护部牵头，住房城乡建设部、水利部、海洋局等参与）

（六）优化空间布局。合理确定发展布局、结构和规模。充分考虑水资源、水环境承载能力，以水定城、以水定地、以水定人、以水定产。重大项目原则上布局在优化开发区和重点开发区，并符合城乡规划和土地利用总体规划。鼓励发展节水高效现代农业、低耗水高新技术产业以及生态保护型旅游业，严格控制缺水地区、水污染严重地区和敏感区域高耗水、高污染行业发展，新建、改建、扩建重点行业建设项目实行主要污染物排放减量置换。

七大重点流域干流沿岸，要严格控制石油加工、化学原料和化学制品制造、医药制造、化学纤维制造、有色金属冶炼、纺织印染等项目环境风险，合理布局生产装置及危险化学品仓储等设施。（发展改革委、工业和信息化部牵头，国土资源部、环境保护部、住房城乡建设部、水利部等参与）

推动污染企业退出。城市建成区内现有钢铁、有色金属、造纸、印染、原料药制造、化工等污染较重的企业应有序搬迁改造或依法关闭。（工业和信息化部牵头，环境保护部等参与）

积极保护生态空间。严格城市规划蓝线管理，城市规划区范围内应保留一定比例的水域面积。新建项目一律不得违规占用水域。严格水域岸线用途管制，土地开发利用应按照有关法律法规和技术标准要求，留足河道、湖泊和滨海地带的管理和保护范围，非法挤占的应限期退出。（国土资源部、住房城乡建设部牵头，环境保护部、水利部、海洋局等参与）

（七）推进循环发展。加强工业水循环利用。推进矿井水综合利用，煤炭矿区的补充用水、周边地区生产和生态用水应优先使用矿井水，加强洗煤废水循环利用。鼓励钢铁、纺织印染、造纸、石油石化、化工、制革等高耗水企业废水深度处理回用。（发展改革委、工业和信息化部牵头，水利部、能源局等参与）

促进再生水利用。以缺水及水污染严重地区城市为重点，完善再生水利用设施，工业生产、城市绿化、道路清扫、车辆冲洗、建筑施工以及生态景观等用水，要优先使用再生水。推进高速公路服务区污水处理和利用。具备使用再生水条件但未充分利用的钢铁、火电、化工、制浆造纸、印染等项目，不得批准其新增取水许可。自2018年起，单体建筑面积超过2万平方米的新建公共建筑，北京市2万平方米、天津市5万平方米、河北省10万平方米以上集中新建的保障性住房，应安装建筑中水设施。积极推动其他新建住房安装建筑中水设施。到2020年，缺水城市再生水利用率达到20%以上，京津冀区域达到30%以上。（住房城乡建设部牵头，发展改革委、工业和信息化部、环境保护部、交通运输部、水利部等参与）

推动海水利用。在沿海地区电力、化工、石化等行业，推行直接利用海水作为循环冷却等工业用水。在有条件的城市，加快推进淡化海水作为生活用水补充水源。（发展改革委牵头，工业和信息化部、住房城乡建设部、水利部、海洋局等参与）

三、着力节约保护水资源

（八）控制用水总量。实施最严格水资源管理。健全取用水总量控制指标体系。加强相关规划和项目建设布局水资源论证工作，国民经济和社会发展规划以及城市总体规划的编制、重大建设项目的布局，应充分考虑当地水资源条件和防洪要求。对取用水总量已达到或超过控制指标的地区，暂停审批其建设项目新增取水许可。对纳入取水许可管理的单位和其他用水大户实行计划用水管理。新建、改建、扩建项目用水要达到行业先进水平，节水设施应与主体工程同时设计、同时施工、同时投运。建立重点监控用水单位名录。到2020年，全国用水总量控制在6700亿立方米以内。（水利部牵头，发展改革委、工业和信息化部、住房城乡建设部、农业部等参与）

严控地下水超采。在地面沉降、地裂缝、岩溶塌陷等地质灾害易发区开发利用地下水，应进行地质灾害危险性评估。严格控制开采深层承压水，地热水、矿泉水开发应严格实行取水许可和采矿许可。依法规范机井建设管理，排查登记已建机井，未经批准的和公共供水管网覆盖范围内的自备水井，一律予以关闭。编制地面沉降区、海水入侵区等区域地下水压采方案。开展华北地下水超采区综合治理，超采区内禁止工农业生产及服务业新增取用地下水。京津冀区域实施土地整治、农业开发、扶贫等农业基础设施项目，不得以配套打井为条件。2017年年底前，完成地下水禁采区、限采区和地面沉降控制区范围划定工作，京津冀、长三角、珠三角等区域提前一年完成。（水利部、国土资源部牵头，发展改革委、工业和信息化部、财政部、住房城乡建设部、农业部等参与）

（九）提高用水效率。建立万元国内生产总值水耗指标等用水效率评估体系，把节水目标任务完成情况纳入地方政府政绩考核。将再生水、雨水和微咸水等非常规水源纳入水资源统一配置。到2020年，全国万元国内生产总值用水量、万元工业增加值用水量比2013年分别下降35%、30%以上。（水利部牵头，发展改革委、工业和信息化部、住房城乡建设部等参与）

抓好工业节水。制定国家鼓励和淘汰的用水技术、工艺、产品和设备目录，完善高耗水行业取用水定额标准。开展节水诊断、水平衡测试、用水效率评估，严格用水定额管理。到2020年，电力、钢铁、纺织、造纸、石油石化、化工、食品发酵等高耗水行业达到先进定额标准。（工业和信息化部、水利部牵头，发展改革委、住房城乡建设部、质检总局等参与）

加强城镇节水。禁止生产、销售不符合节水标准的产品、设备。公共建筑必须采用节水器具，限期淘汰公共建筑中不符合节水标准的水嘴、便器水箱等生活用水器具。鼓励居民家庭选用节水器具。对使用超过50年和材质落后的供水管网进行更新改造，到2017年，全国公共供水管网漏损率控制在12%以内；到2020年，控制在10%以内。积极推行低影响开发建设模式，建设滞、渗、蓄、用、排相结合的雨水收集利用设施。新建城区硬化地面，可渗透面积要达到40%以上。到2020年，地级及以上缺水城市全部达到国家节水型城市标准要求，京津冀、长三角、珠三角等区域提前一年完成。(住房城乡建设部牵头，发展改革委、工业和信息化部、水利部、质检总局等参与)

发展农业节水。推广渠道防渗、管道输水、喷灌、微灌等节水灌溉技术，完善灌溉用水计量设施。在东北、西北、黄淮海等区域，推进规模化高效节水灌溉，推广农作物节水抗旱技术。到2020年，大型灌区、重点中型灌区续建配套和节水改造任务基本完成，全国节水灌溉工程面积达到7亿亩左右，农田灌溉水有效利用系数达到0.55以上。(水利部、农业部牵头，发展改革委、财政部等参与)

(十) 科学保护水资源。完善水资源保护考核评价体系。加强水功能区监督管理，从严核定水域纳污能力。(水利部牵头，发展改革委、环境保护部等参与)

加强江河湖库水量调度管理。完善水量调度方案。采取闸坝联合调度、生态补水等措施，合理安排闸坝下泄水量和泄流时段，维持河湖基本生态用水需求，重点保障枯水期生态基流。加大水利工程建设力度，发挥好控制性水利工程在改善水质中的作用。(水利部牵头，环境保护部参与)

科学确定生态流量。在黄河、淮河等流域进行试点，分期分批确定生态流量(水位)，作为流域水量调度的重要参考。(水利部牵头，环境保护部参与)

四、强化科技支撑

(十一) 推广示范适用技术。加快技术成果推广应用，重点推广饮用水净化、节水、水污染治理及循环利用、城市雨水收集利用、再生水安全回用、水生态修复、畜禽养殖污染防治等适用技术。完善环保技术评价体系，加强国家环保科技成果共享平台建设，推动技术成果共享与转化。发挥企业的技术创新主体作用，推动水处理重点企业与科研院所、高等学校组建产学研技术创新战略联盟，示范推广控源减排和清洁生产先进技术。（科技部牵头，发展改革委、工业和信息化部、环境保护部、住房城乡建设部、水利部、农业部、海洋局等参与）

（十二）攻关研发前瞻技术。整合科技资源，通过相关国家科技计划（专项、基金）等，加快研发重点行业废水深度处理、生活污水低成本高标准处理、海水淡化和工业高盐废水脱盐、饮用水微量有毒污染物处理、地下水污染修复、危险化学品事故和水上溢油应急处置等技术。开展有机物和重金属等水环境基准、水污染对人体健康影响、新型污染物风险评价、水环境损害评估、高品质再生水补充饮用水水源等研究。加强水生态保护、农业面源污染防治、水环境监控预警、水处理工艺技术装备等领域的国际交流合作。（科技部牵头，发展改革委、工业和信息化部、国土资源部、环境保护部、住房城乡建设部、水利部、农业部、卫生计生委等参与）

（十三）大力发展环保产业。规范环保产业市场。对涉及环保市场准入、经营行为规范的法规、规章和规定进行全面梳理，废止妨碍形成全国统一环保市场和公平竞争的规定和做法。健全环保工程设计、建设、运营等领域招投标管理办法和技术标准。推进先进适用的节水、治污、修复技术和装备产业化发展。（发展改革委牵头，科技部、工业和信息化部、财政部、环境保护部、住房城乡建设部、水利部、海洋局等参与）

加快发展环保服务业。明确监管部门、排污企业和环保服务公司的责任和义务，完善风险分担、履约保障等机制。鼓励发展包括系统设计、设备成套、工程施工、调试运行、维护管理的环保服务总承包模式、政府和社会资本合作模式等。以污水、垃圾处理和工业园区为重点，推行环境污染第三方治理。（发展改革委、财政部牵头，科技部、工业和信息化部、环境保护部、住房城乡建设部等参与）

五、充分发挥市场机制作用

（十四）理顺价格税费。加快水价改革。县级及以上城市应于2015年底前全面实行居民阶梯水价制度，具备条件的建制镇也要积极推进。2020年底前，全面实行非居民用水超定额、超计划累进加价制度。深入推进农业水价综合改革。（发展改革委牵头，财政部、住房城乡建设部、水利部、农业部等参与）

完善收费政策。修订城镇污水处理费、排污费、水资源费征收管理办

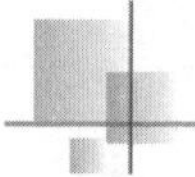

法，合理提高征收标准，做到应收尽收。城镇污水处理收费标准不应低于污水处理和污泥处理处置成本。地下水水资源费征收标准应高于地表水，超采地区地下水水资源费征收标准应高于非超采地区。（发展改革委、财政部牵头，环境保护部、住房城乡建设部、水利部等参与）

健全税收政策。依法落实环境保护、节能节水、资源综合利用等方面税收优惠政策。对国内企业为生产国家支持发展的大型环保设备，必须进口的关键零部件及原材料，免征关税。加快推进环境保护税立法、资源税税费改革等工作。研究将部分高耗能、高污染产品纳入消费税征收范围。（财政部、税务总局牵头，发展改革委、工业和信息化部、商务部、海关总署、质检总局等参与）

（十五）促进多元融资。引导社会资本投入。积极推动设立融资担保基金，推进环保设备融资租赁业务发展。推广股权、项目收益权、特许经营权、排污权等质押融资担保。采取环境绩效合同服务、授予开发经营权益等方式，鼓励社会资本加大水环境保护投入。（人民银行、发展改革委、财政部牵头，环境保护部、住房城乡建设部、银监会、证监会、保监会等参与）

增加政府资金投入。中央财政加大对属于中央事权的水环境保护项目支持力度，合理承担部分属于中央和地方共同事权的水环境保护项目，向欠发达地区和重点地区倾斜；研究采取专项转移支付等方式，实施“以奖代补”。地方各级人民政府要重点支持污水处理、污泥处理处置、河道整治、饮用水水源保护、畜禽养殖污染防治、水生态修复、应急清污等项目和工作。对环境监管能力建设及运行费用分级予以必要保障。（财政部牵头，发展改革委、环境保护部等参与）

（十六）建立激励机制。健全节水环保“领跑者”制度。鼓励节能减排先进企业、工业集聚区用水效率、排污强度等达到更高标准，支持开展清洁生产、节约用水和污染治理等示范。（发展改革委牵头，工业和信息化部、财政部、环境保护部、住房城乡建设部、水利部等参与）

推行绿色信贷。积极发挥政策性银行等金融机构在水环境保护中的作用，重点支持循环经济、污水处理、水资源节约、水生态环境保护、清洁及可再生能源利用等领域。严格限制环境违法企业贷款。加强环境信用体系建设，构建守信激励与失信惩戒机制，环保、银行、证券、保险等方面要加强协作联动，于2017年底前分级建立企业环境信用评价体系。鼓励涉重金属、

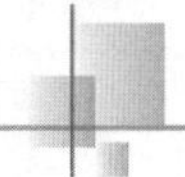

石油化工、危险化学品运输等高环境风险行业投保环境污染责任保险。（人民银行牵头，工业和信息化部、环境保护部、水利部、银监会、证监会、保监会等参与）

实施跨界水环境补偿。探索采取横向资金补助、对口援助、产业转移等方式，建立跨界水环境补偿机制，开展补偿试点。深化排污权有偿使用和交易试点。（财政部牵头，发展改革委、环境保护部、水利部等参与）

六、严格环境执法监管

（十七）完善法规标准。健全法律法规。加快水污染防治、海洋环境保护、排污许可、化学品环境管理等法律法规制修订步伐，研究制定环境质量目标管理、环境功能区划、节水及循环利用、饮用水水源保护、污染责任保险、水功能区监督管理、地下水管理、环境监测、生态流量保障、船舶和陆源污染防治等法律法规。各地可结合实际，研究起草地方性水污染防治法规。（法制办牵头，发展改革委、工业和信息化部、国土资源部、环境保护部、住房城乡建设部、交通运输部、水利部、农业部、卫生计生委、保监会、海洋局等参与）

完善标准体系。制修订地下水、地表水和海洋等环境质量标准，城镇污水处理、污泥处理处置、农田退水等污染物排放标准。健全重点行业水污染物特别排放限值、污染防治技术政策和清洁生产评价指标体系。各地可制定严于国家标准的地方水污染物排放标准。（环境保护部牵头，发展改革委、工业和信息化部、国土资源部、住房城乡建设部、水利部、农业部、质检总局等参与）

（十八）加大执法力度。所有排污单位必须依法实现全面达标排放。逐一排查工业企业排污情况，达标企业应采取措施确保稳定达标；对超标和超总量的企业予以“黄牌”警示，一律限制生产或停产整治；对整治仍不能达到要求且情节严重的企业予以“红牌”处罚，一律停业、关闭。自 2016 年起，定期公布环保“黄牌”“红牌”企业名单。定期抽查排污单位达标排放情况，结果向社会公布。（环境保护部负责）

完善国家督查、省级巡查、地市检查的环境监督执法机制，强化环保、公安、监察等部门和单位协作，健全行政执法与刑事司法衔接配合机制，完善案件移送、受理、立案、通报等规定。加强对地方人民政府和有关部门环保工作的监督，研究建立国家环境监察专员制度。（环境保护部牵头，工业

和信息化部、公安部、中央编办等参与）

严厉打击环境违法行为。重点打击私设暗管或利用渗井、渗坑、溶洞排放、倾倒含有毒有害污染物废水、含病原体污水，监测数据弄虚作假，不正常使用水污染物处理设施，或者未经批准拆除、闲置水污染物处理设施等环境违法行为。对造成生态损害的责任者严格落实赔偿制度。严肃查处建设项目环境影响评价领域越权审批、未批先建、边批边建、久试不验等违法违规行为。对构成犯罪的，要依法追究刑事责任。（环境保护部牵头，公安部、住房城乡建设部等参与）

（十九）提升监管水平。完善流域协作机制。健全跨部门、区域、流域、海域水环境保护议事协调机制，发挥环境保护区域督查派出机构和流域水资源保护机构作用，探索建立陆海统筹的生态系统保护修复机制。流域上下游各级政府、各部门之间要加强协调配合、定期会商，实施联合监测、联合执法、应急联动、信息共享。京津冀、长三角、珠三角等区域要于2015年底前建立水污染防治联动协作机制。建立严格监管所有污染物排放的水环境保护管理制度。（环境保护部牵头，交通运输部、水利部、农业部、海洋局等参与）

完善水环境监测网络。统一规划设置监测断面（点位）。提升饮用水水源水质全指标监测、水生生物监测、地下水环境监测、化学物质监测及环境风险防控技术支撑能力。2017年底前，京津冀、长三角、珠三角等区域、海域建成统一的水环境监测网。（环境保护部牵头，发展改革委、国土资源部、住房城乡建设部、交通运输部、水利部、农业部、海洋局等参与）

提高环境监管能力。加强环境监测、环境监察、环境应急等专业技术培训，严格落实执法、监测等人员持证上岗制度，加强基层环保执法力量，具备条件的乡镇（街道）及工业园区要配备必要的环境监管力量。各市、县应自2016年起实行环境监管网格化管理。（环境保护部负责）

七、切实加强水环境管理

（二十）强化环境质量目标管理。明确各类水体水质保护目标，逐一排查达标状况。未达到水质目标要求的地区要制定达标方案，将治污任务逐一落实到汇水范围内的排污单位，明确防治措施及达标时限，方案报上一级人民政府备案，自2016年起，定期向社会公布。对水质不达标的区域实施挂牌督办，必要时采取区域限批等措施。（环境保护部牵头，水利部参与）

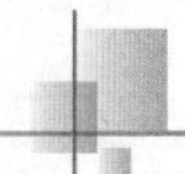

（二十一）深化污染物排放总量控制。完善污染物统计监测体系，将工业、城镇生活、农业、移动源等各类污染源纳入调查范围。选择对水环境质量有突出影响的总氮、总磷、重金属等污染物，研究纳入流域、区域污染物排放总量控制约束性指标体系。（环境保护部牵头，发展改革委、工业和信息化部、住房城乡建设部、水利部、农业部等参与）

（二十二）严格环境风险控制。防范环境风险。定期评估沿江河湖库工业企业、工业集聚区环境和健康风险，落实防控措施。评估现有化学物质环境和健康风险，2017 年底前公布优先控制化学品名录，对高风险化学品生产、使用进行严格限制，并逐步淘汰替代。（环境保护部牵头，工业和信息化部、卫生计生委、安全监管总局等参与）

稳妥处置突发水环境污染事件。地方各级人民政府要制定和完善水污染事故处置应急预案，落实责任主体，明确预警预报与响应程序、应急处置及保障措施等内容，依法及时公布预警信息。（环境保护部牵头，住房城乡建设部、水利部、农业部、卫生计生委等参与）

（二十三）全面推行排污许可。依法核发排污许可证。2015 年底前，完成国控重点污染源及排污权有偿使用和交易试点地区污染源排污许可证的核发工作，其他污染源于 2017 年底前完成。（环境保护部负责）

加强许可证管理。以改善水质、防范环境风险为目标，将污染物排放种类、浓度、总量、排放去向等纳入许可证管理范围。禁止无证排污或不按许可证规定排污。强化海上排污监管，研究建立海上污染排放许可证制度。2017 年底前，完成全国排污许可证管理信息平台建设。（环境保护部牵头，海洋局参与）

八、全力保障水生态环境安全

（二十四）保障饮用水水源安全。从水源到水龙头全过程监管饮用水安全。地方各级人民政府及供水单位应定期监测、检测和评估本行政区域内饮用水水源、供水厂出水和用户水龙头水质等饮水安全状况，地级及以上城市自 2016 年起每季度向社会公开。自 2018 年起，所有县级及以上城市饮水安全状况信息都要向社会公开。（环境保护部牵头，发展改革委、财政部、住房城乡建设部、水利部、卫生计生委等参与）

强化饮用水水源环境保护。开展饮用水水源规范化建设，依法清理饮用水水源保护区内违法建筑和排污口。单一水源供水的地级及以上城市应于

2020年底前基本完成备用水源或应急水源建设，有条件的地方可以适当提前。加强农村饮用水水源保护和水质检测。（环境保护部牵头，发展改革委、财政部、住房城乡建设部、水利部、卫生计生委等参与）

防治地下水污染。定期调查评估集中式地下水型饮用水水源补给区等区域环境状况。石化生产存储销售企业和工业园区、矿山开采区、垃圾填埋场等区域应进行必要的防渗处理。加油站地下油罐应于2017年底前全部更新为双层罐或完成防渗池设置。报废矿井、钻井、取水井应实施封井回填。公布京津冀等区域内环境风险大、严重影响公众健康的地下水污染场地清单，开展修复试点。（环境保护部牵头，财政部、国土资源部、住房城乡建设部、水利部、商务部等参与）

（二十五）深化重点流域污染防治。编制实施七大重点流域水污染防治规划。研究建立流域水生态环境功能分区管理体系。对化学需氧量、氨氮、总磷、重金属及其他影响人体健康的污染物采取针对性措施，加大整治力度。汇入富营养化湖库的河流应实施总氮排放控制。到2020年，长江、珠江总体水质达到优良，松花江、黄河、淮河、辽河在轻度污染基础上进一步改善，海河污染程度得到缓解。三峡库区水质保持良好，南水北调、引滦入津等调水工程确保水质安全。太湖、巢湖、滇池富营养化水平有所好转。白洋淀、乌梁素海、呼伦湖、艾比湖等湖泊污染程度减轻。环境容量较小、生态环境脆弱，环境风险高的地区，应执行水污染物特别排放限值。各地可根据水环境质量改善需要，扩大特别排放限值实施范围。（环境保护部牵头，发展改革委、工业和信息化部、财政部、住房城乡建设部、水利部等参与）

加强良好水体保护。对江河源头及现状水质达到或优于Ⅲ类的江河湖库开展生态环境安全评估，制定实施生态环境保护方案。东江、滦河、千岛湖、南四湖等流域于2017年年底前完成。浙闽片河流、西南诸河、西北诸河及跨界水体水质保持稳定。（环境保护部牵头，外交部、发展改革委、财政部、水利部、林业局等参与）

（二十六）加强近岸海域环境保护。实施近岸海域污染防治方案。重点整治黄河口、长江口、闽江口、珠江口、辽东湾、渤海湾、胶州湾、杭州湾、北部湾等河口海湾污染。沿海地级及以上城市实施总氮排放总量控制。研究建立重点海域排污总量控制制度。规范入海排污口设置，2017年底前全面清理非法或设置不合理的入海排污口。到2020年，沿海省（区、市）入

海河流基本消除劣于Ⅴ类的水体。提高涉海项目准入门槛。（环境保护部、海洋局牵头，发展改革委、工业和信息化部、财政部、住房城乡建设部、交通运输部、农业部等参与）

推进生态健康养殖。在重点河湖及近岸海域划定限制养殖区。实施水产养殖池塘、近海养殖网箱标准化改造，鼓励有条件的渔业企业开展海洋离岸养殖和集约化养殖。积极推广人工配合饲料，逐步减少冰鲜杂鱼饲料使用。加强养殖投入品管理，依法规范、限制使用抗生素等化学药品，开展专项整治。到 2015 年，海水养殖面积控制在 220 万公顷左右。（农业部负责）

严格控制环境激素类化学品污染。2017 年底前完成环境激素类化学品生产使用情况调查，监控评估水源地、农产品种植区及水产品集中养殖区风险，实施环境激素类化学品淘汰、限制、替代等措施。（环境保护部牵头，工业和信息化部、农业部等参与）

（二十七）整治城市黑臭水体。采取控源截污、垃圾清理、清淤疏浚、生态修复等措施，加大黑臭水体治理力度，每半年向社会公布治理情况。地级及以上城市建成区应于 2015 年底前完成水体排查，公布黑臭水体名称、责任人及达标期限；于 2017 年底前实现河面无大面积漂浮物，河岸无垃圾，无违法排污口；于 2020 年底前完成黑臭水体治理目标。直辖市、省会城市、计划单列市建成区要于 2017 年底前基本消除黑臭水体。（住房城乡建设部牵头，环境保护部、水利部、农业部等参与）

（二十八）保护水和湿地生态系统。加强河湖水生态保护，科学划定生态保护红线。禁止侵占自然湿地等水源涵养空间，已侵占的要限期予以恢复。强化水源涵养林建设与保护，开展湿地保护与修复，加大退耕还林、还草、还湿力度。加强滨河（湖）带生态建设，在河道两侧建设植被缓冲带和隔离带。加大水生野生动植物类自然保护区和水产种质资源保护区保护力度，开展珍稀濒危水生生物和重要水产种质资源的就地和迁地保护，提高水生生物多样性。2017 年底前，制定实施七大重点流域水生生物多样性保护方案。（环境保护部、林业局牵头，财政部、国土资源部、住房城乡建设部、水利部、农业部等参与）

保护海洋生态。加大红树林、珊瑚礁、海草床等滨海湿地、河口和海湾典型生态系统，以及产卵场、索饵场、越冬场、洄游通道等重要渔业水域的保护力度，实施增殖放流，建设人工鱼礁。开展海洋生态补偿及赔偿等研

究，实施海洋生态修复。认真执行围填海管制计划，严格围填海管理和监督，重点海湾、海洋自然保护区的核心区及缓冲区、海洋特别保护区的重点保护区及预留区、重点河口区域、重要滨海湿地区域、重要砂质岸线及沙源保护海域、特殊保护海岛及重要渔业海域禁止实施围填海，生态脆弱敏感区、自净能力差的海域严格限制围填海。严肃查处违法围填海行为，追究相关人员责任。将自然海岸线保护纳入沿海地方政府政绩考核。到 2020 年，全国自然岸线保有率不低于 35%（不包括海岛岸线）。（环境保护部、海洋局牵头，发展改革委、财政部、农业部、林业局等参与）

九、明确和落实各方责任

（二十九）强化地方政府水环境保护责任。各级地方人民政府是实施本行动计划的主体，要于 2015 年底前分别制定并公布水污染防治工作方案，逐年确定分流域、分区域、分行业的重点任务和年度目标。要不断完善政策措施，加大资金投入，统筹城乡水污染治理，强化监管，确保各项任务全面完成。各省（区、市）工作方案报国务院备案。（环境保护部牵头，发展改革委、财政部、住房城乡建设部、水利部等参与）

（三十）加强部门协调联动。建立全国水污染防治工作协作机制，定期研究解决重大问题。各有关部门要认真按照职责分工，切实做好水污染防治相关工作。环境保护部要加强统一指导、协调和监督，工作进展及时向国务院报告。（环境保护部牵头，发展改革委、科技部、工业和信息化部、财政部、住房城乡建设部、水利部、农业部、海洋局等参与）

（三十一）落实排污单位主体责任。各类排污单位要严格执行环保法律法规和制度，加强污染治理设施建设和运行管理，开展自行监测，落实治污减排、环境风险防范等责任。中央企业和国有企业要带头落实，工业集聚区内的企业要探索建立环保自律机制。（环境保护部牵头，国资委参与）

（三十二）严格目标任务考核。国务院与各省（区、市）人民政府签订水污染防治目标责任书，分解落实目标任务，切实落实“一岗双责”。每年分流域、分区域、分海域对行动计划实施情况进行考核，考核结果向社会公布，并作为对领导班子和领导干部综合考核评价的重要依据。（环境保护部牵头，中央组织部参与）

将考核结果作为水污染防治相关资金分配的参考依据。（财政部、发展改革委牵头，环境保护部参与）

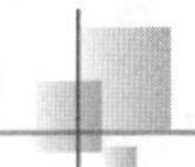

对未通过年度考核的，要约谈省级人民政府及其相关部门有关负责人，提出整改意见，予以督促；对有关地区和企业实施建设项目环评限批。对因工作不力、履职缺位等导致未能有效应对水环境污染事件的，以及干预、伪造数据和没有完成年度目标任务的，要依法依纪追究有关单位和人员责任。对不顾生态环境盲目决策，导致水环境质量恶化，造成严重后果的领导干部，要记录在案，视情节轻重，给予组织处理或党纪政纪处分，已经离任的也要终身追究责任。（环境保护部牵头，监察部参与）

十、强化公众参与和社会监督

（三十三）依法公开环境信息。综合考虑水环境质量及达标情况等因素，国家每年公布最差、最好的 10 个城市名单和各省（区、市）水环境状况。对水环境状况差的城市，经整改后仍达不到要求的，取消其环境保护模范城市、生态文明建设示范区、节水型城市、园林城市、卫生城市等荣誉称号，并向社会公告。（环境保护部牵头，发展改革委、住房城乡建设部、水利部、卫生计生委、海洋局等参与）

各省（区、市）人民政府要定期公布本行政区域内各地级市（州、盟）水环境质量状况。国家确定的重点排污单位应依法向社会公开其产生的主要污染物名称、排放方式、排放浓度和总量、超标排放情况，以及污染防治设施的建设和运行情况，主动接受监督。研究发布工业集聚区环境友好指数、重点行业污染物排放强度、城市环境友好指数等信息。（环境保护部牵头，发展改革委、工业和信息化部等参与）

（三十四）加强社会监督。为公众、社会组织提供水污染防治法规培训和咨询，邀请其全程参与重要环保执法行动和重大水污染事件调查。公开曝光环境违法典型案件。健全举报制度，充分发挥“12369”环保举报热线和网络平台作用。限期办理群众举报投诉的环境问题，一经查实，可给予举报人奖励。通过公开听证、网络征集等形式，充分听取公众对重大决策和建设项目的意见。积极推行环境公益诉讼。（环境保护部负责）

（三十五）构建全民行动格局。树立“节水洁水，人人有责”的行为准则。加强宣传教育，把水资源、水环境保护和水情知识纳入国民教育体系，提高公众对经济社会发展和环境保护客观规律的认识。依托全国中小学节水教育、水土保持教育、环境教育等社会实践基地，开展环保社会实践活动。支持民间环保机构、志愿者开展工作。倡导绿色消费新风尚，开展环保社

区、学校、家庭等群众性创建活动，推动节约用水，鼓励购买使用节水产品和环境标志产品。（环境保护部牵头，教育部、住房城乡建设部、水利部等参与）

我国正处于新型工业化、信息化、城镇化和农业现代化快速发展阶段，水污染防治任务繁重艰巨。各地区、各有关部门要切实处理好经济社会发展和生态文明建设的关系，按照“地方履行属地责任、部门强化行业管理”的要求，明确执法主体和责任主体，做到各司其职，恪尽职守，突出重点，综合整治，务求实效，以抓铁有痕、踏石留印的精神，依法依规狠抓贯彻落实，确保全国水环境治理与保护目标如期实现，为实现“两个一百年”奋斗目标和中华民族伟大复兴中国梦作出贡献。

中共中央　国务院
关于全面加强生态环境保护
坚决打好污染防治攻坚战的意见

（2018 年 6 月 16 日）

良好生态环境是实现中华民族永续发展的内在要求，是增进民生福祉的优先领域。为深入学习贯彻习近平新时代中国特色社会主义思想和党的十九大精神，决胜全面建成小康社会，全面加强生态环境保护，打好污染防治攻坚战，提升生态文明，建设美丽中国，现提出如下意见。

一、深刻认识生态环境保护面临的形势

党的十八大以来，以习近平同志为核心的党中央把生态文明建设作为统筹推进“五位一体”总体布局和协调推进“四个全面”战略布局的重要内容，谋划开展了一系列根本性、长远性、开创性工作，推动生态文明建设和生态环境保护从实践到认识发生了历史性、转折性、全局性变化。各地区各部门认真贯彻落实党中央、国务院决策部署，生态文明建设和生态环境保护制度体系加快形成，全面节约资源有效推进，大气、水、土壤污染防治行动计划深入实施，生态系统保护和修复重大工程进展顺利，核与辐射安全得到有效保障，生态文明建设成效显著，美丽中国建设迈出重要步伐，我国成为全球生态文明建设的重要参与者、贡献者、引领者。

同时，我国生态文明建设和生态环境保护面临不少困难和挑战，存在许多不足。一些地方和部门对生态环境保护认识不到位，责任落实不到位；经济社会发展同生态环境保护的矛盾仍然突出，资源环境承载能力已经达到或接近上限；城乡区域统筹不够，新老环境问题交织，区域性、布局性、结构性环境风险凸显，重污染天气、黑臭水体、垃圾围城、生态破坏等问题时有发生。这些问题，成为重要的民生之患、民心之痛，成为经济社会可持续发展的瓶颈制约，成为全面建成小康社会的明显短板。

进入新时代，解决人民日益增长的美好生活需要和不平衡不充分的发展之间的矛盾对生态环境保护提出许多新要求。当前，生态文明建设正处于压力叠加、负重前行的关键期，已进入提供更多优质生态产品以满足人民日益增长的优美生态环境需要的攻坚期，也到了有条件有能力解决突出生态环境问题的窗口期。必须加大力度、加快治理、加紧攻坚，打好标志性的重大战役，为人民创造良好生产生活环境。

二、深入贯彻习近平生态文明思想

习近平总书记传承中华民族传统文化、顺应时代潮流和人民意愿，站在坚持和发展中国特色社会主义、实现中华民族伟大复兴中国梦的战略高度，深刻回答了为什么建设生态文明、建设什么样的生态文明、怎样建设生态文明等重大理论和实践问题，系统形成了习近平生态文明思想，有力指导生态文明建设和生态环境保护取得历史性成就、发生历史性变革。

坚持生态兴则文明兴。建设生态文明是关系中华民族永续发展的根本大计，功在当代、利在千秋，关系人民福祉，关乎民族未来。

坚持人与自然和谐共生。保护自然就是保护人类，建设生态文明就是造福人类。必须尊重自然、顺应自然、保护自然，像保护眼睛一样保护生态环境，像对待生命一样对待生态环境，推动形成人与自然和谐发展现代化建设新格局，还自然以宁静、和谐、美丽。

坚持绿水青山就是金山银山。绿水青山既是自然财富、生态财富，又是社会财富、经济财富。保护生态环境就是保护生产力，改善生态环境就是发展生产力。必须坚持和贯彻绿色发展理念，平衡和处理好发展与保护的关系，推动形成绿色发展方式和生活方式，坚定不移走生产发展、生活富裕、生态良好的文明发展道路。

坚持良好生态环境是最普惠的民生福祉。生态文明建设同每个人息息相关。环境就是民生，青山就是美丽，蓝天也是幸福。必须坚持以人民为中心，重点解决损害群众健康的突出环境问题，提供更多优质生态产品。

坚持山水林田湖草是生命共同体。生态环境是统一的有机整体。必须按照系统工程的思路，构建生态环境治理体系，着力扩大环境容量和生态空间，全方位、全地域、全过程开展生态环境保护。

坚持用最严格制度最严密法治保护生态环境。保护生态环境必须依靠制度、依靠法治。必须构建产权清晰、多元参与、激励约束并重、系统完整的生态文明制度体系，让制度成为刚性约束和不可触碰的高压线。

坚持建设美丽中国全民行动。美丽中国是人民群众共同参与共同建设共

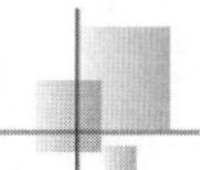

同享有的事业。必须加强生态文明宣传教育，牢固树立生态文明价值观念和行为准则，把建设美丽中国化为全民自觉行动。

坚持共谋全球生态文明建设。生态文明建设是构建人类命运共同体的重要内容。必须同舟共济、共同努力，构筑尊崇自然、绿色发展的生态体系，推动全球生态环境治理，建设清洁美丽世界。

习近平生态文明思想为推进美丽中国建设、实现人与自然和谐共生的现代化提供了方向指引和根本遵循，必须用以武装头脑、指导实践、推动工作。要教育广大干部增强“四个意识”，树立正确政绩观，把生态文明建设重大部署和重要任务落到实处，让良好生态环境成为人民幸福生活的增长点、成为经济社会持续健康发展的支撑点、成为展现我国良好形象的发力点。

三、全面加强党对生态环境保护的领导

加强生态环境保护、坚决打好污染防治攻坚战是党和国家的重大决策部署，各级党委和政府要强化对生态文明建设和生态环境保护的总体设计和组织领导，统筹协调处理重大问题，指导、推动、督促各地区各部门落实党中央、国务院重大政策措施。

（一）落实党政主体责任。落实领导干部生态文明建设责任制，严格实行党政同责、一岗双责。地方各级党委和政府必须坚决扛起生态文明建设和生态环境保护的政治责任，对本行政区域的生态环境保护工作及生态环境质量负总责，主要负责人是本行政区域生态环境保护第一责任人，至少每季度研究一次生态环境保护工作，其他有关领导成员在职责范围内承担相应责任。各地要制定责任清单，把任务分解落实到有关部门。抓紧出台中央和国家机关相关部门生态环境保护责任清单。各相关部门要履行好生态环境保护职责，制定生态环境保护年度工作计划和措施。各地区各部门落实情况每年向党中央、国务院报告。

健全环境保护督察机制。完善中央和省级环境保护督察体系，制定环境保护督察工作规定，以解决突出生态环境问题、改善生态环境质量、推动高质量发展为重点，夯实生态文明建设和生态环境保护政治责任，推动环境保护督察向纵深发展。完善督查、交办、巡查、约谈、专项督察机制，开展重点区域、重点领域、重点行业专项督察。

（二）强化考核问责。制定对省（自治区、直辖市）党委、人大、政府以及中央和国家机关有关部门污染防治攻坚战成效考核办法，对生态环境保护立法执法情况、年度工作目标任务完成情况、生态环境质量状况、资金投入使用情况、公众满意程度等相关方面开展考核。各地参照制定考核实施细则。开展领导干部自然资源资产离任审计。考核结果作为领导班子和领导干部综合考核评价、奖惩任免的重要依据。

严格责任追究。对省（自治区、直辖市）党委和政府以及负有生态环境保护责任的中央和国家机关有关部门贯彻落实党中央、国务院决策部署不坚决不彻底、生态文明建设和生态环境保护责任制执行不到位、污染防治攻坚任务完成严重滞后、区域生态环境问题突出的，约谈主要负责人，同时责成其向党中央、国务院作出深刻检查。对年度目标任务未完成、考核不合格的市、县，党政主要负责人和相关领导班子成员不得评优评先。对在生态环境方面造成严重破坏负有责任的干部，不得提拔使用或者转任重要职务。对不顾生态环境盲目决策、违法违规审批开发利用规划和建设项目的，对造成生态环境质量恶化、生态严重破坏的，对生态环境事件多发高发、应对不力、群众反映强烈的，对生态环境保护责任没有落实、推诿扯皮、没有完成工作任务的，依纪依法严格问责、终身追责。

四、总体目标和基本原则

（一）总体目标。到2020年，生态环境质量总体改善，主要污染物排放总量大幅减少，环境风险得到有效管控，生态环境保护水平同全面建成小康社会目标相适应。

具体指标：全国细颗粒物（$PM_{2.5}$）未达标地级及以上城市浓度比2015年下降18%以上，地级及以上城市空气质量优良天数比率达到80%以上；全国地表水Ⅰ～Ⅲ类水体比例达到70%以上，劣Ⅴ类水体比例控制在5%以内；近岸海域水质优良（一、二类）比例达到70%左右；二氧化硫、氮氧化物排放量比2015年减少15%以上，化学需氧量、氨氮排放量减少10%以上；受污染耕地安全利用率达到90%左右，污染地块安全利用率达到90%以上；生态保护红线面积占比达到25%左右；森林覆盖率达到23.04%以上。

通过加快构建生态文明体系，确保到2035年节约资源和保护生态环境的空间格局、产业结构、生产方式、生活方式总体形成，生态环境质量实现根本好转，美丽中国目标基本实现。到本世纪中叶，生态文明全面提升，实现生态环境领域国家治理体系和治理能力现代化。

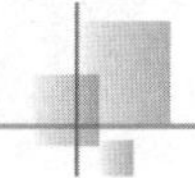

（二）基本原则

——坚持保护优先。落实生态保护红线、环境质量底线、资源利用上线硬约束，深化供给侧结构性改革，推动形成绿色发展方式和生活方式，坚定不移走生产发展、生活富裕、生态良好的文明发展道路。

——强化问题导向。以改善生态环境质量为核心，针对流域、区域、行业特点，聚焦问题、分类施策、精准发力，不断取得新成效，让人民群众有更多获得感。

——突出改革创新。深化生态环境保护体制机制改革，统筹兼顾、系统谋划，强化协调、整合力量，区域协作、条块结合，严格环境标准，完善经济政策，增强科技支撑和能力保障，提升生态环境治理的系统性、整体性、协同性。

——注重依法监管。完善生态环境保护法律法规体系，健全生态环境保护行政执法和刑事司法衔接机制，依法严惩重罚生态环境违法犯罪行为。

——推进全民共治。政府、企业、公众各尽其责、共同发力，政府积极发挥主导作用，企业主动承担环境治理主体责任，公众自觉践行绿色生活。

五、推动形成绿色发展方式和生活方式

坚持节约优先，加强源头管控，转变发展方式，培育壮大新兴产业，推动传统产业智能化、清洁化改造，加快发展节能环保产业，全面节约能源资源，协同推动经济高质量发展和生态环境高水平保护。

（一）促进经济绿色低碳循环发展。对重点区域、重点流域、重点行业和产业布局开展规划环评，调整优化不符合生态环境功能定位的产业布局、规模和结构。严格控制重点流域、重点区域环境风险项目。对国家级新区、工业园区、高新区等进行集中整治，限期进行达标改造。加快城市建成区、重点流域的重污染企业和危险化学品企业搬迁改造，2018 年年底前，相关城市政府就此制定专项计划并向社会公开。促进传统产业优化升级，构建绿色产业链体系。继续化解过剩产能，严禁钢铁、水泥、电解铝、平板玻璃等行业新增产能，对确有必要新建的必须实施等量或减量置换。加快推进危险化学品生产企业搬迁改造工程。提高污染排放标准，加大钢铁等重点行业落后产能淘汰力度，鼓励各地制定范围更广、标准更严的落后产能淘汰政策。构建市场导向的绿色技术创新体系，强化产品全生命周期绿色管理。大力发展节能环保产业、清洁生产产业、清洁能源产业，加强科技创新引领，着力引

导绿色消费，大力提高节能、环保、资源循环利用等绿色产业技术装备水平，培育发展一批骨干企业。大力发展节能和环境服务业，推行合同能源管理、合同节水管理，积极探索区域环境托管服务等新模式。鼓励新业态发展和模式创新。在能源、冶金、建材、有色、化工、电镀、造纸、印染、农副食品加工等行业，全面推进清洁生产改造或清洁化改造。

（二）推进能源资源全面节约。强化能源和水资源消耗、建设用地等总量和强度双控行动，实行最严格的耕地保护、节约用地和水资源管理制度。实施国家节水行动，完善水价形成机制，推进节水型社会和节水型城市建设，到2020年，全国用水总量控制在6700亿立方米以内。健全节能、节水、节地、节材、节矿标准体系，大幅降低重点行业和企业能耗、物耗，推行生产者责任延伸制度，实现生产系统和生活系统循环链接。鼓励新建建筑采用绿色建材，大力发展装配式建筑，提高新建绿色建筑比例。以北方采暖地区为重点，推进既有居住建筑节能改造。积极应对气候变化，采取有力措施确保完成2020年控制温室气体排放行动目标。扎实推进全国碳排放权交易市场建设，统筹深化低碳试点。

（三）引导公众绿色生活。加强生态文明宣传教育，倡导简约适度、绿色低碳的生活方式，反对奢侈浪费和不合理消费。开展创建绿色家庭、绿色学校、绿色社区、绿色商场、绿色餐馆等行动。推行绿色消费，出台快递业、共享经济等新业态的规范标准，推广环境标志产品、有机产品等绿色产品。提倡绿色居住，节约用水用电，合理控制夏季空调和冬季取暖室内温度。大力发展公共交通，鼓励自行车、步行等绿色出行。

六、坚决打赢蓝天保卫战

编制实施打赢蓝天保卫战三年作战计划，以京津冀及周边、长三角、汾渭平原等重点区域为主战场，调整优化产业结构、能源结构、运输结构、用地结构，强化区域联防联控和重污染天气应对，进一步明显降低$PM_{2.5}$浓度，明显减少重污染天数，明显改善大气环境质量，明显增强人民的蓝天幸福感。

（一）加强工业企业大气污染综合治理。全面整治“散乱污”企业及集群，实行拉网式排查和清单式、台账式、网格化管理，分类实施关停取缔、整合搬迁、整改提升等措施，京津冀及周边区域2018年年底前完成，其他重点区域2019年年底前完成。坚决关停用地、工商手续不全并难以通过改

造达标的企业，限期治理可以达标改造的企业，逾期依法一律关停。强化工业企业无组织排放管理，推进挥发性有机物排放综合整治，开展大气氨排放控制试点。到2020年，挥发性有机物排放总量比2015年下降10%以上。重点区域和大气污染严重城市加大钢铁、铸造、炼焦、建材、电解铝等产能压减力度，实施大气污染物特别排放限值。加大排放高、污染重的煤电机组淘汰力度，在重点区域加快推进。到2020年，具备改造条件的燃煤电厂全部完成超低排放改造，重点区域不具备改造条件的高污染燃煤电厂逐步关停。推动钢铁等行业超低排放改造。

（二）大力推进散煤治理和煤炭消费减量替代。增加清洁能源使用，拓宽清洁能源消纳渠道，落实可再生能源发电全额保障性收购政策。安全高效发展核电。推动清洁低碳能源优先上网。加快重点输电通道建设，提高重点区域接受外输电比例。因地制宜、加快实施北方地区冬季清洁取暖五年规划。鼓励余热、浅层地热能等清洁能源取暖。加强煤层气（煤矿瓦斯）综合利用，实施生物天然气工程。到2020年，京津冀及周边、汾渭平原的平原地区基本完成生活和冬季取暖散煤替代；北京、天津、河北、山东、河南及珠三角区域煤炭消费总量比2015年均下降10%左右，上海、江苏、浙江、安徽及汾渭平原煤炭消费总量均下降5%左右；重点区域基本淘汰每小时35蒸吨以下燃煤锅炉。推广清洁高效燃煤锅炉。

（三）打好柴油货车污染治理攻坚战。以开展柴油货车超标排放专项整治为抓手，统筹开展油、路、车治理和机动车船污染防治。严厉打击生产销售不达标车辆、排放检验机构检测弄虚作假等违法行为。加快淘汰老旧车，鼓励清洁能源车辆、船舶的推广使用。建设"天地车人"一体化的机动车排放监控系统，完善机动车遥感监测网络。推进钢铁、电力、电解铝、焦化等重点工业企业和工业园区货物由公路运输转向铁路运输。显著提高重点区域大宗货物铁路水路货运比例，提高沿海港口集装箱铁路集疏港比例。重点区域提前实施机动车国六排放标准，严格实施船舶和非道路移动机械大气排放标准。鼓励淘汰老旧船舶、工程机械和农业机械。落实珠三角、长三角、环渤海京津冀水域船舶排放控制区管理政策，全国主要港口和排放控制区内港口靠港船舶率先使用岸电。到2020年，长江干线、西江航运干线、京杭运河水上服务区和待闸锚地基本具备船舶岸电供应能力。2019年1月1日起，全国供应符合国六标准的车用汽油和车用柴油，力争重点区域提前供应。尽快实现车用柴油、普通柴油和部分船舶用油标准并轨。内河和江海直达船舶必须使用硫含量不大于10毫克每千克的柴油。严厉打击生产、销售和使用非标车（船）用燃料行为，彻底清除黑加油站点。

（四）强化国土绿化和扬尘管控。积极推进露天矿山综合整治，加快环境修复和绿化。开展大规模国土绿化行动，加强北方防沙带建设，实施京津风沙源治理工程、重点防护林工程，增加林草覆盖率。在城市功能疏解、更新和调整中，将腾退空间优先用于留白增绿。落实城市道路和城市范围内施工工地等扬尘管控。

（五）有效应对重污染天气。强化重点区域联防联控联治，统一预警分级标准、信息发布、应急响应，提前采取应急减排措施，实施区域应急联动，有效降低污染程度。完善应急预案，明确政府、部门及企业的应急责任，科学确定重污染期间管控措施和污染源减排清单。指导公众做好重污染天气健康防护。推进预测预报预警体系建设，2018年年底前，进一步提升国家级空气质量预报能力，区域预报中心具备7～10天空气质量预报能力，省级预报中心具备7天空气质量预报能力并精确到所辖各城市。重点区域采暖季节，对钢铁、焦化、建材、铸造、电解铝、化工等重点行业企业实施错峰生产。重污染期间，对钢铁、焦化、有色、电力、化工等涉及大宗原材料及产品运输的重点企业实施错峰运输；强化城市建设施工工地扬尘管控措施，加强道路机扫。依法严禁秸秆露天焚烧，全面推进综合利用。到2020年，地级及以上城市重污染天数比2015年减少25%。

七、着力打好碧水保卫战

深入实施水污染防治行动计划，扎实推进河长制湖长制，坚持污染减排和生态扩容两手发力，加快工业、农业、生活污染源和水生态系统整治，保障饮用水安全，消除城市黑臭水体，减少污染严重水体和不达标水体。

（一）打好水源地保护攻坚战。加强水源水、出厂水、管网水、末梢水的全过程管理。划定集中式饮用水水源保护区，推进规范化建设。强化南水北调水源地及沿线生态环境保护。深化地下水污染防治。全面排查和整治县级及以上城市水源保护区内的违法违规问题，长江经济带于2018年年底前、其他地区于2019年年底前完成。单一水源供水的地级及以上城市应当建设应急水源或备用水源。定期监（检）测、评估集中式饮用水水源、供水单位供水和用户水龙头水质状况，县级及以上城市至少每季度向社会公开一次。

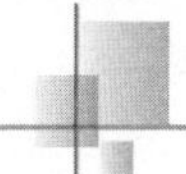

（二）打好城市黑臭水体治理攻坚战。实施城镇污水处理“提质增效”三年行动，加快补齐城镇污水收集和处理设施短板，尽快实现污水管网全覆盖、全收集、全处理。完善污水处理收费政策，各地要按规定将污水处理收费标准尽快调整到位，原则上应补偿到污水处理和污泥处置设施正常运营并合理盈利。对中西部地区，中央财政给予适当支持。加强城市初期雨水收集处理设施建设，有效减少城市面源污染。到2020年，地级及以上城市建成区黑臭水体消除比例达90%以上。鼓励京津冀、长三角、珠三角区域城市建成区尽早全面消除黑臭水体。

（三）打好长江保护修复攻坚战。开展长江流域生态隐患和环境风险调查评估，划定高风险区域，从严实施生态环境风险防控措施。优化长江经济带产业布局和规模，严禁污染型产业、企业向上中游地区转移。排查整治入河入湖排污口及不达标水体，市、县级政府制定实施不达标水体限期达标规划。到2020年，长江流域基本消除劣Ⅴ类水体。强化船舶和港口污染防治，现有船舶到2020年全部完成达标改造，港口、船舶修造厂环卫设施、污水处理设施纳入城市设施建设规划。加强沿河环湖生态保护，修复湿地等水生态系统，因地制宜建设人工湿地水质净化工程。实施长江流域上中游水库群联合调度，保障干流、主要支流和湖泊基本生态用水。

（四）打好渤海综合治理攻坚战。以渤海海区的渤海湾、辽东湾、莱州湾、辽河口、黄河口等为重点，推动河口海湾综合整治。全面整治入海污染源，规范入海排污口设置，全部清理非法排污口。严格控制海水养殖等造成的海上污染，推进海洋垃圾防治和清理。率先在渤海实施主要污染物排海总量控制制度，强化陆海污染联防联控，加强入海河流治理与监管。实施最严格的围填海和岸线开发管控，统筹安排海洋空间利用活动。渤海禁止审批新增围填海项目，引导符合国家产业政策的项目消化存量围填海资源，已审批但未开工的项目要依法重新进行评估和清理。

（五）打好农业农村污染治理攻坚战。以建设美丽宜居村庄为导向，持续开展农村人居环境整治行动，实现全国行政村环境整治全覆盖。到2020年，农村人居环境明显改善，村庄环境基本干净整洁有序，东部地区、中西部城市近郊区等有基础、有条件的地区人居环境质量全面提升，管护长效机制初步建立；中西部有较好基础、基本具备条件的地区力争实现90%左右的村庄生活垃圾得到治理，卫生厕所普及率达到85%左右，生活污水乱排乱放

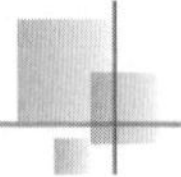

得到管控。减少化肥农药使用量，制修订并严格执行化肥农药等农业投入品质量标准，严格控制高毒高风险农药使用，推进有机肥替代化肥、病虫害绿色防控替代化学防治和废弃农膜回收，完善废旧地膜和包装废弃物等回收处理制度。到2020年，化肥农药使用量实现零增长。坚持种植和养殖相结合，就地就近消纳利用畜禽养殖废弃物。合理布局水产养殖空间，深入推进水产健康养殖，开展重点江河湖库及重点近岸海域破坏生态环境的养殖方式综合整治。到2020年，全国畜禽粪污综合利用率达到75%以上，规模养殖场粪污处理设施装备配套率达到95%以上。

八、扎实推进净土保卫战

全面实施土壤污染防治行动计划，突出重点区域、行业和污染物，有效管控农用地和城市建设用地土壤环境风险。

（一）强化土壤污染管控和修复。加强耕地土壤环境分类管理。严格管控重度污染耕地，严禁在重度污染耕地种植食用农产品。实施耕地土壤环境治理保护重大工程，开展重点地区涉重金属行业排查和整治。2018年年底前，完成农用地土壤污染状况详查。2020年年底前，编制完成耕地土壤环境质量分类清单。建立建设用地土壤污染风险管控和修复名录，列入名录且未完成治理修复的地块不得作为住宅、公共管理与公共服务用地。建立污染地块联动监管机制，将建设用地土壤环境管理要求纳入用地规划和供地管理，严格控制用地准入，强化暂不开发污染地块的风险管控。2020年年底前，完成重点行业企业用地土壤污染状况调查。严格土壤污染重点行业企业搬迁改造过程中拆除活动的环境监管。

（二）加快推进垃圾分类处理。到2020年，实现所有城市和县城生活垃圾处理能力全覆盖，基本完成非正规垃圾堆放点整治；直辖市、计划单列市、省会城市和第一批分类示范城市基本建成生活垃圾分类处理系统。推进垃圾资源化利用，大力发展垃圾焚烧发电。推进农村垃圾就地分类、资源化利用和处理，建立农村有机废弃物收集、转化、利用网络体系。

（三）强化固体废物污染防治。全面禁止洋垃圾入境，严厉打击走私，大幅减少固体废物进口种类和数量，力争2020年年底前基本实现固体废物零进口。开展“无废城市”试点，推动固体废物资源化利用。调查、评估重点工业行业危险废物产生、贮存、利用、处置情况。完善危险废物经营许可、转移等管理制度，建立信息化监管体系，提升危险废物处理处置能力，

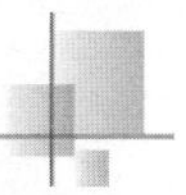

实施全过程监管。严厉打击危险废物非法跨界转移、倾倒等违法犯罪活动。深入推进长江经济带固体废物大排查活动。评估有毒有害化学品在生态环境中的风险状况，严格限制高风险化学品生产、使用、进出口，并逐步淘汰、替代。

九、加快生态保护与修复

坚持自然恢复为主，统筹开展全国生态保护与修复，全面划定并严守生态保护红线，提升生态系统质量和稳定性。

（一）划定并严守生态保护红线。按照应保尽保、应划尽划的原则，将生态功能重要区域、生态环境敏感脆弱区域纳入生态保护红线。到 2020 年，全面完成全国生态保护红线划定、勘界定标，形成生态保护红线全国“一张图”，实现一条红线管控重要生态空间。制定实施生态保护红线管理办法、保护修复方案，建设国家生态保护红线监管平台，开展生态保护红线监测预警与评估考核。

（二）坚决查处生态破坏行为。2018 年年底前，县级及以上地方政府全面排查违法违规挤占生态空间、破坏自然遗迹等行为，制定治理和修复计划并向社会公开。开展病危险尾矿库和“头顶库”专项整治。持续开展“绿盾”自然保护区监督检查专项行动，严肃查处各类违法违规行为，限期进行整治修复。

（三）建立以国家公园为主体的自然保护地体系。到 2020 年，完成全国自然保护区范围界限核准和勘界立标，整合设立一批国家公园，自然保护地相关法规和管理制度基本建立。对生态严重退化地区实行封禁管理，稳步实施退耕还林还草和退牧还草，扩大轮作休耕试点，全面推行草原禁牧休牧和草畜平衡制度。依法依规解决自然保护地内的矿业权合理退出问题。全面保护天然林，推进荒漠化、石漠化、水土流失综合治理，强化湿地保护和恢复。加强休渔禁渔管理，推进长江、渤海等重点水域禁捕限捕，加强海洋牧场建设，加大渔业资源增殖放流。推动耕地草原森林河流湖泊海洋休养生息。

十、改革完善生态环境治理体系

深化生态环境保护管理体制改革，完善生态环境管理制度，加快构建生态环境治理体系，健全保障举措，增强系统性和完整性，大幅提升治理能力。

（一）完善生态环境监管体系。整合分散的生态环境保护职责，强化生态保护修复和污染防治统一监管，建立健全生态环境保护领导和管理体制、激励约束并举的制度体系、政府企业公众共治体系。全面完成省以下生态环境机构监测监察执法垂直管理制度改革，推进综合执法队伍特别是基层队伍的能力建设。完善农村环境治理体制。健全区域流域海域生态环境管理体制，推进跨地区环保机构试点，加快组建流域环境监管执法机构，按海域设置监管机构。建立独立权威高效的生态环境监测体系，构建天地一体化的生态环境监测网络，实现国家和区域生态环境质量预报预警和质控，按照适度上收生态环境质量监测事权的要求加快推进有关工作。省级党委和政府加快确定生态保护红线、环境质量底线、资源利用上线，制定生态环境准入清单，在地方立法、政策制定、规划编制、执法监管中不得变通突破、降低标准，不符合不衔接不适应的于 2020 年年底前完成调整。实施生态环境统一监管。推行生态环境损害赔偿制度。编制生态环境保护规划，开展全国生态环境状况评估，建立生态环境保护综合监控平台。推动生态文明示范创建、绿水青山就是金山银山实践创新基地建设活动。

严格生态环境质量管理。生态环境质量只能更好、不能变坏。生态环境质量达标地区要保持稳定并持续改善；生态环境质量不达标地区的市、县级政府，要于 2018 年年底前制定实施限期达标规划，向上级政府备案并向社会公开。加快推行排污许可制度，对固定污染源实施全过程管理和多污染物协同控制，按行业、地区、时限核发排污许可证，全面落实企业治污责任，强化证后监管和处罚。在长江经济带率先实施入河污染源排放、排污口排放和水体水质联动管理。2020 年，将排污许可证制度建设成为固定源环境管理核心制度，实现“一证式”管理。健全环保信用评价、信息强制性披露、严惩重罚等制度。将企业环境信用信息纳入全国信用信息共享平台和国家企业信用信息公示系统，依法通过“信用中国”网站和国家企业信用信息公示系统向社会公示。监督上市公司、发债企业等市场主体全面、及时、准确地披露环境信息。建立跨部门联合奖惩机制。完善国家核安全工作协调机制，强化对核安全工作的统筹。

（二）健全生态环境保护经济政策体系。资金投入向污染防治攻坚战倾斜，坚持投入同攻坚任务相匹配，加大财政投入力度。逐步建立常态化、稳定的财政资金投入机制。扩大中央财政支持北方地区清洁取暖的试点城市范围，国有资本要加大对污染防治的投入。完善居民取暖用气用电定价机制和补贴政策。增加中央财政对国家重点生态功能区、生态保护红线区域等生态

功能重要地区的转移支付，继续安排中央预算内投资对重点生态功能区给予支持。各省（自治区、直辖市）合理确定补偿标准，并逐步提高补偿水平。完善助力绿色产业发展的价格、财税、投资等政策。大力发展绿色信贷、绿色债券等金融产品。设立国家绿色发展基金。落实有利于资源节约和生态环境保护的价格政策，落实相关税收优惠政策。研究对从事污染防治的第三方企业比照高新技术企业实行所得税优惠政策，研究出台“散乱污”企业综合治理激励政策。推动环境污染责任保险发展，在环境高风险领域建立环境污染强制责任保险制度。推进社会化生态环境治理和保护。采用直接投资、投资补助、运营补贴等方式，规范支持政府和社会资本合作项目；对政府实施的环境绩效合同服务项目，公共财政支付水平同治理绩效挂钩。鼓励通过政府购买服务方式实施生态环境治理和保护。

（三）健全生态环境保护法治体系。依靠法治保护生态环境，增强全社会生态环境保护法治意识。加快建立绿色生产消费的法律制度和政策导向。加快制定和修改土壤污染防治、固体废物污染防治、长江生态环境保护、海洋环境保护、国家公园、湿地、生态环境监测、排污许可、资源综合利用、空间规划、碳排放权交易管理等方面的法律法规。鼓励地方在生态环境保护领域先于国家进行立法。建立生态环境保护综合执法机关、公安机关、检察机关、审判机关信息共享、案情通报、案件移送制度，完善生态环境保护领域民事、行政公益诉讼制度，加大生态环境违法犯罪行为的制裁和惩处力度。加强涉生态环境保护的司法力量建设。整合组建生态环境保护综合执法队伍，统一实行生态环境保护执法。将生态环境保护综合执法机构列入政府行政执法机构序列，推进执法规范化建设，统一着装、统一标识、统一证件、统一保障执法用车和装备。

（四）强化生态环境保护能力保障体系。增强科技支撑，开展大气污染成因与治理、水体污染控制与治理、土壤污染防治等重点领域科技攻关，实施京津冀环境综合治理重大项目，推进区域性、流域性生态环境问题研究。完成第二次全国污染源普查。开展大数据应用和环境承载力监测预警。开展重点区域、流域、行业环境与健康调查，建立风险监测网络及风险评估体系。健全跨部门、跨区域环境应急协调联动机制，建立全国统一的环境应急预案电子备案系统。国家建立环境应急物资储备信息库，省、市级政府建设环境应急物资储备库，企业环境应急装备和储备物资应纳入储备体系。落实

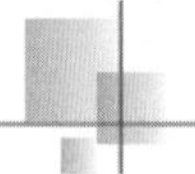

全面从严治党要求，建设规范化、标准化、专业化的生态环境保护人才队伍，打造政治强、本领高、作风硬、敢担当，特别能吃苦、特别能战斗、特别能奉献的生态环境保护铁军。按省、市、县、乡不同层级工作职责配备相应工作力量，保障履职需要，确保同生态环境保护任务相匹配。加强国际交流和履约能力建设，推进生态环境保护国际技术交流和务实合作，支撑核安全和核电共同走出去，积极推动落实2030年可持续发展议程和绿色“一带一路”建设。

（五）构建生态环境保护社会行动体系。把生态环境保护纳入国民教育体系和党政领导干部培训体系，推进国家及各地生态环境教育设施和场所建设，培育普及生态文化。公共机构尤其是党政机关带头使用节能环保产品，推行绿色办公，创建节约型机关。健全生态环境新闻发布机制，充分发挥各类媒体作用。省、市两级要依托党报、电视台、政府网站，曝光突出环境问题，报道整改进展情况。建立政府、企业环境社会风险预防与化解机制。完善环境信息公开制度，加强重特大突发环境事件信息公开，对涉及群众切身利益的重大项目及时主动公开。2020年年底前，地级及以上城市符合条件的环保设施和城市污水垃圾处理设施向社会开放，接受公众参观。强化排污者主体责任，企业应严格守法，规范自身环境行为，落实资金投入、物资保障、生态环境保护措施和应急处置主体责任。实施工业污染源全面达标排放计划。2018年年底前，重点排污单位全部安装自动在线监控设备并同生态环境主管部门联网，依法公开排污信息。到2020年，实现长江经济带入河排污口监测全覆盖，并将监测数据纳入长江经济带综合信息平台。推动环保社会组织和志愿者队伍规范健康发展，引导环保社会组织依法开展生态环境保护公益诉讼等活动。按照国家有关规定表彰对保护和改善生态环境有显著成绩的单位和个人。完善公众监督、举报反馈机制，保护举报人的合法权益，鼓励设立有奖举报基金。

新思想引领新时代，新使命开启新征程。让我们更加紧密地团结在以习近平同志为核心的党中央周围，以习近平新时代中国特色社会主义思想为指导，不忘初心、牢记使命，锐意进取、勇于担当，全面加强生态环境保护，坚决打好污染防治攻坚战，为决胜全面建成小康社会、实现中华民族伟大复兴的中国梦不懈奋斗。

中共中央　国务院关于深入打好污染防治攻坚战的意见（节选）

（2021 年 11 月 2 日）

四、深入打好碧水保卫战

（十五）持续打好城市黑臭水体治理攻坚战。统筹好上下游、左右岸、干支流、城市和乡村，系统推进城市黑臭水体治理。加强农业农村和工业企业污染防治，有效控制入河污染物排放。强化溯源整治，杜绝污水直接排入雨水管网。推进城镇污水管网全覆盖，对进水情况出现明显异常的污水处理厂，开展片区管网系统化整治。因地制宜开展水体内源污染治理和生态修复，增强河湖自净功能。充分发挥河长制、湖长制作用，巩固城市黑臭水体治理成效，建立防止返黑返臭的长效机制。2022 年 6 月底前，县级城市政府完成建成区内黑臭水体排查并制定整治方案，统一公布黑臭水体清单及达标期限。到 2025 年，县级城市建成区基本消除黑臭水体，京津冀、长三角、珠三角等区域力争提前 1 年完成。

（十六）持续打好长江保护修复攻坚战。推动长江全流域按单元精细化分区管控。狠抓突出生态环境问题整改，扎实推进城镇污水垃圾处理和工业、农业面源、船舶、尾矿库等污染治理工程。加强渝湘黔交界武陵山区“锰三角”污染综合整治。持续开展工业园区污染治理、“三磷”行业整治等专项行动。推进长江岸线生态修复，巩固小水电清理整改成果。实施好长江流域重点水域十年禁渔，有效恢复长江水生生物多样性。建立健全长江流域水生态环境考核评价制度并抓好组织实施。加强太湖、巢湖、滇池等重要湖泊蓝藻水华防控，开展河湖水生植被恢复、氮磷通量监测等试点。到 2025 年，长江流域总体水质保持为优，干流水质稳定达到Ⅱ类，重要河湖生态用水得到有效保障，水生态质量明显提升。

（十七）着力打好黄河生态保护治理攻坚战。全面落实以水定城、以水定地、以水定人、以水定产要求，实施深度节水控水行动，严控高耗水行业发展。维护上游水源涵养功能，推动以草定畜、定牧。加强中游水土流失治理，开展汾渭平原、河套灌区等农业面源污染治理。实施黄河三角洲湿地保护修复，强化黄河河口综合治理。加强沿黄河城镇污水处理设施及配套管网建设，开展黄河流域“清废行动”，基本完成尾矿库污染治理。到 2025 年，黄河干流上中游（花园口以上）水质达到Ⅱ类，干流及主要支流生态流量得到有效保障。

（十八）巩固提升饮用水安全保障水平。加快推进城市水源地规范化建设，加强农村水源地保护。基本完成乡镇级水源保护区划定、立标并开展环境问题排查整治。保障南水北调等重大输水工程水质安全。到 2025 年，全国县级及以上城市集中式饮用水水源水质达到或优于Ⅲ类比例总体高于 93％。

（十九）着力打好重点海域综合治理攻坚战。巩固深化渤海综合治理成果，实施长江口—杭州湾、珠江口邻近海域污染防治行动，“一湾一策”实施重点海湾综合治理。深入推进入海河流断面水质改善、沿岸直排海污染源整治、海水养殖环境治理，加强船舶港口、海洋垃圾等污染防治。推进重点海域生态系统保护修复，加强海洋伏季休渔监管执法。推进海洋环境风险排查整治和应急能力建设。到 2025 年，重点海域水质优良比例比 2020 年提升 2 个百分点左右，省控及以上河流入海断面基本消除劣Ⅴ类，滨海湿地和岸线得到有效保护。

（二十）强化陆域海域污染协同治理。持续开展入河入海排污口“查、测、溯、治”，到 2025 年，基本完成长江、黄河、渤海及赤水河等长江重要支流排污口整治。完善水污染防治流域协同机制，深化海河、辽河、淮河、松花江、珠江等重点流域综合治理，推进重要湖泊污染防治和生态修复。沿海城市加强固定污染源总氮排放控制和面源污染治理，实施入海河流总氮削减工程。建成一批具有全国示范价值的美丽河湖、美丽海湾。

国务院办公厅关于切实加强水库除险加固和运行管护工作的通知（节选）

国办发〔2021〕8号

三、严格落实责任

（七）落实属地管理责任。省级人民政府对本辖区所属水库除险加固和运行管护负总责，要将水库除险加固和运行管护工作纳入“十四五”规划和相关计划以及河湖长制管理体系。认真组织开展隐患排查，做到问题早发现、早处理，避免水库“久病成险”。落实地方资金投入责任，制定水库运行管护定额标准，对财力较弱的市县，省级财政要适当加大补助支持力度。健全市场化机制，带动地方投资和民间投资，扩大有效投资。在确保工程安全、生态环境安全的前提下，探索引入社会资本参与小型水库经营，用经营收益承担部分管护费用。（地方人民政府负责）

国务院办公厅

2021年3月23日

国务院关于印发“十四五”推进农业农村现代化规划的通知（节选）

国发〔2021〕25号

各省、自治区、直辖市人民政府，国务院各部委、各直属机构：

现将《“十四五”推进农业农村现代化规划》印发给你们，请认真贯彻执行。

国务院

2021年11月12日

“十四五”推进农业农村现代化规划

第六章　加强农村生态文明建设　建设绿色美丽乡村

第三节　保护修复农村生态系统

强化河湖长制，加强大江大河和重要湖泊湿地生态保护治理。以县域为单元，推进水系连通和农村水系综合整治，建设一批水美乡村。

中共中央办公厅　国务院办公厅印发《农村人居环境整治提升五年行动方案（2021—2025年）》（节选）

（2021年11月26日）

三、加快推进农村生活污水治理

（八）加强农村黑臭水体治理。摸清全国农村黑臭水体底数，建立治理台账，明确治理优先序。开展农村黑臭水体治理试点，以房前屋后河塘沟渠和群众反映强烈的黑臭水体为重点，采取控源截污、清淤疏浚、生态修复、水体净化等措施综合治理，基本消除较大面积黑臭水体，形成一批可复制可推广的治理模式。鼓励河长制湖长制体系向村级延伸，建立健全促进水质改善的长效运行维护机制。

部门规范性文件

（一）河湖长制

水利部关于印发河长湖长履职规范（试行）的通知

水河湖函〔2021〕72号

各省、自治区、直辖市人民政府，各计划单列市人民政府，新疆生产建设兵团：

《河长湖长履职规范（试行）》已经全面推行河湖长制工作部际联席会议审议通过，现印发给你们，请结合实际认真贯彻落实。

水利部

2021年5月26日

河长湖长履职规范（试行）

第一章　总　　则

第一条　为深入落实中共中央办公厅、国务院办公厅《关于全面推行河长制的意见》《关于在湖泊实施湖长制的指导意见》（以下简称《意见》《指导意见》）精神，进一步细化各级河长湖长职责任务，规范各级河长湖长履职行为，发挥各级河长湖长履职作用，推动河湖长制落地生根见实效，制定本规范。

第二条　本规范适用于省、市、县级总河长及省、市、县、乡级河长湖长，各地因地制宜设立的村级河长湖长参照执行。

第三条　本规范严格遵循《意见》《指导意见》的规定，分类细化各级河长湖长的具体职责和任务；结合各地近年来推行河湖长制的实践经验，有针对性规定各级河长湖长的履职重点和履职方式。

第四条 各级河长湖长要严格按照《意见》明确的基本原则履职尽责，结合本地实际，创新工作方式，突出工作重点，抓住主要矛盾，用好监督考核“指挥棒”，提升履职成效。

第五条 本规范为指导性文件，各地可结合实际进一步细化实化，增强实践性和指导性，促进各级河长湖长依法依规履行职责。

第二章 主 要 职 责

第六条 总河长负责组织领导本行政区域内河湖管理和保护工作，是本行政区域全面推行河湖长制工作的第一责任人，对本行政区域内的河湖管理和保护负总责。

第七条 最高层级河长湖长对相应河湖管理和保护负总责，分级分段（片）河长湖长对本辖区内相应河湖管理和保护负直接责任。

各级河长湖长负责组织领导相应河湖的管理和保护工作，包括水资源保护、水域岸线管理、水污染防治、水环境治理等，牵头组织对侵占河道、围垦湖泊、超标排污、违法养殖、非法采砂、破坏航道、电毒炸鱼等突出问题依法进行清理整治，协调解决重大问题；统筹协调湖泊与入湖河流的管理保护工作，对跨行政区域的河湖明晰管理责任，协调上下游、左右岸实行联防联控；对相关部门（单位）和下一级河长湖长履职情况进行督导，对目标任务完成情况进行考核，强化激励问责。

第三章 主 要 任 务

第八条 总河长审定河湖管理和保护中的重大事项、河湖长制重要制度文件，审定本级河长制办公室职责、河湖长制组成部门（单位）责任清单，推动建立部门（单位）间协调联动机制；主持研究部署河湖管理和保护重点任务、重大专项行动，协调解决河湖长制推进过程中涉及全局性的重大问题；组织督导落实河湖长制监督考核与激励问责制度；督导河长湖长体系动态管理，及时向社会公告；完成上级总河长交办的任务。

第九条 省级河长湖长审定并组织实施相应河湖“一河（湖）一策”方案，组织开展相应河湖突出问题专项整治，协调解决相应河湖管理和保护中的重大问题；明晰相应河湖上下游、左右岸、干支流地区管理和保护目标任务，推动建立流域统筹、区域协同、部门联动的河湖联防联控机制；组织对

省级相关部门（单位）和下一级河长湖长履职情况进行督导，对目标任务完成情况进行考核；完成省级总河长交办的任务。

第十条 市、县级河长湖长定期或不定期巡查河湖，审定并组织实施相应河湖“一河（湖）一策”方案或细化实施方案，组织开展相应河湖突出问题专项治理和专项整治行动；协调和督促相关部门（单位）制定、实施相应河湖管理保护和治理规划，协调解决规划落实中的重大问题；组织开展相应河湖问题整治，督促下一级河长湖长及本级相关部门（单位）处理和解决河湖出现的问题、依法依规查处相关违法行为；组织对本级相关部门（单位）和下一级河长湖长履职情况进行督导，对年度任务完成情况进行考核；组织研究解决河湖管理和保护中的有关问题；完成上级河长湖长及本级总河长交办的任务。

第十一条 乡级河长湖长开展河湖经常性巡查，对巡查发现的问题组织整改，不能解决的问题及时向相关上级河长湖长或河长制办公室、有关部门（单位）报告；组织开展河湖日常清漂、保洁等，配合上级河长湖长、有关部门（单位）开展河湖问题清理整治或执法行动；完成上级河长湖长交办的任务。

第十二条 村级河长湖长组织订立河湖保护村规民约，开展河湖日常巡查，对发现的涉河湖违法违规行为进行劝阻、制止，不能解决的问题及时向相关上级河长湖长或河长制办公室、有关部门（单位）报告；完成上级河长湖长交办的任务。

第四章　履　职　方　式

第一节　加 强 组 织 领 导

第十三条 总河长牵头建立健全党政领导负责制为核心的责任体系，建立全面推行河湖长制工作领导机制；主持研究河湖长制推行中的重大政策措施，主持审议河湖管理和保护中的重大事项、重要制度、重点任务；结合本地实际，主持召开总河长会议、河湖长制工作会议或签发文件部署安排重点任务，以总河长令部署开展河湖突出问题专项整治行动。

第十四条 省级河长湖长因地制宜牵头建立相应河湖管理和保护工作联席会议制度；主持召开河长会议或专题会议，研究落实相应河湖管理和保护有关政策措施，审议相应河湖治理保护方案，协调相应河湖管理和保护的目标任务，安排年度重点任务；指导督促本级河长制办公室、有关部门（单

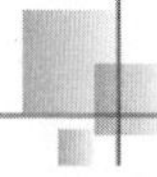

位）、下级河长湖长履行相应河湖管理和保护职责。相应河湖为流域管理机构直接管理的，流域管理机构负责同志或其所属省级管理机构负责同志作为成员参加协调机制。

第十五条 市、县级河长湖长牵头组织细化相应河湖管理和保护目标任务，并分解落实到有关部门（单位）；督促指导本级河长制办公室、有关部门（单位）、下级河长湖长开展相应河湖管理和保护工作。相应河湖为流域管理机构直接管理的，要加强与流域管理机构所属河湖管理单位的沟通协调，强化协同配合。

第十六条 乡级河长湖长组织领导相应河湖日常巡查和管护工作，指导监督村级河长湖长开展河湖巡查。

第二节 开展河湖巡查调研

第十七条 总河长、各级河长湖长定期或不定期开展河湖巡查调研活动，动态掌握河湖健康状况，及时协调解决河湖管理和保护中的问题。

原则上，总河长每年不少于1次，省级河长湖长每年不少于2次，市级河长湖长每年不少于3次（每半年不少于1次），县级河长湖长每季度不少于1次，乡级河长湖长每月不少于1次，村级河长湖长每周不少于1次。具体要求由县级及以上总河长结合实际组织制定。

第十八条 省、市、县级河长湖长开展河湖巡查调研要以解决问题为导向，可根据实际情况现场办公，协调统一各方意见，研究问题整治措施，明确问题整治要求。巡查调研前，可安排河长制办公室、有关部门（单位）先行明察暗访，掌握河湖存在的突出问题，征询有关地方需要协调解决的重大问题，了解基层干部职工和群众意见。

第十九条 乡、村级河长湖长开展河湖巡查要以发现问题为导向，重点巡查生产经营活动频繁的河段（湖片），重点检查河湖日常管护情况，及时劝阻、制止涉河湖违法违规行为，不能解决的要及时报告上级河长湖长或河长制办公室、有关部门（单位）。

第二十条 针对问题较多的河段（湖片），有关河长湖长应当加密巡查频次，加大检查力度，及时协调督促解决问题。

第三节 整治突出问题

第二十一条 县级河长湖长组织河长制办公室、有关部门（单位）开展

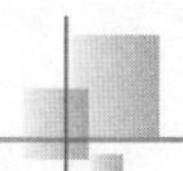

相应河湖问题自查自纠，省、市级河长湖长组织河长制办公室、有关部门（单位）加强抽查检查，查清问题底数，建立问题台账。

乡、村级河长湖长结合日常巡查河湖，及时上报巡查发现的问题。

第二十二条 河长制办公室、有关部门（单位）排查发现并提请解决的批量河湖突出问题，总河长或县级及以上河长湖长组织集中交办分办问题整治任务，明确牵头部门（单位）和责任人，提出整治标准、完成时限要求等。

上级交办、媒体曝光和群众举报的，以及同级党委和政府、人大、政协、纪检监察机关转办的河湖突出问题，总河长、县级及以上河长湖长视问题性质、严重程度作出批示，要求有关地方、河长湖长、部门（单位）限期组织整改落实。问题性质严重、影响恶劣的，责成有关部门（单位）、地方依法追究违法违规主体的责任，依纪依规问责相关责任人。

第二十三条 针对问题体量大、沉积时间长、利益关系复杂、整改成本高等河湖重大问题，总河长或县级及以上河长湖长召开专题会议研究对策措施，协调统一意见，提出切实可行的整治方案。

第二十四条 省级河长湖长加强对河湖问题整改的指导督促，适时组织河长制办公室、有关部门（单位）开展随机性抽查，重大问题蹲点检查，指导完善问题整治方案，督促限时整改落实。

市、县级河长湖长组织有关部门（单位）限时完成问题整治任务，加强跟踪检查，严格销号管理，确保问题整改落实到位。对性质严重、影响恶劣的突出问题，依法追究违法违规主体的责任，依纪依规问责相关责任人。

乡、村级河长湖长要积极协助上级河长湖长、有关部门（单位）开展问题整改落实工作。

第二十五条 需要对河湖水资源、水域岸线、水污染、水环境、水生态等实施系统保护和治理修复的，县级及以上河长湖长要指导督促同级河长制办公室组织编制“一河（湖）一策”方案或细化实施方案，提出问题清单、目标清单、任务清单、措施清单、责任清单，分步推进实施系统治理。

第四节 推动跨行政区域河湖联防联治

第二十六条 跨行政区域河湖设立共同的上级河长湖长的，最高层级河长湖长按照“一盘棋”思路，统筹协调管理和保护目标，明晰河湖上下游、左右岸、干支流地区的管理责任，推动河湖跨界地区建立联合会商、信息共享、协同治理、联合执法等联防联控机制，协同落实管理和保护任务。

第二十七条 跨行政区域未设立共同的上级河长湖长的，各行政区域河长湖长按照“河流下游主动对接上游，左岸主动对接右岸，湖泊占有水域面积大的主动对接水域面积小的”原则，组织与相关地方河长湖长及有关部门（单位）沟通协调，协调统一河湖管理和保护目标任务，签订联合共治协议，实现区域间联防联治。

第五节 组织总结考核

第二十八条 推行河湖长制工作述职制度，总河长审阅或适时听取本级河长湖长、河长制组成部门（单位）主要负责同志和下一级总河长的履职情况报告。乡级及以上河长湖长每年听取或审阅相应河湖管理和保护有关部门（单位）和相应河湖的下一级河长湖长履行职责情况报告。

第二十九条 严格落实河湖长考核制度，总河长组织对本级河湖长制组成部门（单位）和下一级地方落实河湖长制情况进行考核，县级及以上河长湖长组织对相应河湖的下一级河长湖长履职情况进行考核。考核工作由本级河长制办公室承担。

第三十条 强化考核结果应用，考核结果提交本级党委和政府考核办公室、组织部门，作为地方党政领导干部综合考核评价的重要依据。目标任务完成且考核结果优秀的，给予激励；目标任务落实不到位的，或者考核不合格的，组织考核的总河长、河长湖长及时约谈提醒或提请问责被考核对象。

第三十一条 总河长审定本行政区域全面推行河湖长制工作年度总结报告。各省、自治区、直辖市要按照《意见》《指导意见》要求，每年1月底前将上年度贯彻落实河湖长制情况报党中央、国务院。

水利部河长办关于印发河长制办公室工作规则（试行）的通知

第 85 号

各省、自治区、直辖市河长制办公室，新疆生产建设兵团河长制办公室：

为深入贯彻落实中共中央办公厅国务院办公厅《关于全面推行河长制的意见》《关于在湖泊实施湖长制的指导意见》，更好发挥各级河长制办公室组织、协调、分办、督办作用，我办制定了《河长制办公室工作规则（试行）》，现印发给你们，请结合本地实际贯彻落实。

水利部河长办

2021 年 7 月 1 日

河长制办公室工作规则（试行）

第一章　总　　则

第一条　为深入落实中共中央办公厅、国务院办公厅《关于全面推行河长制的意见》《关于在湖泊实施湖长制的指导意见》（以下简称《意见》《指导意见》）精神，进一步规范河长制办公室履职行为，强化履职效能，依据《河长湖长履职规范（试行）》等，制定本规则。

第二条　本规则适用于省、市、县级河长制办公室，各地因地制宜设立的乡级河长制办公室参照执行。

第三条　本规则严格遵循《意见》《指导意见》的规定，立足于不打破现行管理体制、不改变部门（单位）职责分工、不替代部门（单位）“三定”职责，细化河长制办公室的具体职责，因地制宜规定河长制办公室的履职方式。

第四条　各级河长制办公室要严格按照《意见》《指导意见》有关要求，依法依规履行工作职责，结合实际创新工作方式，发挥好河长湖长的参谋助手和区域部门协调配合的纽带作用。

第五条 本规则为指导性文件，各地可结合实际进一步细化实化，增强实践性和指导性，促进河长制办公室履行职责。

第二章 主 要 职 责

第六条 河长制办公室主要职责是承担河湖长制组织实施的具体工作，履行组织、协调、分办、督办职责，落实总河长、河长湖长确定的事项，当好总河长、河长湖长的参谋助手。

第三章 主 要 任 务

第七条 制订河湖长制法规文件、工作制度、工作计划（要点）；组织建设“一河（湖）一档”、编制“一河（湖）一策”方案；落实上级有关部门（单位）交办事项和本级总河长、河长湖长确定的事项，处理公众投诉举报；组织或配合有关部门（单位）开展河湖治理保护专项行动，督促做好问题整改落实；承担河湖长制任务落实情况的检查、考核和信息通报工作；组织开展河湖长制宣传活动，指导河湖保护公益志愿活动；组织开展河湖长制培训活动，建立河湖长制信息发布平台；推动建立河湖长制相关工作机制，协调有关部门（单位）落实河湖长制各项任务；分办上级安排部署的任务和总河长、河长湖长研究确定的事项，并做好督办工作；做好河长湖长体系动态管理；完成上级或本级总河长、河长湖长交办的任务。

第四章 履 职 方 式

第一节 组织做好日常工作

第八条 制订河湖长制年度工作计划（要点），提出目标任务和部门（单位）分工建议，经征求河湖长制成员单位意见，按程序提请审议通过后印发实施。

第九条 组织开展河湖长制工作总结，起草本级党委、政府河湖长制年度工作总结报告。

第十条 做好河长湖长体系动态管理。河长湖长工作岗位调整后，按有关程序及时变更河长湖长，并向社会公告，变更河长湖长公示牌信息。县级河长制办公室要指导督促做好乡级、村级河长湖长调整相关事宜。

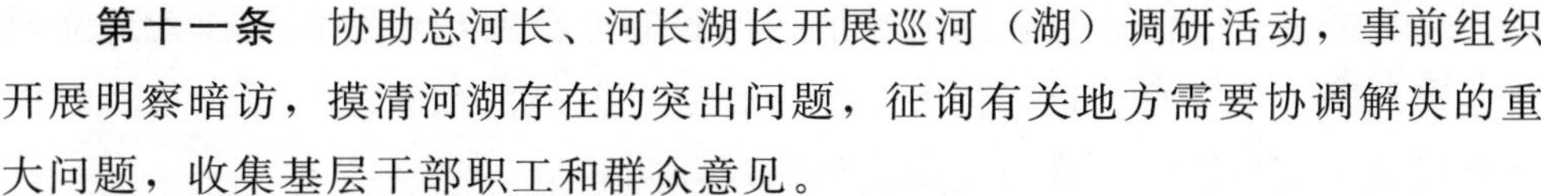

第十一条 协助总河长、河长湖长开展巡河（湖）调研活动，事前组织开展明察暗访，摸清河湖存在的突出问题，征询有关地方需要协调解决的重大问题，收集基层干部职工和群众意见。

第十二条 结合实际推动设立民间河长、巡（护）河员岗位；指导开展河湖保护公益志愿活动；协调新闻媒体加强河湖长制宣传报道。

第十三条 开展业务培训。制订年度培训计划，举办河长湖长、河长制工作人员、河湖管护人员培训活动。

第十四条 畅通问题举报反映渠道，加强舆情监测监控，及时掌握河湖管理和保护中的各类问题。

第二节 加强制度建设

第十五条 组织提出河湖长制立法草案或将河湖长制纳入地方性法规、政府规章条文建议，提出河湖管理和保护重大政策措施建议。

第十六条 组织制订河湖长制工作制度，一般包括：河长湖长会议制度、河长湖长巡查制度、信息共享制度、信息报送制度、工作督察制度、考核激励与问责制度、河长湖长述职制度、河长湖长工作交接制度、举报投诉处理制度、问题交办分办督办制度等，经征求有关方面意见后，按程序提请审议后印发实施。

第三节 加强工作协调

第十七条 建立“河长湖长＋部门”的对口联动机制。提出配合河长湖长履行职责的联系部门（单位）建议，经征求相关方面意见后，按程序提请审议通过后实施。

第十八条 建立“河长湖长＋警长”“河长湖长＋检察长”工作机制，强化行政执法与刑事司法相衔接。

第十九条 建立“河长制办公室＋部门”协作机制，加强与部门（单位）沟通协调，强化分办、督办，推动形成河长湖长牵头、河长制办公室统筹、部门（单位）各司其职、分工负责、密切协作的工作格局。

第二十条 建立河湖长制组成部门联络员制度，不定期召开联络员会议，调度河湖长制重点工作，协调解决河湖长制推进中的问题。

第二十一条 推动建立跨行政区域河湖联防联控机制。积极与河湖上下游、左右岸、干支流、出入湖河流地区河长制办公室沟通协调，推动建立联合共治机制，统一管理目标任务和治理标准，共享河湖管理和保护信息，联合开展执法监督活动，着力实现流域区域联防联治。

第四节　分解落实任务

第二十二条　根据部门（单位）“三定”职责，细化分解《意见》《指导意见》明确的水资源保护、水域岸线管理保护、水污染防治、水环境治理、水生态修复、执法监管等任务，提出部门（单位）任务分工建议方案，按程序提请总河长审定后实施。

第二十三条　本级总河长、河长湖长确定的事项，及时分解落实到有关部门（单位），并跟踪进展成效，做到件件有落实、事事有回应。

第二十四条　有关方面交办、转办以及组织排查发现的河湖问题，进行分类汇总，建立问题台账。涉及政策且带有普遍性的重大问题，提请本级总河长主持研究整治意见；属于个体性的重大问题，提请相应河湖的本级河长湖长主持研究整治意见；属于一般性问题，转交相关部门（单位）处理。对于跨行政区域的河湖问题，提交上一级河长制办公室协调解决。

第五节　加强检查督办

第二十五条　加强监督检查。建立完善河湖长制监督检查制度，采取联合检查与专项检查相衔接、明察与暗访相结合的方式，组织开展常态化的监督检查活动，重点检查河湖存在的问题和下级河长湖长及有关部门（单位）履行职责情况等，发现问题及时交办，要求限时整改，重大问题要挂牌督办。

第二十六条　督促问题整改。针对分解落实到本级有关部门（单位）负责整改的问题，督促制定整改方案，强化整改措施，确保整改落实到位；针对监督检查发现并交办下级河长湖长、有关部门（单位）整改的问题，提出整改目标、时限要求，跟踪整改进展成效，严格销号管理。

第二十七条　加强情况通报。对本级总河长、河长湖长确定的事项落实情况、重大专项行动进展成效、重要河湖健康状况等进行通报，对监督检查发现的重大问题进行曝光。

第二十八条　强化约谈提醒。对于监督检查发现下级河长制办公室、有

关部门（单位）履行职责不到位的、河湖问题突出的、问题整改进展缓慢或虚假整改的，会同本级有关部门（单位）约谈下级河长制办公室、有关部门（单位）负责人。对于监督检查发现下级河长湖长履行职责不及时、不到位的，及时发送提醒函，督促履职尽责。

第二十九条 严肃追责问责。针对河湖突出问题，依照管辖权限督促有关部门（单位）追究违法违规单位和个人的责任；对失职失责的相关责任人，提请有管辖权的组织严肃问责。

第六节 加强管理基础

第三十条 组织建设“一河（湖）一档”。结合有关部门（单位）开展河湖基础信息调查和水质水量水环境等动态信息监测，建立河湖档案。

第三十一条 组织编制“一河（湖）一策”方案，征求有关方面意见并组织专家审查，报本级相关河长湖长审定后印发实施。

第三十二条 组织开展河湖健康评价，评估河湖健康状况，为河长湖长履行职责提供决策支持，为修订完善“一河（湖）一策”方案提供依据。

第三十三条 组织建设河湖长制管理信息系统，建设河湖“一张图”，推进河湖管理保护信息化、智慧化。

第七节 严格绩效考核

第三十四条 做好河湖长制考核。根据本地河湖长制绩效考核制度，细化量化考核指标，按照日常考核与年度考核相结合，承担对本级河长制组成部门（单位）、下一级地方落实河湖长制情况以及下一级河长湖长履职情况进行考核。

第三十五条 强化考核结果应用。考核结果及应用建议按程序提请审定后，交本级党委、政府考核办公室和组织部门。

水利部　环境保护部关于印发贯彻落实《关于全面推行河长制的意见》实施方案的函

水建管函〔2016〕449号

各省、自治区、直辖市党委和人民政府，新疆生产建设兵团党委：

为贯彻落实《中共中央办公厅　国务院办公厅印发〈关于全面推行河长制的意见〉的通知》（厅字〔2016〕42号，以下简称《意见》），确保《意见》提出的各项目标任务落地生根、取得实效，水利部、环境保护部制定了《贯彻落实〈关于全面推行河长制的意见〉实施方案》，现函送你们，请在全面推行河长制工作中参考。

水利部　环境保护部

2016年12月10日

水利部　环境保护部贯彻落实《关于全面推行河长制的意见》实施方案

我国江河湖泊众多，水系发达，保护江河湖泊，事关人民群众福祉，事关中华民族长远发展。习近平总书记作出重要指示，强调生态文明建设是“五位一体”总体布局和“四个全面”战略布局的重要内容，要求各地区各部门切实贯彻新发展理念，树立“绿水青山就是金山银山”的强烈意识，努力走向社会主义生态文明新时代。李克强总理批示指出，生态文明建设事关经济社会发展全局和人民群众切身利益，是实现可持续发展的重要基石。全面推行河长制，是党中央、国务院为加强河湖管理保护作出的重大决策部署，是落实绿色发展理念、推进生态文明建设的内在要求，是解决我国复杂水问题、维护河湖健康生命的有效举措，是完善水治理体系、保障国家水安全的制度创新。为贯彻落实《中共中央办公厅　国务院办公厅印发〈关于全

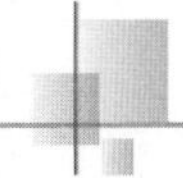

面推行河长制的意见〉的通知》（厅字〔2016〕42号，以下简称《意见》），确保《意见》提出的各项目标任务落地生根，取得实效，制定本实施方案。

一、总体要求

《意见》是加强河湖管理保护的纲领性文件，各地要深刻认识全面推行河长制的重要性和紧迫性，切实增强使命感和责任感，扎实做好全面推行河长制工作，做到工作方案到位、组织体系和责任落实到位、相关制度和政策措施到位、监督检查和考核评估到位，确保到2018年年底前，全面建立省、市、县、乡四级河长体系，为维护河湖健康生命、实现河湖功能永续利用提供制度保障。

二、制定工作方案

各地要抓紧编制工作方案，细化工作目标、主要任务、组织形式、监督考核、保障措施，明确时间表、路线图和阶段性目标。重点做好以下工作：

（一）确定河湖分级名录。根据河湖的自然属性、跨行政区域情况，以及对经济社会发展、生态环境影响的重要性等，各省（区、市）要抓紧提出需由省级负责同志担任河长的主要河湖名录，督促指导各市、县尽快提出需由市、县、乡级领导分级担任河长的河湖名录。大江大河、中央直管河道流经各省（区、市）的河段，也要分级分段设立河长。

（二）明确河长制办公室。抓紧提出河长制办公室设置方案，明确牵头单位和组成部门，搭建工作平台，建立工作机制。

（三）细化实化主要任务。围绕《意见》提出的水资源保护、水域岸线管理保护、水污染防治、水环境治理、水生态修复、执法监管等任务，结合当地实际，统筹经济社会发展和生态环境保护要求，处理好河湖管理保护与开发利用的关系，细化实化工作任务，提高方案的针对性、可操作性。

（四）强化分类指导。坚持问题导向，因地制宜，着力解决河湖管理保护突出问题。对江河湖泊，要强化水功能区管理，突出保护措施，特别要加大江河源头区、水源涵养区、生态敏感区和饮用水水源地保护力度，对水污染严重、水生态恶化的河湖要加强水污染治理、节水减排、生态保护与修复等。对城市河湖，要处理好开发利用与保护的关系，维护水系完整性和生态良好，加大黑臭水体治理；对农村河道，要加强清淤疏浚、环境整治和水系连通。要划定河湖管理范围，加强水域岸线管理和保护，严格涉河建设项目和活动监管，严禁侵占水域空间，整治乱占滥用、非法养殖、非法采砂等违法违规活动。

（五）明确工作进度。各省（区、市）要抓紧制定出台工作方案，并指导、督促所辖市、县出台工作方案。其中，北京、天津、江苏、浙江、安徽、福建、江西、海南等已在全省（市）范围内实施河长制的地区，要尽快按《意见》要求修（制）订工作方案，2017 年 6 月底前出台省级工作方案，力争 2017 年年底前制定出台相关制度及考核办法，全面建立河长制。其他省（区、市）要在 2017 年年底前出台省级工作方案，力争 2018 年 6 月底前制定出台相关制度及考核办法，全面建立河长制。

三、落实工作要求

要建立健全河长制工作机制，落实各项工作措施，确保《意见》顺利实施。

（一）完善工作机制。各地要建立河长会议制度，协调解决河湖管理保护中的重点难点问题。建立信息共享制度，定期通报河湖管理保护情况，及时跟踪河长制实施进展。建立工作督察制度，对河长制实施情况和河长履职情况进行督察。建立考核问责与激励机制，对成绩突出的河长及责任单位进行表彰奖励，对失职失责的要严肃问责。建立验收制度，按照工作方案确定的时间节点，及时对建立河长制进行验收。

（二）明确工作人员。明确河长制办公室相关工作人员，落实河湖管理保护、执法监督责任主体、人员、设备和经费，满足日常工作需要。以市场化、专业化、社会化为方向，加快培育环境治理、维修养护、河道保洁等市场主体。

（三）强化监督检查。各地要对照《意见》以及工作方案，检查督促工作进展情况、任务落实情况，自觉接受社会和群众监督。水利部、环境保护部将定期对各地河长制实施情况开展专项督导检查。

（四）严格考核问责。各地要加强对全面推行河长制工作的监督考核，严格责任追究，确保各项目标任务有效落实。水利部将把全面推行河长制工作纳入最严格水资源管理制度考核，环境保护部将把全面推行河长制工作纳入水污染防治行动计划实施情况考核。水利部、环境保护部将在 2017 年年底组织对建立河长制工作进展情况进行中期评估，2018 年年底组织对全面推行河长制情况进行总结评估。

（五）加强经验总结推广。鼓励基层大胆探索，勇于创新。积极开展推

行河长制情况的跟踪调研，不断提炼和推广好做法、好经验、好举措、好政策，逐步完善河长制的体制机制。水利部、环境保护部将组织开展多种形式的经验交流，促进各地相互学习借鉴。

（六）加强信息公开和信息报送。各地要通过主要媒体向社会公告河长名单，在河湖岸边显著位置竖立河长公示牌，标明河长职责、管护目标、监督电话等内容。各地要建立全面推行河长制的信息报送制度，动态跟踪进展情况。自 2017 年 1 月起，各省（区、市）河长制办公室（或党委、政府确定的牵头部门）每两月将贯彻落实进展情况报送水利部及环境保护部，第一次报送时间为 1 月 10 日前；每年 1 月 10 日前将年度总结报送水利部及环境保护部。

四、强化保障措施

（一）加强组织领导。各地要加强组织领导，明确责任分工，抓好工作落实。建立水利部会同环境保护部等相关部委参加的全面推行河长制工作部际协调机制，强化组织指导和监督检查，研究解决重大问题。水利部、环境保护部将与相关部门加强沟通协调，指导各地全面推行河长制工作。

（二）强化部门联动。地方水利、环保部门要加强沟通，密切配合，共同推进河湖管理保护工作。要充分发挥水利、环保、发改、财政、国土、住建、交通、农业、卫生、林业等部门优势，协调联动，各司其职，加强对河长制实施的业务指导和技术指导。要加强部门联合执法，加大对涉河湖违法行为打击力度。

（三）统筹流域协调。各地河湖管理保护工作要与流域规划相协调，强化规划约束。对跨行政区域的河湖要明晰管理责任，统筹上下游、左右岸，加强系统治理，实行联防联控。流域管理机构、区域环境保护督查机构要充分发挥协调、指导、监督、监测等作用。

（四）落实经费保障。各地要积极落实河湖管理保护经费，引导社会资本参与，建立长效、稳定的河湖管理保护投入机制。

（五）加强宣传引导。各地要做好全面推行河长制工作的宣传教育和舆论引导。根据工作节点要求，精心策划组织，充分利用报刊、广播、电视、网络、微信、微博、客户端等各种媒体和传播手段，特别是要注重运用群众喜闻乐见、易于接受的方式，深入释疑解惑，广泛宣传引导，不断增强公众对河湖保护的责任意识和参与意识，营造全社会关注河湖、保护河湖的良好氛围。

水利部贯彻落实《关于在湖泊实施湖长制的指导意见》的通知

水建管〔2018〕23 号

各省、自治区、直辖市河长制办公室，水利（水务）厅（局），新疆生产建设兵团河长制办公室、水利局、各流域管理机构：

在湖泊实施湖长制，是以习近平同志为核心的党中央坚持人与自然和谐共生、加快生态文明体制改革作出的重大战略部署，是贯彻落实党的十九大精神、统筹山水林田湖草系统治理的重大政策举措，是加强湖泊管理保护、维护湖泊健康生命的重大制度创新。为贯彻落实中共中央办公厅、国务院办公厅《关于在湖泊实施湖长制的指导意见》（以下简称《指导意见》），确保在湖泊实施湖长制目标任务如期实现、取得实效，现将有关要求明确如下。

1. 认真学习贯彻。《指导意见》是加强湖泊管理保护的纲领性文件，各地要通过多种形式认真组织学习，狠抓贯彻落实。要结合本地实际，细化目标任务，落实责任分工，明确进度安排，强化保障措施，确保湖长制各项目标任务落到实处。将实施湖长制纳入全面推行河长制工作体系，统筹做好部署、推进、督察、考核等工作，确保中央决策部署落地生根。加强新闻宣传和舆论引导，形成全社会共同关爱河湖、保护河湖的浓厚氛围。

2. 落实目标任务。各地要根据《指导意见》要求，加强调查研究，摸清本地湖泊管理保护现状，按照组织体系到位、制度体系到位、责任落实到位、监督检查和考核评估到位的要求，在 2018 年年底前全面建立湖长制。要结合实际，围绕湖泊水域空间管控、岸线管理保护、水资源保护和水污染防治、水环境综合整治、生态治理与修复、执法监管等主要任务，进一步细化实化，落实到各级湖长，逐项分解到相关部门。

3. 健全组织体系。各地要抓紧建立完善湖长体系，逐个湖泊明确湖长，按网格化落实属地管理责任。各地总河长对辖区内江河湖泊管理保护负总责，湖泊最高层级湖长是湖泊管理保护的第一责任人，其他各级湖长对湖泊的管理保护负直接责任。已经设立河长的湖泊，按要求抓紧完善湖长体系，

名称统一为湖长；尚未设立河长的湖泊，尽快建立湖长体系。各地河长制办公室统一负责河长制湖长制组织实施具体工作。

4. 建立一湖一档。各地要在第一次全国水利普查的基础上，调查摸清全部湖泊（含常年水面面积1平方公里以下湖泊）的分布、数量、位置、面积、水量等基本情况，编制湖泊名录。收集湖泊水资源、水域岸线、水生态、水环境等本底数据信息，建立一湖一档。

5. 制定一湖一策。各地要围绕湖长制主要任务，坚持问题导向，因湖施策，科学制定一湖一策方案，提出问题清单、目标清单、任务清单、措施清单和责任清单。一湖一策方案要与入湖河流一河一策方案通盘考虑、相互衔接，切实解决湖泊管理保护中存在的突出问题。

一湖一策方案应以整个湖泊为单元编制。在一省范围内的湖泊，由最高层级湖长相应的河长制办公室负责组织编制，按程序报批后实施。对于跨省级行政区的湖泊，由湖泊水域面积相对较大的省份牵头，商相关省份组织编制，经有关流域管理机构审核后，由各相关省份联合审批或分别审批。流域管理机构要主动协调，配合做好一湖一策方案编制工作。

6. 开展专项整治行动。各地要针对湖泊管理保护中的突出问题，组织开展专项整治行动，重点整治人民群众反映强烈的围垦湖泊、侵占水域、乱占岸线、超标排污、非法采砂、违法养殖等问题。整治一片、巩固一片，防止问题反弹，确保湖泊功能逐步恢复，水生态环境持续改善。水利部组织开展入河湖排污口摸底调查与规范整治、河湖非法采砂专项整治等行动，各地要精心组织实施，确保取得实效。

7. 强化协调联动。要加强湖泊水污染防治，做到水域与周边水陆共治，强化源头管控，实行联防联控。坚持河湖共治，统筹湖泊与入湖河流的管理保护和治理，落实入湖排污总量管控责任。各级河长制办公室要在河长湖长领导下，主动协调有关部门，加强部门联动，建立协作机制，各司其职，密切配合，齐抓共管，共同推进各项任务落实。

8. 注重流域统筹。流域管理机构要充分发挥协调、指导、监督、监测作用，强化流域规划约束，严格水功能区监管，做好跨省级行政区湖泊保护目标、治理标准、行动措施的统筹协调工作。

9. 加强监测监控。各地要加强湖泊监测监控，跨省级行政区重要湖泊由流域管理机构负责组织监测，其他湖泊由最高层级湖长相应的水行政主管部门和有关部门负责组织监测。要统筹湖泊与入湖河流关系，科学布设监测站点，完善监测体系，积极利用卫星遥感、无人机、视频监控等技术，加强对湖泊变化情况的动态监测，及时掌握湖泊和主要入湖河流水量、水质、水生态和水域面积变化情况、岸线开发利用状况。积极推进监测信息和监测数据共享平台建设，完善分析评估体系，强化流域与区域、区域与区域间的信息共享。

10. 推进信息化建设。各地要按照水利部印发的《河长制湖长制管理信息系统建设指导意见》《河长制湖长制管理信息系统建设技术指南》，加快河长制湖长制管理信息系统建设，做好与全国水资源信息管理系统等相关业务系统的信息共享和业务协同，提升管理信息化智能化水平，为各级河长湖长决策、公众参与、社会监督提供重要支撑。

11. 做好技术指导。各省级河长制办公室、水行政主管部门要加强对县乡基层、偏远地区、技术力量薄弱地区的培训，组织规划设计、河湖管理等方面的专家进行技术帮扶，指导、帮助基层准确领会《指导意见》精神，落实湖长制任务要求。

12. 严格督查考核。各地要建立健全信息报送、督导检查和考核问责机制，加强对湖长制实施情况和湖长履职情况的监督检查，强化问题整改，严格责任追究。水利部将湖长制实施情况纳入河长制信息报送、督导检查、月推进会、总结评估等制度体系，作为最严格水资源管理制度考核的重要内容。

水利部

2018 年 1 月 24 日

水利部办公厅印发《关于进一步强化河长湖长履职尽责的指导意见》的通知

办河湖〔2019〕267号

各省、自治区、直辖市河长制办公室、水利（水务）厅（局），各流域管理机构：

为进一步强化河长湖长履职尽责，推动河长制湖长制尽快从“有名”向“有实”转变，促进河湖治理体系和治理能力现代化，持续改善河湖面貌，让河湖造福人民，水利部研究制定了《关于进一步强化河长湖长履职尽责的指导意见》，现印发给你们，请结合实际认真贯彻落实。

水利部办公厅

2019年12月27日

关于进一步强化河长湖长履职尽责的指导意见

为深入贯彻党的十九大和十九届二中、三中、四中全会精神，全面落实习近平总书记在黄河流域生态保护和高质量发展座谈会上的讲话精神，完善河长制湖长制组织体系，推动河长制湖长制从“有名”向“有实”转变，促进河湖治理体系和治理能力现代化，让每个河湖都成为造福人民的幸福河湖，根据中共中央办公厅、国务院办公厅《关于全面推行河长制的意见》《关于在湖泊实施湖长制的指导意见》精神，现就进一步强化河长湖长履职尽责提出如下意见。

一、充分认识河长湖长履职尽责对河长制湖长制落地见效的重要性

全面推行河长制湖长制，是以习近平同志为核心的党中央从加快推进生态文明建设、实现中华民族永续发展的战略高度作出的重大决策部署，是促进河湖治理体系和治理能力现代化的重大制度创新，是维护河湖健康生命、保障国家水安全的重要制度保障，也是党中央、国务院赋予各级河长湖长的光荣使命。

2018年年底前，全国江河湖泊已全面建立河长制湖长制，河长湖长体系全面形成，实现了河长制湖长制“有名”。推动河长制湖长制从“有名”向“有实”转变，促进河湖治理体系和治理能力现代化，持续改善河湖面貌和水生态环境，不断增强人民群众的获得感、幸福感和安全感，是当前及今后一段时期重要而艰巨的任务，需要各地各部门凝心聚力、攻坚克难，持续发力、久久为功。

河长制湖长制能否实现从“有名”向“有实”转变，能否真正落地见效，河长湖长履职担当是关键。各级河长湖长是河湖管理保护工作的领导者、决策者、组织者、推动者，要积极践行习近平生态文明思想，坚决贯彻党中央、国务院全面推行河长制湖长制决策部署，增强政治自觉和行动自觉，主动作为、担当尽责，当好河湖管理保护的“领队”，做到守河有责、守河担责、守河尽责。

二、明确各级河长湖长职责，解决好“干什么”的问题

根据中央要求，各级河长湖长负责组织领导相应河湖的水资源保护、水域岸线管理、水污染防治、水环境治理等工作；牵头组织对侵占河道、围垦湖泊、超标排污、非法采砂、破坏航道、电毒炸鱼等突出问题依法进行清理整治；协调解决河湖管理保护中的重大问题，协调上下游、左右岸，对跨行政区域的河湖明晰管理责任，组织实施联防联控；对河湖管理保护工作相关部门和下一级河长湖长履职情况进行督导；对目标任务完成情况进行考核，强化激励问责。各级河长湖长在履行职责时可结合实际有所侧重。

（一）省级河长湖长。各省（自治区、直辖市）总河长对本行政区域内的河湖管理和保护负总责，统筹部署、协调、督促、考核本行政区域内河湖管理保护工作。省级河长湖长主要负责组织开展河湖突出问题专项整治，协调解决责任河湖管理和保护的重大问题，审定并组织实施责任河湖“一河（湖）一策”方案，协调明确跨行政区域河湖的管理和保护责任，推动建立区域间、部门间协调联动机制，对省级相关部门和下一级河长湖长履职情况及年度任务完成情况进行督导考核。

（二）市、县级河长湖长。市（州）、县（区）总河长对本行政区域内的河湖管理和保护负总责。市、县级河长湖长主要负责落实上级河长湖长部署

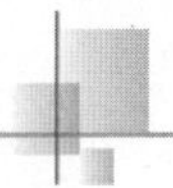

的工作；对责任河湖进行日常巡查，及时组织问题整改；审定并组织实施责任河湖“一河（湖）一策”方案，组织开展责任河湖专项治理工作和专项整治行动；协调和督促相关主管部门制定、实施责任河湖管理保护和治理规划，协调解决规划落实中的重大问题；督促制定本级河长制湖长制组成部门责任清单，推动建立区域间部门间协调联动机制；督促下一级河长湖长及本级相关部门处理和解决责任河湖出现的问题、依法查处相关违法行为，对其履职情况和年度任务完成情况进行督导考核。

（三）乡级河长湖长。乡级河长湖长主要负责落实上级河长湖长交办的工作，落实责任河湖治理和保护的具体任务；对责任河湖进行日常巡查，对巡查发现的问题组织整改；对需要由上一级河长湖长或相关部门解决的问题及时向上一级河长湖长报告。

各地因地制宜设立的村级河长湖长，主要负责在村（居）民中开展河湖保护宣传，组织订立河湖保护的村规民约，对相应河湖进行日常巡查，对发现的涉河湖违法违规行为进行劝阻、制止，能解决的及时解决，不能解决的及时向相关上一级河长湖长或部门报告，配合相关部门现场执法和涉河湖纠纷调查处理（协查）等。

三、落实属地责任和部门责任，解决好“谁来干”的问题

河长制湖长制的核心是责任制，是以党政领导特别是主要领导负责制为主的河湖管理保护责任体系。河长制湖长制是加强河湖管理保护的工作平台，不打破现行管理体制、不改变党政领导和部门职责分工。各地要切实落实河长湖长属地管理责任和相关部门责任，形成党政负责、水利牵头、部门协同、一级抓一级、层层抓落实的工作格局。

（一）河长湖长。总河长是本行政区域内河湖管理保护的第一责任人。湖泊最高层级湖长是所负责湖泊的第一责任人。各级河长湖长是责任河湖管理保护的直接责任人，要切实履职尽责。河长湖长工作岗位发生变化的，要做好工作衔接。同级河长制办公室要在继任河长湖长到岗后，及时更新河长公示牌相关信息，省级河长湖长变化情况报水利部备案，其他河长湖长变化情况报上一级河长制办公室备案，并在全国河长制湖长制信息管理系统中对相应河长湖长进行调整。

（二）河长制湖长制组成部门。各级河长制办公室要加强组织协调，督促河长制湖长制组成部门在河长湖长的统一指挥下，按照职责分工，各司其

职，各负其责，齐抓共管，形成河湖管理保护合力。各级河湖主管机关要主动落实河湖管理主体责任，认真履行法律法规赋予的职责。

（三）河长制办公室。各级河长制办公室或河长湖长联系部门负责落实河长湖长确定的事项，做好河长湖长的参谋助手。河长制办公室要充分发挥组织、协调、分办、督办作用，牵头组织编制并督促实施“一河（湖）一策”方案，组织制定相关管理制度，组织开展宣传培训；对同级河长湖长交办事项及公众举报投诉事项进行分办、督办，对同级河长湖长在河湖巡查中发现的问题，督促相关部门或下一级河长湖长及时查处；具体承担对河长制湖长制落实情况的监督和考核。

（四）流域管理机构。流域管理机构要充分发挥协调、指导、监督、监测作用，与流域内各省（自治区、直辖市）建立沟通协商机制，搭建跨区域协作平台，研究协调河长制湖长制工作中的重大问题，开展区域联防联控、联合执法等，为各省（自治区、直辖市）总河长提供参考建议；按照水利部授权或有关要求，对有关地方河长制湖长制任务落实情况进行暗访督查并跟踪督促问题的整改落实；按照职责开展流域控制断面特别是省界断面的水量、水质监测评价，并将监测结果及时通报有关地方。

四、创新履职方式和工作方法，解决好“怎么干”的问题

各地要结合本地实际，在已有工作基础上，坚持务实、高效、管用原则，深入研究河长制湖长制工作规律，创新履职方式，增强工作实效，把河长湖长各项职责落到实处。

（一）探索有效工作方法

1. 协调解决重大问题。各级河长湖长对所负责河湖要经常开展巡查，坚持问题导向和目标导向，掌握河湖管理状况，及时发现存在问题，协调解决影响河湖健康的突出问题。乡、村级河长湖长巡查河湖的重点是发现问题、解决问题，对于难以解决的问题，要及时向上一级河长湖长或相关部门报告。

2. 实施“一河（湖）一策”。按照“一河（湖）一策”方案确定的问题清单、目标清单、任务清单、措施清单、责任清单，结合本地实际和阶段工作重点，确定河湖管理保护和治理的年度任务，组织相关地方和部门逐项落实。

3. 组织专项整治。针对责任河湖存在的非法围垦、侵占河湖水域岸线和

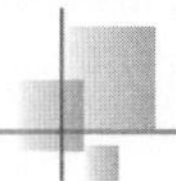

非法取水、排污、设障、捕捞、养殖、采砂、取土等突出问题，要组织专项整治或联合执法，集中力量在短期内予以解决；对于其他短期内难以解决的问题，要以钉钉子精神，按照轻重缓急，持续推进，逐个解决。

4. 开展监督检查。各地要完善务实高效管用的督查制度，采取明察暗访相结合、以暗访为主的方式，开展常态化监督检查，及时掌握下级河长湖长和相关部门履职情况及河湖管护成效，跟踪督促问题整改。要充分借助党委督查、政府督查、纪检监察、人大政协监督等力量，开展专项督查或联合检查。要畅通公众反映问题渠道，建立有奖举报机制，调动社会公众监督积极性。要强化问题整改，并举一反三，采取有效措施，杜绝问题反弹。

5. 严格考核奖惩。考核问责是压实责任的关键措施。各地要严格实施县级及以上河长湖长对下一级河长湖长的考核，将考核结果作为地方党政领导干部综合考核评价的重要依据。对于履职不力、不作为、慢作为、乱作为、河湖问题长期得不到解决的，要严肃追究相关河长湖长和部门责任；对于主动担当、履职尽责、全面推行河长制湖长制任务落实好、河湖管理保护成绩突出的地区和优秀河长湖长、相关部门及其工作人员，各地可结合实际按规定予以表彰或奖励。

（二）完善务实工作机制

1. 河长湖长会议制度。主持召开河长湖长会议，贯彻落实上级河长湖长工作要求，协调解决重大问题，部署年度工作任务、“一河（湖）一策”实施、督查考核等重要事项。在部署河湖管理保护工作、发布重要文件或处置涉河湖突发事件时，县级及以上河长湖长可以通过签发意见、文件、法规或下达河长令等方式，将指令传达到同级相关部门和下级河长湖长。

2. 督办单制度。对上级督查检查、河长湖长河湖巡查调研、群众举报、媒体曝光等发现的问题，可以通过督办单、交办单、提示单、派工单等“一事一办”方式，交相关部门或下一级河长湖长办理，交办时要明确整改要求和完成时限等。

3. 河湖联防联控机制。跨行政区域河湖的协调衔接，河流下游要主动对接上游，左岸主动对接右岸，湖泊占有水域面积大的主动对接水域面积小的，在满足流域综合规划要求的前提下，协调明确河湖管护任务、工作进度、标准等。结合河湖实际，可探索建立相邻行政区域间的联合会商机制，提倡每位河长湖长“多走 1 公里”，设立联合河长湖长，统筹河湖管理保护

目标，通过开展联合巡河、联合保洁、联合治理、联合执法、联合水质监测等，协同落实跨界河湖管理保护措施。

4. 突发事件应急处置机制。各级河长湖长对于所负责河湖发生的水资源、水环境、水生态等突发事件，要及时了解和掌握，督促有关部门及时处置，跟踪处置情况，并及时报告上一级河长湖长。

5. 河长湖长述职制度。各级河长湖长履职情况可纳入干部年度考核述职内容。各地可对河长湖长述职作出规定，述职内容应当包括所负责河湖的年度目标任务完成情况、个人履职情况等。上一级河长湖长应当对下一级河长湖长履职情况进行点评。河长湖长述职情况应在一定范围公开，接受监督。

五、强化考核和责任追究，解决好“干不好怎么办”的问题

各地要严格执行《党政领导干部考核工作条例》《中国共产党问责条例》，按照水利部《河湖管理监督检查办法》和本行政区域河长制湖长制考核问责制度，采取提醒、警示约谈、通报批评等方式，严格考核和责任追究，压实各级河长湖长和有关部门责任。

（一）提醒。对于未认真履行工作职责，河长制湖长制年度工作任务滞后，对群众反映强烈的突出问题处置不及时的河长湖长和相关部门，由上级河长湖长或河长制办公室进行提醒告知，提醒对象应在15个工作日内书面反馈整改落实情况。

（二）警示约谈。对于经提醒仍未整改、问题整改不力或整改不到位、问题反复出现的，年度考核等次为不合格或履行职责不力、未完成年度工作目标任务的，存在工作失误、区域内河湖发生重大水安全事故的，由上级河长湖长、河长制办公室或监督检查部门对相关地方河长湖长、河长制办公室负责人、主管部门负责人进行约谈。约谈可单独实施，也可邀请相关部门、纪检监察机关共同实施。约谈对象应在15个工作日内书面反馈整改落实情况。

（三）通报批评。对于河长制湖长制工作严重滞后的，河长湖长履职严重不到位的，存在问题经提醒、警示约谈后仍未明显整改的，区域内河湖发生性质恶劣重大问题的，在督查考核等工作中发现存在瞒报、谎报行为的，由上级河长制办公室报同级河长湖长审定后，对有关地方河长湖长、河长制办公室负责人、主管部门负责人，在一定范围内进行通报。水利部组织的监督检查中发现的问题，由水利部或流域管理机构通报，通报对象应在15个

工作日内书面反馈整改落实情况。警示约谈及通报批评情况，纳入河长制湖长制工作年度考核。

（四）提请问责。水利部将组织实施全国河湖管理监督检查，责令有关地方对涉河湖违法违规单位、组织和个人依法处理，提请有关地方对不作为、虚假作为的河长湖长以及有关部门、河长制办公室、有关管理单位及其工作人员进行问责。各级河长制办公室要与同级纪委监委建立问责交办机制，对于河湖重大问题多、问题整改不力或整改不到位的相应河长湖长和有关部门，按照有关规定，及时移交问题线索，由纪委监委依规依纪处理。

水利部关于印发对河长制湖长制工作真抓实干成效明显地方进一步加大激励支持力度的实施办法的通知

水河湖〔2022〕48号

各省、自治区、直辖市河长制办公室、水利（水务）厅（局）：

为贯彻落实《国务院办公厅关于新形势下进一步加强督查激励的通知》要求，强化河长制湖长制正向激励，在总结以往河长制湖长制激励措施落实情况的基础上，水利部对河长制湖长制激励措施及实施办法进行了调整完善，修订形成了《对河长制湖长制工作真抓实干成效明显地方进一步加大激励支持力度的实施办法》，现印发给你们，请结合实际认真执行。

水利部

2022年1月28日

对河长制湖长制工作真抓实干成效明显地方进一步加大激励支持力度的实施办法

根据《国务院办公厅关于新形势下进一步加强督查激励的通知》（国办发〔2021〕49号）的有关要求，为充分调动和激发各地全面强化河长制湖长制工作的积极性、主动性和创造性，进一步健全正向激励机制，增强河长制湖长制工作激励效果，加大河长制湖长制工作真抓实干成效明显地方激励支持力度，在总结以往河长制湖长制激励措施落实情况的基础上，水利部对河长制湖长制激励措施及实施办法进行了调整完善。修订后的实施办法如下。

一、激励对象

对河长制湖长制工作推进力度大、成效明显的地方，综合考虑区域平衡及发展差异等情况，在安排年度中央财政水利发展资金时予以适当奖励。在全国范围内，遴选不超过15个市（地、州、盟）、县（市、区、旗），给予激

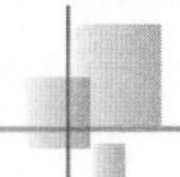

励并奖励一定的资金，其中地市级数量不超过50%。

二、评价标准

（一）基本条件

以习近平新时代中国特色社会主义思想为指导，深入落实“节水优先、空间均衡、系统治理、两手发力”的治水思路，以满足人民群众对美好生活的需要为根本出发点和落脚点，加快推动河长制湖长制从“有名有责”到“有能有效”，坚持生态系统整体性和流域系统性，深入推进河湖“清四乱”常态化规范化，完善体制机制法治管理，实施山水林田湖草沙系统治理，主动作为、团结协作、真抓实干，河长制湖长制工作取得明显成效。

（二）评价主要内容

评价主要内容包括两大类共10个子项。

第一大类，河湖管理保护成效

1. 河湖“清四乱”情况。推动“清四乱”常态化规范化工作成效明显；水利部组织的暗访抽查情况好，没有发现新增的重大乱建、乱占问题，河湖面貌明显改善。

2. 河道采砂监督管理情况。本行政区域内河道采砂管理秩序总体平稳，责任制落实，制度完善，监管严格，严厉打击非法采砂行为，合理开发利用砂石资源，非法采砂专项整治有力有效。

3. 河湖管理范围划定及岸线保护利用规划推进情况。河湖管理范围划定工作依法依规，省级河湖岸线规划编制进展快。

4. 注重河湖系统治理、综合整治，积极推进健康美丽幸福河湖建设。

5. 河湖水环境、水生态改善明显，河长制湖长制及河湖管理保护工作成绩突出。

6. 水库除险加固和运行管护情况。水库安全鉴定任务、年度除险加固任务、小型水库雨水情测报和大坝安全监测设施建设任务落实情况良好，形成运行管护长效机制。

第二大类，工作推进力度

1. 省级总河长以总河长令等形式部署年度河长制湖长制、河湖“清四乱”等工作任务；省级河长湖长组织研究、协调解决河湖管理重大问题，对发现的突出问题督促整改。

2. 河长制湖长制考核、问责、激励、表彰等制度健全，并认真执行。

3. 河湖管理监督检查问题整改落实力度大。中央领导同志指示批示等指出问题，中央巡视、审计等反馈的涉河湖问题，水利部组织的河湖管理监督检查发现问题，生态环境警示片反映的涉河湖问题，媒体曝光问题整改落实情况好；对举报调查反映问题能及时调查处理并按时提交报告。

4. 改革创新意识强，攻坚克难力度大，出台河长制湖长制有关法规制度办法，积极探索建立长效机制。

（三）评分办法

总分为150分，“河湖管理保护成效”占100分，“工作推进力度”占50分，各子项按照细化指标分别赋分，指标充分考虑水利部各流域管理机构流域治理管理工作成果。

三、评审程序

水利部组织对各省份予以赋分和综合排名，并按照排名分配激励名额，同等条件下，激励名额优先考虑中西部地区。有关省份按分配的名额，参照本办法标准，严格评审，遴选出拟激励的市（地、州、盟）、县（市、区、旗）名单，并报省级人民政府同意后报送水利部。水利部审核通过后，在水利部网站公示，各地在一定范围内同步公示。水利部于2月底前向国务院办公厅报送经公示无异议的拟激励市（地、州、盟）、县（市、区、旗）名单。

四、激励措施

对每个激励市（地、州、盟）、县（市、区、旗）通过中央财政水利发展资金予以一次性资金奖励。资金使用严格执行《水利发展资金管理办法》（财农〔2019〕54号）规定，具体可由激励省份的省级水利、财政部门根据本地区实际情况，研究提出资金使用方向并予以实施。

五、其他事项

水利部以及有关省份按职责做好激励政策措施的政策解读，加大地方经验做法推广力度，积极营造互学互鉴、比学赶超的良好氛围。

本办法自印发之日起施行，《水利部关于印发对河长制湖长制工作真抓实干成效明显地方进一步加大激励支持力度实施办法的通知》（水河湖〔2021〕5号）停止执行。

水利部印发关于推动河长制从“有名”到“有实”的实施意见的通知

水河湖〔2018〕243号

2018年6月底，全国31个省（自治区、直辖市）全面建立河长制，河长制的组织体系、制度体系、责任体系初步形成，实现了河长“有名”，全面推行河长制进入新阶段。为推动河长制尽快从“有名”向“有实”转变，实现名实相副，取得实效，水利部研究制定了《关于推动河长制从“有名”到“有实”的实施意见》，现印发给你们，请结合实际认真贯彻落实。

水利部

2018年10月9日

关于推动河长制从“有名”到“有实”的实施意见

中共中央办公厅、国务院办公厅印发《关于全面推行河长制的意见》以来，各地各有关部门狠抓落实，截至2018年6月底，全国31个省（自治区、直辖市）全面建立河长制，每条河流都有了河长。目前，全面推行河长制已进入新阶段，为推动河长制尽快从“有名”向“有实”转变，从全面建立到全面见效，实现名实相副，提出以下实施意见。

一、总体要求

以习近平新时代中国特色社会主义思想为指导，践行“节水优先、空间均衡、系统治理、两手发力”的治水方针，按照山水林田湖草系统治理的总体思路，坚持问题导向，细化实化河长制六大任务，聚焦管好“盆”和“水”，将“清四乱”专项行动作为今后一段时期全面推行河长制的重点工作，集中解决河湖乱占、乱采、乱堆、乱建（以下简称“四乱”）等突出问题，管好河道湖泊空间及其水域岸线；加强系统治理，着力解决“水多”

“水少”“水脏”“水浑”等新老水问题，管好河道湖泊中的水体，向河湖管理顽疾宣战，推动河湖面貌明显改善。

二、管好盛水的“盆”

当前，各地要按照水利部的统一安排，用1年左右时间，集中开展全国河湖“清四乱”专项行动，做好调查摸底、集中整治、巩固提升等各阶段工作，建立“四乱”问题台账，发现一处、清理一处、销号一处，2019年7月底前全面完成专项行动任务，坚决清除存量。在此基础上，再用半年左右时间进行“回头看”，力争2019年底前还河湖一个干净、整洁的空间。

（一）清“乱占”。乱占是指围垦湖泊，未依法经省级以上人民政府批准围垦河道，非法侵占水域、滩地，种植阻碍行洪的林木及高秆作物等行为。清理乱占行为的标准是：对于围湖造地、围湖造田的，要按照国家规定的防洪标准有计划地退地还湖、退田还湖，将违法建设的土堤、矮围等清除至原状高程，拆除地面建筑物、构筑物，取缔相关非法经济活动；对于非法围垦河道的，要限期拆除违法占用河道滩地建设的围堤、护岸、阻水道路、拦河坝等，铲平抬高的滩地，恢复河道原状；对于河湖管理范围内违法挖筑的鱼塘、设置的拦河渔具、种植的碍洪林木及高秆作物，应及时清除，恢复河道行洪能力。

（二）清“乱采”。乱采是指在河湖管理范围内非法采砂、取土等活动。对乱采滥挖行为清理整治的标准是：各地始终保持高压严打态势，逐河段落实政府责任人、主管部门责任人和管理单位责任人，许可采区实行旁站式监理，砂场布局规范有序，大型采砂船大规模偷采绝迹，小型船只零星偷采露头就打。要盯紧、管好采砂业主、采砂船只和堆砂场，对非法采砂业主，依法依规处罚到位，情节严重、触犯刑律的，坚决移交司法机关追究刑事责任；对非法采砂船只，坚决清理上岸，落实属地管理措施；对非法堆砂场，按照河湖岸线保护要求进行清理整治。各地要依照水法要求，划定禁采区、规定禁采期，并向社会公告。对许可采区，要严禁超范围、超采量、超功率、超时间开采砂石。要研究非法采砂活动的规律性，针对非法采砂流动性、游荡性强的特点，集中力量打运动战、歼灭战，坚决遏制非法采砂势头，确保河湖采砂依法、有序、可控。

（三）清“乱堆”。乱堆是指河湖管理范围内乱扔乱堆垃圾，倾倒、填埋、贮存、堆放固体废物，弃置、堆放阻碍行洪的物体等现象。清理整治乱

堆问题，各地首先要梳理提出本行政区域内存在固体废物堆放、贮存、倾倒、填埋隐患的敏感河段和重点水域，建立垃圾和固体废物点位清单；在此基础上制订工作方案，对照点位清单，逐个落实责任，限期完成清理，恢复河湖自然状态。对于涉及危险、有害废物需要鉴别的，要主动向地方人民政府、有关河长汇报，主动协调、及时提交有关部门进行鉴别分类。

（四）清“乱建”。乱建是指违法违规建设涉河项目，在河湖管理范围内修建阻碍行洪的建筑物、构筑物等问题。清理乱建的基本要求是：各地要对河湖管理范围内建设项目进行全面排查、分类整治，对1988年《河道管理条例》出台后、未经水行政主管部门审批或不按审查同意的位置和界限建设的涉河项目，应认定为违法建设项目，列入整治清单，分类予以拆除、取缔或整改；其中，位于自然保护区、饮用水水源保护区、风景名胜区内的违法建设项目，要严格按照有关法律法规要求进行清理整治。对涉河违法项目，能立即整改的，要立即整改到位；难以立即整改的，要提出整改方案，明确责任人和整改时间，限期整改到位。

“清四乱”是对各级河长的底线要求。各地要依据《水法》《防洪法》《河道管理条例》等法律法规规定和河长制工作相关要求，结合本地实际，制定本地区“清四乱”的具体标准。

三、护好“盆”中的水

当前，我国新老水问题交织，水资源短缺、水生态损害、水环境污染问题十分突出，水旱灾害多发频发。河湖水系是水资源的重要载体，也是新老水问题表现最为集中的区域。各地要坚持问题导向，因河湖施策，明确防范“水多”、防治“水少”、整治“水脏”、减少“水浑”的具体标准和底线要求，全面清理影响行洪安全和水生态、水环境的各类经济活动，从根子上解决当地突出水问题。

（一）防范“水多”。洪涝灾害频发始终是中华民族的心腹大患，而江河湖泊行洪调蓄能力减弱加剧了洪涝灾害的风险和损失。防范“水多”的基本要求，就是要确保常态下河湖水位不影响行蓄洪水；要组织实施河道防洪风险隐患和薄弱环节拉网式排查，摸清情况，消除隐患；要加强洪水监测预报，预留行洪空间；河流出现超警戒水位洪水时，要按照防御洪水方案做好防汛抗洪工作，保障人民生命安全。

（二）防治“水少”。“水少”问题主要表现在水资源过度开发利用，河湖生态保护目标不明，对生态需水考虑不够，生态流量管控措施不严，导致水域面积缩小，河道断流、湖泊干涸和地下水水位下降，河湖生态功能下降丧失。防治“水少”的基本要求是，合理确定河流主要控制断面生态水量（流量），提出湖泊、水库、地下水体水位控制要求，强化水资源配置，把用水指标落实到每条河流、每个区域，科学调度江河湖库水量，加强河湖生态流量（水量）保障情况监督管理。严格河湖取用水管理，加强水资源论证，强化水资源消耗总量和强度指标控制，对达到和超过取用水总量控制指标的地区，实施取水许可区域限批。做好华北地下水超采区综合治理，坚决遏制地下水过度开采，落实南水北调东中线一期工程受水区地下水压采要求，开展河湖地下水回补试点，加强地下水监测预警，防止出现新的地下水超采区。

（三）整治“水脏”。“水脏”问题主要表现在水质恶化、水体黑臭、水污染严重，成为经济社会发展的瓶颈制约。整治“水脏”，要明确河流主要控制断面水质目标和水功能区水质目标。各地要在河长的统一领导下，以河长制为平台，加强部门分工合作，河长办要提请河长督促相关部门按职责分工做好相关工作，严格落实河湖水域纳污容量、限制排污总量和污染物达标排放要求，继续下大力整治黑臭河、垃圾河，集中力量剿灭劣五类水体。要大力推行雨污分流，推进入河排污口规范整治，统筹治理工矿企业污染、城镇生活污染、畜禽养殖污染、水产养殖污染、农业面源污染、船舶港口污染，强化污染源源头严控、过程严管。要统筹山水林田湖草等生态要素，加大江河源头区、水源涵养区、生态敏感区保护力度，因地制宜实施江河湖库水系连通，促进水体流动和水量交换，恢复增加水体自净能力。

（四）减少“水浑”。“水浑”问题主要是水土流失和生态退化趋势没有根本性改变。减少“水浑”，关键要做好水土流失防治和水生态治理保护工作。要实施长江水库群联合调度，强化黄河调水调沙，开展不同水沙条件下河道冲淤特性研究和崩岸监测治理，减少泥沙对河床河势的影响，维护河势和岸线总体稳定。要推进坡耕地综合整治，加强东北黑土侵蚀沟治理和黄土高原塬面保护，强化长江黄河上中游、西南石漠化等重点区域水土流失治理，加快水土流失治理速度，有效减少入河湖泥沙总量。要将生产建设活动造成的人为水土流失作为监管的重点，及时精准发现人为水土流失违法违规行为，严格责任追究处罚，严控人为水土流失增量。

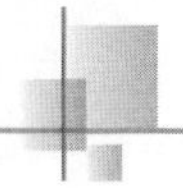

四、加强统筹协调

（一）加强流域内沟通协调。流域管理机构要充分发挥协调、指导、监督、监测作用，与流域内各省（自治区、直辖市）建立沟通协商机制，研究协调河长制工作中的重大问题，如跨省河湖的“一河一策”方案，区域联防联控、联合执法行动等；按照水利部统一要求，对地方河长制湖长制任务落实情况进行暗访督查，对水利部暗访发现问题整改进行跟踪督导；强化流域控制断面特别是省际断面的水量、水质监测评价，并将监测结果及时通报有关地方，作为评价河长制工作的重要依据。

（二）加强区域间联防联治。各区域间要加强沟通协调，河流下游要主动对接上游，左岸要主动对接右岸，湖泊占有水域面积大的要主动对接水域面积小的，积极衔接跨行政区域河湖管理保护目标任务，统筹开展跨行政区域河湖专项整治行动，探索建立上下游水生态补偿机制，推动区域间联防联治。

（三）加强部门沟通协作。各地要细化部门分工，细化部门责任，细化工作标准，将河长制年度目标任务逐一分解落实到部门，制定可量化、可考核的工作目标要求，督促逐项任务明确责任人，推动各部门在河长的统一领导下，既分工合作，各司其职，又密切配合，形成合力。河长制办公室要做好组织、协调、分办、督办工作，落实河长确定的事项。各地要强化河长制办公室能力建设，配齐人员、设备和经费，满足日常工作需要。

五、夯实工作基础

（一）划定河湖管理范围。河道、湖泊管理范围，由有关县级以上地方人民政府划定，并向社会公布。各地要按照水法、防洪法、河道管理条例等法律法规规定，提请地方人民政府抓紧开展河湖管理范围划定工作；流域管理机构直接管理的河道、湖泊管理范围，由流域管理机构会同县级以上地方人民政府划定。各地要抓紧完成本行政区域内国有水管单位管理的河湖管理范围划定工作，已划定管理范围的河湖，要明确管理界线、管理单位和管理要求，规范设立界桩和标识牌。

（二）建立“一河一档”。在第一次全国水利普查的基础上，调查摸清本行政区域内全部河流的分布、数量、位置、长度（面积）、水量等基本情况，制定完善河湖名录；按照“先易后难、先简后全”的原则分阶段建立“一河一档”，2018 年 12 月底前收集河湖自然属性、河长信息等河湖基础信息，完

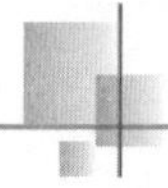

成基础信息填报工作，同时，兼顾河湖水资源、水功能区、取排水口、水源地、水域岸线等动态信息，逐步完善"一河一档"。

（三）编制"一河一策"。坚持问题导向，按照系统治理、分步实施原则，明确河湖治理保护的路线图和时间表，提出问题清单、目标清单、任务清单、措施清单、责任清单，科学编制"一河一策"。省级领导担任河长的河流"一河一策"方案要在2018年年底前全部编制完成，其他河流湖泊的"一河（湖）一策"方案要压茬推进。"一河（湖）一策"方案实施周期原则上2～3年，各地要及时动态调整。

（四）抓好规划编制。水利部将制定河湖岸线保护和利用规划、采砂管理规划的编制指南。各地要根据流域综合规划、流域防洪规划及水资源保护规划、岸线保护利用规划等重要规划，结合本地实际，科学编制相关规划，强化规划约束，让规划管控要求成为河湖管理保护的"红绿灯""高压线"，同时，疏堵结合、采禁结合，在保护岸线、河势稳定、行洪航运安全的前提下，予以科学合理有序开发利用。对于有岸线利用需求的河湖，要编制河湖水域岸线保护利用规划，划定岸线保护区、保留区、控制利用区和可开发利用区，严格岸线分区管理和用途管制。对于有采砂管理任务的河湖，要编制河湖采砂规划。七大江河及其跨省主要支流的岸线规划和采砂规划，由有关流域管理机构商相关省级水行政主管部门，明确规划编制的主体和程序。

（五）推广应用大数据等技术手段。要加快完善河湖监测监控体系，积极运用卫星遥感、无人机、视频监控等技术，加强对河湖的动态监测，及时收集、汇总、分析、处理地理空间信息、跨行业信息等，为各级河长决策、部门管理提供服务，为河湖的精细化管理提供技术支撑。

六、落实保障措施

（一）建立责任机制。河湖最高层级的河长是第一责任人，对河湖管理保护负总责，市、县、乡级分级分段河长对河湖在本辖区内的管理保护负直接责任，村级河长承担村内河流"最后一公里"的具体管理保护任务。各地要结合本地实际，按照不同层级河长管辖范围，分类细化实化各级河长任务，明确河长履职的具体内容、要求和标准，将"清四乱"作为检验河湖面貌是否改善、河长是否称职的底线要求。水利部继续将全面推行河长制湖长制工作情况纳入最严格水资源管理制度考核，并在2018年年底组织开展全面推行河长制湖长制总结评估。各地要严格实施上级河长对下级河长的考

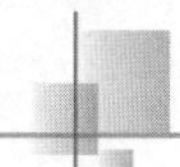

核，将考核结果作为干部选拔任用的重要参考。要建立完善责任追究机制，对于河长履职不力，不作为、慢作为、乱作为，河湖突出问题长期得不到解决的，严肃追究相关河长和有关部门责任。

（二）建立督察机制。建立全覆盖的河长制督察体系，以务实管用高效为目标，明察暗访相结合、以暗访为主，不发通知、不打招呼、不听汇报、不用陪同，直奔基层、直插现场，采用飞行检查、交叉检查、随机抽查等方式，及时准确掌握各级河长履职和河湖管理保护的真实情况。对发现的突出问题，采取一省一单、约谈、通报、挂牌督办、在媒体曝光等多种方式，加大问题整改力度。对违法违规的单位、个人依法进行行政处罚，构成犯罪的，移交有关部门依法追究刑事责任，对有关河长、责任单位和责任人，进行严肃追责，做到原因未查清不放过、责任人员未处理不放过、责任人和群众未受教育不放过、整改措施未落实不放过。

（三）健全公众参与机制。各地制定河湖治理保护方案时，要充分听取社会公众和利益相关方的意见，对于群众反映强烈的突出问题，要优先安排解决。要加强对民间河长的引导，发挥民间河长在宣传治河政策、收集反映民意、监督河长履职、搭建沟通桥梁等方面的积极作用。水利部设立河长制监督电子信箱 hzjd@mwr. gov. cn，各地也要通过设立监督电话、公开电子信箱、发布微信公众号等方式，畅通公众反映问题的渠道，建立激励性的监督举报机制，调动社会公众监督积极性。各级河长制办公室设立的监督电话要保证畅通，对群众反映的问题要及时予以处理，群众实名举报的问题，要把处理结果反馈给举报人，一时难于解决的问题要做出合理解释。

（四）建立河湖管护长效机制。各地要建立健全法规制度，建立河湖巡查、保洁、执法等日常管理制度，落实河湖管理保护责任主体、人员、设备和经费，实行河湖动态监控，加大河湖管理保护监管力度。建立河湖巡查日志，对巡查时间、巡查河段、发现问题、处理措施等作出详细记录，对涉河湖违法违规行为做到早发现、早制止、早处理。

（五）加强宣传引导。在全面推行河长制工作中，涌现出很多典型经验和创新举措，特别是基层的好做法、好经验，水利部将从各地选择一批治理成效明显的典型河湖，打造河畅、水清、岸绿、景美的示范河湖，各地也要注重挖掘提炼，通过现场会、案例教学、示范试点等方式，予以总结推广，发挥示范带动作用。同时，要综合利用传统媒体以及微信公众号、客户端等

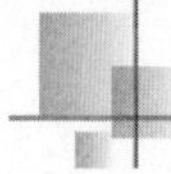

新媒体，宣传各地河湖管理保护专项行动及取得的成效。对群众反映的、暗访发现的河湖突出问题和河长履职不到位等重大问题，一经核实，要主动曝光。水利部网站和微信公众号设立曝光台，各地也要设立曝光台，同时，要规范问题调查核实、问题曝光、问题处置、追责问责等工作程序，推动曝光问题整改落实。

水利部办公厅关于加强山区河道管理的通知

办河湖〔2023〕140号

各有关省（自治区、直辖市）水利（水务）厅（局）、新疆生产建设兵团水利局：

我国山区河道数量众多，分布广泛，因强降雨引发的山洪灾害时有发生。一些山区河道周边人类活动频繁，挤占河道、私挖乱采、私搭乱建等违法违规行为影响河道行洪能力，对山洪灾害产生放大效应。2022年3月，水利部印发《关于加强山洪灾害防御工作的指导意见》，对山洪灾害监测预警等防御工作提出了明确要求。为进一步贯彻落实《中华人民共和国水法》《中华人民共和国防洪法》《中华人民共和国河道管理条例》等法律法规规定，加强山区河道管理，畅通河道行洪空间，现就有关事项通知如下。

一、实行名录管理。以全国山洪灾害调查评价成果为基础，省级水行政主管部门组织山洪灾害防治县详细梳理山洪灾害防治区内流域面积小于200平方公里的河流，逐条河流核查河流名称、所属行政区、所属水系、河流长度、流域面积等情况，建立河道名录。其他易发生山洪灾害的山区河道，有关地方可结合实际组织梳理排查。

二、落实管理责任。对名录内河道，明确乡级和村级河长责任人、防汛抗洪人民政府行政首长责任人、主管部门责任人、巡查管护责任人等“四个责任人”，分别承担河湖管理保护领导责任、防汛责任、部门责任和巡查管护责任。水利部将山区河道管理情况纳入国务院河长制湖长制督查激励，各地要把山区河道管理情况纳入河长制考核。

三、公布河道名录。2023年7月1日前，县级水行政主管部门建立山区河道名录，明晰“四个责任人”名单，在县乡村域范围内向社会公布。每年结合山洪灾害发生情况、山洪灾害补充调查评价结果等，动态调整山区河道名录和“四个责任人”名单，并向社会公布。

四、划定管控边界。省级水行政主管部门组织推进名录内河道管理范围划定工作，由县级以上地方人民政府进行公告。组织开展划界成果复核，加强上下游、左右岸、干支流划界成果衔接，对于降低划定标准，人为缩窄河道管理范围，故意避让村镇、农田、基础设施以及建筑物、构筑物等问题，依法依规整改并公告调整后的河道管理范围划定成果。

五、加强审批监管。省级水行政主管部门根据河道管理权限，组织明确河道管理范围内建设项目和活动审批主体，遵循确有必要、无法避让、确保安全的原则，按照分级审批权限和分类管理要求，严格依法依规审批，不得超权限审查，不得随意扩大项目类别，严禁未批先建、越权审批、批建不符，严禁以任何名义非法占用和束窄河道。

六、整治碍洪问题。省级水行政主管部门组织开展妨碍河道行洪突出问题排查整治，对河道管理范围内违法违规的建筑物，阻碍行洪的片林和高秆作物、围堤套堤、桥梁道路、设施大棚，油气、电力、通信、供排水等穿堤管道缆线，以及塘坝、堰坝等，全面深入排查，逐项明确整改措施、完成时限和责任人，建立问题清单、任务清单、责任清单，逐项整治销号。对于阻水严重的问题，要立行立改，确保河道行洪通畅。

七、加强巡查管护。各地根据实际情况，配齐配强巡查管护队伍，将责任落实到人。有河道管理单位或水利工程管理单位的河段，充分发挥管理单位作用，明确巡查管护责任人，建立巡查管护制度，强化巡查管护；其他河段，因地制宜采取政府购买第三方公共服务，设立专管员、巡河员、护河员、保洁员等巡查管护责任人，解决河道管理保护“最后一公里”问题。

八、规范管护行为。巡查管护责任人要开展经常性巡查，及时发现问题，重点巡查居住人口密集、生产经营活动频繁的河段，加大汛期巡查频次，对发现的问题及时处理，不能解决的及时报告河长责任人，由河长责任人组织同级有关部门（单位）或提请上级有关部门（单位）清理整治，确保问题清理整治到位。

九、推进智慧管理。各地要利用“全国水利一张图”及河湖遥感本底数据库，将山区河道管理范围划定成果、涉河建设项目审批信息上图入库。充分利用大数据、卫星遥感、无人机、视频监控等技术手段，加强对名录内河道的动态监管，提高问题发现、推送、处理的时效性。

请各有关省级水行政主管部门于2023年7月1日前，通过全国河湖长制管理信息系统组织报送山区河道名录。

水利部办公厅

2023年4月28日

水利部办公厅关于印发河湖岸线保护与利用规划编制指南（试行）的通知

办河湖函〔2019〕394号

各流域管理机构，各省、自治区、直辖市水利（水务）厅（局），新疆生产建设兵团水利局：

为指导各地各有关单位做好河湖岸线保护与利用规划编制工作。我部组织制定了《河湖岸线保护与利用规划编制指南（试行）》（以下简称《指南》）。现印发给你们，并将有关要求明确如下。

水利部办公厅

2018年4月15日

一、高度重视规划编制工作

编制河湖岸线保护与利用规划，划定岸线功能分区，是中央全面推行河长制湖长制明确的重要任务，是加强岸线空间管控的重要基础，是推动岸线有效保护和合理利用的重要措施，对于保障河势稳定和防洪安全、供水安全、航运安全、生态安全具有重要意义。

请各地各有关单位高度重视，根据《指南》要求并结合河湖岸线管理实际，抓紧组织开展河湖岸线保护与利用规划编制工作。

二、切实落实规划编制责任

河湖岸线保护与利用规划由流域管理机构和县级以上地方水行政主管部门负责组织编制。其中：长江、黄河等大江大河重点河段，太湖等重要湖泊，跨省重要支流和中央直管河段的岸线保护与利用规划由流域管理机构负责组织编制（河湖名录见附件）。其他河湖的岸线保护与利用规划由县级以上地方水行政主管部门负责组织编制。省级行政区内主要河湖、跨省重要河湖以及岸线保护地位重要的河湖，应由省级水行政主管部门组织

编制。请各省级水行政主管部门抓紧研究制定区域内岸线保护与利用规划编制河湖名录，明确编制责任主体和完成时间，2019 年 6 月 30 日前报送水利部。

三、严格履行规划审批程序

流域管理机构负责组织编制的岸线保护与利用规划，由流域管理机构征求有关省级人民政府意见后，报水利部批复实施。县级以上地方水行政主管部门负责组织编制的岸线保护与利用规划，征求上一级水行政主管部门意见后，由本级人民政府或本级人民政府授权水行政主管部门批复实施。其中，省级水行政主管部门组织编制的岸线保护与利用规划，征求有关流域管理机构意见后，由省级人民政府或省级人民政府授权水行政主管部门批复实施。

四、按时完成规划编制工作

珠江委要抓紧修改完善西江岸线保护和利用规划，在 2019 年 4 月底前报送水利部；有关流域管理机构要抓紧全面启动黄河、淮河、海河、松辽、太湖等流域岸线保护与利用规划编制工作，2019 年 12 月底前完成岸线利用现状调查等基础工作、提出规划初步成果，2020 年 5 月底前完成征求意见并将规划送审稿报送水利部。《指南》规划范围中提出的重要河湖岸线保护与利用规划，原则上要在 2021 年年底前编制完成。

五、充分发挥规划约束作用

请各地各有关单位切实做好岸线保护与利用规划实施工作，按照规划确定的岸线功能分区和管理要求，严格落实分区管理和用途管制。岸线利用项目建设必须符合规划要求，与规划要求不符的一律不得许可。各流域管理机构、地方各级水行政主管部门要将规划岸线分区成果标注在第一次全国水利普查“水利一张图上”，并积极利用卫星遥感、无人机监控等技术手段加强岸线动态监控，不断提升岸线管理信息化水平。

各地各有关单位在《指南》执行过程中，如遇有重大问题或有建议意见，请及时反馈水利部水利水电规划设计总院、水利部河湖管理司。

水利部办公厅

2019 年 3 月 25 日

河湖岸线保护与利用规划编制指南（试行）

河湖岸线是指河流两侧、湖泊周边一定范围内水陆相交的带状区域，它是河流、湖泊自然生态空间的重要组成。岸线的有效保护和合理利用对沿岸地区生态文明建设和经济社会发展具有重要的作用。为明确河湖岸线保护与利用规划编制技术思路和技术要求，统一规划编制范围、目标任务和主要内容，制定本指南。

一、基本规定

（一）规划原则

保护优先、合理利用。坚持保护优先，把岸线保护作为岸线利用的前提，实现在保护中有序开发、在开发中落实保护。协调城市发展、产业开发、港口建设、生态保护等方面对岸线的利用需求，促进岸线合理利用、强化节约集约利用。做好与生态保护红线划定、空间规划等工作的相互衔接。统筹兼顾、科学布局。遵循河湖演变的自然规律，根据岸线自然条件，充分考虑防洪安全、河势稳定、生态安全、供水安全、通航安全等方面要求，兼顾上下游、左右岸、不同地区及不同行业的开发利用需求，科学布局河湖岸线生态空间、生活空间、生产空间，合理划定划分岸线功能分区。依法依规、从严管控。按照《水法》《防洪法》《河道管理条例》等法律法规的要求，针对岸线利用与保护中存在的突出问题，强调制度建设、强化整体保护、落实监管责任，确保岸线得到有效保护、合理利用和依法管理。

远近结合、持续发展。既考虑近期经济社会发展需要，节约集约利用岸线，又充分兼顾未来经济社会发展需求，做好岸线的保护，为远期发展预留空间，划定一定范围的保留区，做到远近结合、持续发展。

（二）规划编制范围与水平年

1. 适用范围

流域面积 1000km^2 以上河流和常年水面面积 1km^2 以上湖泊中有岸线管理任务的河湖。河湖岸线保护与利用矛盾突出、管理任务较重，岸线保护利用对保障流域和区域防洪、供水、水生态安全具有重要作用的河湖。其他河湖可参照本指南编制岸线保护与利用规划。

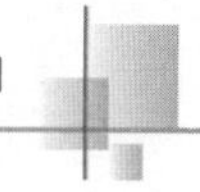

2. 规划水平年

流域管理机构牵头组织编制的大江大河大湖及主要支流、直管河段岸线保护和利用规划，现状基准年为2018年，规划水平年为2030年。

地方负责编制的岸线保护和利用规划，规划水平年由各地确定，近期水平年一般在现状基准年基础上不超过10年。

（三）规划编制依据

1. 主要法律法规

《水法》《防洪法》《水土保持法》《水污染防治法》《港口法》《航道法》《环境保护法》《城乡规划法》《土地管理法》《河道管理条例》《水文条例》《航道管理条例》《自然保护区条例》《风景名胜区条例》等。

2. 主要规程规范和标准

《江河流域规划编制规程》（SL 201—2015），《防洪标准》（GB 50201—2014），《堤防工程设计规范》（GB 50286—2013），《堤防工程管理设计规范》（SL 171—96），《河道整治设计规范》（GB 50707—2011），《内河航运工程水文规范》（JTS 145-1—2011），《水利水电工程设计洪水计算规范》（SL 44—2006），《水利水电工程水利计算规范》（SL 104—2015）等。

3. 中央有关文件精神

党的十九大会议精神以及习近平总书记系列重要讲话精神和《关于加快推进生态文明建设的意见》《关于全面推行河长制的意见》《关于在湖泊实施湖长制的指导意见》《关于划定并严守生态保护红线的若干意见》等有关文件。

4. 有关规划文件

《生态文明体制改革总体方案》、七大江河流域综合规划、七大江河流域防洪规划、《全国水资源综合规划》《全国抗旱规划》《水利改革发展“十三五”规划》《全国第三次水资源调查评价》《水利部关于加快推进河湖管理范围划定工作的通知》《关于印发〈生态保护红线划定指南〉的通知》等。国家或地方批准的国土规划、区域规划、城市规划、试点省区空间规划、各省区生态保护红线划定方案、区域发展有关意见以及其他地方有关规划和实施方案。全国及各流域内河航道与港口规划、港口总体规划、河道整治规划和航道整治规划等。

二、岸线功能区及边界线划定

（一）岸线功能区

岸线功能区是根据河湖岸线的自然属性、经济社会功能属性以及保护和

利用要求划定的不同功能定位的区段，分为岸线保护区、岸线保留区、岸线控制利用区和岸线开发利用区。岸线保护区是指岸线开发利用可能对防洪安全、河势稳定、供水安全、生态环境、重要枢纽和涉水工程安全等有明显不利影响的岸段。

岸线保留区是指规划期内暂时不宜开发利用或者尚不具备开发利用条件、为生态保护预留的岸段。

岸线控制利用区是指岸线开发利用程度较高，或开发利用对防洪安全、河势稳定、供水安全、生态环境可能造成一定影响，需要控制其开发利用强度、调整开发利用方式或开发利用用途的岸段。

岸线开发利用区是指河势基本稳定、岸线利用条件较好，岸线开发利用对防洪安全、河势稳定、供水安全以及生态环境影响较小的岸段。

（二）岸线边界线

岸线边界线是指沿河流走向或湖泊沿岸周边划定的用于界定各类岸线功能区垂向带区范围的边界线，分为临水边界线和外缘边界线。

临水边界线是根据稳定河势、保障河道行洪安全和维护河流湖泊生态等基本要求，在河流沿岸临水一侧顺水流方向或湖泊（水库）沿岸周边临水一侧划定的岸线带区内边界线。

外缘边界线是根据河流湖泊岸线管理保护、维护河流功能等管控要求，在河流沿岸陆域一侧或湖泊（水库）沿岸周边陆域一侧划定的岸线带区外边界线。

（三）功能区与边界线划分方法

1. 基本要求

（1）岸线功能区划分须服从流域综合规划、防洪规划、水资源规划对河流开发利用与保护的总体安排，并与防洪分区、水功能区、自然生态分区、农业分区和有关生态保护红线等区划相协调，正确处理近期与远期、保护与开发之间的关系，做到近远期结合，突出强调保护，注重控制开发利用强度。

（2）根据岸线保护与利用的总体目标，按照保护优先、节约集约利用原则，充分考虑河流自然属性、岸线的生态功能和服务功能，统筹协调近远期防洪工程建设、河流生态保护、河道整治、航道整治与港口建设、城市建设与发展、土地利用等规划，保障岸线的可持续利用。

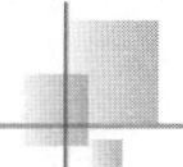

（3）根据河流水文情势、水沙状况、地形地质、河势变化等条件和情况，充分考虑上下游、左右岸区域经济社会发展的需求，协调好各方面的关系，明确岸线保护利用要求。

2. 岸线功能区划分

岸线功能区划分应突出强调保护与管控，尽可能提高岸线保护区、岸线保留区在河流、湖泊岸线功能区中的比例，从严控制岸线开发利用区和控制利用区，尽可能减小岸线开发利用区所占比例。

（1）岸线保护区划定

1）引起深泓变迁的节点段或改变分汊河段分流态势的分汇流段等重要河势敏感区岸线应划为岸线保护区。

2）列入各省（自治区、直辖市）集中式饮用水水源地名录的水源地，其一级保护区应划为岸线保护区，列入全国重要饮用水水源地地名录的应划为岸线保护区。

3）位于国家级和省级自然保护区核心区和缓冲区、风景名胜区核心景区等生态敏感区，法律法规有明确禁止性规定的，需要实施严格保护的各类保护地的河湖岸线，应从严划分为岸线保护区。

4）根据地方划定的生态保护红线范围，位于生态保护红线范围的河湖岸线，按红线管控要求划定岸线保护区。

（2）岸线保留区划定

1）对河势变化剧烈、岸线开发利用条件较差，河道治理和河势调整方案尚未确定或尚未实施等暂不具备开发利用条件的岸段，划分为岸线保留区。

2）位于国家级和省级自然保护区的实验区、水产种质资源保护区、国际重要湿地、国家重要湿地以及国家湿地公园、森林公园生态保育区和核心景区、地质公园地质遗迹保护区、世界自然遗产核心区和缓冲区等生态敏感区，但未纳入生态保护红线范围内的河湖岸线，应划为岸线保留区。

3）已列入国家或省级规划，尚未实施的防洪保留区、水资源保护区、供水水源地的岸段等应划为岸线保留区。

4）为生态建设需要预留的岸段，划为岸线保留区。

5）对虽具备开发利用条件，但经济社会发展水平相对较低，规划期内暂无开发利用需求的岸段，划为岸线保留区。

(3) 岸线控制利用区划定

1) 对岸线开发利用程度相对较高的岸段，为避免进一步开发可能对防洪安全、河势稳定、供水安全、航道稳定等带来不利影响，需要控制或减少其开发利用强度的岸段，划分为岸线控制利用区。

2) 重要险工险段、重要涉水工程及设施、河势变化敏感区、地质灾害易发区、水土流失严重区需控制开发利用方式的岸段，划为岸线控制利用区。

3) 位于风景名胜区的一般景区、地方重要湿地和地方一般湿地、湿地公园以及饮用水源地二级保护区、准保护区等生态敏感区未纳入生态红线范围，但需控制开发利用方式的部分岸段，划为岸线控制利用区。

(4) 岸线开发利用区划定

河势基本稳定、岸线利用条件较好，岸线开发利用对防洪安全、河势稳定、供水安全以及生态环境影响较小的岸段，划为岸线开发利用区。但要在规划中充分体现岸线的集约节约利用。

3. 边界线划定

(1) 临水边界线划定

临水边界线划定应按照以下原则或方法划定，并尽可能留足调蓄空间。

1) 已有明确治导线或整治方案线（一般为中水整治线）的河段，以治导线或整治方案线作为临水边界线。

2) 平原河道以造床流量或平滩流量对应的水位与陆域的交线或滩槽分界线作为临水边界线。

3) 山区性河道以防洪设计水位与陆域的交线作为临水边界线。

4) 湖泊以正常蓄水位与岸边的分界线作为临水边界线，对没有确定正常蓄水位的湖泊可采用多年平均湖水位与岸边的交界线作为临水边界线。

5) 水库库区一般以正常蓄水位与岸边的分界线或水库移民迁建线作为临水边界线。

6) 河口以防波堤或多年平均高潮位与陆域的交线作为临水边界线，需考虑海洋功能区划等的要求。

(2) 外缘边界线划定

根据《水利部关于加快推进河湖管理范围划定工作的通知》（水河湖

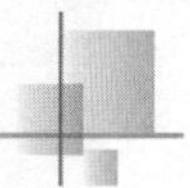

〔2018〕314号），可采用河湖管理范围线作为外缘线，但不得小于河湖管理范围线，并尽量向外扩展。

1）对有堤防工程的河段，外缘边界线可采用已划定的堤防工程管理范围的外缘线。堤防工程管理范围的外缘线一般指堤防背水侧护堤地宽度，1级堤防防护堤宽度为30～20米，2、3级堤防为20～10米，4、5级堤防为10～5米。

2）对无堤防的河湖，根据已核定的历史最高洪水位或设计洪水位与岸边的交界线作为外缘边界线。

3）水库库区以水库管理单位设定的管理或保护范围线作为外缘边界线，若未设定管理范围，一般以有关技术规范和水文资料核定的设计洪水位或校核洪水位的库区淹没线作为外缘边界线。

4）已规划建设防洪工程、水资源利用与保护工程、生态环境保护工程的河段，应根据工程建设规划要求，预留工程建设用地，并在此基础上划定外缘边界线。

三、主要技术路线

在资料收集与分析整理等基础上，分析岸线保护和利用现状，按照有关法律、法规、规程规范和相关上位规划有关要求，确定岸线管控目标与指标，划分功能区和拟定规划方案，提出岸线保护利用的行动计划与实施安排，形成河湖水域岸线保护利用规划成果。

资料收集与分析：收集已批准的空间规划有关意见、各省红线划定方案、主体功能区划、国土规划、区域规划、城市规划、区域发展有关意见和有关研究成果；收集流域防洪规划、水资源综合规划、流域综合规划等专项规划和有关研究成果。收集规划岸线段相应的自然地理概况，水文气象资料，人口等经济社会发展状况，以及国土、城市、生态建设与环境保护、航运、水能资源利用等岸线保护与利用的状况；收集河道地形资料，地形图比例尺原则上不得低于1∶5万，开发利用程度较高的河段建议采用1∶5000或1∶2000；收集岸线内主要开发利用工程项目资料；收集相关生态环境敏感区资料；收集地方岸线管理的政策措施等；有些资料不能满足规划要求时，可进行必要的补充监测和调研工作；对收集的资料进行系统整理和分析评价。相关资料整理后填写表1至表3。

功能区划分与规划方案拟定：结合岸线现状分析、岸线利用与管理中存

在的问题以及岸线管控目标，在此基础上统筹协调防洪、供水、水生态保护、水土保持、航运等岸线保护与利用方面的关系，分析各相关部门和行业对岸线保护和利用需求，提出岸线边界线和各主要功能区划分方案。根据规划确定的近期水平年规划目标和任务，提出各类岸线功能区岸线保护利用、管控和近期调整要求。

规划衔接与审定：规划中应做好与相关地区国民经济和社会发展规划、空间规划、红线划定方案、城市规划、土地利用规划、生态建设和环境保护规划、航运规划、水能资源利用规划等相关规划的衔接与协调；对规划编制过程中涉及的重大问题、中间成果、最终成果等，通过召开专家咨询会、讨论会或征求意见等方式进行咨询与讨论。

四、主要规划内容分析确定

规划编制主要工作涉及岸线保护与利用现状分析、岸线规划目标确定、岸线保护目标与开发利用控制条件分析、岸线边界线和功能区划分、岸线管理要求制定、规划环境影响评价等方面。各项主要工作内容简述如下。

（一）保护与利用现状分析

调查岸线利用现状及其历史演变特征，分类统计港口码头、取排水设施、跨（临、穿）江设施、防洪治理工程、生态环境整治工程等项目占用岸线的规模，分析评价各类岸线利用的程度、水平，了解岸线利用项目审批和管理情况，总结现状岸线利用及管理存在的主要问题。分析现状岸线利用与相关规划和区划的协调性以及各河段现状岸线保护与利用的合理性，提出岸线现状保护与利用的评价意见，为岸线分区及岸线外缘边界线确定奠定基础。

（二）河势稳定性分析

河道演变特性与河势稳定性是判别河道岸线是否稳定的控制性因素，也是合理确定岸线边界线、划分岸线功能区以及制定岸线利用与保护控制指标的基础工作，主要内容包括河段河道演变的规律及其影响因素、河势稳定性分析和河口演变趋势分析。应充分利用已有相关规划的工作成果，对近期河势变化较大，确有必要的可开展补充论证。

（三）岸线规划目标确定

根据河湖岸线的自然条件和特点、沿河（湖）地区经济社会发展水平以及岸线开发利用程度，针对岸线保护与开发利用中的主要矛盾，结合流域或

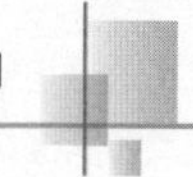

区域在生态保护、防洪减灾、水资源利用等方面的规划目标，统筹协调经济社会发展和相关行业、部门对岸线保护利用的要求和需求，分析规划水平年岸线保护与利用的发展趋势，制定岸线保护与利用目标，合理设置目标指标值。

（四）岸线保护与利用控制条件分析

从防洪、供水、生态、经济社会和重要涉水工程等方面分析岸线开发利用带来的影响，提出相应的岸线保护和利用控制条件。

防洪河势方面：在防洪形势和河道演变分析基础上，分析提出各河段岸线开发利用的条件，并重点分析各河段岸线开发利用对重要防洪设施、重要险工段和河势敏感区的影响。在此基础上，从保障防洪安全和河势稳定角度提出相应岸线保护和开发利用控制条件。

供水方面：根据饮用水水源地保护区要求，分析各河段岸线开发利用对饮用水水源地的影响，在此基础上，从保障供水安全角度提出相应岸线保护和开发利用控制条件。

生态方面：根据水生态敏感区、水生生物资源与珍稀物种保护以及其他涉水生态环境敏感区保护要求，分析各河段岸线开发利用对水生态环境的影响，在此基础上，从保护生态环境角度提出相应岸线保护和开发利用控制条件。

经济社会方面：根据经济社会发展规划、港口布局规划、过江通道布局规划等规划情况，结合岸线利用情况，分析经济社会发展对岸线利用的需求及其可能产生的影响，提出相应岸线保护和开发利用控制条件。

重要涉水工程方面：根据重要涉水工程保护要求，分析各河段开发利用对重要涉水工程安全和正常运用的影响，在此基础上，从保护涉水工程安全角度提出相应岸线保护和开发利用控制条件。

（五）岸线功能区划分

合理划分岸线功能区是规划的核心内容之一。根据规划目标、岸线保护目标与开发利用控制性条件分析成果，按照岸线功能区划分依据和方法，结合不同河段岸线保护与利用的特点，划定岸线功能区。

确定规划河湖各段岸线功能分区的具体位置和坐标，说明各段岸线功能分区划分的主要依据，填写表 4。统计规划范围内岸线保护区、岸线保留区、岸线控制利用区、岸线开发利用区个数、长度、比例等，填写表 5。

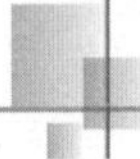

（六）岸线管控要求制定

1. 功能区管控要求

根据相关法规政策要求，结合岸线功能分区定位，从强化岸线保护、规范岸线利用等方面分别提出各岸线功能分区的保护要求或开发利用制约条件、禁止或限制进入项目类型。

2. 岸线边界线管控要求

根据划定的临水边界线和外缘边界线，分别提出针对现状及规划建设项目的岸线保护要求和开发利用的制约条件，准入标准等。任何进入外缘控制边界线以内岸线区域的开发利用行为都必须符合岸线功能区划的规定及管理要求，且原则上不得逾越临水控制边界线。

3. 岸线管控能力建设措施

提出加强河湖岸线管控能力建设的措施；利用遥感监测、大数据、移动互联等信息化技术手段开展现状利用调查，整合河湖水利等部门基础数据和空间地理数据，以水利普查等空间数据“一张图”为基础构建河湖岸线管理信息系统，为河湖岸线管控提供支撑。

4. 岸线保护利用调整意见

按照岸线保护目标要求和各功能区管理要求，以岸线功能区为单元，分析现状岸线利用的合理性，对不符合岸线功能区管理要求的岸线利用项目，按轻重缓急，有计划、有步骤地提出调整或清退意见。对岸线利用强度较高的岸段，应严格控制岸线利用行为，并提出岸线整合意见。

（七）环境影响评价

1. 环境保护目标与规划合理性分析

简要介绍规划范围环境敏感因子，分析规划主要环境保护目标；分析规划与相关法律法规及政策符合性、与国家地区发展战略符合性、与《全国主体功能区规划》等国家或部门相关规划的协调性，以及规划环境合理性。

2. 环境影响预测与评价

从水文水资源、水生态、水环境、社会环境等方面开展规划的环境影响预测与评价。

五、成果要求

（一）文本要求

岸线规划文本应包括：形成的报告、附表和附图。

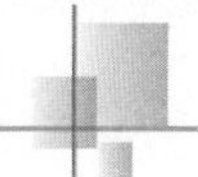

（二）图表要求

1. 附表

附表主要包括河流沿岸主要经济社会指标、涉河现状及规划工程情况、河流生态敏感区现状及规划情况、河流岸线功能区规划成果等，具体见附表中的表 1 至表 5。

2. 附图

规划附图总体要求反映河湖水系分布、河湖形势、岸线功能区划分等，分为河湖水系分布及规划范围示意图、河道形势图、岸线功能区分区规划图等。附图的工作底图比例尺原则上不得低于 1∶5 万，开发利用程度较高的河段可采用 1∶5000 或 1∶2000 比例尺。成图图幅一律以 A3 图幅为基本图幅，比例尺不低于 1∶10 万，必要时可以加长，一般不宜加宽。

（1）河湖水系分布及规划范围示意图

A3 图幅，标明省级行政区划，水文站网分布，可在已有流域水系图基础上制作。有指北针、比例尺、图例等。

（2）规划范围河湖形势图

A3 图幅，河道用蓝色色块表示，标明省级行政区界线、沿河重要城市、生态与环境敏感点分布、桥梁、港口、拦河大坝等重要涉水设施。有指北针、比例尺、图例等标注。涉水设施图例参照《水利空间要素图式与表达规范》等规范。

（3）岸线功能区分区规划图

A3 图幅，比例尺一般为 1∶10 万～1∶20 万。岸线功能区分区图应绘制临水边界线和外缘边界线。岸线功能分区以岸线边界线为基础，分别用红色、紫色、黄色、绿色分别代表岸线保护区、岸线保留区、岸线控制利用区、岸线开发利用区。有指北针、比例尺、图例等。

岸线功能区分区规划图各分幅图前应附上与其相应的岸线功能区分区规划成果表，以便使用。

（三）“一张图”信息化要求

以水利普查等空间数据为底图，以河湖水系、涉水工程设施、岸线及其功能区、自然保护区等生态敏感区为图层，综合考虑管理范围线、保护范围线、生态红线以及相关部门划定的各类生态敏感区或功能区范围线，在已有工作基础上，构建河湖岸线空间信息、业务信息的综合汇聚、分析和展现平台，形成智慧河湖管理“一张图”，借助“一张图”可以直观了解管理目标

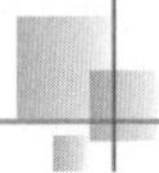

的位置、分布和空间关系，快速掌握相关的业务数据，为河湖水域岸线保护利用提供信息化支撑。同时，加强与相关部门的沟通协调，实现河湖岸线数据与自然资源等部门“一张图”数据共享。

附件：规划报告参考提纲

一、基本情况

（一）河流概况

简要说明规划区域及沿岸地区经济社会发展情况、规划河湖（河段）的自然特征等，重点说明河湖地理位置、流域面积、长度（面积）、流经区域、河道基本情况等。

（二）岸线保护和利用现状

说明岸线保护和开发利用基本情况及主要特点、说明河湖岸线管理体制机制、岸线监督管理主体、日常巡查执法监管等情况。

二、岸线保护和利用形势分析

（一）岸线保护和利用存在的主要问题

从岸线开发利用、岸线保护、岸线布局、管理体制、监督管理能力等方面剖析岸线保护和利用存在的主要问题。

（二）经济社会发展对岸线保护和利用的需求

从加强生态环境保护、强化岸线保护、推动沿岸经济社会发展、保障防洪安全和供水安全等方面说明岸线保护和利用的需求。

（三）岸线保护与利用控制条件分析

从防洪、供水、生态、经济社会和重要涉水工程等方面分析岸线开发利用带来的影响，提出相应的岸线保护和利用控制条件。

三、编制依据

四、指导思想与原则

（一）指导思想

（二）基本原则

（三）规划水平年

（四）规划目标

提出岸线规划总体目标，建议包括岸线管控指标。

五、岸线功能区划分

（一）岸线保护区

1. 划分方法

说明岸线保护区具体划分方法和分类情况。

2. 岸线保护区

说明岸线保护区具体规划成果。

（二）岸线保留区

1. 划分方法

说明岸线保留区具体划分方法和分类情况。

2. 岸线保留区

说明岸线保留区具体规划成果。

（三）岸线控制利用区

1. 划分方法

说明控制利用区具体划分方法和分类情况。

2. 岸线控制利用区

说明岸线控制利用区具体规划成果。

（四）岸线开发利用区

1. 划分方法

说明开发利用区具体划分方法和分类情况。

2. 岸线开发利用区

说明岸线开发利用区具体规划成果。

（五）岸线边界线

1. 划分方法

岸线边界线的划定方法。

2. 岸线边界线

临水边界线和外缘边界线的划定成果。

六、岸线保护与管控

（一）功能区管控要求

按岸线功能区 4 个类型分别提出岸线保护利用管理要求。

（二）岸线边界线管控要求

分别提出临水边界线和外缘边界线的管控要求。

（三）岸线管控能力建设措施

提出加强河湖岸线管控能力建设的措施。

（四）岸线保护利用调整要求

按岸线功能区 4 个类型分别提出岸线保护利用近期调整要求。

七、环境影响评价

（一）环境保护目标

说明规划主要环境保护目标。

（二）规划符合性分析

分析规划与相关法律法规及政策符合性、与发展战略符合性、与相关规划的协调性以及规划环境合理性。

（三）环境影响预测与评价

从水文水资源、水生态、水环境、社会环境等方面开展规划的环境影响预测与评价。

八、保障措施

从组织措施、制度措施、机制措施、管理措施、监督措施、经济措施等方面提出规划保障措施。

附图及附表等（略）。

水利部办公厅关于印发《“一河（湖）一档”建立指南（试行）》的通知

办建管函〔2018〕360号

各省、自治区、直辖市河长制办公室：

为深入贯彻中共中央办公厅、国务院办公厅印发的《关于全面推行河长制的意见》《关于在湖泊实施湖长制的指导意见》要求，我部组织制定了《“一河（湖）一档”建立指南（试行）》，现印发给你们，供各地建立“一河（湖）一档”时参考。

“一河（湖）一档”信息包括基础信息和动态信息两部分，请各地按照“先易后难、先简后全”的原则，抓紧完成基础信息填报，兼顾已有或易获取的动态信息填报，逐步完成动态信息，建立完整的河湖档案。

各地在组织建立“一河（湖）一档”过程中，遇有问题和相关意见、建议，请及时反馈水利部。

水利部办公厅

2018年4月15日

“一河（湖）一档”建立指南（试行）

为深入贯彻落实中共中央办公厅、国务院办公厅《关于全面推行河长制的意见》《关于在湖泊实施湖长制的指导意见》，加强河长制湖长制工作的基础支撑，指导各地组织建立河湖“一河（湖）一档”，特制定本指南。

一、一般规定

（一）适用范围

本指南适用于指导设省级、市级、县级河（湖）长的河湖建立“一河（湖）一档”，只设乡级河（湖）长的河湖的“一河（湖）一档”根据各地需要参照建立，可适当简化。

（二）建档对象

“一河一档”以整条河流或河段为单元建立，河段“一河一档”要与整条河流“一河一档”相衔接。

“一湖一档”以整个湖泊为单元建立。

（三）建档主体

“一河一档”由省、市、县级河长制办公室负责组织建立。最高层级河长为省级领导的河流（段），由省级河长制办公室负责组织建立；最高层级河长为市级领导的河流（段），由市级河长制办公室负责组织建立；最高层级河长为县级及以下领导的河流（段），由县级河长制办公室负责组织建立。

在一省范围内的湖泊，“一湖一档”由最高层级湖长相应的河长制办公室负责组织建立。跨省级行政区域的湖泊，“一湖一档”由湖泊水域面积相对较大的省份牵头，商相关省份组织建立，流域管理机构要参与协调工作。

二、主要内容

“一河（湖）一档”包括基础信息和动态信息。基础信息包括河湖自然属性、河（湖）长信息等；动态信息包括取用水、排污、河湖水质、水生态、岸线开发利用、河道利用、涉水工程和设施等。

（一）基础信息

1. 河流

河流（段）自然属性主要包括河流（段）名称、河流（段）编码、上一级河流名称、上一级河流编码、所在水系、河流（段）起讫位置、河流（段）长度、代表站水文信息、河段支流数量、河段与行政区位置关系等。

河长信息主要包括各级河长姓名、职务等。

2. 湖泊

湖泊自然属性主要包括湖泊名称、湖泊编码、所在水系名称、所涉行政区、湖泊水域总面积、平均水深、主要入湖出湖河流名称及位置等。

湖长信息主要包括各级湖长姓名、职务等。

（二）动态信息

1. 河流

取用水信息主要包括取水口、许可年取水量、实际年取水量、饮用水水

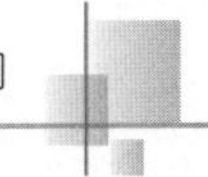

源地情况等。

排污信息主要包括排污口、年排污量、排污口监测情况等。

水质信息主要包括河段起讫点水质类别、不同水质河段比例、水功能区水质达标率等。

水生态信息主要包括河道断流情况、各类自然文化资源保护区、国家重点生态功能区和重点风景名胜区等。

岸线开发利用信息主要包括岸线长度、岸线功能区划情况、开发利用情况等。

河道利用信息主要包括通航、水产养殖、规划采砂可采区以及可采总量等。

涉水工程和设施信息主要包括拦河闸与拦河泵站、橡胶坝与滚水坝、通航建筑物、水库、堤岸护坡、港口与码头、桥梁、涵洞、隧洞、渡槽等跨河穿河临河建筑物情况。

2. 湖泊

取用水信息主要包括取水口、许可年取水量、实际年取水量、饮用水水源地情况等。

排污信息主要包括湖区排污口、限制排污总量、年排污量、排污口监测等。

水质信息主要包括水质类别、富营养化程度、主要污染物等。

水生态信息主要包括湖泊干涸情况、水生态空间划定情况、沿湖湿地公园和水生生物保护区建设情况等。

水域岸线开发利用信息主要包括岸线长度、岸线开发利用、岸线分区、水产养殖水面面积、规划采砂可采区以及可采总量等。

涉水工程和设施信息主要包括堤防、水电站、水闸、泵站、港口与码头、桥梁、其他跨湖、穿湖、临湖建筑物和设施等。

三、信息来源与填报

（一）信息来源

“一河（湖）一档”各类信息的收集、整理以现有成果为基础，信息来源包括规划与普查、公报及统计数据、各级河长制办公室补充调查数据、相关系统接入数据、其他公开数据等。有关数据应注意保持动态更新。

表 1　　台账数据来源

序号	数据来源	具体资料名称
1	规划与普查数据	水资源调查评价、相关水利规划、第一次全国水利普查、水污染普查、地理国情普查等
2	公报及统计数据	各级政府、相关部门的公报及统计年鉴等
3	各级河长办补充调查数据	各级河长办针对水域岸线开发利用、排污口、水质状况等开展补充调查的数据
4	相关系统接入数据	水资源监控管理系统、公安部门视频监控系统、环境保护部门信息化管理系统等
5	其他公开数据	公开版天地图数据、高精度遥感数据等

（二）信息填报

"一河（湖）一档"信息内容多，填报工作量大，按照"先易后难、先简后全"的原则分阶段建立。近期，抓紧完成"一河（湖）一档"基础信息，重点收集填报河流（段）湖泊自然属性、各级河长湖长基本信息、临河临湖与跨河跨湖涉水工程信息等，兼顾已有或易获取的动态信息；有条件的地区，可同步布置安排动态信息的收集整理与填报，逐步建立完整的"一河（湖）一档"。各地可结合不同河流湖泊的实际，因地制宜适当增加或减少"一河（湖）一档"相关信息。

附件

附表 1________河流（段）基础信息表（略）

附表 2________河流（段）动态信息汇总表（略）

附表 3________河流（段）分类动态信息表（略）

附表 4________湖基础信息表（略）

附表 5________湖动态信息汇总表（略）

附表 6________湖分类动态信息表（略）

水利部办公厅关于印发《"一河（湖）一策"方案编制指南（试行）》的通知

办建管函〔2017〕1071 号

各省、自治区、直辖市河长制办公室，新疆生产建设兵团河长制办公室：

为深入贯彻落实中共中央办公厅、国务院办公厅印发的《关于全面推行河长制的意见》（以下简称《意见》），指导各地做好"一河一策""一湖一策"方案编制工作，我部组织制定了《"一河（湖）一策"方案编制指南（试行）》，现印发给你们，供在组织编制"一河（湖）一策"方案时参考。由省级领导担任河长的河湖，"一河（湖）一策"方案经审定印发后请报送水利部一式两份。

各地在方案编制过程中，遇有问题和相关意见、建议，请及时反馈水利部。

水利部办公厅

2017 年 9 月 7 日

"一河（湖）一策"方案编制指南（试行）

为深入贯彻落实中共中央办公厅、国务院办公厅印发的《关于全面推行河长制的意见》（以下简称《意见》），指导各地做好"一河一策""一湖一策"方案编制工作，特制定本指南。

一、一般规定

（一）适用范围

本指南适用于指导设省级、市级河长的河湖编制"一河（湖）一策"方案。只设县级、乡级河长的河湖，"一河（湖）一策"方案编制可予以简化。

（二）编制原则

坚持问题导向。围绕《意见》提出的六大任务，梳理河湖管理保护存在的突出问题，因河（湖）施策，因地制宜设定目标任务，提出针对性强、易于操作的措施，切实解决影响河湖健康的突出问题。

坚持统筹协调。目标任务要与相关规划、全面推行河长制工作方案相协调，妥善处理好水下与岸上、整体与局部、近期与远期、上下游、左右岸、干支流的目标任务关系，整体推进河湖管理保护。

坚持分步实施。以近期目标为重点，合理分解年度目标任务，区分轻重缓急，分步实施。对于群众反映强烈的突出问题，要优先安排解决。

坚持责任明晰。明确属地责任和部门分工，将目标、任务逐一落实到责任单位和责任人，做到可监测、可监督、可考核。

（三）编制对象

“一河一策”方案以整条河流或河段为单元编制，“一湖一策”原则上以整个湖泊为单元编制。支流“一河一策”方案要与干流方案衔接，河段“一河一策”方案要与整条河流方案衔接，入湖河流“一河一策”方案要与湖泊方案衔接。

（四）编制主体

“一河（湖）一策”方案由省、市、县级河长制办公室负责组织编制。最高层级河长为省级领导的河湖，由省级河长制办公室负责组织编制；最高层级河长为市级领导的河湖，由市级河长制办公室负责组织编制；最高层级河长为县级及以下领导的河湖，由县级河长制办公室负责组织编制。其中，河长最高层级为乡级的河湖，可根据实际情况采取打捆、片区组合等方式编制。

“一河（湖）一策”方案可采取自上而下、自下而上、上下结合方式进行编制，上级河长确定的目标任务要分级分段分解至下级河长。

（五）编制基础

编制“一河（湖）一策”，在梳理现有相关涉水规划成果的基础上，要先行开展河湖水资源保护、水域岸线管理保护、水污染、水环境、水生态等基本情况调查，开展河湖健康评估，摸清河湖管理保护存在的主要问题及原因，以此作为确定河湖管理保护目标任务和措施的基础。

（六）方案内容

“一河（湖）一策”方案内容包括综合说明、现状分析与存在问题、管理保护目标、管理保护任务、管理保护措施、保障措施等。其中，要重点制定好问题清单、目标清单、任务清单、措施清单和责任清单，明确时间表和

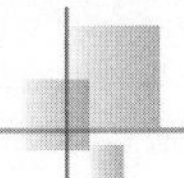

路线图。

问题清单。针对水资源、水域岸线、水污染、水环境和水生态等领域，梳理河湖管理保护存在的突出问题及其原因，提出问题清单。

目标清单。根据问题清单，结合河湖特点和功能定位，合理确定实施周期内可预期、可实现的河湖管理保护目标。

任务清单。根据目标清单，因地制宜提出河湖管理保护的具体任务。

措施清单。根据目标任务清单，细化分阶段实施计划，明确时间节点，提出具有针对性、可操作性的河湖管理保护措施。

责任清单。明晰责任分工，将目标任务落实到责任单位和责任人。

（七）方案审定

“一河（湖）一策”方案由河长制办公室报同级河长审定后实施。省级河长制办公室组织编制的“一河（湖）一策”方案应征求流域机构意见。对于市、县级河长制办公室组织编制的“一河（湖）一策”方案，若河湖涉及其他行政区的，应先报共同的上一级河长制办公室审核，统筹协调上下游、左右岸、干支流目标任务。

（八）实施周期

“一河（湖）一策”方案实施周期原则上为2～3年。河长最高层级为省级、市级的河湖，方案实施周期一般3年；河长最高层级为县级、乡级的河湖，方案实施周期一般2年。

二、方案框架

（一）综合说明

1. 编制依据

包括法律法规、政策文件、工作方案、相关规划、技术标准等。

2. 编制对象

根据“一般规定”中明确的编制对象要求，说明河湖名称、位置、范围等。其中：

以整条河流（湖泊）为编制对象的，应简要说明河流（湖泊）名称、地理位置、所属水系（或上级流域）、跨行政区域情况等。

以河段为编制对象的，应说明河段所在河流名称、地理位置、所属水系等内容，并明确河段的起止断面位置（可采用经纬度坐标、桩号等）。

编制范围包括入河（湖）支流部分河段的，需要说明该支流河段起止断

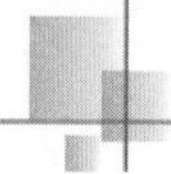

面位置。

3. 编制主体

根据“一般规定”中明确的编制主体要求，明确方案编制的组织单位和承担单位。

4. 实施周期

根据“一般规定”的有关要求明确方案的实施期限。

5. 河长组织体系

包括区域总河长、本级河湖河长和本级河长制办公室设置情况及主要职责等内容。

（二）管理保护现状与存在问题

1. 概况

概要说明本级河长负责河湖（河段）的自然特征、资源开发利用状况等，重点说明河湖级别、地理位置、流域面积、长度（面积）、流经区域、水功能区划、河湖水质、涉河建筑物和设施等基本情况。

2. 管理保护现状

说明水资源、水域岸线、水环境、水生态等方面保护和开发利用现状，概述河湖管理保护体制机制、河湖管理主体、监管主体，日常巡查、占用水域岸线补偿、生态保护补偿、水政执法等制度建设和落实情况，河湖管理队伍、执法队伍能力建设情况等。对于河湖基础资料不足的，可根据方案编制工作需要适当进行补充调查。其中：

水资源保护利用现状。一般包括本地区最严格水资源管理制度落实情况，工业、农业、生活节水情况，河湖提供水源的高耗水项目情况，河湖取排水情况（取排水口数量、取排水口位置、取排水单位、取排水水量、供水对象等），水功能区划及水域纳污容量、限制排污总量情况，入河湖排污口数量、入河湖排污口位置、入河湖排污单位、入河湖排污量情况，河湖水源涵养区和饮用水水源地数量、规模、保护区划情况等。

水域岸线管理保护现状。一般包括河湖管理范围划界情况，河湖生态空间划定情况，河湖水域岸线保护利用规划及分区管理情况，包括水工程在内的临河（湖）、跨河（湖）、穿河（湖）等涉河建筑物及设施情况，围网养殖、航运、采砂、水上运动、旅游开发等河湖水域岸线利用情况，违法侵占河道、围垦湖泊、非法采砂等乱占滥用河湖水域岸线情况等。

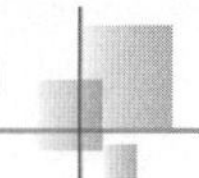

河湖污染源情况。一般包括河湖流域内工业、农业种植、畜禽养殖、居民聚集区污水处理设施等情况，水域内航运、水产养殖等情况，河湖水域岸线船舶港口情况等。

水环境现状。一般包括河湖水质、水量情况，河湖水功能区水质达标情况，河湖水源地水质达标情况，河湖黑臭水体及劣Ⅴ类水体分布与范围等；河湖水文站点、水质监测断面布设和水质、水量监测频次情况等。

水生态现状。一般包括河道生态基流情况，湖泊生态水位情况，河湖水体流通性情况，河湖水系连通性情况，河流流域内的水土保持情况，河湖水生生物多样性情况，河湖涉及的自然保护区、水源涵养区、江河源头区、生态敏感区的生态保护情况等。

3. 存在问题分析

针对水资源保护、水域岸线管理保护、水污染、水环境、水生态存在的主要问题，分析问题产生的主要原因，提出问题清单（见附件一表1）。参考问题清单如下：

水资源保护问题。一般包括本地区落实最严格水资源管理制度存在的问题，工业农业生活节水制度、节水设施建设滞后、用水效率低的问题，河湖水资源利用过度的问题，河湖水功能区尚未划定或者已划定但分区监管不严的问题，入河湖排污口监管不到位的问题，排污总量限制措施落实不严格的问题，饮水水源保护措施不到位的问题等。

水域岸线管理保护问题。一般包括河湖管理范围尚未划定或范围不明确的问题，河湖生态空间未划定、管控制度未建立的问题，河湖水域岸线保护利用规划未编制、功能分区不明确或分区管理不严格的问题，未经批准或不按批准方案建设临河（湖）、跨河（湖）、穿河（湖）等涉河建筑物及设施的问题，涉河建设项目审批不规范、监管不到位的问题，有砂石资源的河湖未编制采砂管理规划、采砂许可不规范、采砂监管粗放的问题，违法违规开展水上运动和旅游项目、违法养殖、侵占河道、围垦湖泊、非法采砂等乱占滥用河湖水域岸线的问题，河湖堤防结构残缺、堤顶堤坡表面破损杂乱的问题等。

水污染问题。一般包括工业废污水、畜禽养殖排泄物、生活污水直排偷排河湖的问题，农药、化肥等农业面源污染严重的问题，河湖水域岸线内畜禽养殖污染、水产养殖污染的问题，河湖水面污染性漂浮物的问题，航运污染、船舶港口污染的问题，入河湖排污口设置不合理的问题，电毒炸鱼的问题等。

水环境问题。一般包括河湖水功能区、水源保护区水质保护粗放、水质不达标的问题，水源地保护区内存在违法建筑物和排污口的问题，工业垃圾、生产废料、生活垃圾等堆放河湖水域岸线的问题，河湖黑臭水体及劣Ⅴ类水体的问题等。

水生态问题。一般包括河道生态基流不足、湖泊生态水位不达标的问题，河湖淤积萎缩的问题，河湖水系不连通、水体流通性差、富营养化的问题，河湖流域内水土流失问题，围湖造田、围河湖养殖的问题，河湖水生生物单一或生境破坏的问题，河湖涉及的自然保护区、水源涵养区、江河源头区、生态敏感区生态保护粗放、生态恶化的问题等。

执法监管问题。一般包括河湖管理保护执法队伍人员少、经费不足、装备差、力量弱的问题，区域内部门联合执法机制未形成的问题，执法手段软化、执法效力不强的问题，河湖日常巡查制度不健全、不落实的问题，涉河涉湖违法违规行为查处打击力度不够、震慑效果不明显的问题等。

（三）管理保护目标

针对河湖存在的主要问题，依据国家相关规划，结合本地实际和可能达到的预期效果，合理提出“一河（湖）一策”方案实施周期内河湖管理保护的总体目标和年度目标清单（见附件一表2）。各地可选择、细化、调整下述供参考的总体目标清单。同时，本级河长负责的河湖（河段）管理保护目标要分解至下一级河长负责的河段（湖片），并制定目标任务分解表（见附件一表3）。

水资源保护目标。一般包括河湖取水总量控制、饮用水水源地水质、水功能区监管和限制排污总量控制、提高用水效率、节水技术应用等指标。

水域岸线管理保护目标。通常有河湖管理范围划定、河湖生态空间划定、水域岸线分区管理、河湖水域岸线内清障等指标。

水污染防治目标。一般包括入河湖污染物总量控制、河湖污染物减排、入河湖排污口整治与监管、面源与内源污染控制等指标。

水环境治理目标。一般包括主要控制断面水质、水功能区水质、黑臭水体治理、废污水收集处理、沿岸垃圾废料处理等指标，有条件地区可增加亲水生态岸线建设、农村水环境治理等指标。

水生态修复目标。一般包括河湖连通性、主要控制断面生态基流、重要生态区域（源头区、水源涵养区、生态敏感区）保护、重要水生生境保护、

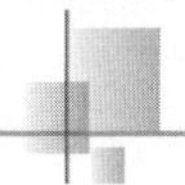

重点水土流失区监督整治等指标。有条件地区可增加河湖清淤疏浚、建立生态补偿机制、水生生物资源养护等指标。

（四）管理保护任务

针对河湖管理保护存在的主要问题和实施周期内的管理保护目标，因地制宜提出“一河（湖）一策”方案的管理保护任务，制定任务清单（见附件一表4）。管理保护任务既不要无限扩大，也不能有所偏废，要因地制宜、统筹兼顾，突出解决重点问题、焦点问题。参考任务清单如下：

水资源保护任务。落实最严格水资源管理制度，加强节约用水宣传，推广应用节水技术，加强河湖取用水总量与效率控制，加强水功能区监督管理，全面划定水功能区，明确水域纳污能力和限制排污总量，加强入河湖排污口监管，严格入河湖排污总量控制等。

水域岸线管理保护任务。划定河湖管理范围和生态空间，开展河湖岸线分区管理保护和节约集约利用，建立健全河湖岸线管控制度，对突出问题排查清理与专项整治等。

水污染防治任务。开展入河湖污染源排查与治理，优化调整入河湖排污口布局，开展入河排污口规范化建设，综合防治面源与内源污染，加强入河湖排污口监测监控，开展水污染防治成效考核等。

水环境治理任务。推进饮用水水源地达标建设，清理整治饮用水水源保护区内违法建筑和排污口，治理城市河湖黑臭水体，推动农村水环境综合治理等。

水生态修复任务。开展城市河湖清淤疏浚，提高河湖水系连通性；实施退渔还湖、退田还湖还湿；开展水源涵养区和生态敏感区保护，保护水生生物生境；加强水土流失预防和治理，开展生态清洁型小流域治理，探索生态保护补偿机制等。

执法监管任务。建立健全部门联合执法机制，落实执法责任主体，加强执法队伍与装备建设，开展日常巡查和动态监管，打击涉河涉湖违法行为等。

（五）管理保护措施

根据河湖管理保护目标任务，提出具有针对性、可操作性的具体措施，明确各项措施的牵头单位和配合部门，落实管理保护责任，制定措施清单和责任清单（见附件一表5）。参考措施清单如下：

水资源保护措施。加强规模以上取水口取水量监测监控监管；加强水资

源费（税）征收，强化用水激励与约束机制，实行总量控制与定额管理；推广农业、工业和城乡节水技术，推广节水设施器具应用，有条件地区可开展用水工艺流程节水改造升级、工业废水处理回用技术应用、供水管网更新改造等。已划定水功能区的河湖，落实入河（湖）污染物削减措施，加强排污口设置论证审批管理，强化排污口水质和污染物入河湖监测等；未划定水功能区的河湖，初步确定河湖河段功能定位、纳污总量、排污总量、水质水量监测、排污口监测等内容，明确保护、监管和控制措施等。

水域岸线管理保护措施。已划定河湖管理范围的，严格实行分区管理，落实监管责任；尚未编制水域岸线利用管理规划的河湖，也要按照保护区、保留区、控制利用区和开发利用区分区要求加强管控。加大侵占河道、围垦湖泊、违规临河跨河穿河建筑物和设施、违规水上运动和旅游项目的整治清退力度，加强涉河建设项目审批管理，加大乱占滥用河湖岸线行为的处罚力度；加强河湖采砂监管，严厉打击非法采砂活动。

水污染防治措施。加强入河湖排污口监测和整治，加大直排偷排行为处罚力度，督促工业企业全面实现废污水处理，有条件地区可开展河湖沿岸工业、生活污水的截污纳管系统建设、改造和污水集中处理，开展河湖污泥清理等。大力发展绿色产业，积极推广生态农业、有机农业、生态养殖，减少面源和内源污染，有条件地区可开展畜禽养殖废污水、沿河湖村镇污水集中处理等。

水环境治理措施。清理整治水源地保护区内排污口、污染源和违法违规建筑物，设置饮用水水源地隔离防护设施、警示牌和标识牌；全面实现城市工业生活垃圾集中处理，推进城市雨污分流和污水集中处理，促进城市黑臭水体治理；推动政府购买服务，委托河湖保洁任务，强化水域岸线环境卫生管理，积极吸引社会力量广泛参与河湖水环境保护；加强农村卫生意识宣传，转变生产生活习惯，完善农村生活垃圾集中处理措施等。有条件的地区可建立水环境风险评估及预警预报机制。

水生态修复措施。针对河湖生态基流、生态水位不足，加强水量调度，逐步改善河湖生态；发挥城市经济功能，积极利用社会资本，实施城市河湖清淤疏浚，实现河湖水系连通，改善水生态；加强水生生物资源养护，改善水生生境，提升河湖水生生物多样性；有条件地区可开展农村河湖清淤，解决河湖自然淤积堵塞问题；加强水土流失监测预防，推进河湖流域内水土流失治理；落实河湖涉及的自然保护区、水源涵养区、江河源头区、生态敏感

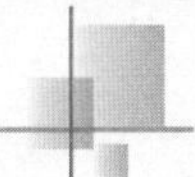

区的禁止开发利用管控措施等。

（六）保障措施

1．组织保障

各级河长负责方案实施的组织领导，河长制办公室负责具体组织、协调、分办、督办等工作。要明确各项任务和措施实施的具体责任单位和责任人，落实监督主体和责任人。

2．制度保障

建立健全推行河长制各项制度，主要包括河长会议制度、信息共享制度、信息报送制度、工作督察制度、考核问责和激励制度、验收制度等。

3．经费保障

根据方案实施的主要任务和措施，估算经费需求，说明资金筹措渠道。加大财政资金投入力度，积极吸引社会资本参与河湖水污染防治、水环境治理、水生态修复等任务，建立长效、稳定的经费保障机制。

4．队伍保障

健全河湖管理保护机构，加强河湖管护队伍能力建设。推动政府购买社会服务，吸引社会力量参与河湖管理保护工作，鼓励设立企业河长、民间河长、河长监督员、河道志愿者、巾帼护水岗等。

5．机制保障

结合全面推行河长制的需要，从提升河湖管理保护效率、落实方案实施各项要求等方面出发，加强河湖管理保护的沟通协调机制、综合执法机制、督察督导机制、考核问责机制、激励机制等机制建设。

6．监督保障

加强同级党委政府督察督导、人大政协监督、上级河长对下级河长的指导监督；运用现代化信息技术手段，拓展、畅通监督渠道，主动接受社会监督，提升监督管理效率。

附件

表 1　××河湖（河段）管理保护问题清单（略）

表 2　××河湖（河段）全面推行河长制目标清单（略）

表 3　××河湖（河段）全面推行河长制目标分解表（略）

表 4　××河湖（河段）全面推行河长制任务清单（略）

表 5　××河湖（河段）全面推行河长制措施及责任清单（略）

水利部关于印发《关于加强河湖管理工作的指导意见》的通知

水建管〔2014〕76号

部机关各司局，部直属各单位，各省、自治区、直辖市水利（水务）厅（局），各计划单列市水利（水务）局，新疆生产建设兵团水利局：

为贯彻落实党的十八大、十八届三中全会精神和中央关于加快水利改革发展的决策部署，全面加强河湖管理，提升河湖管理水平，维护河湖健康生命，促进生态文明建设，我部研究制定了《关于加强河湖管理工作的指导意见》，现予印发。请各地和有关单位高度重视河湖管理工作，结合各地实际，切实加强组织领导，明确责任分工，健全工作机制，确保各项措施有效落实。

水利部

2014年2月28日

关于加强河湖管理工作的指导意见

为贯彻落实党的十八大、十八届三中全会精神和中央关于加快水利改革发展的决策部署，全面提升河湖管理的法制化、规范化和专业化水平，实现传统管理向现代管理、粗放管理向精细管理转变，保障防洪和供水安全，促进河湖休养生息，维护河湖健康生命，推进水生态文明建设，现就加强河湖管理工作提出如下意见：

一、加强河湖管理的重要性和紧迫性

江河湖泊具有重要的资源功能和生态功能，是洪水的通道、水资源的载体、生态环境的重要组成部分。近年来，各地积极采取措施，着力加强河湖管理，促进了河湖防洪、供水、发电、航运、生态等综合效益的发挥，有力支撑了经济社会的可持续发展。但是，一些地方在发展过程中，忽视河湖保护，违法围垦湖泊、挤占河道、蚕食水域、滥采河砂等问题突出，严重威胁

着防洪安全、供水安全、生态安全。河湖管理涉及水域、岸线、采砂、排污口设置、涉河建设项目等方面，是水利社会管理的核心内容，是确保河湖资源可持续利用的重要工作，是当前水利工作的一项硬任务。加强河湖管理，实现河畅、水清、岸绿、景美，是建设美丽中国、建立生态文明制度的迫切需要，是推进工业化、城镇化、农业现代化和保障经济社会可持续发展的必然要求，是深化水利改革的重要内容。各地要深入贯彻落实中央决策部署，充分认识加强河湖管理工作的重要性和紧迫性，把加强河湖管理摆在更加突出位置，纳入重要议事日程，采取有力措施，切实抓紧抓好。

二、指导思想和原则

1. 指导思想。认真贯彻落实党的十八大和十八届三中全会精神，按照中央关于加快水利改革发展的决策部署，牢固树立以人为本、人与自然和谐的理念，尊重河湖自然规律，维护河湖生命健康，科学规划、完善机制、落实责任、强化监管，着力提升河湖管理的能力和水平，以健康完整的河湖功能支撑经济社会的可持续发展。

2. 基本原则。坚持人水和谐，既要满足经济社会发展对河湖资源合理开发的需求，更要满足维护河湖健康的基本需求；坚持统筹兼顾，实行保护优先，处理好利用与保护的关系、当前和长远的关系、区域和流域的关系、水利和其他行业的关系；坚持依法管理，完善河湖管理保护法规，统筹相关部门执法力量，加大执法监督力度，严格涉河涉湖建设项目和活动审批，规范河湖开发利用行为；坚持改革创新，不断探索创新符合本地实际的管理模式，利用科学的管理方式、先进的管理手段，积极构建长效管理机制。

3. 总体目标。到 2020 年，基本建成河湖健康保障体系，建立完善河湖管理体制机制，努力实现河湖水域不萎缩、功能不衰减、生态不退化。

三、主要任务

1. 健全法规制度体系。依据水法、防洪法等法律法规，完善现有河湖管理法规制度。各地要根据本地区实际，健全涉河建设项目管理、水域和岸线保护、河湖采砂管理、水域占用补偿和岸线有偿使用等法规制度，制定和完善技术标准，确保河湖管理工作有法可依、有章可循。根据河湖生态环境修复成本，按照“谁破坏、谁赔偿”的原则，研究建立河湖资源损害赔偿和责任追究制度。

2. 建立规划约束机制。各地要认真组织实施国家批准的流域综合规划、流域防洪规划、水资源保护规划、采砂管理规划、岸线利用管理规划等重要规划。要根据国家规划，结合本地河湖管理实际，科学编制相关规划，加强规划对河湖管理的指导和约束作用。要建立健全规划治导线管理制度，抓紧划定规划治导线，并严格执行。要依据采砂规划确定河湖采砂禁采区和禁采期，严格采砂管理。要落实水域岸线用途管制，与水功能区划相衔接，将水域岸线按规划划分为保护区、保留区、限制开发区、开发利用区，严格分区管理。落实规划实施评估和监督考核工作。

3. 创新河湖管护机制。各地要按照分级管理原则，层层落实河湖管护主体、责任和经费，特别是明确县级以下的基层河湖管理责任主体，充实基层管护人员，实现河湖管理的全覆盖。创新河湖管理模式，鼓励各地推行政府行政首长负责的“河长制”，对河湖的生命健康负总责。积极引入市场机制，凡是适合市场、社会组织承担的工程维护、河道疏浚、水域保洁、岸线绿化等管护任务，可通过合同、委托等方式向社会购买公共服务。

4. 开展水域岸线登记和确权划界工作。各地要全面开展河湖水域岸线登记、河湖管理范围划定、水利工程确权划界工作。抓紧制定河湖水域岸线登记办法，保障水域岸线登记工作统一标准、统一平台、统一发证。各地要依照法律法规规定，加快划定河湖管理范围，明确管理界线。水利工程确权划界工作要按照轻重缓急、先易后难、因地制宜的原则实施，对确权存在较大困难的可先划界、后确权。对已划定管理和保护范围的，要设立界桩、管理和保护标志，严格涉河湖活动的社会管理。

5. 建立占用水域补偿制度。各地要根据党的十八届三中全会“实行资源有偿使用制度和生态补偿制度”的要求，采取有效措施，尽快建立建设项目占用水域补偿制度。要切实加强河湖水域保护，严格限制建设项目占用水域，防止现有水域面积衰减。建设项目确需占用水域的，应按照消除对水域功能的不利影响、等效替代的原则，实行占用补偿。鼓励地方积极探索建设项目占用水域的补偿方式，制定相应的补偿管理办法。要把占用水域补偿措施作为河道管理范围内建设项目工程建设方案审查（以下简称涉河建设项目审查）的重要内容，与建设项目同步实施。

6. 规范涉河建设项目和活动审批。严格执行水工程建设规划同意书、涉河建设项目审查、河道采砂许可、洪水影响评价、入河排污口审批等制度。按照国务院加快转变政府职能的要求，可将河道管理范围内建设项目位置和

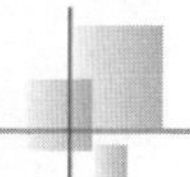

界限与工程建设方案一并审查审批。各流域管理机构和地方各级水行政主管部门要规范审查程序，明确审查标准，依照审批权限严格审批。建立健全涉河建设项目审批公示制度，加强涉河建设项目全过程监管，做到源头严防、过程严管。

7. 依法严禁涉河违法活动。各地要根据法律法规的相关规定，加强涉河活动管理。在河湖管理范围内，严格禁止修建围堤，建设阻水建筑物，种植高秆作物，设置拦河渔具，弃置矿渣、泥土、垃圾等。在堤防和护堤地禁止建房、打井、存放物料、开采地下资源等活动。在河湖管理范围内采砂、取土、淘金，滩地存放物料、修建建筑设施、开采地下资源等，应按管理权限报相应的水行政主管部门批准。禁止围湖造地，已经围垦的，应当按照国家规定的防洪标准有计划地退地还湖。禁止围垦河道，确需围垦的，必须经过科学论证，经省级人民政府水行政主管部门或国务院水行政主管部门同意后，报本级人民政府批准。各地要做好河湖清障、退圩和保洁等日常管护工作，做到河湖畅通，堤岸整洁，水面清洁，改善河湖环境。

8. 强化日常巡查和检查。各地要建立河湖日常巡查责任制，确保日常巡查责任到位、人员到位。要明确河湖巡查内容，加强对涉河建设项目、水利工程管护、河湖采砂、排污口设置等涉河活动的巡查检查，加大重要河湖、重点河段和重要时段的巡查密度和力度，对涉河湖违法违规行为和工程隐患早发现、早处理。各河湖管理单位要把河湖巡查和检查工作纳入绩效目标，上级部门要加强监督检查。

9. 严厉打击违法违规行为。各地要进一步加大河湖执法力度，坚持有法必依、执法必严、违法必究，切实维护良好的河湖管理秩序。要建立政府主导、水利牵头、有关部门配合的联合执法机制，形成执法合力。要开展定期或不定期的执法检查，针对违法现象严重的区域和水域，开展专项执法和集中整治行动。全面加强对河湖非法采砂的行政执法，强化可采期可采区现场监管，严禁超范围、超时限、超功率、超采量采砂；严格禁采区和禁采期管理，严禁偷采盗采，保持对非法采砂的高压严打。全面强化对涉河违法违规建设项目和活动的行政执法，严禁违法侵占河湖，严厉查处未批先建和越权审批行为。对涉河重大违法案件，要由上一级水行政主管部门挂牌督办，一查到底，做到依法查处到位、责任追究到位、整改落实到位。

10. 加强河湖管理动态监控。要充分利用第一次全国水利普查成果，制

定完善的河湖名录，建立河湖管理信息系统，实现河湖管理信息化。要积极运用遥感、空间定位、卫星航片、视频监控等科技手段，对重点河湖、水域岸线、河道采砂进行动态监控，及时发现围垦河湖、侵占岸线、非法设障、水域变化、非法采砂等情况，为河湖管理和行政执法提供技术支撑。建立河湖管理动态监控信息公开制度，对违法违规项目信息及整改情况依法予以公布。建立河湖管理信息报送制度，重大问题及时报水利部。

四、保障措施

1. 加强组织领导。地方各级水行政主管部门要充分认识加强河湖管理的重要性，加强组织领导，落实责任主体，建立工作机制，强化监督检查，严格考核问责，抓好督办落实。

2. 提升管理能力。健全河湖管理机构，落实管理人员。加强职工教育培训，改进管理手段，强化作风建设，提高队伍素质，进一步提升管理水平和依法行政能力。

3. 落实管护经费。地方各级水行政主管部门要根据河湖管护任务要求，合理核算管护经费，拓宽经费渠道，稳定经费来源，参照中央水利建设基金的支出结构，逐步提高地方水利建设基金、河道工程修建维护管理费等用于河湖水利工程维修养护的比例。

4. 强化检查督导。各流域管理机构和各省级水行政主管部门要加强管辖范围内河湖管理工作的检查督导，按照“谁监管、谁负责”的原则，严格责任落实和责任追究，对河湖管理混乱、问题突出以及执法严重不到位的要追究相关单位和人员的责任。

5. 注重舆论宣传。加强河湖管理保护重要意义和相关法律法规制度的宣传，加大对违法案件的曝光力度，充分发挥新闻媒体监督与社会监督的作用，形成河湖管理保护的良好氛围。

水利部办公厅关于强化流域管理机构河湖管理工作的通知

水办〔2022〕1号

各流域管理机构，各省、自治区、直辖市河长制办公室、水利（水务）厅（局），新疆生产建设兵团水利局：

根据《水利部关于强化流域治理管理的指导意见》（水办〔2022〕1号），结合河湖长制与河湖管理工作实际，现就强化流域管理机构河湖管理工作有关事项通知如下。

一、加强河湖长制统筹协调

（一）发挥流域省级河湖长联席会议机制作用。根据水利部关于各流域省级河湖长联席会议（以下简称联席会议）机制总体要求，流域管理机构作为联席会议办公室，要会同联席会议各成员单位做好流域统筹、区域协同、部门联动工作。协助轮值召集人做好联席会议召集工作，加强与联席会议各成员单位沟通协调，组织提出提请联席会议研究解决的重大问题。加强议定事项的督办，及时向各成员单位通报有关情况，营造良好议事协作氛围，确保联席会议机制高效运行。及时总结联席会议机制运行情况，需对联席会议主要职责、成员单位、工作规则等进行优化完善的，商流域片内各省（自治区、直辖市）提出意见，报水利部同意。

（二）完善与省级河长制办公室协作机制。流域管理机构要建立健全与省级河长制办公室协作机制，统筹上下游、左右岸、干支流，加强协调、指导、监督和监测，完善流域信息共享、跨省界河湖联防联控等机制，协调解决流域江河湖泊保护治理管理重大问题。要指导流域片内跨省级行政区域河湖建立联合会商、联合巡查、联合执法等联合共治机制，因地制宜设立联合河湖长、共建联合河长办、互派河湖长等，促进河湖保护治理管理目标一致、任务协同、措施衔接。指导地方有序开展河湖健康评价，科学编制实施“一河（湖）一策”，省级领导担任河湖长的河湖“一河（湖）一策”需征求相关流域管理机构意见，省级河湖长审定后的“一河（湖）一策”要及时报送相关流域管理机构备案。

（三）建立“河长＋”机制。流域管理机构要指导流域片内各省（自治区、直辖市）河长制工作部门与相关部门加强沟通协调，建立完善水行政执法跨部门联合机制、与刑事司法衔接机制，加强与公安、检察机关协调联动，健全“河（湖）长＋警长”“河（湖）长＋检察长”，充分发挥检察公益诉讼作用，推进相关数据联通、信息共享、线索移送、技术协作。

二、强化水域岸线空间管控

（一）依法依规明确河湖管控边界。流域管理机构直接管理的河湖，其管理范围由流域管理机构会同有关县级以上地方人民政府依法划定，逐步竖立界桩、标示牌。对于地方负责划定的河湖管理范围，流域管理机构要加强抽查检查，发现漏划或不按法律法规划定的问题，及时督促有关地方整改，并重新公告。各省（自治区、直辖市）河湖管理范围划定成果，要及时报送有关流域管理机构。

（二）强化规划约束。国家确定的重要江河湖泊岸线保护与利用规划、采砂管理规划由流域管理机构组织编制，按程序报批。其他河湖岸线保护与利用规划、采砂管理规划由地方负责编制，流域管理机构要立足河流整体性和流域系统性，加强指导督促；各省（自治区、直辖市）需要编制规划的河湖名录和编制主体，由各省级水行政主管部门组织提出，征求相关流域管理机构意见；省级负责编制审批的规划，以及直接涉及省际河流（河段）或跨国界河流（含跨界、边界河流和湖泊）的规划，需征求相关流域管理机构意见，审批后的规划成果要及时报送相关流域管理机构备案。规划一经批准要严格执行，流域管理机构要加强对规划落实情况的监督检查。

（三）严格涉河建设项目和活动审批管理。流域管理机构按照法律法规和水利部明确的涉河建设项目和活动审批权限，依法依规严格审批。按照“谁审批、谁监管”原则，对审批的项目和活动加强事中事后监管，坚决防止并及时调查处理未批先建、越权审批、批建不符等问题。对地方审批权限的项目和活动，流域管理机构要指导地方依法依规严格审批，督促地方加强事中事后监管；按有关规定须向流域管理机构备案的，应及时备案。

（四）强化河道采砂管理。流域管理机构要切实履行直管河段和授权河段采砂管理责任，逐河段明确主管部门、现场监管和行政执法责任人，并协调地方落实河长责任人；加强采砂许可管理，规范疏浚砂综合利用，强化采

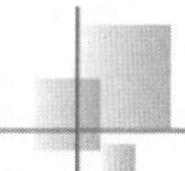

砂现场监管，推进集约化、规模化、规范化统一开采；推行采运管理单制度，协同地方强化“采、运、销”过程管控，及时发现并严厉查处非法采砂行为。指导监督流域片内河道采砂管理工作，督促地方明确重点河段、敏感水域采砂管理责任人，压紧压实属地管理责任，织密“人防＋技防”监管网络，有力维护采砂管理秩序。长江干流宜宾以下河道按照《长江河道采砂管理条例》及其实施办法执行。

三、抓好监督检查和考核评价

（一）加强监督检查。流域管理机构对于直接管理的河湖履行主体责任，强化日常巡查检查；对于其他河湖，流域管理机构要指导负责的省（自治区、直辖市）建立完善省、市、县监督检查体系，开展常态化监督检查。流域管理机构要根据水利部年度工作安排，对负责的省（自治区、直辖市）进行监督检查，及时发现问题，建立台账，督促整改，对突出问题跟踪督办并及时上报水利部，对地方整改落实情况进行抽查复核，确保整改到位。加强宣传引导，主动曝光违法典型案件，营造良好舆论氛围。

（二）纵深推进河湖“清四乱”常态化规范化。按照河湖长制有关规定，流域管理机构直管河段“清四乱”纳入属地管理，由各级河湖长负责，流域管理机构要积极配合。各地要继续以长江、黄河、淮河、海河、珠江、松花江、辽河、太湖及大运河、南水北调工程沿线等为重点，向中小河流、农村河湖延伸，持续推进河湖“四乱”问题清理整治。流域管理机构要加强对流域片内各地的指导督促和负责的省（自治区、直辖市）的监督检查，重大问题挂牌督办。

（三）强化考核。发挥考核“指挥棒”作用，流域管理机构按照水利部要求，参加国务院河长制湖长制督查激励相关工作，每年对直接负责监督检查的省（自治区、直辖市）予以赋分，对流域片内各省（自治区、直辖市）的河湖长制及河湖保护治理管理情况，结合日常监管掌握的情况，进行综合排名。

四、推进智慧河湖建设

（一）加强河湖长制管理信息系统建设。流域管理机构要指导流域片内各省（自治区、直辖市）建立健全本地河湖长制管理信息系统，完善水域岸线管理保护、采砂管理业务系统，加强信息系统的互联互通、业务协同和数据共享。强化河湖管理督查APP应用，结合工作实际推动系统优化完善。

（二）强化遥感解译和应用。流域管理机构要充分利用“全国水利一张图”，将直管河湖管理范围、岸线保护与利用规划分区成果、涉河建设项目审批情况、采砂管理规划等上图入库，形成可视化成果。充分运用卫星遥感、航空遥感、人工智能等科技手段和无人机、无人船、视频监控等技术设备，加快流域片内遥感影像解译，强化遥感应用，加强动态监控，提高水域岸线监管和采砂管理信息化水平。

各流域管理机构要加强河湖管理队伍和能力建设，按照流域统一规划、统一治理、统一调度、统一管理要求，切实履职尽责，与各省级河长制办公室、水利（水务）厅（局）密切合作，共同打造人民满意的幸福河湖。

各流域管理机构每年1月底前将上一年度河湖管理工作总结报送水利部河湖管理司。

水利部办公厅

2022年5月14日

水利部办公厅关于开展幸福河湖建设的通知

办河湖〔2022〕114号

江苏省、浙江省、安徽省、福建省、江西省、广东省、重庆市水利厅（局），河长制办公室：

为深入贯彻落实习近平生态文明思想和习近平总书记关于建设造福人民的幸福河的重要指示精神，推动河湖长制“有名有责”“有能有效”，持续改善河湖面貌，进一步增强人民群众获得感、幸福感、安全感，水利部决定开展幸福河湖建设。现将有关事项通知如下。

一、总体目标

用一年左右时间，通过实施系统治理和综合治理，按照“防洪保安全、优质水资源、健康水生态、宜居水环境、先进水文化”的目标，实现河畅、水清、岸绿、景美、人和，打造人民群众满意的幸福河湖。

二、建设方式

（一）选择标准

每个省（直辖市）安排1条河或1个湖开展幸福河湖建设，原则上在一个省级行政区内，选择流域面积$1000km^2$以下、水域自然禀赋好的河流或面积大于$1km^2$的城市湖泊，河流的主要河段应流经城镇等人口相对密集区域，每条（个）河（湖）可跨县级行政区域。

（二）主要内容

以习近平新时代中国特色社会主义思想为指导，以增进人民群众的获得感、幸福感、安全感为落脚点，坚持“绿水青山就是金山银山”理念，突出流域治水单元，坚持河流整体性和流域系统性，坚持综合治理、系统治理、源头治理，提升江河湖泊生态保护治理能力，提升江河湖泊生态价值，助推流域经济发展、居民生产生活水平提高，根据河湖自然禀赋和现实状况，因地制宜、分类施策开展幸福河湖建设，让河湖保护治理水平和人民生活水平、幸福指数同步提升。建设内容包括但不限于：

1. 河湖系统治理。统筹考虑水环境、水生态、水资源、水安全、水文化和岸线保护修复，大力推进河湖综合整治、河湖空间带修复、生态廊道建设等。

2. 管护能力提升。完善“一河（湖）一策”，开展河湖健康评价，建立健全河湖健康档案，夯实河湖保护治理管理基础，强化数字孪生流域建设，加强卫星遥感影像应用，探索创新河湖巡查管护模式等，建立务实管用的河湖管护长效机制。

3. 助力流域发展。挖掘河湖生态价值，依托河湖独特自然禀赋，探索河湖生态产品价值实现机制，带动区域人民群众就近致富，形成良性发展机制。

（三）实施程序

一是项目竞争立项。有关省（市）组织符合选择标准的河（湖）进行申报，通过竞争立项的方式筛选出 1 条（个）河（湖），制定《幸福河湖建设实施方案》，明确建设目标、确定主要任务、提出实施计划、细化投资估算、分析预期效益以及落实保障措施等。

二是组织项目实施。水利部组织对选定河湖的《幸福河湖建设实施方案》进行审查，有关省（市）按审查意见修改完善《幸福河湖建设实施方案》，由省级河长办印发组织实施，并报水利部备案。同时，组织有权威性的第三方机构同步跟踪评估幸福河湖建设工作，在建设任务完成后及时组织验收，并将验收报告报送水利部。

三是开展评估总结。水利部组织流域管理机构等有关单位对项目实施效果进行评估，总结形成可复制可推广的经验、做法，进一步支撑幸福河湖建设。择机对建设成效显著、做法典型先进、经验总结到位的河湖通过召开会议、媒体宣传、学习交流、印发简报等形式进行宣传和推广，强化引领带动，凝聚社会共识，营造全社会关心、支持、参与幸福河湖建设工作的良好氛围。

（四）支持方式

中央补助资金使用要严格执行水利发展资金相关管理制度规定。为避免重复安排资金，安排建设任务的河湖原则上不在 2021 年度国务院督查激励予以奖励的市（县）范围内选取。

三、有关要求

（一）建设幸福河湖事关习近平总书记的重要指示落实落地，各级河长

湖长要高度重视，精心组织安排。省级河长办要切实履行组织、协调、督办职责，主动协调本省（市）财政等有关部门，密切配合，形成工作合力；要协调河湖所跨不同行政区域同步实施项目，协调解决建设过程中的重大问题；要对幸福河湖建设实行项目管理，逐河建立完善“一河（湖）一档”，建立健康档案，建立工作台账，及时掌握工作进度，保证工作质量，推动本地区幸福河湖建设全面有序开展。

（二）请你省（市）按照本通知要求组织开展幸福河湖建设竞争立项和推荐工作，于2022年4月20日前将幸福河湖建设申报表（附后）和竞争立项情况报送水利部，2022年5月10日前将《幸福河湖建设实施方案》报送水利部。

水利部办公厅

2022年4月15日

（二）水资源　水生态　水环境

国家发展改革委　水利部关于印发《国家节水行动方案》的通知

发改环资规〔2019〕695号

各省、自治区、直辖市人民政府，中央和国家机关有关部门：

《国家节水行动方案》已经中央全面深化改革委员会审议通过，现印发实施。

国家发展改革委

水利部

2019年4月15日

国家节水行动方案

为贯彻落实党的十九大精神，大力推动全社会节水，全面提升水资源利用效率，形成节水型生产生活方式，保障国家水安全，促进高质量发展，制定本行动方案。

一、重大意义

水是事关国计民生的基础性自然资源和战略性经济资源，是生态环境的控制性要素。我国人多水少，水资源时空分布不均，供需矛盾突出，全社会节水意识不强、用水粗放、浪费严重，水资源利用效率与国际先进水平存在较大差距，水资源短缺已经成为生态文明建设和经济社会可持续发展的瓶颈制约。要从实现中华民族永续发展和加快生态文明建设的战略高度认识节水的重要性，大力推进农业、工业、城镇等领域节水，深入推动缺水地区节水，提高水资源利用效率，形成全社会节水的良好风尚，以水资源的可持续利用支撑经济社会持续健康发展。

二、总体要求

（一）指导思想

以习近平新时代中国特色社会主义思想为指导，全面贯彻党的十九大和十九届二中、三中全会精神，认真落实党中央、国务院决策部署，统筹推进“五位一体”总体布局和协调推进“四个全面”战略布局，牢固树立和贯彻落实新发展理念，坚持节水优先方针，把节水作为解决我国水资源短缺问题的重要举措，贯穿到经济社会发展全过程和各领域，强化水资源承载能力刚性约束，实行水资源消耗总量和强度双控，落实目标责任，聚焦重点领域和缺水地区，实施重大节水工程，加强监督管理，增强全社会节水意识，大力推动节水制度、政策、技术、机制创新，加快推进用水方式由粗放向节约集约转变，提高用水效率，为建设生态文明和美丽中国、实现“两个一百年”奋斗目标奠定坚实基础。

（二）基本原则

整体推进、重点突破。优化用水结构，多措并举，在各领域、各地区全面推进水资源高效利用，在地下水超采地区、缺水地区、沿海地区率先突破。

技术引领、产业培育。强化科技支撑，推广先进适用节水技术与工艺，加快成果转化，推进节水技术装备产品研发及产业化，大力培育节水产业。

政策引导、两手发力。建立健全节水政策法规体系，完善市场机制，使市场在资源配置中起决定性作用和更好发挥政府作用，激发全社会节水内生动力。

加强领导、凝聚合力。加强党和政府对节水工作的领导，建立水资源督察和责任追究制度，加大节水宣传教育力度，全面建设节水型社会。

（三）主要目标

到2020年，节水政策法规、市场机制、标准体系趋于完善，技术支撑能力不断增强，管理机制逐步健全，节水效果初步显现。万元国内生产总值用水量、万元工业增加值用水量较2015年分别降低23％和20％，规模以上工业用水重复利用率达到91％以上，农田灌溉水有效利用系数提高到0.55以上，全国公共供水管网漏损率控制在10％以内。

到2022年，节水型生产和生活方式初步建立，节水产业初具规模，非常规水利用占比进一步增大，用水效率和效益显著提高，全社会节水意识明显增强。万元国内生产总值用水量、万元工业增加值用水量较 2015 年分别降低 30%和 28%，农田灌溉水有效利用系数提高到 0.56 以上，全国用水总量控制在 6700 亿立方米以内。

到 2035 年，形成健全的节水政策法规体系和标准体系、完善的市场调节机制、先进的技术支撑体系，节水护水惜水成为全社会自觉行动，全国用水总量控制在 7000 亿立方米以内，水资源节约和循环利用达到世界先进水平，形成水资源利用与发展规模、产业结构和空间布局等协调发展的现代化新格局。

三、重点行动

（一）总量强度双控

1. 强化指标刚性约束。严格实行区域流域用水总量和强度控制。健全省、市、县三级行政区域用水总量、用水强度控制指标体系，强化节水约束性指标管理，加快落实主要领域用水指标。划定水资源承载能力地区分类，实施差别化管控措施，建立监测预警机制。水资源超载地区要制定并实施用水总量削减计划。到 2020 年，建立覆盖主要农作物、工业产品和生活服务业的先进用水定额体系。

2. 严格用水全过程管理。严控水资源开发利用强度，完善规划和建设项目水资源论证制度，以水定城、以水定产，合理确定经济布局、结构和规模。2019 年年底，出台重大规划水资源论证管理办法。严格实行取水许可制度。加强对重点用水户、特殊用水行业用水户的监督管理。以县域为单元，全面开展节水型社会达标建设，到 2022 年，北方 50%以上、南方 30%以上县（区）级行政区达到节水型社会标准。

3. 强化节水监督考核。逐步建立节水目标责任制，将水资源节约和保护的主要指标纳入经济社会发展综合评价体系，实行最严格水资源管理制度考核。完善监督考核工作机制，强化部门协作，严格节水责任追究。严重缺水地区要将节水作为约束性指标纳入政绩考核。到 2020 年，建立国家和省级水资源督察和责任追究制度。

（二）农业节水增效

4. 大力推进节水灌溉。加快灌区续建配套和现代化改造，分区域规模化推进高效节水灌溉。结合高标准农田建设，加大田间节水设施建设力度。开展农业用水精细化管理，科学合理确定灌溉定额，推进灌溉试验及成果转

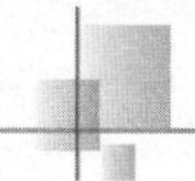

化。推广喷灌、微灌、滴灌、低压管道输水灌溉、集雨补灌、水肥一体化、覆盖保墒等技术。加强农田土壤墒情监测，实现测墒灌溉。2020 年前，每年发展高效节水灌溉面积 2000 万亩、水肥一体化面积 2000 万亩。到 2022 年，创建 150 个节水型灌区和 100 个节水农业示范区。

5. 优化调整作物种植结构。根据水资源条件，推进适水种植、量水生产。加快发展旱作农业，实现以旱补水。在干旱缺水地区，适度压减高耗水作物，扩大低耗水和耐旱作物种植比例，选育推广耐旱农作物新品种；在地下水严重超采地区，实施轮作休耕，适度退减灌溉面积，积极发展集雨节灌，增强蓄水保墒能力，严格限制开采深层地下水用于农业灌溉。到 2022 年，创建一批旱作农业示范区。

6. 推广畜牧渔业节水方式。实施规模养殖场节水改造和建设，推行先进适用的节水型畜禽养殖方式，推广节水型饲喂设备、机械干清粪等技术和工艺。发展节水渔业、牧业，大力推进稻渔综合种养，加强牧区草原节水，推广应用海淡水工厂化循环水和池塘工程化循环水等养殖技术。到 2022 年，建设一批畜牧节水示范工程。

7. 加快推进农村生活节水。在实施农村集中供水、污水处理工程和保障饮用水安全基础上，加强农村生活用水设施改造，在有条件的地区推动计量收费。加快村镇生活供水设施及配套管网建设与改造。推进农村“厕所革命”，推广使用节水器具，创造良好节水条件。

（三）工业节水减排

8. 大力推进工业节水改造。完善供用水计量体系和在线监测系统，强化生产用水管理。大力推广高效冷却、洗涤、循环用水、废污水再生利用、高耗水生产工艺替代等节水工艺和技术。支持企业开展节水技术改造及再生水回用改造，重点企业要定期开展水平衡测试、用水审计及水效对标。对超过取水定额标准的企业分类分步限期实施节水改造。到 2020 年，水资源超载地区年用水量 1 万立方米及以上的工业企业用水计划管理实现全覆盖。

9. 推动高耗水行业节水增效。实施节水管理和改造升级，采用差别水价以及树立节水标杆等措施，促进高耗水企业加强废水深度处理和达标再利用。严格落实主体功能区规划，在生态脆弱、严重缺水和地下水超采地区，严格控制高耗水新建、改建、扩建项目，推进高耗水企业向水资源条件允许的工业园区集中。对采用列入淘汰目录工艺、技术和装备的项目，不予批准

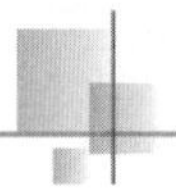

取水许可；未按期淘汰的，有关部门和地方政府要依法严格查处。到2022年，在火力发电、钢铁、纺织、造纸、石化和化工、食品和发酵等高耗水行业建成一批节水型企业。

10. 积极推行水循环梯级利用。推进现有企业和园区开展以节水为重点内容的绿色高质量转型升级和循环化改造，加快节水及水循环利用设施建设，促进企业间串联用水、分质用水，一水多用和循环利用。新建企业和园区要在规划布局时，统筹供排水、水处理及循环利用设施建设，推动企业间的用水系统集成优化。到2022年，创建100家节水标杆企业、50家节水标杆园区。

（四）城镇节水降损

11. 全面推进节水型城市建设。提高城市节水工作系统性，将节水落实到城市规划、建设、管理各环节，实现优水优用、循环循序利用。落实城市节水各项基础管理制度，推进城镇节水改造；结合海绵城市建设，提高雨水资源利用水平；重点抓好污水再生利用设施建设与改造，城市生态景观、工业生产、城市绿化、道路清扫、车辆冲洗和建筑施工等，应当优先使用再生水，提升再生水利用水平，鼓励构建城镇良性水循环系统。到2020年，地级及以上缺水城市全部达到国家节水型城市标准。

12. 大幅降低供水管网漏损。加快制定和实施供水管网改造建设实施方案，完善供水管网检漏制度。加强公共供水系统运行监督管理，推进城镇供水管网分区计量管理，建立精细化管理平台和漏损管控体系，协同推进二次供水设施改造和专业化管理。重点推动东北等管网高漏损地区的节水改造。到2020年，在100个城市开展城市供水管网分区计量管理。

13. 深入开展公共领域节水。缺水城市园林绿化宜选用适合本地区的节水耐旱型植被，采用喷灌、微灌等节水灌溉方式。公共机构要开展供水管网、绿化浇灌系统等节水诊断，推广应用节水新技术、新工艺和新产品，提高节水器具使用率。大力推广绿色建筑，新建公共建筑必须安装节水器具。推动城镇居民家庭节水，普及推广节水型用水器具。到2022年，中央国家机关及其所属在京公共机构、省直机关及50%以上的省属事业单位建成节水型单位，建成一批具有典型示范意义的节水型高校。

14. 严控高耗水服务业用水。从严控制洗浴、洗车、高尔夫球场、人工滑雪场、洗涤、宾馆等行业用水定额。洗车、高尔夫球场、人工滑雪场等特

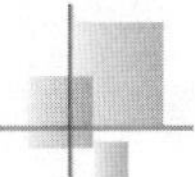

种行业积极推广循环用水技术、设备与工艺，优先利用再生水、雨水等非常规水源。

（五）重点地区节水开源

15. 在超采地区削减地下水开采量。以华北地区为重点，加快推进地下水超采区综合治理。加快实施新型窖池高效集雨。严格机电井管理，限期关闭未经批准和公共供水管网覆盖范围内的自备水井。完善地下水监测网络，超采区内禁止工农业及服务业新增取用地下水。采取强化节水、置换水源、禁采限采、关井压田等措施，压减地下水开采量。到 2022 年，京津冀地区城镇力争全面实现采补平衡。

16. 在缺水地区加强非常规水利用。加强再生水、海水、雨水、矿井水和苦咸水等非常规水多元、梯级和安全利用。强制推动非常规水纳入水资源统一配置，逐年提高非常规水利用比例，并严格考核。统筹利用好再生水、雨水、微咸水等用于农业灌溉和生态景观。新建小区、城市道路、公共绿地等因地制宜配套建设雨水集蓄利用设施。严禁盲目扩大景观、娱乐水域面积，生态用水优先使用非常规水，具备使用非常规水条件但未充分利用的建设项目不得批准其新增取水许可。到 2020 年，缺水城市再生水利用率达到 20%以上。到 2022 年，缺水城市非常规水利用占比平均提高 2 个百分点。

17. 在沿海地区充分利用海水。高耗水行业和工业园区用水要优先利用海水，在离岸有居民海岛实施海水淡化工程。加大海水淡化工程自主技术和装备的推广应用，逐步提高装备国产化率。沿海严重缺水城市可将海水淡化水作为市政新增供水及应急备用的重要水源。

（六）科技创新引领

18. 加快关键技术装备研发。推动节水技术与工艺创新，瞄准世界先进技术，加大节水产品和技术研发，加强大数据、人工智能、区块链等新一代信息技术与节水技术、管理及产品的深度融合。重点支持用水精准计量、水资源高效循环利用、精准节水灌溉控制、管网漏损监测智能化、非常规水利用等先进技术及适用设备研发。

19. 促进节水技术转化推广。建立“政产学研用”深度融合的节水技术创新体系，加快节水科技成果转化，推进节水技术、产品、设备使用示范基地、国家海水利用创新示范基地和节水型社会创新试点建设。鼓励通过信息化手段推广节水产品和技术，拓展节水科技成果及先进节水技术工艺推广渠道，逐步推动节水技术成果市场化。

20. 推动技术成果产业化。鼓励企业加大节水装备及产品研发、设计和生产投入，降低节水技术工艺与装备产品成本，提高节水装备与产品质量，提升中高端品牌的差异化竞争力，构建节水装备及产品的多元化供给体系。发展具有竞争力的第三方节水服务企业，提供社会化、专业化、规范化节水服务，培育节水产业。到2022年，培育一批技术水平高、带动能力强的节水服务企业。

四、深化体制机制改革

（一）政策制度推动

1. 全面深化水价改革。深入推进农业水价综合改革，同步建立农业用水精准补贴。建立健全充分反映供水成本、激励提升供水质量、促进节约用水的城镇供水价格形成机制和动态调整机制，适时完善居民阶梯水价制度，全面推行城镇非居民用水超定额累进加价制度，进一步拉大特种用水与非居民用水的价差。

2. 推动水资源税改革。与水价改革协同推进，探索建立合理的水资源税制度体系，及时总结评估水资源税扩大试点改革经验，科学设置差别化税率体系，加大水资源税改革力度，发挥促进水资源节约的调节作用。

3. 加强用水计量统计。推进取用水计量统计，提高农业灌溉、工业和市政用水计量率。完善农业用水计量设施，配备工业及服务业取用水计量器具，全面实施城镇居民“一户一表”改造。建立节水统计调查和基层用水统计管理制度，加强对农业、工业、生活、生态环境补水四类用水户涉水信息管理。对全国规模以上工业企业用水情况进行统计监测。到2022年，大中型灌区渠首和干支渠口门实现取水计量。

4. 强化节水监督管理。严格实行计划用水监督管理。对重点地区、领域、行业、产品进行专项监督检查。实行用水报告制度，鼓励年用水总量超过10万立方米的企业或园区设立水务经理。建立倒逼机制，将用水户违规记录纳入全国统一的信用信息共享平台。到2020年，建立国家、省、市三级重点监控用水单位名录。到2022年，将年用水量50万立方米以上的工业和服务业用水单位全部纳入重点监控用水单位名录。

5. 健全节水标准体系。加快农业、工业、城镇以及非常规水利用等各方面节水标准制修订工作。建立健全国家和省级用水定额标准体系。逐步建立

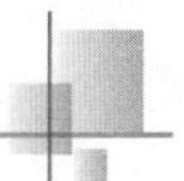

节水标准实时跟踪、评估和监督机制。到 2022 年，节水标准达到 200 项以上，基本覆盖取水定额、节水型公共机构、节水型企业、产品水效、水利用与处理设备、非常规水利用、水回用等方面。

（二）市场机制创新

6. 推进水权水市场改革。推进水资源使用权确权，明确行政区域取用水权益，科学核定取用水户许可水量。探索流域内、地区间、行业间、用水户间等多种形式的水权交易。在满足自身用水情况下，对节约出的水量进行有偿转让。建立农业水权制度。对用水总量达到或超过区域总量控制指标或江河水量分配指标的地区，可通过水权交易解决新增用水需求。加强水权交易监管，规范交易平台建设和运营。

7. 推行水效标识建设。对节水潜力大、适用面广的用水产品施行水效标识管理。开展产品水效检测，确定水效等级，分批发布产品水效标识实施规则，强化市场监督管理，加大专项检查抽查力度，逐步淘汰水效等级较低产品。到 2022 年，基本建立坐便器、水嘴、淋浴器等生活用水产品水效标识制度，并扩展到农业、工业和商用设备等领域。

8. 推动合同节水管理。创新节水服务模式，建立节水装备及产品的质量评级和市场准入制度，完善工业水循环利用设施、集中建筑中水设施委托运营服务机制，在公共机构、公共建筑、高耗水工业、高耗水服务业、农业灌溉、供水管网漏损控制等领域，引导和推动合同节水管理。开展节水设计、改造、计量和咨询等服务，提供整体解决方案。拓展投融资渠道，整合市场资源要素，为节水改造和管理提供服务。

9. 实施水效领跑和节水认证。在用水产品、用水企业、灌区、公共机构和节水型城市开展水效领跑者引领行动。制定水效领跑者指标，发布水效领跑者名单，树立节水先进标杆，鼓励开展水效对标达标活动。持续推动节水认证工作，促进节水产品认证逐步向绿色产品认证过渡，完善相关认证结果采信机制。到 2022 年，遴选出 50 家水效领跑者工业企业、50 个水效领跑者用水产品型号、20 个水效领跑者灌区以及一批水效领跑者公共机构和水效领跑者城市。

五、保障措施

（一）加强组织领导。加强党对节水工作的领导，统筹推动节水工作。国务院有关部门按照职责分工做好相关节水工作。水利部牵头，会同发展改

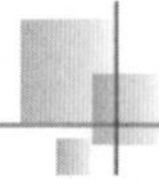

革委、住房城乡建设部、农业农村部等部门建立节约用水工作部际协调机制，协调解决节水工作中的重大问题。地方各级党委和政府对本辖区节水工作负总责，制定节水行动实施方案，确保节水行动各项任务完成。

（二）推动法治建设。完善节水法律法规，规范全社会用水行为。开展节约用水立法前期研究。加快制定和出台节约用水条例，到 2020 年力争颁布施行。各省（自治区、直辖市）要加快制定地方性法规，完善节水管理。

（三）完善财税政策。积极发挥财政职能作用，重点支持农业节水灌溉、地下水超采区综合治理、水资源节约保护、城市供水管网漏损控制、节水标准制修定、节水宣传教育等。完善助力节水产业发展的价格、投资等政策，落实节水税收优惠政策，充分发挥相关税收优惠政策对节水技术研发、企业节水、水资源保护和再利用等方面的支持作用。

（四）拓展融资模式。完善金融和社会资本进入节水领域的相关政策，积极发挥银行等金融机构作用，依法合规支持节水工程建设、节水技术改造、非常规水源利用等项目。采用直接投资、投资补助、运营补贴等方式，规范支持政府和社会资本合作项目，鼓励和引导社会资本参与有一定收益的节水项目建设和运营。鼓励金融机构对符合贷款条件的节水项目优先给予支持。

（五）提升节水意识。加强国情水情教育，逐步将节水纳入国家宣传、国民素质教育和中小学教育活动，向全民普及节水知识。加强高校节水相关专业人才培养。开展世界水日、中国水周、全国城市节水宣传周等形式多样的主题宣传活动，倡导简约适度的消费模式，提高全民节水意识。鼓励各相关领域开展节水型社会、节水型单位等创建活动。

（六）开展国际合作。建立交流合作机制，推进国家间、城市间、企业和社团间节水合作与交流。对标国际节水先进水平，加强节水政策、管理、装备和产品制造、技术研发应用、水效标准标识及节水认证结果互认等方面的合作，开展节水项目国际合作示范。

水利部关于印发《关于推动水利风景区高质量发展的指导意见》的通知

水综合〔2022〕316号

部机关各司局，部直属各单位，各省、自治区、直辖市水利（水务）厅（局），各计划单列市水利（水务）局，新疆生产建设兵团水利局：

《关于推动水利风景区高质量发展的指导意见》已经部务会审议通过，现印发给你们，请结合实际，认真贯彻落实。

水利部

2022年7月30日

关于推动水利风景区高质量发展的指导意见

建设发展水利风景区是贯彻落实习近平生态文明思想、建设美丽中国的重要举措。为充分发挥水利设施功能、维护河湖健康生命，推动新阶段水利风景区高质量发展，现提出以下意见。

一、总体要求

（一）指导思想

以习近平新时代中国特色社会主义思想为指导，深入贯彻习近平生态文明思想和习近平总书记“节水优先、空间均衡、系统治理、两手发力”治水思路及关于治水重要讲话指示批示精神，完整、准确、全面贯彻新发展理念，加快构建新发展格局，统筹发展和安全，加强水利设施和水域岸线保护，强化水文化建设，在确保水利工程安全平稳运行、功能完全发挥的前提下推动水利风景区高质量发展，满足人民日益增长的美好生活需要。

（二）基本原则

——坚持生态优先、安全发展。践行绿水青山就是金山银山的理念，以资源环境为刚性约束，科学合理保护与利用水利风景资源，确保水利工程安全，维护河湖健康生命，守牢安全底线。

——坚持目标导向、服务民生。牢固树立以人民为中心的发展理念，为人民群众提供更多文化、休闲、游憩空间，提高人民群众获得感、幸福感、安全感。

——坚持依法依规、有序发展。强化法治思维，依法依规利用水利设施和水域岸线，加强水利风景区全生命周期管理，推动协调发展、有序发展，着力提高水利风景区发展质量。

——坚持水利特色、彰显文化。立足流域系统性，依托水利设施，突出水利特色，提升文化内涵，打造高质量水利风景区品牌，助力水利高质量发展。

（三）发展目标

到 2025 年，围绕实施国家重大战略与区域发展战略，推进生态文明建设，完善水利风景区总体布局，建立健全水利风景区管理制度体系，监管能力得到明显提升；推动水利风景区风光带和集群发展，新建 100 家以上国家水利风景区，推广 50 家高质量水利风景区典型案例，水利风景区发展质量整体提升，使水利风景区成为幸福河湖、水美中国建设的突出亮点。

到 2035 年，水利风景区总体布局进一步优化，发展体制机制进一步完善，综合效益显著增强，更好地满足人民日益增长的美好生活需要，使水利风景区成为幸福河湖的重要标识、生态文明建设的水利名片。

二、完善水利风景区总体布局

（四）推动水利风景区风光带和集群发展

以河流水系为轴线，水利工程、湖泊为载体，统筹上下游、左右岸水利风景资源，串联河流水系沿线不同特色景区，形成水利风景区风光带。结合国家战略和区域战略，重点在长江两岸、黄河沿岸、大运河沿线、南水北调工程沿线等推出一批国家水利风景区，发展水利风景区风光带。以区域为单元，结合水网建设，串联区域内河、湖、库、渠、塘等水利风景资源，发展水利风景区集群。

（五）建设一批特色鲜明的国家水利风景区

结合重大水利工程建设，统筹水利风景资源，着力推动建设一批特色鲜明的国家水利风景区。在风景资源丰富、生态环境优良的大中型水库重点打造一批水库型水利风景区；在中东部河湖资源丰富、河网密集区域重点打造

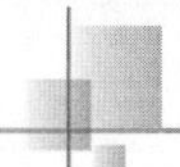

水清岸绿、环境优美的河湖型水利风景区；在长江中下游、黄河上中游、淮河流域、东部平原等大中型灌区分布密集地区重点打造具有田园风光、乡村特色的灌区型水利风景区；在长江流域上游、黄河流域上中游、松辽流域黑土分布区、滇桂黔石漠化片区等地区重点打造自然景观特色鲜明、文化科普内涵丰富的水土保持型水利风景区。

三、加强水利风景区保护与利用

（六）提升文化内涵

水利风景区要充分挖掘水利工程文化内涵，突出其文化功能和时代价值。开展水利风景区水利遗产资源调查，加强水利遗产和古代水利工程遗迹的保护与利用。在水利工程规划、设计、建设中融入水文化和当地人文元素，充分挖掘红色资源、廉洁文化，合理利用已有建筑、既有设施和闲置场所，开展文化、科普、教育等活动，推出一批传承红色基因的水利风景区名录。鼓励在国家水利风景区建设水情教育基地、水利科普教育基地、水利法治宣传教育基地、节水教育社会实践基地、水土保持科技示范园等。

（七）完善绿色安全服务设施

加强水利风景区水生态环境保护，维护河湖生态风貌，在水利风景区内推广使用先进节水技术、节水器具和绿色低碳交通工具。污水集中处理达标排放，鼓励污水再生利用。严格执行水利工程设施安全运行、水旱灾害防御、水资源水生态保护、河湖管理等法律法规和规定，完善安全防护设施，因地制宜推进健身步道、休闲绿道、亲水平台等建设，为人民群众提供身边的休闲游憩空间。

（八）提升智慧服务水平

搭建和完善国家水利风景区动态监管平台，加强对河湖水质、生态流量、水生态环境监测，建立数据共享机制，推动实现部、省、市、县（区）、景区数据汇聚和一体化管理。推动物联网、大数据、云计算、区块链、人工智能、数字孪生等现代信息技术在景区服务中的应用，促进景区服务线上线下融合，及时发布水利风景区环境质量和服务等信息。鼓励高质量水利风景区率先推行智慧管理。

四、强化水利风景区监督管理

（九）落实景区管理责任

流域管理机构和地方各级水行政主管部门要进一步核实景区范围，明确涉及的河湖管理范围和水利工程管理与保护范围。水利风景区管理机构要进一步明确景区管理和运营主体责任边界，建立责任体系，完善管理制度和安全应急预案，落实安全保障措施和管理责任。

（十）强化监督管理

建立水利风景区监督管理体系，完善激励约束机制，严把入口关，强化事中事后监管。水利部负责水利风景区监督指导，组织开展复核、重点抽查和专项检查。制定复核工作方案，落实退出机制。对因水利设施、水域及其岸线功能调整，不符合原认定条件的国家水利风景区，或者存在影响行洪安全、侵占水库库容及河湖岸线、发生侵害河湖健康生命行为的国家水利风景区，依法依规予以摘牌并全国通报。流域管理机构和地方各级水行政主管部门负责落实监督管理责任，按照管理权限对水利风景区开展复核和监督检查。

五、加强水利风景区品牌建设和价值实现

（十一）强化品牌建设

开展高质量水利风景区遴选，持续开展“水美中国”品牌赛事活动，打造品牌标杆。通过各类媒体媒介、线上线下，推广景区高质量发展经验与成效。各地要利用自身优势资源，通过重大活动节点和各类媒介平台，深入开展系列宣传活动，提高水利风景区知名度、美誉度和社会影响力。

（十二）探索推动水利风景区水生态产品价值实现

开展水利风景区水生态产品价值实现机制试点，提出水生态产品清单，开展水生态产品价值评估，研究水利风景区水生态产品价值实现的路径，推进“水利风景区＋”融合发展。鼓励水利风景区通过生态产品认证、生态标识等方式培育具有水利特色的生态产品区域公用品牌，提升水生态产品价值。积极推进水利风景区多元化投融资机制创新，挖掘水利风景区优势资源和水生态产品价值，拓展水利风景区市场融资途径，吸引社会资本参与水利风景区建设与管理。

六、保障措施

（十三）加强统筹协调

流域管理机构和地方各级水行政主管部门要切实加强水利风景区的组织领导，建立工作机制，保障工作经费，加强政策指导和资源共享，合力推进新阶段水利风景区高质量发展。充分利用河湖长制工作平台，加强与有关部

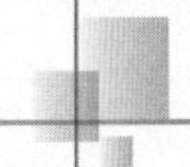

门的沟通与协调，建立多部门融合发展机制。

（十四）加强能力建设

流域管理机构和地方各级水行政主管部门要结合实际建立健全水利风景区管理制度，加强水利风景区人才队伍与专家队伍建设，开展水利风景区建设管理培训，深化与高等院校、科研机构等合作，建设高端智库，共同开展重大理论问题研究与技术应用推广。

水利部关于印发《水利风景区管理办法》的通知

水综合〔2022〕138号

部机关各司局，部直属各单位，各省、自治区、直辖市水利（水务）厅（局），各计划单列市水利（水务）局，新疆生产建设兵团水利局：

《水利风景区管理办法》已经部务会审议通过，现印发给你们，请结合实际，认真贯彻落实。

水利部

2022年3月28日

水利风景区管理办法

第一章　总　　则

第一条　为加强水利风景区建设与管理，维护河湖健康美丽，促进幸福河湖建设，满足人民日益增长的美好生活需要，根据《中华人民共和国水法》、《中华人民共和国河道管理条例》、《水库大坝安全管理条例》等法律法规和《水利部关于印发机关各司局职能配置内设处室和人员编制规定的通知》，制定本办法。

第二条　本办法适用于水利风景区的建设与管理。

本办法所称水利风景区，是指以水利设施、水域及其岸线为依托，具有一定规模和质量的水利风景资源与环境条件，通过生态、文化、服务和安全设施建设，开展科普、文化、教育等活动或者供人们休闲游憩的区域。

第三条　水利风景区建设与管理以习近平新时代中国特色社会主义思想为指导，贯彻落实习近平总书记“节水优先、空间均衡、系统治理、两手发力”治水思路和关于治水重要讲话指示批示精神，以推动新阶段水利高质量发展为主题，以维护河湖健康生命为主线，坚守安全底线，科学保护和综合利用水利设施、水域及其岸线，传承弘扬水文化，为人民群众提供更多优质

水生态产品，服务幸福河湖和美丽中国建设。

第四条 水利部指导全国水利风景区建设与管理工作。

水利部在国家确定的重要江河、湖泊设立的流域管理机构（以下简称流域管理机构）指导所管辖范围内的水利风景区建设与管理工作。

县级以上地方水行政主管部门指导本行政区域内所管辖的水利风景区建设与管理工作。

水利风景区管理机构原则为其所依托的水利设施、水域及其岸线的管理单位，具体负责水利风景区建设与管理工作。

第五条 水利风景区建设与管理应当在政府统筹协调下，充分利用河长制湖长制平台，发挥各部门资源优势，建立部门协同、社会参与的工作机制。

第二章 规划与建设

第六条 水利风景区规划包括水利风景区总体规划和水利风景区建设规划。

第七条 水利部负责组织编制和审批全国水利风景区总体规划。省级水行政主管部门负责组织编制和审批本行政区域的水利风景区总体规划，并报水利部备案。

水利风景区总体规划应当符合水利发展规划、流域综合规划，并与有关水利专业专项规划相衔接。

第八条 水利风景区建设规划由水利风景区管理机构负责组织编制，水行政主管部门审查，按程序报批，并报上一级水行政主管部门备案；省级水行政主管部门或者流域管理机构直接管理的水利风景区，其建设规划由水利风景区管理机构负责组织编制，报省级水行政主管部门或者流域管理机构审批。

水利风景区建设规划应当符合水利风景区总体规划。

水利风景区建设规划实施过程中需要作重大调整的，应当按照规划编制程序经原批准机关批准。

第九条 水利风景区总体规划和水利风景区建设规划编制标准由水利部制定。

第十条 水利风景区建设应当按照批复的水利风景区建设规划实施，有

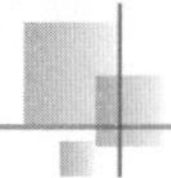

关建设项目应当依法履行相关行政许可和管理程序。

第十一条 水利风景区建设应当完善基础设施，体现水文化内涵。

结合新建、改建、扩建水利工程，河湖综合治理、水土流失综合防治和绿色小水电、移民村落等建设，完善安全、文化、服务等设施。

结合世界灌溉工程遗产、国家水利遗产、水利法治宣传教育基地、国家水土保持科技示范园区、国家水情教育基地、节水教育社会实践基地等，建设水利知识普及和教育设施、水文化展示场所。

第十二条 水利风景区应当建立和完善信息化和智能管理设施，建立信息档案和监测数据库。

第三章 申报与认定

第十三条 依照水利风景区评价标准评价且符合相应条件的，可以申报国家水利风景区或者省级水利风景区。

国家水利风景区由水利部认定。省级水利风景区由省级水行政主管部门认定。

第十四条 申报国家或者省级水利风景区，应当完成景区涉及的河湖管理范围和水利工程管理与保护范围划定，无水事违法行为以及河湖“四乱”（乱占、乱采、乱堆、乱建）等突出问题，水利工程设施无重大安全隐患。

申报国家水利风景区，一般需认定为省级水利风景区二年以上。流域管理机构直接管理的水利风景区符合水利风景区评价标准相关要求的，可以直接申报国家水利风景区。

水利风景区评价标准由水利部制定。

第十五条 申报国家水利风景区，由水利风景区管理机构向省级水行政主管部门提出申请，附具景区所在市县人民政府出具的意见。省级水行政主管部门依照水利风景区评价标准审核后，连同申报材料一并转报水利部认定。

省级水行政主管部门或者流域管理机构直接管理的水利风景区，由水利风景区管理机构提出申请，经省级水行政主管部门或者流域管理机构依照水利风景区评价标准审核后，报水利部认定。

国家水利风景区申报材料应当包括申请报告、水利风景区建设规划和实施情况等。

第十六条 国家或者省级水利风景区的名称、范围、管理机构等重大事项变更，应当由水利风景区管理机构按原程序办理。

第四章 运 行 管 理

第十七条 水利风景区经认定后，应当在显要位置设置水利风景区标志。标志内容应当包括水利风景区标识、水利风景区名称、认定时间、范围以及水利设施、水治理成效、河湖水情、水文化等相关说明。

国家水利风景区标识由水利部制定，省级水利风景区标识由省级水行政主管部门制定。

第十八条 水利风景区的运行管理应当服从水旱灾害防御、水资源利用和调度，并遵守水利工程设施管理、水资源保护、河湖管理、水土保持、水污染防治等规定。

水利风景区管理机构应当建立并完善管理与保护制度，合理划分功能分区，落实管护措施，明确管理责任。

第十九条 水利风景区管理机构应当收集景区内主要设施、水质水量等监测信息，加强水利风景区安全监测。

第二十条 水利风景区管理机构应当充分利用已有场所及设施，开展水利科普、水利法治和水文化宣传教育等活动。

第二十一条 水利风景区管理机构应当加强对水利风景区内水利遗产调查、保护与利用，建立并完善水利遗产档案和数据库，明确保护重点，制定保护措施，充分挖掘水利遗产时代价值，凸显水文化元素，创新水利遗产利用方式。

第二十二条 在水利风景区内开展游憩观光、文化体验等活动应当符合有关规定，不得对水利工程设施、水资源水环境、河湖水域岸线、水土保持等造成不利影响。

水利风景区应当采用节水技术和节水设施，鼓励建设污水收集、净化和利用设施，使用绿色低碳交通工具。

第二十三条 水利风景区管理机构应当加强景区公共安全与应急管理，编制突发公共事件应急预案，建立健全安全管理制度。

第二十四条 水利风景区管理机构应当在游览路线沿线设置路标、指示牌等标识。在不宜对公众开放区域的显著位置，应当设置安全警戒标识并落实管控措施；在对公众开放的区域，应当设置安全警示牌并设立必要的安全防护设施，定期对安全防护设施进行检查和维护，确保防护设施正常使用，及时排除安全隐患。

第二十五条 在水利风景区内禁止从事下列活动：

（一）影响防洪和供水安全的；

（二）影响水利工程设施安全运行的；

（三）超标准排放污水、废气，乱弃乱堆乱埋垃圾等；

（四）违规存放或者倾倒易燃、易爆、有毒、有害物品；

（五）违规占用河湖水域岸线或者破坏河湖空间完整性、损害河湖功能的；

（六）污染水环境、破坏水生态或者造成水土流失的；

（七）乱搭乱建建筑物、构筑物和临时设施；

（八）法律、法规、规章禁止的其他行为。

第二十六条 鼓励社会资本参与水利风景区建设与运营。

第五章 监 管 管 理

第二十七条 县级以上水行政主管部门和流域管理机构应当建立健全监督管理制度，按照管理权限对水利风景区开展监督检查，充分利用数字化、网络化、智能化技术手段加强对水利风景区动态监管。

各地根据工作实际情况，可以将水利风景区建设与管理工作纳入河长制湖长制考核。

第二十八条 国家水利风景区管理机构应当按要求每年开展自查，并向水利部报送自查报告。

第二十九条 水利部组织流域管理机构或者省、自治区、直辖市水行政主管部门对认定五年以上的国家水利风景区开展复核。

省级水行政主管部门应当定期对省级水利风景区开展复核。

第三十条 根据工作需要，水利部不定期对国家水利风景区开展重点抽查和专项检查。

第三十一条 因水利设施、水域及其岸线功能调整等原因，不符合原认定条件的国家水利风景区，由水利部予以撤销并向社会公告。

经复核、重点抽查或者专项检查发现不符合原认定条件的国家水利风景

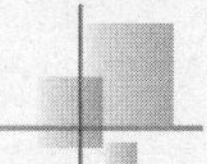

区，由水利部责令限期整改；逾期未整改或者整改不到位的，由水利部予以撤销并向社会公告。

第三十二条　水行政主管部门应当注重对水利风景区的宣传推广，成效突出的可以纳入水利公益性宣传范围。

第三十三条　违反本办法规定，损坏水利风景区内资源、设施、设备或者有其他违反水利风景区管理规定行为的，依照有关法律法规的规定处理。

第六章　附　　则

第三十四条　省级水行政主管部门可以根据本办法，结合当地实际，制定本地区的水利风景区管理办法或者细则。

第三十五条　本办法自2022年4月15日起施行。2004年5月8日水利部印发的《水利风景区管理办法》（水综合〔2004〕143号）同时废止。

水利部关于做好河湖生态流量确定和保障工作的指导意见

水资管〔2020〕67号

部机关各司局，部直属各单位，各省、自治区、直辖市水利（水务）厅（局），各计划单列市水利（水务）局，新疆生产建设兵团水利局：

河湖生态流量是指为了维系河流、湖泊等水生态系统的结构和功能，需要保留在河湖内符合水质要求的流量（水量、水位）及其过程。保障河湖生态流量，事关江河湖泊健康，事关生态文明建设，事关高质量发展。近年来，我国河湖生态流量保障工作不断加强，水生态状况得到初步改善。但也要看到，受自然禀赋条件限制、不合理开发利用以及全球气候变化等影响，部分流域区域生活、生产和生态用水矛盾仍然突出，河湖生态流量难以保障，河流断流、湖泊萎缩、生物多样性受损、生态服务功能下降等问题依然严峻。为大力推进生态文明建设，切实依法加强河湖生态流量管理，现就做好河湖生态流量确定和保障工作，提出如下意见。

一、总体要求

（一）指导思想

全面贯彻习近平生态文明思想和习近平总书记关于治水工作的重要论述精神，积极践行“节水优先、空间均衡、系统治理、两手发力”的治水思路，紧紧围绕“水利工程补短板、水利行业强监管”水利改革发展总基调，以维护河湖生态系统功能为目标，科学确定生态流量，严格生态流量管理，强化生态流量监测预警，加快建立目标合理、责任明确、保障有力、监管有效的河湖生态流量确定和保障体系，加快解决水生态损害突出问题，不断改善河湖生态环境。

（二）基本原则

——人水和谐绿色发展。坚持人与自然和谐共生，把水资源作为最大的刚性约束，严格控制河湖开发强度，维系河湖生态系统功能，推动形成绿色发展方式和生活方式。

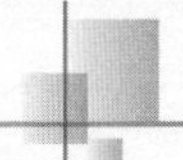

——合理统筹三生用水。根据流域水资源条件和生态保护需求，统筹生活、生产和生态用水配置，因地制宜，科学合理确定生态流量目标。

——分区分类分步推进。针对河湖自然状况、生态功能、保护需求和开发现状，以问题为导向，统筹需要与可能、近期与远期，分类施策，有序推进河湖生态流量保障工作。

——落实责任严格监管。建立健全生态流量保障责任体系，严格实施监管、强化监督考核，做到目标明确、监管到位，确保河湖生态流量保障工作落到实处。

（三）主要目标

到2020年年底，重要河湖生态流量目标基本确定，生态流量监管体系初步建立，推进过度开发的重要河湖分阶段生态流量目标研究确定工作。

到2025年，生态流量管理措施全面落实，长江、黄河、珠江、东南诸河及西南诸河干流及主要支流生态流量得到有力保障，淮河、松花江干流及主要支流生态流量保障程度显著提升，海河、辽河、西北内陆河被挤占的河湖生态用水逐步得到退还；重要湖泊生态水位得到有效维持。

二、制定河湖生态流量目标

（四）明确生态流量目标确定事权。依据水资源管理权限，分级组织开展河湖生态流量确定工作。跨省（自治区、直辖市）江河湖泊生态流量目标，由流域管理机构商相关部门拟定并报水利部审定。其他跨行政区的河湖生态流量目标，由共同的上一级水行政主管部门商相关地方人民政府有关部门拟定，报共同的上一级人民政府或其授权的部门审定，并报省级水行政主管部门和流域管理机构备案。

（五）明确河湖生态保护对象。确定生态流量应以保障河湖生态保护对象用水需求为出发点。生态保护对象主要包括河湖基本形态、基本栖息地、基本自净能力等基本生态保护对象，以及保护要求明确的重要生态敏感区、水生生物多样性、输沙、河口压咸等特殊生态保护对象。

（六）确定河湖生态流量控制断面。根据河湖生态保护对象，选择跨行政区断面、把口断面（入海、入干流、入尾闾）、重要生态敏感区控制断面、主要控制性水工程断面等作为河湖生态流量控制断面。控制断面的确定，应与相关水利规划、相关生态环境规划、水量分配方案确定的断面相衔接，宜选择有水文监测资料的断面。

（七）合理确定河湖生态流量目标。应按照河湖水资源条件和生态保护需求，选择合适的方法计算并进行水量平衡和可达性分析，综合确定河湖生态流量目标。一般河流应确定生态基流；具有特殊生态保护对象的河流，还应确定敏感期生态流量；天然季节性的河流，以维系河流廊道功能确定有水期的生态水量目标；水资源过度开发的河流，可结合流域区域水资源调配工程实施情况及水源条件，合理确定分阶段生态流量目标；平原河网、湖泊以维持基本生态功能为原则，确定平原河网、湖泊生态水位（水量）目标。

（八）做好已建水工程生态流量复核。对已确定生态流量目标的水库、水电站、航电枢纽等水工程，建设项目批复文件、取水许可审批文件、环评审批文件等规定生态流量目标一致的，按照相关审批文件执行；对于规定不一致的，根据河湖水资源演变和开发利用状况，由水行政主管部门商同级生态环境主管部门，重新核定生态流量目标。对需要确定生态流量目标，但建设年代较早且下泄水量明显不能满足生态需求的水工程，由有管辖权的水行政主管部门商同级生态环境主管部门，合理确定生态流量目标。

三、落实河湖生态流量管理措施

（九）强化流域水资源统一调度管理。流域管理机构或地方各级水行政主管部门应把保障生态流量目标作为硬约束，合理配置水资源，科学制订江河流域水量调度方案和调度计划。对控制断面流量（水量、水位）及其过程影响较大的水库、水电站、闸坝、取水口等，应纳入调度考虑对象。有关工程管理单位，应在保障生态流量泄放的前提下，执行有关调度指令。对于因过量取水对河湖生态造成严重影响，导致生态流量未达到目标要求的，流域管理机构或地方水行政主管部门应采取限制取水、加大水量下泄等措施，确保达到生态流量目标。

（十）改善水工程生态流量泄放条件。新建、改建和扩建水工程，应按照水利等相关部门审批文件规定，落实生态流量泄放条件。已建水工程不满足生态流量泄放要求的，应根据条件，经科学论证，改进调度或增设必要的泄放设施。

（十一）加强河湖生态流量监测。流域管理机构及地方各级水行政主管部门应根据河湖生态流量管理需要，按照管理权限，建设生态流量控制断面的监测设施，对河湖生态流量保障情况进行动态监测。水库、水电站、闸坝等水工程管理单位应按国家有关标准，建设完善生态流量监测设施，并按要

求接入水行政主管部门有关监控平台。

（十二）建立河湖生态流量预警机制。流域管理机构和地方各级水行政主管部门应根据河湖生态流量目标要求，确定河湖生态流量预警等级和预警阈值。针对不同预警等级制定预案，明确水利工程调度、限制河道外取用水和应急生态补水等应对措施。根据生态流量监测情况，及时发布预警信息，按照预案实施动态管理。

四、保障措施

（十三）制定工作方案。流域管理机构和地方各级水行政主管部门按照河湖管理权限，提出生态流量管理重点河湖名录，征求有关部门、利益相关单位意见，抓紧研究制定河湖生态流量保障实施方案，明确河湖生态流量目标、责任主体和主要任务、保障措施。

（十四）强化监督考核。采用信息化等手段，加强生态流量保障情况监督检查，对发现的问题进行处置。建立河湖生态流量评估机制，将河湖生态流量保障情况纳入最严格水资源管理制度考核。

（十五）推进科技支撑。深入开展生态流量确定方法、监管措施、监测预警、风险防控、效果评价等方面的科学研究，健全河湖生态流量确定和保障的技术体系。推动河湖生态流量保障制度建设，推广河湖生态流量保障典型经验做法。

水利部

2020 年 4 月 17 日

水利部关于复苏河湖生态环境的指导意见

水资管〔2021〕393号

各流域管理机构，各省、自治区、直辖市水利（水务）厅（局），各计划单列市水利（水务）局，新疆生产建设兵团水利局：

推动新阶段水利高质量发展，满足人民日益增长的美好生活需要，必须贯彻落实习近平生态文明思想，完整、准确、全面贯彻新发展理念，树立和践行绿水青山就是金山银山理念，以提升水生态系统质量和稳定性为核心，维护河湖健康生命，实现河湖功能永续利用，实现人水和谐共生。针对河湖水生态系统存在的河道断流、湖泊萎缩干涸、生态流量保障不够、水域岸线受损、地下水位下降、水土流失严重等突出问题，现就复苏河湖生态环境，增强大江大河大湖生态保护治理能力，提出以下意见。

一、总体要求

（一）指导思想。深入贯彻习近平生态文明思想，完整、准确、全面贯彻新发展理念，坚持“节水优先、空间均衡、系统治理、两手发力”的治水思路，尊重自然、顺应自然、保护自然，从生态整体性和流域系统性出发，按照山水林田湖草沙系统治理要求，统筹水资源与水域岸线空间，统筹地表水和地下水，统筹江河流域的水和沙，重点抓好断流河道与萎缩干涸湖泊修复、河湖生态保护治理、地下水超采综合治理、水土流失综合治理等，加快复苏河湖生态环境，不断提升水生态系统质量和稳定性。

（二）基本原则。

坚持绿水青山就是金山银山理念。牢固树立生态优先、绿色发展理念，把河湖生态环境保护放在更加突出的位置，持续改善水生态水环境，以优质的河湖水生态环境支撑经济社会高质量发展。

坚持人与自然和谐共生。切实把握人民群众对优美生态环境的需求，围绕人民群众身边的突出水生态环境问题，复苏河湖生态环境。守住河湖生态安全边界，重塑和保持河湖健康生命形态，不断增强人民群众获得感、幸福

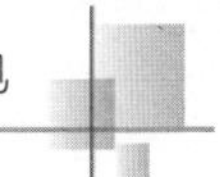

感、安全感。

坚持系统治理。统筹兼顾上下游、左右岸、干支流、水体与岸线、地表水与地下水、水土流失防与治等，因地制宜、分类施策，提高水生态环境修复与保护的针对性和有效性。

坚持改革创新。构建复苏河湖生态环境治理体系，加强河湖水生态环境监管，不断提高与需求、任务相适应的治理能力和水平。

（三）工作目标。

1. 总体目标

到 2025 年，部分断流河流实现过流，萎缩干涸湖泊水面得到一定恢复，重点河湖生态流量保障程度明显提升，河湖空间管控得到加强，地下水超采状况有效遏制，人为水土流失得到控制，全国水土保持率稳步提高，重要河湖生态环境明显改善。

2. 2025 年具体目标

断流河流、萎缩干涸湖泊修复：海河、辽河、西北内陆河被挤占的河湖生态用水得到一定退还。正常来水条件下，大运河、滹沱河、永定河等重点河流力争实现全线过流。萎缩干涸的重点湖泊水面得到一定恢复。

河湖生态流量保障：长江、珠江、东南诸河生态流量得到有效保障，太湖生态水位得到有效维持，黄河、淮河、松花江干流及主要支流生态流量保障程度显著提升。

河湖水域岸线空间管控：岸线保护利用规划体系基本建立，规划约束机制较为完善；涉河建设项目和活动管理制度建立健全，河湖管理范围全面划定，存量“四乱”（乱占、乱采、乱堆、乱建）问题不断减少，涉河违建、围垦等重大问题得到有效遏制；河道采砂秩序稳定向好。

地下水超采综合治理：正常来水情况下年压减地下水超采量力争达到 55.5 亿立方米，全国地下水取用水总量控制在 960 亿立方米以内。京津冀地区约 2/3 以上地下水超采区实现采补平衡，超采区城镇力争全部实现采补平衡。重点区域地下水超采问题得到控制。

水土流失综合治理：全国新增水土流失治理面积 31 万平方公里，其中黄河重点生态区 2 万平方公里，长江重点生态区 5 万平方公里。全国水土保持率提高到 73%以上。

二、推进解决河道断流、湖泊萎缩问题

（一）明确范围与目标。有关流域管理机构和省级水行政主管部门要研

究确定断流河流、萎缩干涸湖泊修复名单，组织制定"一河一策""一湖一策"，明确修复目标、任务和措施，加强水资源节约保护和优化配置、调度，建立健全长效机制，逐步退还被挤占的生态用水。继续做好黄河、塔里木河、黑河、石羊河水资源优化配置和调度，巩固修复治理成果。

（二）实施华北地区河湖生态环境复苏行动。以京津冀地区河湖为重点，以地下水超采综合治理为根本目标，聚焦河湖生态补水与地下水回补，推进补水重点河湖集中贯通。统筹调配引江、当地水库、引黄、再生水等多种水源，实施河湖生态补水并尽可能向下游延伸，持续改善水生态环境。

（三）推进大运河生态保护与修复。多措并举优化水资源配置，改善大运河及周边河湖水力联系。将大运河生态用水纳入水资源统一配置和管理。正常来水情况下，保持大运河主河道及沿线主要河流基本生态用水。

（四）推进西辽河流域治理。按照水利部明确的内蒙古西辽河流域水资源管控目标，严控用水总量，积极推进干流河道生态水量下泄工作，严格地下水水位管控，逐步解决西辽河河道断流加剧、地下水超采、湖泊湿地萎缩等生态环境问题。

（五）强化补水河湖水量、水质、水生态监测与分析。根据复苏河湖生态环境的工作安排，及时组织制定、实施水文监测方案，强化对补水河湖的地表水水量、水质、水生态等监测和分析。

三、保障河湖生态流量

（一）强化重要河湖生态流量目标确定。按照中央和地方事权划分，加快推进重点河湖生态流量确定，统筹生活、生产和生态用水配置，合理确定河湖生态流量目标。完成全国生态流量保障重点河湖名录明确的 477 条河湖生态流量目标确定工作。组织制定河湖生态保障实施方案，明确管理主体、管理措施、监测预警方案和考核办法。

（二）加强江河流域及重大调水工程水资源调度。流域管理机构、县级以上地方水行政主管部门落实《水资源调度管理办法》，抓紧建立完善水资源调度协商机制、协调机制、预警机制、生态补水调度机制、信息共享机制，将河湖生态流量目标等纳入水资源调度方案及年度调度计划并严格执行，强化监督检查，提高生态流量目标保障程度。加强南水北调工程调度，按计划实施城市生活、工业供水，兼顾农业、航运、河湖及地下水超采区补水。结合来水条件和工程情况，尽可能向华北地区地下水超采区多补水。制

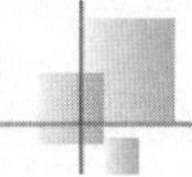

定东线一期北延应急供水工程年度水量调度计划，推动北延工程实现常态供水。抓好引黄调度，明确年度引黄入冀补淀工程水资源调度计划、永定河生态水量调度计划，支撑白洋淀生态补水和华北地区地下水超采综合治理。

（三）加强生态流量日常监管。开展已建水利水电工程生态流量复核，合理确定生态流量目标。建立河湖生态流量监测预警机制。完善河湖生态流量监管信息平台，提升监管能力。结合江河流域年度雨水情、流域取用水情况，开展生态流量保障预警分析研判，及时发布预警，并启动应对措施。建立河湖生态流量保障评估机制。强化河湖生态流量保障监督检查和问责。

（四）加强小水电生态流量监督管理。联合有关部门进一步加强小水电生态流量监管。督促和指导地方落实生态流量确定、泄放设施安装、监测设施运行、监管平台建设等工作，建立健全长效机制，全面落实生态流量。完成长江经济带小水电清理整改“回头看”，持续巩固生态流量保障等清理整改成果。指导各地推进小水电清理整改工作，落实生态流量要求。

（五）推进河湖重要控制断面的监测预警能力建设。完善省界及重要控制断面水文监测站网体系。做好重要控制断面生态流量监测。推进生态流量管控断面等重要控制断面监测预警能力建设。推进重点河湖水质、水生态监测与评价工作。

四、加强河湖保护

（一）完善河湖管理范围划界成果。组织对第一次全国水利普查名录内河湖管理范围划界成果进行省级复核、流域管理机构抽查，督促地方及时整改不符合要求的划界成果，重新履行公告程序。

（二）强化岸线规划约束。推进大江大河大湖重点河段岸线保护与利用规划编制实施，合理划分保护区、保留区、控制利用区和可开发利用区，重要河湖规划岸线保护区、保留区比例总体达到50%以上。

（三）规范河道采砂管理。落实采砂管理责任。开展全国河道非法采砂专项整治，严厉打击非法采砂行为。规范河道采砂规划、许可、监管执法各环节。推进集约化、规模化统一开采管理，依法合规综合利用河道疏浚砂、水库淤积砂。

（四）严格涉河建设项目和活动管理。遵循确有必要、无法避让河湖管理范围的原则，依法依规严格涉河建设项目和活动审查，不得超审查权限、超项目类别进行许可。

（五）推进水美乡村建设。持续推进水系连通及水美乡村建设，统筹水系连通、河道清障、清淤疏浚、岸坡整治、水源涵养、水土保持、河湖管护等水利措施，以及防污控污、景观人文等非水利措施，突出综合治理、系统治理、生态治理，在条件适宜地区建设一批水美乡村，助力乡村振兴。

（六）强化河湖日常监管。深入推进河湖“清四乱”常态化规范化，持续清理整治“四乱”问题，坚决遏增量、清存量。开展重点河湖岸线清理整治，推进岸线节约集约利用。

（七）提升河湖监管信息化水平。全面推进划界、岸线功能分区成果上图。完善现有河湖遥感监测平台，推进“四乱”问题预警预判，对侵占河湖问题快速响应，做到早发现、早制止、早处置，实现信息化管理。

五、加快地下水超采综合治理

（一）实行地下水取水总量、水位控制。落实《地下水管理条例》，充分考虑地下水与地表水补排关系，建立地下水取水总量、水位“双控”制度，以县为单元明确地下水取用水总量、水位控制指标。各级水行政主管部门要合理确定、优化区域地下水取水工程布局，地下水水位下降明显以及取水许可限批地区要率先开展。强化地下水年度取水计划管理，推进地下水取水工程计量设施安装。建立地下水取水大户台账，严格取水总量控制和定额管理要求，加强取水精细化管理。

（二）建立地下水储备制度。摸清地下水储备条件，明确地下水储备划定工作要求，规范地下水储备区划定技术要求。地方水行政主管部门应当会同本级人民政府有关部门落实地下水战略储备，制定动用储备预案。各级流域管理机构根据水利部工作安排，指导、协调、监督流域内各省份地下水储备工作。

（三）开展地下水超采区划定。组织开展新一轮超采区划定，核定地下水超采区范围及超采量，并向社会公布。根据超采区划定成果，推进区域地下水禁止开采区、限制开采区划定。结合地下水超采区划定及超采治理情况，开展超采区动态评价，及时掌握超采区变化情况。

（四）推进华北及其他地区地下水超采综合治理。按照“一减、一增”综合治理措施，以京津冀地区为重点，系统推进华北地区地下水超采综合治理。统筹南水北调受水区压采以及河南、山东、山西地下水超采综合治理。推动实施三江平原、松嫩平原、辽河平原、西辽河流域、黄淮地区、鄂尔多

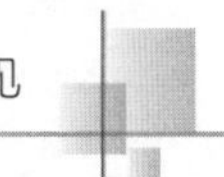

斯台地、汾渭谷地、河西走廊、天山南北麓与吐哈盆地、北部湾地区等重点区域地下水超采治理工作。

（五）强化地下水监管。严格落实《中华人民共和国水法》《地下水管理条例》等法律法规，完善配套管理制度、政策，进一步规范地下水开发利用监督管理。继续做好地下水水位变化通报，进一步优化通报的内容、方式，完善通报机制，督促地方人民政府落实地下水保护和超采治理责任。加强禁止开采区、限制开采区取用地下水监管。提升地下水信息化管理水平，完善地下水动态监管“一张图”，推进地下水超采区、禁限采区、取水工程等上图，初步构建区域地下水数字孪生系统。加强对河湖生态补水、超采区取水井优化布局的模拟分析，实现地下水超采及水位变化预警预判。

（六）加强地下水监测与分析评价。健全完善地下水监测站网体系。在复苏河湖、地下水超采治理区域，补充建设地下水监测站点，推进国家地下水监测二期工程建设。做好地下水动态分析、评价工作，及时反映复苏河湖周边、地下水超采治理区域的地下水变化情况。

六、科学推进水土流失综合治理

（一）全面强化人为水土流失监管。坚持用最严格制度、最严密法治保护水土资源，防治水土流失，建立覆盖所有人为水土流失行为的水土保持监管制度。严格生产建设项目水土保持方案审批和自主验收情况核查，强化全链条全过程监管。健全其他生产建设活动监管规则。建立健全以卫星遥感监管为基本手段、以重点监管为补充、以“信用＋风险”监管为基础的新型监管机制。常态化开展水土保持遥感监管、全面推进信用监管，依法依规严格查处水土保持违法违规行为。

（二）加快推进水土流失重点治理。在黄河上中游地区、长江上中游及西南岩溶区、东北黑土区等重点区域，重点实施坡耕地综合整治，淤地坝建设、病险淤地坝除险加固、老旧坝提升改造，黄河粗泥沙集中来源区拦沙工程，黄土高原塬面保护，小流域综合治理等工程。以流域为单元，以山青、水净、村美、民富为目标，统筹配置沟道治理、生物过滤带、水源涵养、封育保护、生态修复等措施，大力开展生态清洁小流域建设。压实淤地坝管护责任，强化“四预”（预报、预警、预演、预案）措施，确保淤地坝安全运用。积极推行水土保持以奖代补、先建后补、以工代赈等建设管理模式，探索与土地占补平衡、产业开发等相关的水土流失治理激励政策。

（三）提升水土保持监测评价能力。持续开展年度全国水土流失动态监测，定量掌握全国、各级行政区、重点关注区域、大江大河流域水土流失状况和变化情况，为美丽中国考核评估、生态系统保护成效监测评估提供支撑。构建以遥感监测为主、专项调查为辅、监测站点为基础的水土保持监测网络，推进国家和地方水土保持监测站点优化布局，适时开展东北黑土区侵蚀沟、长江经济带坡耕地等专项调查。建立水土保持监测设备计量和监测站网管理制度。

（四）健全水土保持政策体制机制。强化规划引领与政策指导。制定出台进一步加强水土保持工作的意见，落实地方政府、相关部门、企业及社会各方面责任。健全水土保持责任考核评估制度，明确省市县级水土保持率分阶段目标，逐级开展全国水土保持规划实施情况和水土保持目标责任制考核评估，强化考核评估结果应用。建立完善统一协调、分工协作的水土保持部门联动工作机制，强化部门间协同治理、协同监管、联动执法。

（五）强化水土保持基础支撑。聚焦水土流失规律和机理、水土保持模型等重点和难点，开展重大问题研究和关键技术攻关，推广先进适用的水土流失防治技术，进一步健全水土保持技术标准体系。开展国家水土保持示范创建和全国水土保持高质量发展先行区建设，打造一批全国水土保持高质量发展样板。强化宣传引导，提高各级领导干部和全体公民的水土保持法治意识和生态文明意识。强化行业能力建设，加大基层从业人员技术与知识更新培训力度。

七、保障措施

（一）加强组织领导。各级水行政主管部门要把复苏河湖生态环境放在突出位置，切实增强责任意识。要加强组织领导，健全完善实施机制，强化政策支撑。要结合本地区实际，制订工作方案，细化分解目标任务，建立工作台账，明确任务分工、强化责任落实。要加强部门沟通、协作，形成合力，确保各项工作有力有序完成。

（二）加大投入力度。各级水行政主管部门应加大资金投入，拓宽投资渠道，推进建立长效、稳定的资金投入机制，对断流河道恢复过流、萎缩干涸湖泊恢复水面、河湖生态流量保障、地下水超采综合治理、河湖管控、水土流失综合治理等给予重点关注、重点支持。积极推行政府和社会资本合作，吸引社会资本参与复苏河湖生态环境项目。

（三）提升能力保障。加强科学研究和成果转化，开展生态流量、地下水超采治理、河湖管控、水土流失治理等重点领域科技攻关，形成一批可复制、可推广的复苏河湖生态环境技术模式。加大先进适用技术推广应用。加快完善复苏河湖生态环境标准规范。结合智慧水利建设，加强信息化建设，提高复苏河湖生态环境数字化、网络化、智能化水平。加强基层队伍能力建设。

（四）强化监督落实。各级水行政主管部门要增强工作主动性、自觉性，切实推动各项任务落实。各省级水行政主管部门要加强协调、跟踪、调度，及时发现和解决工作中的问题，每年年底前向水利部报告工作进展。水利部机关有关司局要加强指导、督促，适时开展监督检查。

（五）严格考核评估。各级水行政主管部门要围绕复苏河湖生态环境目标、任务完成情况开展动态评估。相关工作进展情况及评估结果纳入实行最严格水资源管理制度考核和国务院河湖长制等有关激励考核机制，作为对省（自治区、直辖市）人民政府工作考核的重要内容。

水利部

2021年12月21日

水利部关于做好跨省江河流域水量调度管理工作的意见

水资源〔2018〕144号

各流域管理机构，各省、自治区、直辖市水利（水务）厅（局）：

实施江河流域水量分配和统一调度，是《水法》确立的水资源管理重要制度，是落实最严格水资源管理制度，合理配置和有效保护水资源，加强水生态文明建设的关键措施。2011年水利部启动了跨省江河流域水量分配工作，根据国务院授权，目前已批复部分跨省江河流域水量分配方案。为做好跨省江河流域水量调度管理工作，切实加强水资源统一调度和统一管理，全面加强河湖生态环境保护，实现水资源可持续利用，现提出以下意见。

一、总体要求

（一）指导思想。认真贯彻落实党的十九大精神，以习近平新时代中国特色社会主义思想为指导，牢固树立新发展理念，积极践行水利工作方针，全面落实最严格水资源管理制度，实施水资源消耗总量和强度双控行动，建设节水型社会；全面落实水量分配方案，强化水资源统一调度，合理配置生活、生产和生态用水，严格流域用水总量和重要断面水量下泄控制，保障河湖基本生态用水；全面强化水量调度管理，提升水资源开发利用监管能力，加快形成目标科学、配置合理、调度优化、监管有力的流域水量调度管理体系，实现水资源可持续利用。

（二）基本原则。

统筹兼顾、优化配置。实行兴利与除害相结合，兼顾上下游、左右岸和有关地区之间的利益，合理配置水资源，优先满足城乡生活用水，统筹生态环境、工业、农业以及航运等用水需求，发挥水资源多种功能。

生态安全、持续利用。牢固树立尊重自然、顺应自然、保护自然的理念，处理好江河湖泊水资源开发与保护的关系，严格控制河湖水资源开发强度，合理开发利用水资源，保障河湖基本生态用水，维护河湖生态安全。

因河施策、科学调度。立足不同流域、不同功能、不同水情的河湖实

际，在服从防洪（凌）总体安排的前提下，因地制宜实施流域水量调度，根据流域来水和用水需求变化，对水库、闸坝、水电站、引调水工程等实施动态调度，加强河道外取水总量管控，充分发挥水资源综合效益。

落实责任、强化监管。明确流域管理机构、地方人民政府水行政主管部门水量调度管理职责，落实江河流域管理主体责任，依法加强水量调度监督管理，强化工作措施，严格监督考核和问责，确保水量调度目标落到实处。

二、主要任务

（三）组织制定水量调度方案。各流域管理机构要抓紧组织有关省（自治区、直辖市）人民政府水行政主管部门，根据批准的跨省江河流域水量分配方案编制水量调度方案，科学制定水量调度目标、调度原则，合理确定水量调度期，明确工程调度原则及运用控制指标，规定水量调度权限及管理职责，规范年度水量调度计划制订、批准程序，制定监督管理措施以及省界和重要控制断面水量监测方案。对省际及流域用水产生较大影响的水库、闸坝、水电站、引调水工程，应纳入流域水量统一调度。对于开发利用程度较低、缺少控制性工程的河流，可以以流域取用水总量控制为重点实施水量调度管理；对于平原河网地区的湖泊，可统筹水量、水质和水生态保护需要，制定调度目标任务和管理措施。

淮河、太湖、松花江、金沙江、西江等国家确定的重要江河流域水量调度方案由流域管理机构组织制订，报水利部批复实施。其他跨省江河流域水量调度方案，由流域管理机构组织制定并印发实施，报水利部备案。

（四）统筹安排年度水量调度计划。各有关省（自治区、直辖市）人民政府水行政主管部门和纳入流域统一调度的工程运行管理单位应按照跨省江河流域水量调度管理规定，向流域管理机构申报年度用水计划建议和工程运行计划建议。流域管理机构根据跨省江河流域水量分配方案和年度预测来水量、水库蓄水量，依据水量分配与调度原则，在综合平衡年度用水计划建议和工程运行计划建议基础上，制定下达年度水量调度计划并报水利部备案。法规和规章另有规定的，按有关规定执行。水量调度计划应明确各省级行政区域年度水量分配指标、省界和重要断面下泄水量（或最小下泄流量）控制指标以及纳入流域水量统一调度的水工程调度运用控制指标。对于不具备开展径流预报或以取用水总量控制管理为重点的跨省江河，水量调度计划应明确各有关省级行政区域年度或关键调度期水量分配指标、省界和重要断面下泄水量（或最小下泄流量）控制指标。

（五）严格水量调度管理。流域管理机构根据跨省江河流域水量调度计划，制定月或旬水量调度计划，下达水量调度指令；根据河湖来水、水库蓄水及流域用水需求变化等情况，对年度或关键调度期分水指标和断面下泄水量实行动态调整、滚动修正。有关地方人民政府水行政主管部门及水库、闸坝、水电站等工程管理单位，应依据批准的年度水量调度计划和调度指令，组织实施所辖范围内的水量调度，合理安排取水、发电以及工程的调度运行。水量调度应服从防洪调度，区域水量调度应服从流域水量调度，供水、灌溉、发电、航运等工程运行调度应服从水量统一调度。当流域内发生严重干旱、主要断面流量低于最小下泄流量（水位）控制指标或发生水污染等突发事件危及供水安全、生态安全时，水量应急调度按照国家应急管理有关规定执行。

（六）强化江河取水管理。县级以上地方人民政府水行政主管部门应按取水许可审批权限，根据上一级人民政府水行政主管部门或者流域管理机构下达的年度水量分配方案和年度取水计划，制定本行政区域年度水量分配方案和年度取水计划，并下达至直接从跨省江河取水的单位或者个人。取水单位或者个人应当严格按照批准的年度取水计划取水，并接受水行政主管部门的监督。对于未经批准擅自取水、或未按批准的取水许可规定条件取水的，依法予以处罚；情节严重的，吊销其取水许可证。流域管理机构要组织有关省级人民政府水行政主管部门全面清理水量分配河流取水许可审批情况，按照河流水系建立取水许可台账，并在国家和地方水资源信息管理系统上进行登记。对于取用水总量达到或超过本行政区域水量分配份额的地区，依法实施取水许可限批。

（七）严格江河主要断面下泄水量和取水计量监管。各有关省（自治区、直辖市）人民政府按照跨省江河流域主要断面下泄水量管理责任划分，负责确保省界和其他重要断面下泄水量（流量）符合规定的控制指标。流域管理机构和有关省（自治区、直辖市）人民政府水行政主管部门应按事权划分，建设跨省江河流域主要断面水文监测设施，省界和其他重要断面下泄水量（或流量）以水文站监测数据为依据。在江河湖泊上建设的取水工程应安装符合有关法规或者技术标准要求的监测计量设施，并保证设施正常使用和监测计量结果准确、可靠。规模以上取水工程取用水监测计量信息，应实时上

传至流域和省级水资源信息管理系统平台。建立取用水统计联网直报平台，实施取水单位取用水统计信息直报。

（八）强化监督检查。流域管理机构和县级以上地方人民政府水行政主管部门应加强跨省江河流域水量调度执行情况的监督检查，对于取用水高峰时段，要对河湖主要取（退）水口实施重点监督检查；必要时可组成联合督查组，对流域内重要取水工程、水库、水电站实施重点监督检查。各省（自治区、直辖市）人民政府水行政主管部门应按规定向流域管理机构报送取水量监测统计数据和水量调度计划落实情况，纳入统一调度的水库（水电站）管理单位应向流域管理机构报送年度和月度取用水情况。流域管理机构每月向水利部报告跨省江河流域省界和重要断面水量下泄控制指标落实情况，并通报相关省级人民政府、河长办及有关主管部门；每调度年末，向水利部报告江河流域水量调度计划执行情况。

三、保障措施

（九）强化组织领导。流域管理机构和有关地方人民政府水行政主管部门要把跨省江河流域水量调度作为加强流域水资源统一管理、推进生态文明建设的重要举措，切实加强领导，落实责任，做好组织实施和监督检查；2018年12月底前，流域管理机构要全面启动已批复水量分配方案的跨省江河流域水量调度工作；要建立健全水量调度管理责任制，公布责任人名单。

有关地方各级人民政府及其水行政主管部门要切实落实本行政区域江河流域水量调度、用水总量控制和主要断面下泄水量（流量）主体责任，精心组织，细化实化目标任务，强化监督管理，确保调度计划得到全面落实。

（十）健全工作机制。各流域管理机构要完善跨省江河流域水量调度计划制定、调度决策、分工落实、监督检查、监测统计数据核定等制度，探索建立流域内各省级人民政府水行政主管部门和有关部门、有关地方人民政府以及水库、闸坝、水电站、引调水工程等管理单位参加的水量调度协商工作机制，推进科学决策、民主决策，形成监管合力。

（十一）加强能力建设。各流域管理机构要抓紧完成已列入投资计划的53条跨省江河主要控制断面水文监测设施建设任务，采用替代措施开展水文监测的，要抓紧制订替代监测方案。各流域管理机构、各省级人民政府水行政主管部门要根据调度管理需要，开展水文监测工作，逐河、逐断面建立水量监测台账，实现水量监测数据实时报送，要做好调度期水文测报和径流预报，为水量调度管理提供决策支撑。要依托国家水资源信息管理系统，抓紧完善水量调度决策信息平台，全面提高水量调度管理信息化水平。

（十二）严格考核问责。水利部将跨省江河流域水量调度管理工作纳入最严格水资源管理制度、河长制湖长制考核，并通过巡查、督查、通报、追责等措施，加强水量调度监督管理。对不按照水量分配方案分配水量，不执行水量调度计划，不履行水量调度和取水许可监督管理职责，或者发现违法行为不予查处的，对负有责任的主管人员和其他直接责任人员，按照管辖权限依法依纪追究责任。

水利部

2018 年 7 月 3 日

住房城乡建设部　生态环境部关于印发城市黑臭水体治理攻坚战实施方案的通知

办资管〔2019〕251号

各省、自治区、直辖市人民政府，国务院有关部委、直属机构：

经国务院同意，现将《城市黑臭水体治理攻坚战实施方案》印发给你们，请认真贯彻落实。

中华人民共和国住房和城乡建设部

中华人民共和国生态环境部

2018年9月30日

城市黑臭水体治理攻坚战实施方案

2015年国务院印发《水污染防治行动计划》以来，各地区各部门迅速行动，在治理城市黑臭水体方面取得积极进展，成效显著。为进一步扎实推进城市黑臭水体治理工作，巩固近年来治理成果，加快改善城市水环境质量，制定本方案。

一、总体要求

（一）指导思想。全面贯彻党的十九大和十九届二中、三中全会精神，以习近平新时代中国特色社会主义思想为指导，认真落实党中央、国务院决策部署和全国生态环境保护大会要求，把更好满足人民日益增长的美好生活需要作为出发点和落脚点，坚持生态优先、绿色发展，紧密围绕打好污染防治攻坚战的总体要求，全面整治城市黑臭水体，加快补齐城市环境基础设施短板，确保用3年左右时间使城市黑臭水体治理明显见效，让人民群众拥有更多的获得感和幸福感。

（二）基本原则。

系统治理，有序推进。坚持统筹兼顾、整体施策，全方位、全过程实施城市黑臭水体治理。坚持尊重自然、顺应自然、保护自然，统筹好上下游、左右岸、地上地下关系，重点抓好源头污染管控。坚持雷厉风行和久久为功相结合，既集中力量打好消除城市黑臭水体的歼灭战，又抓好长制久清的持久战。坚持从各地实际出发，遵循治污规律，扎实推进治理攻坚工作。

多元共治，形成合力。落实中央统筹、地方实施、多方参与的城市黑臭水体治理体制，上下联动，多措并举，确保工作顺利实施。强化城市政府主体责任，以全面推行河长制、湖长制为抓手，协调好跨区域权责关系；加强部门协调，住房城乡建设部、生态环境部会同有关部门协同联动，加强指导督促；调动社会力量参与治理，鼓励公众发挥监督作用。

标本兼治，重在治本。坚持治标和治本相结合，力戒形式主义，既严格按照《水污染防治行动计划》规定的时间节点实现黑臭水体消除目标，又通过加快城市环境基础设施建设、完善长效机制，从根本上解决导致水体黑臭的相关环境问题。

群众满意，成效可靠。坚持以人民为中心的发展思想，确保黑臭水体治理效果与群众的切身感受相吻合，赢得群众满意。对于黑臭现象反弹、群众有意见的，经核实重新列入城市黑臭水体清单，继续督促治理。

（三）主要目标。到2018年年底，直辖市、省会城市、计划单列市建成区黑臭水体消除比例高于90%，基本实现长制久清。到2019年年底，其他地级城市建成区黑臭水体消除比例显著提高，到2020年年底达到90%以上。鼓励京津冀、长三角、珠三角区域城市建成区尽早全面消除黑臭水体。

二、加快实施城市黑臭水体治理工程

（一）控源截污。加快城市生活污水收集处理系统“提质增效”。推动城市建成区污水管网全覆盖、全收集、全处理以及老旧污水管网改造和破损修复。全面推进城中村、老旧城区和城乡结合部的生活污水收集处理，科学实施沿河沿湖截污管道建设。所截生活污水尽可能纳入城市生活污水收集处理系统，统一处理达标排放；现有城市生活污水集中处理设施能力不足的，要加快新、改、扩建设施，对近期难以覆盖的地区可因地制宜建设分散处理设施。城市建成区内未接入污水管网的新建建筑小区或公共建筑，不得交付使用。新建城区生活污水收集处理设施要与城市发展同步规划、同步建设。（住房城乡建设部牵头，发展改革委、财政部、生态环境部、自然资源部参与，城市人民政府负责落实。以下均需城市人民政府落实，不再列出）

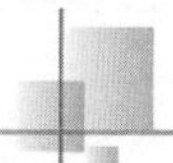

深入开展入河湖排污口整治。研究制定排污口管理相关文件，对入河湖排污口进行统一编码和管理。组织开展城市黑臭水体沿岸排污口排查，摸清底数，明确责任主体，逐一登记建档。通过取缔一批、清理一批、规范一批入河湖排污口，不断加大整治力度。（生态环境部牵头，水利部、住房城乡建设部参与）

削减合流制溢流污染。全面推进建筑小区、企事业单位内部和市政雨污水管道混错接改造。除干旱地区外，城市新区建设均实行雨污分流，有条件的地区要积极推进雨污分流改造；暂不具备条件的地区可通过溢流口改造、截流井改造、管道截流、调蓄等措施降低溢流频次，采取快速净化措施对合流制溢流污染进行处理后排放，逐步降低雨季污染物入河湖量。（住房城乡建设部牵头）

强化工业企业污染控制。城市建成区排放污水的工业企业应依法持有排污许可证，并严格按证排污。对超标或超总量的排污单位一律限制生产或停产整治。排入环境的工业污水要符合国家或地方排放标准；有特别排放限值要求的，应依法依规执行。新建冶金、电镀、化工、印染、原料药制造等工业企业（有工业废水处理资质且出水达到国家标准的原料药制造企业除外）排放的含重金属或难以生化降解废水以及有关工业企业排放的高盐废水，不得接入城市生活污水处理设施。组织评估现有接入城市生活污水处理设施的工业废水对设施出水的影响，导致出水不能稳定达标的要限期退出。工业园区应建成污水集中处理设施并稳定达标运行，对废水分类收集、分质处理、应收尽收，禁止偷排漏排行为，入园企业应当按照国家有关规定进行预处理，达到工艺要求后，接入污水集中处理设施处理。（生态环境部牵头，发展改革委、工业和信息化部、住房城乡建设部参与）

加强农业农村污染控制。强化农业面源污染控制，改善城市水体来水水质，严禁城镇垃圾和工业污染向农业农村转移，避免对城市建成区黑臭水体治理产生负面影响。加强畜禽养殖环境管理，加快推进畜禽养殖废弃物资源化利用，规模化畜禽养殖场应当持有排污许可证，并严格按证排污。总结推广适用不同地区的农村污水治理模式，加强技术支撑和指导，梯次推进农村生活污水处理，推动城镇污水管网向周边村庄延伸覆盖。积极完善农村垃圾收集转运体系，防止垃圾直接入河或在水体边随意堆放。（农业农村部、住房城乡建设部、生态环境部按职责分工负责）

（二）内源治理。科学实施清淤疏浚。在综合调查评估城市黑臭水体水质和底泥状况的基础上，合理制定并实施清淤疏浚方案，既要保证清除底泥中沉积的污染物，又要为沉水植物、水生动物等提供休憩空间。要在清淤底泥污染调查评估的基础上，妥善对其进行处理处置，严禁沿岸随意堆放或作为水体治理工程回填材料，其中属于危险废物的，须交由有资质的单位进行安全处置。（水利部牵头，生态环境部、住房城乡建设部、农业农村部参与）

加强水体及其岸线的垃圾治理。全面划定城市蓝线及河湖管理范围，整治范围内的非正规垃圾堆放点，并对清理出的垃圾进行无害化处理处置，降低雨季污染物冲刷入河量，36 个重点城市要在 2018 年年底前完成。规范垃圾转运站管理，防止垃圾渗滤液直排入河。及时对水体内垃圾和漂浮物进行清捞并妥善处理处置，严禁将其作为水体治理工程回填材料。建立健全垃圾收集（打捞）转运体系，将符合规定的河（湖、库）岸垃圾清理和水面垃圾打捞经费纳入地方财政预算，建立相关工作台账。（住房城乡建设部、水利部、生态环境部、农业农村部、财政部按职责分工负责）

（三）生态修复。加强水体生态修复。强化沿河湖园林绿化建设，营造岸绿景美的生态景观。在满足城市排洪和排涝功能的前提下，因地制宜对河湖岸线进行生态化改造，减少对城市自然河道的渠化硬化，营造生物生存环境，恢复和增强河湖水系的自净功能，为城市内涝防治提供蓄水空间。（自然资源部、住房城乡建设部、水利部按职责分工负责）

落实海绵城市建设理念。对城市建成区雨水排放口收水范围内的建筑小区、道路、广场等运用海绵城市理念，综合采取“渗、滞、蓄、净、用、排”方式进行改造建设，从源头解决雨污管道混接问题，减少径流污染。（住房城乡建设部牵头，水利部参与）

（四）活水保质。恢复生态流量。合理调配水资源，加强流域生态流量的统筹管理，逐步恢复水体生态基流。（水利部牵头）严控以恢复水动力为理由的各类调水冲污行为，防止河湖水通过雨水排放口倒灌进入城市排水系统。（水利部、住房城乡建设部按职责分工负责）

推进再生水、雨水用于生态补水。鼓励将城市污水处理厂再生水、分散污水处理设施尾水以及经收集和处理后的雨水用于河道生态补水。推进初期雨水收集处理设施建设。（住房城乡建设部牵头，生态环境部、水利部参与）

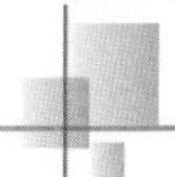

三、建立长效机制

（一）严格落实河长制、湖长制。按照中共中央办公厅、国务院办公厅印发的《关于全面推行河长制的意见》、《关于在湖泊实施湖长制的指导意见》要求，明确包括城市建成区内黑臭水体在内的河湖的河长湖长。河长湖长要切实履行责任，按照治理时限要求，加强统筹谋划，调动各方密切配合，协调联动，确保黑臭水体治理到位。（水利部牵头，生态环境部、住房城乡建设部参与）

加强巡河管理。河长湖长要带头并督促相关部门做好日常巡河，及时发现解决水体漂浮物、沿岸垃圾、污水直排口问题。有条件的地区可建立监控设施，对河道进行全天候监督，着力解决违法排污、乱倒垃圾取证难问题。全面拆除沿河湖违章建筑，从源头控制污染物进入水体。严格执行污水排入排水管网许可制度，严禁洗车污水、餐饮泔水、施工泥浆水等通过雨水口进入管网后直排入河。（水利部、住房城乡建设部、生态环境部按职责分工负责）

（二）加快推行排污许可证制度。对固定污染源实施全过程管理和多污染物协同控制，按行业、地区、时限核发排污许可证，全面落实企业治污责任，加强证后监管和处罚。强化城市建成区内排污单位污水排放管理，特别是城市黑臭水体沿岸工业生产、餐饮、洗车、洗涤等单位的管理，严厉打击偷排漏排。对污水未经处理直接排放或不达标排放导致水体黑臭的相关单位和工业集聚区严格执法，严肃问责。2019 年年底前，地级及以上城市建成区全面实现污水处理厂持证排污，其中，36 个重点城市建成区污水处理厂提前一年完成并强化证后监管。（生态环境部牵头）

（三）强化运营维护。落实河湖日常管理和各类治污设施维护的单位、经费、制度和责任人，明确绩效考核指标，加大考核力度。严格城市生活污水处理设施运营监管，切实保障稳定运行。推进机械化清扫，逐步减少道路冲洗污水排入管网。定期做好管网的清掏工作，并妥善处理清理出的淤泥，减少降雨期间污染物入河。分批、分期完成生活污水收集管网权属普查和登记造册，有序开展区域内无主污水管道的调查、移交和确权工作，建立和完善城市排水管网地理信息系统。落实管网、泵站、污水处理厂等污水收集管网相关设施的运营维护管理队伍，逐步建立以 5～10 年为一个排查周期的管网长效管理机制，有条件的地区，鼓励在明晰责权和费用分担机制的基础上将排水管网管理延伸到建筑小区内部。推进城市排水企业实施“厂—网—河湖”一体化运营管理机制。（住房城乡建设部、水利部按职责分工负责）

四、强化监督检查

（一）实施城市黑臭水体整治环境保护专项行动。按照排查、交办、核查、约谈、专项督察“五步法”，形成以地市治理、省级检查、国家督查三级结合的专项行动工作机制。2018—2020 年，生态环境部会同住房城乡建设部每年开展一次地级及以上城市黑臭水体整治环境保护专项行动。国务院有关部门排查形成问题清单，交办相关地方政府，限期整改并向社会公开，实行“拉条挂账，逐个销号”式管理；对整改情况进行核查，整改不到位的组织开展约谈，约谈后仍整改不力的将纳入中央生态环境保护督察范畴，并视情况组织开展机动式、点穴式专项督察。省级人民政府积极配合做好专项行动，对本行政区域内各城市加强督促、协调和指导，并因地制宜开展省级城市黑臭水体整治专项行动。各城市人民政府做好自查和落实整改工作。（生态环境部牵头，住房城乡建设部参与）

（二）定期开展水质监测。2018 年年底前，对已完成治理的黑臭水体开展包括透明度、溶解氧（DO）、氨氮（NH_3-N）、氧化还原电位（ORP）等 4 项指标在内的水质监测。省级生态环境部门指导本行政区域内地级及以上城市开展黑臭水体水质交叉监测，每年第二、三季度各监测一次，并于监测次季度首月 10 日前，向生态环境部和住房城乡建设部报告上一季度监测数据。（生态环境部牵头，住房城乡建设部参与）

五、保障措施

（一）加强组织领导。各地区各部门要深刻认识打好城市黑臭水体治理攻坚战的重要意义，进一步压实责任、强化举措、狠抓落实，确保本方案确定的各项任务按期落实到位。城市人民政府是城市黑臭水体治理的责任主体，要再次开展全面排查，核清城市建成区内黑臭水体情况，逐一建立健全并实施黑臭水体治理方案，明确消除时限，加快工程落地；要制定本城市黑臭水体治理攻坚战实施方案，年初确定年度目标、工作计划和措施，每季度向社会公开黑臭水体治理进展情况，年底将落实情况向上级人民政府住房城乡建设、生态环境部门报告。各城市实施方案须在 2018 年 11 月底前经省级人民政府同意后向社会公布。对于城市黑臭水体治理工作中涌现出的先进典型按照有关规定给予表扬奖励，坚持有为才有位，突出实践实干实效，让那

些想干事、能干事、干成事的干部有机会有舞台。省级人民政府要将城市黑臭水体治理工作纳入重要议事日程，按照本方案要求将治理任务分解到各部门，明确职责分工和时间进度，建立符合当地实际的黑臭水体管理制度，每年年底向住房城乡建设部、生态环境部提交城市黑臭水体治理情况报告。住房城乡建设部、生态环境部等部门加强统筹协调，出台配套支持政策，会同相关部门指导和督促地方落实城市黑臭水体治理工作要求，并对治理目标和重点任务完成情况进行考核。(住房城乡建设部、生态环境部负责)

（二）严格责任追究。按照中共中央、国务院《关于全面加强生态环境保护坚决打好污染防治攻坚战的意见》要求，落实领导干部生态文明建设责任制，严格实行党政同责、一岗双责。城市政府要把黑臭水体治理放在重要位置，主要领导是本行政区域第一责任人，其他有关领导班子成员在职责范围内承担相应责任，要制定城市黑臭水体治理部门责任清单，把任务分解落实到有关部门。地方各级人民政府住房城乡建设（水务）、生态环境部门要做好牵头，会同和督促有关部门做好工作，对于推诿扯皮、落实不力的，要提请同级人民政府进行问责；参与部门要积极作为，主动承担分配的任务，确保工作成效。将城市黑臭水体治理工作情况纳入污染防治攻坚战成效考核，做好考核结果应用。对在城市黑臭水体治理攻坚战中责任不落实、推诿扯皮、没有完成工作任务的，依纪依法严格问责、终身追责。(生态环境部牵头，住房城乡建设部、中央组织部参与)

（三）加大资金支持。地方各级人民政府要统筹整合相关渠道资金支持黑臭水体治理，加大财政支持力度，结合地方实际创新资金投入方式，引导社会资本加大投入，坚持资金投入同攻坚任务相匹配，提高资金使用效率。完善污水处理收费政策，各地要按规定将污水处理收费标准尽快调整到位，原则上应补偿到污水处理和污泥处置设施正常运营并合理盈利，加大污水处理费收缴力度，严格征收使用管理。在严格审慎合规授信的前提下，鼓励金融机构为市场化运作的城市黑臭水体治理项目提供信贷支持。按照依法合规、风险可控、商业可持续原则，探索开展治污设备融资租赁业务发展。推广规范股权、项目收益权、特许经营权、排污权等质押融资担保。(财政部、发展改革委、人民银行、银保监会、证监会、住房城乡建设部、生态环境部按职责分工负责)

（四）优化审批流程。落实深化“放管服”改革和优化营商环境的要求，结合工程建设项目行政审批制度改革，加大对城市黑臭水体治理项目支持和推进力度，在严格前期决策论证和建设基本程序的同时，对报建审批提供绿色通道。（发展改革委、自然资源部、住房城乡建设部、生态环境部按职责分工负责）

（五）加强信用管理。将从事城市黑臭水体治理的规划设计、施工、监理、运行维护的单位及其法定代表人、项目负责人、技术负责人纳入信用管理，建立失信守信黑红名单制度并定期向社会公布。（住房城乡建设部牵头，发展改革委参与）

（六）强化科技支撑。加强城市黑臭水体治理科研攻关和技术支撑，不断提炼实用成果，总结典型案例，推广示范适用技术和成功经验。针对城市黑臭水体治理过程中出现的技术问题，及时加强技术指导，制定指导性文件。（科技部、生态环境部、住房城乡建设部按职责分工负责）

（七）鼓励公众参与。各地要做好城市黑臭水体治理信息发布、宣传报道、舆情引导等工作，限期办理群众举报投诉的城市黑臭水体问题，保障群众知情权，提高黑臭水体治理重大决策和建设项目的群众参与度。采取喜闻乐见的宣传方式，充分发挥微信公众号等新媒体作用，面向广大群众开展形式多样的宣传工作，引导群众自觉维护治理成果，不向水体、雨水口违法排污，不向水体丢垃圾，鼓励群众监督治理成效、发现问题，形成全民参与治理的氛围。（生态环境部、住房城乡建设部按职责分工负责）

关于印发《关于推进生态环境损害赔偿制度改革若干具体问题的意见》的通知

环法规〔2020〕44 号

各省、自治区、直辖市生态环境厅（局）、司法厅（局）、财政厅（局）、自然资源厅（局）、住房城乡建设厅（委）、水利厅（水务局）、农业农村（农牧）厅（局、委）、卫生健康委、林业和草原局、高级人民法院、人民检察院，新疆生产建设兵团生态环境局、司法局、财政局、自然资源局、住房城乡建设局、水利局、农业农村局、卫生健康委、林业和草原局、人民法院、人民检察院：

为贯彻落实《生态环境损害赔偿制度改革方案》，加强对改革工作的业务指导，推动解决地方在试行工作中发现的问题，制定了《关于推进生态环境损害赔偿制度改革若干具体问题的意见》。现予印发，请认真贯彻执行。

生态环境部　司法部　财政部　自然资源部　住房城乡建设部　水利部
农业农村部　卫生健康委　林草局　最高人民法院　最高人民检察院

2020 年 8 月 31 日

关于推进生态环境损害赔偿制度改革若干具体问题的意见

为推动生态环境损害赔偿制度改革工作深入开展，根据中共中央办公厅、国务院办公厅印发的《生态环境损害赔偿制度改革方案》（以下简称《改革方案》）的相关规定，在总结地方实践经验基础上，提出以下意见。

一、关于具体负责工作的部门或机构

《改革方案》中明确的赔偿权利人可以根据相关部门职能指定生态环境、自然资源、住房城乡建设、水利、农业农村、林业和草原等相关部门或机构

（以下简称指定的部门或机构）负责生态环境损害赔偿的具体工作。

生态环境损害赔偿案件涉及多个部门或机构的，可以指定由生态环境损害赔偿制度改革工作牵头部门（以下简称牵头部门）负责具体工作。

二、关于案件线索

赔偿权利人及其指定的部门或机构，根据本地区实施方案规定的职责分工，可以重点通过以下渠道发现案件线索：

（一）中央和省级生态环境保护督察发现需要开展生态环境损害赔偿工作的；

（二）突发生态环境事件；

（三）发生生态环境损害的资源与环境行政处罚案件；

（四）涉嫌构成破坏环境资源保护犯罪的案件；

（五）在国土空间规划中确定的重点生态功能区、禁止开发区发生的环境污染、生态破坏事件；

（六）各项资源与环境专项行动、执法巡查发现的案件线索；

（七）信访投诉、举报和媒体曝光涉及的案件线索。

赔偿权利人及其指定的部门或机构应当定期组织筛查生态环境损害赔偿案件线索，形成案例数据库，并建立案件办理台账，实行跟踪管理，积极推进生态环境损害索赔工作。

三、关于索赔的启动

赔偿权利人指定的部门或机构，对拟提起索赔的案件线索及时开展调查。

经过调查发现符合索赔启动情形的，报本部门或机构负责人同意后，开展索赔。索赔工作情况应当向赔偿权利人报告。对未及时启动索赔的，赔偿权利人应当要求具体开展索赔工作的部门或机构及时启动索赔。

四、关于生态环境损害调查

调查可以通过收集现有资料、现场踏勘、座谈走访等方式，围绕生态环境损害是否存在、受损范围、受损程度、是否有相对明确的赔偿义务人等问题开展。

调查应当及时，期限设定应当合理。在调查过程中，需要开展生态环境损害鉴定评估的，鉴定评估时间不计入调查期限。

负有相关环境资源保护监督管理职责的部门或者其委托的机构在行政执

法过程中形成的勘验笔录或询问笔录、调查报告、行政处理决定、检测或监测报告、鉴定评估报告、生效法律文书等资料可以作为索赔的证明材料。

调查结束，应当形成调查结论，提出启动索赔或者终止案件的意见。

生态环境损害赔偿案件涉及多个部门或机构的，可以由牵头部门组建联合调查组，开展生态环境损害调查。

五、关于鉴定评估

为查清生态环境损害事实，赔偿权利人及其指定的部门或机构可以根据相关规定委托符合条件的机构出具鉴定评估报告，也可以和赔偿义务人协商共同委托上述机构出具鉴定评估报告。鉴定评估报告应明确生态环境损害是否可以修复；对于可以部分修复的，应明确可以修复的区域范围和要求。

对损害事实简单、责任认定无争议、损害较小的案件，可以采用委托专家评估的方式，出具专家意见。也可以根据与案件相关的法律文书、监测报告等资料综合作出认定。

专家可以从国家和地方成立的相关领域专家库或专家委员会中选取。鉴定机构和专家应当对其出具的报告和意见负责。

六、关于赔偿磋商

需要启动生态环境修复或损害赔偿的，赔偿权利人指定的部门或机构根据生态环境损害鉴定评估报告或参考专家意见，按照“谁损害、谁承担修复责任”的原则，就修复启动时间和期限、赔偿的责任承担方式和期限等具体问题与赔偿义务人进行磋商。案情比较复杂的，在首次磋商前，可以组织沟通交流。

磋商期限原则上不超过 90 日，自赔偿权利人及其指定的部门或机构向义务人送达生态环境损害赔偿磋商书面通知之日起算。磋商会议原则上不超过 3 次。

磋商达成一致的，签署协议；磋商不成的，及时提起诉讼。有以下情形的，可以视为磋商不成：

（一）赔偿义务人明确表示拒绝磋商或未在磋商函件规定时间内提交答复意见的；

（二）赔偿义务人无故不参与磋商会议或退出磋商会议的；

（三）已召开磋商会议 3 次，赔偿权利人及其指定的部门或机构认为磋商难以达成一致的；

（四）超过磋商期限，仍未达成赔偿协议的；

（五）赔偿权利人及其指定的部门或机构认为磋商不成的其他情形。

七、关于司法确认

经磋商达成赔偿协议的，赔偿权利人及其指定的部门或机构与赔偿义务人可以向人民法院申请司法确认。

申请司法确认时，应当提交司法确认申请书、赔偿协议、鉴定评估报告或专家意见等材料。

八、关于鼓励赔偿义务人积极担责

对积极参与生态环境损害赔偿磋商，并及时履行赔偿协议、开展生态环境修复的赔偿义务人，赔偿权利人指定的部门或机构可将其履行赔偿责任的情况提供给相关行政机关，在作出行政处罚裁量时予以考虑，或提交司法机关，供其在案件审理时参考。

九、关于与公益诉讼的衔接

赔偿权利人指定的部门或机构，在启动生态环境损害赔偿调查后可以同时告知相关人民法院和检察机关。

检察机关可以对生态环境损害赔偿磋商和诉讼提供法律支持，生态环境、自然资源、住房城乡建设、农业农村、水利、林业和草原等部门可以对检察机关提起环境民事公益诉讼提供证据材料和技术方面的支持。

人民法院受理环境民事公益诉讼案件后，应当在10日内告知对被告行为负有环境资源监督管理职责的部门，有关部门接到告知后，应当及时与人民法院沟通对接相关工作。

十、关于生态环境修复

对生态环境损害可以修复的案件，要体现环境资源生态功能价值，促使赔偿义务人对受损的生态环境进行修复。磋商一致的，赔偿义务人可以自行修复或委托具备修复能力的社会第三方机构修复受损生态环境，赔偿权利人及其指定的部门或机构做好监督等工作；磋商不成的，赔偿权利人及其指定的部门或机构应当及时提起诉讼，要求赔偿义务人承担修复责任。

对生态环境损害无法修复的案件，赔偿义务人缴纳赔偿金后，可由赔偿权利人及其指定的部门或机构根据国家和本地区相关规定，统筹组织开展生态环境替代修复。

磋商未达成一致前，赔偿义务人主动要求开展生态环境修复的，在双方

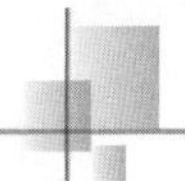

当事人书面确认损害事实后，赔偿权利人及其指定的部门或机构可以同意，并做好过程监管。

赔偿义务人不履行或不完全履行生效的诉讼案件裁判、经司法确认的赔偿协议的，赔偿权利人及其指定的部门或机构可以向人民法院申请强制执行。对于赔偿义务人不履行或不完全履行义务的情况，应当纳入社会信用体系，在一定期限内实施市场和行业禁入、限制等措施。

十一、关于资金管理

对生态环境损害可以修复的案件，赔偿义务人或受委托开展生态环境修复的第三方机构，要加强修复资金的管理，根据赔偿协议或判决要求，开展生态环境损害的修复。

对生态环境损害无法修复的案件，赔偿资金作为政府非税收入纳入一般公共预算管理，缴入同级国库。赔偿资金的管理，按照财政部联合相关部门印发的《生态环境损害赔偿资金管理办法（试行）》的规定执行。

十二、关于修复效果评估

赔偿权利人及其指定的部门或机构在收到赔偿义务人、第三方机构关于生态环境损害修复完成的通报后，组织对受损生态环境修复的效果进行评估，确保生态环境得到及时有效修复。

修复效果未达到修复方案确定的修复目标的，赔偿义务人应当根据赔偿协议或法院判决要求继续开展修复。

修复效果评估相关的工作内容可以在赔偿协议中予以规定，费用根据规定由赔偿义务人承担。

十三、关于公众参与

赔偿权利人及其指定的部门或机构可以积极创新公众参与方式，可以邀请专家和利益相关的公民、法人、其他组织参加生态环境修复或者赔偿磋商工作，接受公众监督。

十四、关于落实改革责任

按照《改革方案》要求，各省（区、市）、市（地、州、盟）党委和政府应当加强对生态环境损害赔偿制度改革的统一领导，根据该地区实施方案明确的改革任务和时限要求，鼓励履职担当，确保各项改革措施落到实处。

各地生态环境损害赔偿制度改革工作领导小组，要主动作为，强化统筹调度，整体推进本地区改革进一步深入开展；要建立部门间信息共享、案件

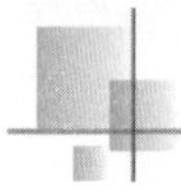

通报和定期会商机制，定期交流生态环境损害赔偿工作进展、存在的困难和问题。要对专门负责生态环境损害赔偿的工作人员定期组织培训，提高业务能力。相关部门或机构，要按照本地区实施方案确定的职责分工和时限要求，密切配合，形成合力，扎实推进，要对内设部门的职责分工、案件线索通报、索赔工作程序、工作衔接等作出规定，保障改革落地见效。

十五、关于人员和经费保障

赔偿权利人指定的部门或机构应当根据实际情况确定专门的生态环境损害赔偿工作人员。

按照《改革方案》要求，同级财政积极落实改革工作所需的经费。

十六、关于信息共享

赔偿权利人指定的部门或机构和司法机关，要加强沟通联系，鼓励建立信息共享和线索移送机制。

十七、关于奖惩规定

对在生态环境损害赔偿工作中，有显著成绩的单位或个人，各级赔偿权利人及其指定的部门或机构给予奖励。

赔偿权利人及其指定的部门或机构的负责人、工作人员在生态环境损害赔偿工作中存在滥用职权、玩忽职守、徇私舞弊的，依纪依法追究责任；涉嫌犯罪的，移送监察机关、司法机关。

十八、关于加强业务指导

最高人民法院、最高人民检察院、司法部、财政部、自然资源部、生态环境部、住房城乡建设部、水利部、农业农村部、卫生健康委、林草局将根据《改革方案》规定，在各自职责范围内加强对生态环境损害赔偿工作的业务指导。

省级政府指定的部门或机构要根据本地区实施方案的分工安排，加强对市地级政府指定的部门或机构的工作指导。

关于印发《生态环境损害赔偿管理规定》的通知

环法规〔2022〕31号

各省、自治区、直辖市人民政府，新疆生产建设兵团：

《生态环境损害赔偿管理规定》已经中央全面深化改革委员会审议通过。现印发给你们，请结合实际认真贯彻落实。

生态环境部　最高人民法院
最高人民检察院　科技部
公安部　司法部
财政部　自然资源部
住房和城乡建设部　水利部
农业农村部　卫生健康委
市场监管总局　林草局
2022年4月26日

生态环境损害赔偿管理规定

第一章　总　　则

第一条　为规范生态环境损害赔偿工作，推进生态文明建设，建设美丽中国，根据《生态环境损害赔偿制度改革方案》和《中华人民共和国民法典》《中华人民共和国环境保护法》等法律法规的要求，制定本规定。

第二条　以习近平新时代中国特色社会主义思想为指导，全面贯彻党的十九大和十九届历次全会精神，深入贯彻习近平生态文明思想，坚持党的全面领导，坚持以人民为中心的发展思想，坚持依法治国、依法行政，以构建责任明确、途径畅通、技术规范、保障有力、赔偿到位、修复有效的生态环境损害赔偿制度为目标，持续改善环境质量，维护国家生态安全，不断满足

人民群众日益增长的美好生活需要，建设人与自然和谐共生的美丽中国。

第三条 生态环境损害赔偿工作坚持依法推进、鼓励创新，环境有价、损害担责，主动磋商、司法保障，信息共享、公众监督的原则。

第四条 本规定所称生态环境损害，是指因污染环境、破坏生态造成大气、地表水、地下水、土壤、森林等环境要素和植物、动物、微生物等生物要素的不利改变，以及上述要素构成的生态系统功能退化。

违反国家规定造成生态环境损害的，按照《生态环境损害赔偿制度改革方案》和本规定要求，依法追究生态环境损害赔偿责任。

以下情形不适用本规定：

（一）涉及人身伤害、个人和集体财产损失要求赔偿的，适用《中华人民共和国民法典》等法律有关侵权责任的规定；

（二）涉及海洋生态环境损害赔偿的，适用海洋环境保护法等法律及相关规定。

第五条 生态环境损害赔偿范围包括：

（一）生态环境受到损害至修复完成期间服务功能丧失导致的损失；

（二）生态环境功能永久性损害造成的损失；

（三）生态环境损害调查、鉴定评估等费用；

（四）清除污染、修复生态环境费用；

（五）防止损害的发生和扩大所支出的合理费用。

第六条 国务院授权的省级、市地级政府（包括直辖市所辖的区县级政府，下同）作为本行政区域内生态环境损害赔偿权利人。赔偿权利人可以根据有关职责分工，指定有关部门或机构负责具体工作。

第七条 赔偿权利人及其指定的部门或机构开展以下工作：

（一）定期组织筛查案件线索，及时启动案件办理程序；

（二）委托鉴定评估，开展索赔磋商和作为原告提起诉讼；

（三）引导赔偿义务人自行或委托社会第三方机构修复受损生态环境，或者根据国家有关规定组织开展修复或替代修复；

（四）组织对生态环境修复效果进行评估；

（五）其他相关工作。

第八条 违反国家规定，造成生态环境损害的单位或者个人，应当按照国家规定的要求和范围，承担生态环境损害赔偿责任，做到应赔尽赔。民事

法律和资源环境保护等法律有相关免除或者减轻生态环境损害赔偿责任规定的，按相应规定执行。

赔偿义务人应当依法积极配合生态环境损害赔偿调查、鉴定评估等工作，参与索赔磋商，实施修复，全面履行赔偿义务。

第九条 赔偿权利人及其指定的部门或机构，有权请求赔偿义务人在合理期限内承担生态环境损害赔偿责任。

生态环境损害可以修复的，应当修复至生态环境受损前的基线水平或者生态环境风险可接受水平。赔偿义务人根据赔偿协议或者生效判决要求，自行或者委托开展修复的，应当依法赔偿生态环境受到损害至修复完成期间服务功能丧失导致的损失和生态环境损害赔偿范围内的相关费用。

生态环境损害无法修复的，赔偿义务人应当依法赔偿相关损失和生态环境损害赔偿范围内的相关费用，或者在符合有关生态环境修复法规政策和规划的前提下，开展替代修复，实现生态环境及其服务功能等量恢复。

第十条 赔偿义务人因同一生态环境损害行为需要承担行政责任或者刑事责任的，不影响其依法承担生态环境损害赔偿责任。赔偿义务人的财产不足以同时承担生态环境损害赔偿责任和缴纳罚款、罚金时，优先用于承担生态环境损害赔偿责任。

各地可根据案件实际情况，统筹考虑社会稳定、群众利益，根据赔偿义务人主观过错、经营状况等因素分类处置，探索分期赔付等多样化责任承担方式。

有关国家机关应当依法履行职责，不得以罚代赔，也不得以赔代罚。

第十一条 赔偿义务人积极履行生态环境损害赔偿责任的，相关行政机关和司法机关，依法将其作为从轻、减轻或者免予处理的情节。

对生效判决和经司法确认的赔偿协议，赔偿义务人不履行或者不完全履行义务的，依法列入失信被执行人名单。

第十二条 对公民、法人和其他组织举报要求提起生态环境损害赔偿的，赔偿权利人及其指定的部门或机构应当及时研究处理和答复。

第二章　任　务　分　工

第十三条 生态环境部牵头指导实施生态环境损害赔偿制度，会同自然

资源部、住房和城乡建设部、水利部、农业农村部、国家林草局等相关部门负责指导生态环境损害的调查、鉴定评估、修复方案编制、修复效果评估等业务工作。科技部负责指导有关生态环境损害鉴定评估技术研究工作。公安部负责指导公安机关依法办理涉及生态环境损害赔偿的刑事案件。司法部负责指导有关环境损害司法鉴定管理工作。财政部负责指导有关生态环境损害赔偿资金管理工作。国家卫生健康委会同生态环境部开展环境健康问题调查研究、环境与健康综合监测与风险评估。市场监管总局负责指导生态环境损害鉴定评估相关的计量和标准化工作。

最高人民法院、最高人民检察院分别负责指导生态环境损害赔偿案件的审判和检察工作。

第十四条 省级、市地级党委和政府对本地区的生态环境损害赔偿工作负总责，应当加强组织领导，狠抓责任落实，推进生态环境损害赔偿工作稳妥、有序进行。党委和政府主要负责人应当履行生态环境损害赔偿工作第一责任人职责；党委和政府领导班子其他成员应当根据工作分工，领导、督促有关部门和单位开展生态环境损害赔偿工作。

各省级、市地级党委和政府每年应当至少听取一次生态环境损害赔偿工作情况的汇报，督促推进生态环境损害赔偿工作，建立严考核、硬约束的工作机制。

第三章　工　作　程　序

第十五条 赔偿权利人应当建立线索筛查和移送机制。

赔偿权利人指定的部门或机构，应当根据本地区实施方案规定的任务分工，重点通过以下渠道定期组织筛查发现生态环境损害赔偿案件线索：

（一）中央和省级生态环境保护督察发现的案件线索；

（二）突发生态环境事件；

（三）资源与环境行政处罚案件；

（四）涉嫌构成破坏环境资源保护犯罪的案件；

（五）在生态保护红线等禁止开发区域、国家和省级国土空间规划中确定的重点生态功能区发生的环境污染、生态破坏事件；

（六）日常监管、执法巡查、各项资源与环境专项行动发现的案件线索；

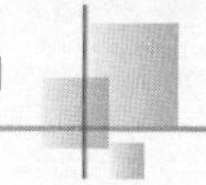

（七）信访投诉、举报和媒体曝光涉及的案件线索；

（八）上级机关交办的案件线索；

（九）检察机关移送的案件线索；

（十）赔偿权利人确定的其他线索渠道。

第十六条 在全国有重大影响或者生态环境损害范围在省域内跨市地的案件由省级政府管辖；省域内其他案件管辖由省级政府确定。

生态环境损害范围跨省域的，由损害地相关省级政府共同管辖。相关省级政府应加强沟通联系，协商开展赔偿工作。

第十七条 赔偿权利人及其指定的部门或机构在发现或者接到生态环境损害赔偿案件线索后，应当在三十日内就是否造成生态环境损害进行初步核查。对已造成生态环境损害的，应当及时立案启动索赔程序。

第十八条 经核查，存在以下情形之一的，赔偿权利人及其指定的部门或机构可以不启动索赔程序：

（一）赔偿义务人已经履行赔偿义务的；

（二）人民法院已就同一生态环境损害形成生效裁判文书，赔偿权利人的索赔请求已被得到支持的诉讼请求所全部涵盖的；

（三）环境污染或者生态破坏行为造成的生态环境损害显著轻微，且不需要赔偿的；

（四）承担赔偿义务的法人终止、非法人组织解散或者自然人死亡，且无财产可供执行的；

（五）赔偿义务人依法持证排污，符合国家规定的；

（六）其他可以不启动索赔程序的情形。

赔偿权利人及其指定的部门或机构在启动索赔程序后，发现存在以上情形之一的，可以终止索赔程序。

第十九条 生态环境损害索赔启动后，赔偿权利人及其指定的部门或机构，应当及时进行损害调查。调查应当围绕生态环境损害是否存在、受损范围、受损程度、是否有相对明确的赔偿义务人等问题开展。调查结束应当形成调查结论，并提出启动索赔磋商或者终止索赔程序的意见。

公安机关在办理涉嫌破坏环境资源保护犯罪案件时，为查明生态环境损害程度和损害事实，委托相关机构或者专家出具的鉴定意见、鉴定评估报告、专家意见等，可以用于生态环境损害调查。

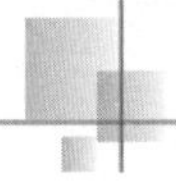

第二十条 调查期间，赔偿权利人及其指定的部门或机构，可以根据相关规定委托符合条件的环境损害司法鉴定机构或者生态环境、自然资源、住房和城乡建设、水利、农业农村、林业和草原等国务院相关主管部门推荐的机构出具鉴定意见或者鉴定评估报告，也可以与赔偿义务人协商共同委托上述机构出具鉴定意见或者鉴定评估报告。

对损害事实简单、责任认定无争议、损害较小的案件，可以采用委托专家评估的方式，出具专家意见；也可以根据与案件相关的法律文书、监测报告等资料，综合作出认定。专家可以从市地级及以上政府及其部门、人民法院、检察机关成立的相关领域专家库或者专家委员会中选取。鉴定机构和专家应当对其出具的鉴定意见、鉴定评估报告、专家意见等负责。

第二十一条 赔偿权利人及其指定的部门或机构应当在合理期限内制作生态环境损害索赔磋商告知书，并送达赔偿义务人。

赔偿义务人收到磋商告知书后在答复期限内表示同意磋商的，赔偿权利人及其指定的部门或机构应当及时召开磋商会议。

第二十二条 赔偿权利人及其指定的部门或机构，应当就修复方案、修复启动时间和期限、赔偿的责任承担方式和期限等具体问题与赔偿义务人进行磋商。磋商依据鉴定意见、鉴定评估报告或者专家意见开展，防止久磋不决。

磋商过程中，应当充分考虑修复方案可行性和科学性、成本效益优化、赔偿义务人赔偿能力、社会第三方治理可行性等因素。磋商过程应当依法公开透明。

第二十三条 经磋商达成一致意见的，赔偿权利人及其指定的部门或机构，应当与赔偿义务人签署生态环境损害赔偿协议。

第二十四条 赔偿权利人及其指定的部门或机构和赔偿义务人，可以就赔偿协议向有管辖权的人民法院申请司法确认。

对生效判决和经司法确认的赔偿协议，赔偿义务人不履行或不完全履行的，赔偿权利人及其指定的部门或机构可以向人民法院申请强制执行。

第二十五条 对未经司法确认的赔偿协议，赔偿义务人不履行或者不完全履行的，赔偿权利人及其指定的部门或机构，可以向人民法院提起诉讼。

第二十六条 磋商未达成一致的，赔偿权利人及其指定的部门或机构，应当及时向人民法院提起诉讼。

第二十七条 赔偿权利人及其指定的部门或机构，应当组织对受损生态环境修复的效果进行评估，确保生态环境得到及时有效修复。

修复效果未达到赔偿协议或者生效判决规定修复目标的，赔偿权利人及其指定的部门或机构，应当要求赔偿义务人继续开展修复，直至达到赔偿协议或者生效判决的要求。

第四章 保障机制

第二十八条 完善从事生态环境损害鉴定评估活动机构的管理制度，健全信用评价、监督惩罚、准入退出等机制，提升鉴定评估工作质量。

省级、市地级党委和政府根据本地区生态环境损害赔偿工作实际，统筹推进本地区生态环境损害鉴定评估专业力量建设，满足生态环境损害赔偿工作需求。

第二十九条 国家建立健全统一的生态环境损害鉴定评估技术标准体系。

科技部会同相关部门组织开展生态环境损害鉴定评估关键技术方法研究。生态环境部会同相关部门构建并完善生态环境损害鉴定评估技术标准体系框架，充分依托现有平台建立完善服务于生态环境损害鉴定评估的数据平台。

生态环境部负责制定生态环境损害鉴定评估技术总纲和关键技术环节、基本生态环境要素、基础方法等基础性技术标准，商国务院有关主管部门后，与市场监管总局联合发布。

国务院相关主管部门可以根据职责或者工作需要，制定生态环境损害鉴定评估的专项技术规范。

第三十条 赔偿义务人造成的生态环境损害无法修复的，生态环境损害赔偿资金作为政府非税收入，实行国库集中收缴，全额上缴本级国库，纳入一般公共预算管理。赔偿权利人及其指定的部门或机构根据磋商协议或生效判决要求，结合本区域生态环境损害情况开展替代修复。

第三十一条 赔偿权利人及其指定的部门或机构可以积极创新公众参与方式，邀请相关部门、专家和利益相关的公民、法人、其他组织参加索赔磋商、索赔诉讼或者生态环境修复，接受公众监督。

生态环境损害调查、鉴定评估、修复方案编制等工作中涉及公共利益的重大事项，生态环境损害赔偿协议、诉讼裁判文书、赔偿资金使用情况和生态环境修复效果等信息应当依法向社会公开，保障公众知情权。

第三十二条 建立生态环境损害赔偿工作信息和重大案件信息的报告机制。

省级生态环境损害赔偿制度改革工作领导小组办公室于每年1月底前，将本地区上年度工作情况报送生态环境部。生态环境部于每年3月底前，将上年度全国生态环境损害赔偿工作情况汇总后，向党中央、国务院报告。

第三十三条 生态环境损害赔偿工作纳入污染防治攻坚战成效考核以及环境保护相关考核。

生态环境损害赔偿的突出问题纳入中央和省级生态环境保护督察范围。中央和省级生态环境保护督察发现需要开展生态环境损害赔偿工作的，移送有关地方政府依照本规定以及相关法律法规组织开展索赔。

建立重大案件督办机制。赔偿权利人及其指定的部门或机构应当对重大案件建立台账，排出时间表，加快推进。

第三十四条 赔偿权利人及其指定的部门或机构的负责人、工作人员，在生态环境损害赔偿过程中存在滥用职权、玩忽职守、徇私舞弊等情形的，按照有关规定交由纪检监察机关依纪依法处理，涉嫌犯罪的，移送司法机关，依法追究刑事责任。

第三十五条 对在生态环境损害赔偿工作中有显著成绩，守护好人民群众优美生态环境的单位和个人，按规定给予表彰奖励。

第五章 附 则

第三十六条 本规定由生态环境部会同相关部门负责解释。

第三十七条 本规定中的期限按自然日计算。

第三十八条 本规定自印发之日起施行。法律、法规对生态环境损害赔偿有明确规定的，从其规定。

农业农村部关于长江流域重点水域禁捕范围和时间的通告

农业农村部通告〔2019〕4号

根据《中华人民共和国渔业法》《国务院办公厅关于加强长江水生生物保护工作的意见》（国办发〔2018〕95号）和《农业农村部　财政部　人力资源社会保障部关于印发〈长江流域重点水域禁捕和建立补偿制度实施方案〉的通知》（农长渔发〔2019〕1号）等有关规定，长江流域捕捞渔民按照国家和所在地相关政策开展退捕转产，重点水域分类实行禁捕，现将相应范围和时间通告如下。

一、水生生物保护区

《农业部关于公布率先全面禁捕长江流域水生生物保护区名录的通告》（农业部通告〔2017〕6号）公布的长江上游珍稀特有鱼类国家级自然保护区等332个自然保护区和水产种质资源保护区，自2020年1月1日0时起，全面禁止生产性捕捞。有关地方政府或渔业主管部门宣布在此之前实行禁捕的，禁捕起始时间从其规定。

今后长江流域范围内新建立的以水生生物为主要保护对象的自然保护区和水产种质资源保护区，自建立之日起纳入全面禁捕范围。

二、干流和重要支流

长江干流和重要支流是指《农业部关于调整长江流域禁渔期制度的通告》（农业部通告〔2015〕1号）公布的有关禁渔区域，即青海省曲麻莱县以下至长江河口（东经122°、北纬31°36′30″、北纬30°54′之间的区域）的长江干流江段；岷江、沱江、赤水河、嘉陵江、乌江、汉江等重要通江河流在甘肃省、陕西省、云南省、贵州省、四川省、重庆市、湖北省境内的干流江段；大渡河在青海省和四川省境内的干流河段；以及各省确定的其他重要支流。

长江干流和重要支流除水生生物自然保护区和水产种质资源保护区以外的天然水域，最迟自2021年1月1日0时起实行暂定为期10年的常年禁捕，

期间禁止天然渔业资源的生产性捕捞。鼓励有条件的地方在此之前实施禁捕。有关地方政府或渔业主管部门宣布在此之前实行禁捕的，禁捕起始时间从其规定。

三、大型通江湖泊

鄱阳湖、洞庭湖等大型通江湖泊除水生生物自然保护区和水产种质资源保护区以外的天然水域，由有关省级渔业主管部门划定禁捕范围，最迟自2021年1月1日0时起，实行暂定为期10年的常年禁捕，期间禁止天然渔业资源的生产性捕捞。鼓励有条件的地方在此之前实施禁捕。有关地方政府或渔业主管部门宣布在此之前实行禁捕的，禁捕起始时间从其规定。

四、其他重点水域

与长江干流、重要支流、大型通江湖泊连通的其他天然水域，由省级渔业行政主管部门确定禁捕范围和时间。

五、专项（特许）捕捞

禁捕期间，因育种、科研、监测等特殊需要采集水生生物的，或在通江湖泊、大型水库针对特定渔业资源进行专项（特许）捕捞的，由有关省级渔业主管部门根据资源状况制定管理办法，对捕捞品种、作业时间、作业类型、作业区域、准用网具和捕捞限额等作出规定，报农业农村部批准后组织实施。专项（特许）捕捞作业需要跨越省级管辖水域界限的，由交界水域有关省级渔业主管部门协商管理。

在特定水域开展增殖渔业资源的利用和管理，由省级渔业主管部门另行规定并组织实施，避免对禁捕管理产生不利影响。

六、执法监督管理

在长江流域重点水域禁捕范围和时间内违法从事天然渔业资源捕捞的，依照《渔业法》和《刑法》关于禁渔区、禁渔期的规定处理。

长江流域各级渔业主管部门应当在各级人民政府的领导下，加强与相关部门协同配合，建立“护鱼员”协管巡护制度，加强禁捕宣传教育引导，强化执法队伍和能力建设，严格渔政执法监管，确保长江流域重点水域禁捕制度顺利实施。

各级渔业主管部门应当对在长江流域重点水域禁捕范围和时间内从事娱乐性游钓和休闲渔业活动进行规范管理，避免对禁捕管理和资源保护产生不利影响。

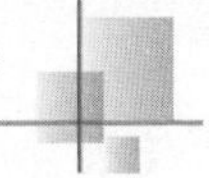

七、其他事项

本通告自 2020 年 1 月 1 日 0 时起实施。原《农业部关于调整长江流域禁渔期制度的通告》（农业部通告〔2015〕1 号）自 2021 年 1 月 1 日 0 时起废止，原通告规定的淮河干流河段禁渔期制度，在我部另行规定前继续按照每年 3 月 1 日 0 时至 6 月 30 日 24 时执行。

农业农村部

2019 年 12 月 27 日

（三）水域岸线

水利部关于加强河湖水域岸线空间管控的指导意见

水河湖〔2022〕216号

部机关各司局，部直属各单位，各省、自治区、直辖市河长办、水利（水务）厅（局），各计划单列市河长办、水利（水务）局，新疆生产建设兵团水利局：

河湖是水资源的重要载体，是生态系统的重要组成部分，事关防洪、供水、生态安全。空间完整、功能完好、生态环境优美的河湖水域岸线，是最普惠的民生福祉和公共资源。全面推行河湖长制以来，各地落实责任，强化管理，河湖面貌明显改善。同时，一些地区人为束窄、侵占河湖空间，过度开发河湖资源、与水争地等问题仍然存在。为进一步加强河湖水域岸线空间管控，复苏河湖生态环境，实现人水和谐共生，依据《中华人民共和国水法》《中华人民共和国防洪法》《中华人民共和国河道管理条例》《水库大坝安全管理条例》等法律法规，提出如下意见。

一、总体要求

以习近平新时代中国特色社会主义思想为指导，全面贯彻党的十九大和十九届历次全会精神，完整、准确、全面贯彻新发展理念，认真践行“节水优先、空间均衡、系统治理、两手发力”的治水思路，坚持以人民为中心，把保护人民生命财产安全和满足人民日益增长的美好生活需要摆在首位，统筹发展和安全，确保防洪、供水、生态安全，兼顾航运、发电、减淤、文化、公共休闲等需求，强化河湖长制，严格管控河湖水域岸线，强化涉河建设项目和活动管理，全面清理整治破坏水域岸线的违法违规问题，构建人水和谐的河湖水域岸线空间管理保护格局，不断提升人民群众的获得感、幸福感、安全感。

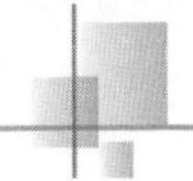

二、明确河湖水域岸线空间管控边界

（一）完善河湖管理范围划定成果。河湖管理范围划定是河湖管理保护的重要基础性工作，要抓紧完善第一次全国水利普查名录内河湖划界成果，在“全国水利一张图”上图，同步推进水利普查以外其他河湖管理范围划定工作。对于不依法依规，降低划定标准人为缩窄河道管理范围，故意避让村镇、农田、基础设施以及建筑物、构筑物等问题，各流域管理机构、各省级水行政主管部门要督促有关地方及时整改，并依法公告。做好河湖划界与“三区三线”划定等工作的对接，积极推进与相关部门实现成果共享。

（二）因地制宜安排河湖管理保护控制带。依法依规划定的河湖管理范围，是守住河湖水域岸线空间的底线，严禁以任何名义非法占用和束窄。各地可结合水安全、水资源、水生态、水环境及河湖自然风貌保护等需求，针对城市、农村、郊野等不同区域特点，根据相关规划，在已划定的河湖管理范围边界的基础上，探索向陆域延伸适当宽度，合理安排河湖管理保护控制地带，加强对河湖周边房地产、工矿企业、化工园区等“贴线”开发管控，让广大人民群众见山见水，共享河湖公共空间。法律法规另有规定的，从其规定。

三、严格河湖水域岸线用途管制

（三）严格岸线分区分类管控。加快河湖岸线保护与利用规划编制审批工作，省级水行政主管部门组织提出需编制岸线规划的河湖名录，明确编制主体，并征求有关流域管理机构意见。按照保护优先的原则，合理划分岸线保护区、保留区、控制利用区和开发利用区，严格管控开发利用强度和方式。要将岸线保护与利用规划融入“多规合一”国土空间规划体系。

（四）严格依法依规审批涉河建设项目。严格按照法律法规以及岸线功能分区管控要求等，对跨河、穿河、穿堤、临河的桥梁、码头、道路、渡口、管道、缆线、取水、排水等涉河建设项目，遵循确有必要、无法避让、确保安全的原则，严把受理、审查、许可关，不得超审查权限，不得随意扩大项目类别，严禁未批先建、越权审批、批建不符。

（五）严格管控各类水域岸线利用行为。河湖管理范围内的岸线整治修复、生态廊道建设、滩地生态治理、公共体育设施、渔业养殖设施、航运设施、航道整治工程、造（修、拆）船项目、文体活动等，依法按照洪水影响评价类审批或河道管理范围内特定活动审批事项办理许可手续。严禁以风雨

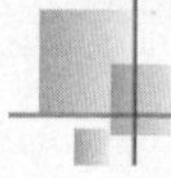

廊桥等名义在河湖管理范围内开发建设房屋。城市建设和发展不得占用河道滩地。光伏电站、风力发电等项目不得在河道、湖泊、水库内建设。在湖泊周边、水库库汊建设光伏、风电项目的，要科学论证，严格管控，不得布设在具有防洪、供水功能和水生态、水环境保护需求的区域，不得妨碍行洪通畅，不得危害水库大坝和堤防等水利工程设施安全，不得影响河势稳定和航运安全。各省（自治区、直辖市）可结合实际依法依规对各类水域岸线利用行为作出具体规定。

（六）依法规范河湖管理范围内耕地利用。对河湖管理范围内的耕地，结合“三区三线”划定工作，在不妨碍行洪、蓄洪和输水等功能的前提下，商自然资源部门依法依规分类处理。原则上，对位于主河槽内、洪水上滩频繁（南方地区可按 5 年一遇洪水位以下，北方地区可按 3 年一遇洪水位以下）、水库征地线以下、长江平垸行洪“双退”圩垸内的不稳定耕地，应有序退出。对于确有必要保留下来的耕地及园地，不得新建、改建、扩建生产围堤，不得种植妨碍行洪的高秆作物，禁止建设妨碍行洪的建筑物、构筑物。严禁以各种名义围湖造地、非法围垦河道。

四、规范处置涉水违建问题

（七）依法依规处置。统筹发展和安全，严守安全底线，聚焦河湖水域岸线空间范围内违法违规建筑物、构筑物，依法依规、实事求是、分类处置，不搞“一刀切”。

（八）对增量问题“零容忍”。2018 年底河湖长制全面建立，将 2019 年 1 月 1 日以后出现的涉水违建问题作为增量问题，坚决依法依规清理整治。

（九）对存量问题依法处置。将 1988 年 6 月《中华人民共和国河道管理条例》出台后至 2018 年底的涉水违建问题作为存量问题，依法依规分类处理。对妨碍行洪、影响河势稳定、危害水工程安全的建筑物、构筑物，依法限期拆除并恢复原状；对桥梁、码头等审批类项目进行防洪影响评价，区分不同情况，予以规范整改，消除不利影响。

（十）对历史遗留问题科学评估。将 1988 年 6 月《中华人民共和国河道管理条例》出台前的涉水违建问题作为历史遗留问题，逐项科学评估，影响防洪安全的限期拆除，不影响防洪安全或通过其他措施可以消除影响的可在确保安全的前提下稳妥处置。

五、推进河湖水域岸线生态修复

（十一）推进河湖水域岸线整治修复。组织开展岸线利用项目清理整治，

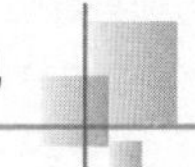

对违法违规占用岸线，妨碍行洪、供水、生态安全的项目要依法依规予以退出，对多占少用、占而不用等岸线利用项目进行优化调整。积极推进退圩还湖，逐步恢复湖泊水域面积，提升调蓄能力。按照谁破坏、谁修复的原则，对受损岸线进行复绿和生态修复，可结合河湖治理等工作统筹开展。岸线整治修复应顺应原有地形地貌，不改变河道走向，不大挖大填，不束窄或减少行洪、纳潮断面，不进行大面积硬化，尽量保持岸线自然风貌。

（十二）规范沿河沿湖绿色生态廊道建设。依托河湖自然形态，充分利用河湖周边地带，因地制宜建设亲水生态岸线，推进沿河沿湖绿色生态廊道建设，打造滨水生态空间、绿色游憩走廊。生态廊道建设涉及绿化或种植的，不得影响河势稳定、防洪安全，植物品种、布局、高度、密度等不得影响行洪通畅，除防浪林、护堤林外不得种植影响行洪的林木。具备条件的河段，滩地绿化可与防浪林、护堤林建设统筹实施。

六、提升河湖水域岸线监管能力

（十三）加强组织领导。地方各级河长办要切实履行组织、协调、分办、督办职责，及时向本级河湖长报告责任河湖水域岸线空间管控情况，提请河湖长研究解决重大问题，部署安排重点任务，协调有关责任部门共同推动河湖水域岸线空间管控工作。各级水行政主管部门要切实加强本地区河湖水域岸线管控工作，强化规划约束，严格审批监管，加强日常管理，确保水域岸线空间管控取得实效。流域管理机构要发挥统一规划、统一治理、统一调度、统一管理作用，切实履行流域省级河湖长联席会议办公室职责，建立健全与省级河长制办公室协作机制，全面加强对流域内河湖水域岸线空间管控工作的协调、指导、监督、监测。

（十四）加强日常监管执法。加大日常巡查监管和水行政执法力度，强化舆论宣传引导，畅通公众举报渠道，探索建立有奖举报制度，及时发现、依法严肃查处侵占河湖水域岸线、影响河势稳定、危害河岸堤防安全和其他妨碍河道行洪的违法违规问题，严肃查处未批先建、越权审批、批建不符的涉河建设项目。坚持日常监管与集中整治相结合，充分发挥河湖长制平台作用，纵深推进河湖“清四乱”常态化规范化，坚决遏增量、清存量，继续以长江、黄河、淮河、海河、珠江、松花江、辽河、太湖和大运河、南水北调工程沿线等为重点，开展大江大河大湖清理整治，并向中小河流、农村河湖延伸。加强行政与公安检察机关互动，完善跨区域行政执法联动机制，完善

行政执法与刑事司法衔接、与检察公益诉讼协作机制，提升水行政执法质量和效能。

（十五）加强河湖智慧化监管。实现部省河湖管理信息系统互联互通。加快数字孪生流域（河流）建设，充分利用大数据、卫星遥感、航空遥感、视频监控等技术手段，推进疑似问题智能识别、预警预判，对侵占河湖问题早发现、早制止、早处置，提高河湖监管的信息化、智能化水平。利用“全国水利一张图”及河湖遥感本底数据库，及时将河湖管理范围划定成果、岸线规划分区成果、涉河建设项目审批信息上图入库，实现动态监管。

（十六）强化责任落实。地方各级河长办、水行政主管部门要加强河湖水域岸线空间管控的监督检查，建立定期通报和约谈制度，对重大水事违法案件实行挂牌督办，按河湖长制有关规定，将河湖水域岸线空间管控工作作为河湖长制考核评价的重要内容，考核结果作为各级河湖长和相关部门领导干部考核评价的重要依据，加强激励问责，对造成重大损害的，依法依规予以追责问责。

水利部

2022 年 5 月 20 日

水利部办公厅关于深入推进河湖“清四乱”常态化规范化的通知

办河湖〔2020〕35号

各流域管理机构，各省、自治区、直辖市河长制办公室、水利（水务）厅（局），新疆生产建设兵团水利局，各有关单位：

河湖“清四乱”是推动河长制湖长制“有名”“有实”的第一抓手，是水利行业强监管的标志性工作。为深入推进河湖“清四乱”常态化、规范化，持续改善河湖面貌，现将有关要求明确如下。

一、进一步提高思想认识

2018年7月以来，在各地的共同努力下，全国河湖“清四乱”专项行动圆满完成既定目标任务，集中清理整治取得明显成效。但我国河湖众多，侵占河湖、破坏生态等问题由来已久、积弊深重，“清四乱”任务仍然艰巨繁重。今后一段时期，是河长制湖长制实现“有名”“有实”的关键期，也是建设美丽河湖、打造幸福河的攻坚期，地方各级河长制办公室、水行政主管部门以及各流域管理机构要坚持以习近平新时代中国特色社会主义思想为指导，全面贯彻党的十九大和十九届二中、三中、四中全会精神，深入落实“节水优先、空间均衡、系统治理、两手发力”的治水思路以及习近平总书记关于长江大保护、黄河流域生态保护和高质量发展的重要讲话精神，坚定不移践行水利改革发展总基调，以持之以恒、久久为功的战略定力，以造福人民、舍我其谁的责任担当，按照务实、高效、管用的原则，深入推进“清四乱”常态化、规范化，努力让每条河流都成为造福人民的幸福河。

二、落实属地责任

地方各级河长制办公室、水行政主管部门要将“清四乱”作为河长制湖长制的重要任务和河湖管理的日常工作，坚持省负总责、市县落实、水利牵头、部门协同，全面落实属地管理责任。中央直管河湖“清四乱”纳入属地职责范围，有关流域管理机构要主动配合地方做好清理整治工作。

各省级河长制办公室、水行政主管部门要提请省级河长湖长加强对“清四乱”工作的组织领导和安排部署，并指导市县将“清四乱”任务压实到每一位河长湖长、落实到每一级河长制办公室和水行政主管部门，形成层层抓落实的责任体系。地方各级河长制办公室、水行政主管部门要在当地人民政府领导下，在河长、湖长组织下，切实履职尽责，加强组织协调、强化跟踪督查、严格考核问责，积极协调有关部门共同推进，以更坚决的态度、更大的工作力度，确保“清四乱”取得实效。

三、深入自查自纠

各省级河长制办公室、水行政主管部门要组织市县深入开展自查自纠，坚决遏增量、清存量。“清四乱”整治范围由大江大河大湖向中小河流、农村河湖延伸，实现河湖全覆盖（无人区除外）。对于大江大河大湖，要突出整治涉河违建、非法围河围湖、非法堆弃和填埋固体废物等重大违法违规问题，要将长江、黄河、大运河等流域以及华北地下水超采区作为自查自纠的重中之重；农村河湖要围绕乡村振兴战略，着力解决垃圾乱堆乱放、违法私搭乱建房屋、违法种植养殖问题，推进农村人居环境改善。

地方各级河长制办公室、水行政主管部门要综合运用实地核查、日常巡查、遥感监测、群众举报等多种手段，全覆盖、拉网式全面排查“四乱”问题，不留空白、不留死角，不得发现问题隐瞒不报。要落实河湖管理单位和人员，完善巡河员队伍，加强河湖日常巡查，建立巡查日志，实行“四乱”问题定期报告制度。要积极组织水管单位结合工程管护开展河湖管护巡查，水管单位发现“四乱”问题要立即制止，并及时上报水行政主管部门。要建立问题台账跟踪督办，其中，涉河违建、非法围河围湖等重大违法违规问题要逐项制定清单，并注明问题发生的时间。

2020 年 8 月底前为各地自查自纠阶段。7 月起，请各省级水行政主管部门在每月 5 日前将“四乱”问题台账报送水利部备核（台账表格见附件 1、2）。

四、确保立行立改

地方各级河长制办公室、水行政主管部门要以更大的力度清理整治“四乱”问题，按要求扎实推进以往年度延期整改问题清理整治，加快完成以往暗访督查发现问题清理整治。对新发现问题、媒体曝光问题和群众举报问题，发现一处、整治一处，切实做到应改尽改、能改速改、立行立改，做到“四乱”问题动态清零。对于确实难以在当年年底前完成清理整治的历史遗

留问题、重大问题，经省级河长湖长或省级人民政府同意后，可延期整改，但要明确整改措施、进度要求和责任单位、责任人。

地方各级河长制办公室、水行政主管部门以及各流域管理机构要严格管控新出现河湖“四乱”问题，坚决管住新增涉河违建、非法围河围湖等重大违法违规问题，防止已整治问题反弹、同类问题在同一河段（湖片）反复出现。对于乱堆乱扔垃圾、偷采盗采河砂等问题，做到及时发现、及时制止、及时处置。

五、不断规范管理

地方各级河长制办公室、水行政主管部门要依据《中华人民共和国水法》《中华人民共和国防洪法》《中华人民共和国河道管理条例》等法律法规，结合实际，进一步完善“四乱”问题清理整治标准，避免自由裁量权过大和随意性，提高针对性和可操作性。对于《中华人民共和国河道管理条例》施行前在河道管理范围内建设的项目、围河围湖的，也要逐项梳理，充分论证对防洪安全的影响，其中，对防洪有明显影响的，要依法依规消除不利影响；对防洪没有影响的，可统筹安排，结合城乡综合治理有计划地清理整治。对于河道内永久基本农田，要按照《自然资源部　农业农村部关于加强和改进永久基本农田保护工作的通知》（自然资规〔2019〕1号）要求，组织有序调整退出，一时难以退出的，要依法依规规范种植行为，确保防洪安全。

地方各级河长制办公室、水行政主管部门要依法依规开展清理整治，对违法违规、历史遗留、涉及群众生计等问题，区分问题性质、违法情况、破坏程度、发生时间、责任主体等分类制定清理整治意见，避免简单化、“一刀切”。同时，要根据违法违规情况，区分市场主体违法和地方政府部门违法违规审批。对违法违规问题，必须坚决整治到位，严禁通过缩小河湖管理范围、制定政策“宽松软”、弄虚作假等手段规避整改。对历史遗留等情况复杂问题，要注重方式方法，科学处置、稳妥解决，维护社会稳定。

地方各级水行政主管部门、各流域管理机构要严格河道管理范围内建设项目和活动许可、监管，不符合法律法规规定、不符合岸线管控要求的一律不得许可，严防新出现未批先建、批建不符等问题。对于光伏电站、以风雨廊桥名义在桥上加盖房屋建筑和商铺等问题，要立足于从严保护河湖生态空间，不得以涉河建设项目许可一批了之。涉及违法违规审批、越权审批的有关责任单位和责任人，要依法依规严肃追责问责。

六、加强监督检查

各省级河长制办公室、水行政主管部门负责组织对本行政区域内河湖进行暗访督查，并指导市县全面开展暗访督查工作，建立上下联动的河湖暗访督查体系。要加强对市县的抽查复核，省级抽查比例不低于每年台账内问题总数的30%，并覆盖全部市县（无人区、交通极为不便地区除外），其中，对涉河违建、非法围河围湖等重大违法违规问题清理整治要逐项复核销号。对抽查发现的整改不到位、虚假整改等问题，要紧盯及时整改到位。同时，各地要畅通信息渠道，通过举报电话、APP、随手拍、电视问政等方式广泛接受社会监督。

水利部将继续加大面上督查、靶向式督查、卫星遥感监测力度，并借鉴巡视的做法，选取若干重点流域或区域开展进驻式专项督查，指导地方做好清理整治工作。对于各地正在自查自纠的河湖，水利部暗访督查发现的“四乱”问题，指导地方纳入台账管理。同时，结合暗访督查对各地“四乱”问题是否整改到位进行抽查，视情况选取重点区域、重要河湖实行全覆盖核查。

2020年，对于“清四乱”专项行动中延期整改、整改不到位的问题，各省级河长制办公室、水行政主管部门要逐项复核销号，流域管理机构全覆盖抽查检查，确保按照整改方案清理整治到位。

七、明确激励问责

地方各级河长制办公室、水行政主管部门以及各流域管理机构要加强“清四乱”工作的激励问责，对于真抓实干、敢于动真碰硬、“清四乱”成效突出的有关单位和人员，要积极予以表扬或奖励。对于“四乱”问题长期得不到解决、重大问题隐瞒不报、清理整治弄虚作假的，要对有关责任单位和责任人严肃追责问责。对于2019年1月1日以后新出现涉河违建、非法围河围湖等重大违法违规问题的，要按“顶风违建”予以处置，既处理事又处理人。对地方已完成自查自纠河湖，水利部暗访督查、媒体曝光、群众举报仍发现有台账外重大“四乱”问题的，要对问题隐瞒不报、整改不力、弄虚作假的责任单位和责任人进行追责问责。暗访督查情况作为中央层面对地方进行有关考评激励的重要内容。

八、夯实基础工作

地方各级河长制办公室、水行政主管部门以及各流域管理机构要加快划定河湖管理范围，2020年年底前基本完成第一次全国水利普查名录内河湖

（无人区的除外）划界工作，并由县级以上地方人民政府公告。按照《水利部办公厅关于印发河湖岸线保护与利用规划编制指南（试行）的通知》（办河湖函〔2019〕394号）要求，加快编制河湖岸线保护与利用规划，其中，各省级水行政主管部门要力争在2020年年底前基本编制完成省级领导担任河长湖长的重要河湖岸线保护利用规划并按程序审批，2021年年底前基本编制完成其他重要河湖岸线保护与利用规划。水利部将组织对各地河湖管理范围划定成果、岸线规划成果进行抽查检查。

九、推进智慧河湖监管

地方各级河长制办公室、水行政主管部门以及各流域管理机构要将信息化建设作为重要任务、纳入重要日程，充分利用卫星遥感、视频监控、无人机、APP等技术手段加强河湖管护，提高河湖监管的信息化、现代化水平。各省级水行政主管部门要利用“全国水利一张图”及河湖遥感本底数据库，及时将河湖管理范围划定成果、岸线规划分区成果、涉河建设项目位置信息上图，实现动态监管。

十、深入调查研究

地方各级河长制办公室、水行政主管部门以及各流域管理机构要全面梳理“清四乱”工作中的难点问题、共性问题、深层次问题，积极收集需要拿捏和研究的政策问题，密切关注社会和群众反映强烈的突出问题，认真研究，提出治标治本、管长远的对策措施，深入推进“清四乱”常态化规范化。同时，要注重收集清理整治的好经验好做法和典型案例，积极宣传推广。对于重大政策问题、典型案例，请及时报送水利部。

水利部办公厅

2020年3月4日

附件：

1. ________省（自治区、直辖市）、新疆生产建设兵团河湖“四乱”问题统计表（略）

2. ________省（自治区、直辖市）、新疆生产建设兵团重大河湖“四乱”问题清单（略）

水利部办公厅关于开展全国河湖“清四乱”专项行动的通知

办建管〔2018〕130号

各流域管理机构，各省、自治区、直辖市水利（水务）厅（局）、河长制办公室，新疆生产建设兵团水利局：

为全面贯彻习近平新时代中国特色社会主义思想和党的十九大精神，落实中央领导同志重要批示精神，推动河长制湖长制工作取得实效，进一步加强河湖管理保护，维护河湖健康生命，经研究，水利部定于自2018年7月20日起，用1年时间，在全国范围内对乱占、乱采、乱堆、乱建等河湖管理保护突出问题开展专项清理整治行动（以下简称“清四乱”专项行动）。现将有关事项通知如下。

一、专项行动范围

“清四乱”专项行动范围为第一次全国水利普查流域面积1000平方公里以上河流、水面面积1平方公里以上湖泊。其他河湖，由各地参照本文件精神自行组织开展。

全国河湖采砂专项整治、长江宜宾以下干流河道采砂专项整治、长江经济带固体废物清理整治、长江溪洛渡以下干流岸线保护和利用专项整治等，水利部已作出专门安排，请各地各有关单位按既定安排开展工作。

二、专项行动目标

全面摸清和清理整治河湖管理范围内乱占、乱采、乱堆、乱建等“四乱”突出问题，发现一处、清理一处、销号一处。2018年年底前“清四乱”专项行动见到明显成效，2019年7月19日前全面完成专项行动任务，河湖面貌明显改善。在专项行动基础上，不断建立健全河湖管理保护长效机制。

三、清理整治主要内容

以《水法》《防洪法》《河道管理条例》等法律法规，以及中共中央办公厅、国务院办公厅《关于全面推行河长制的意见》《关于在湖泊实施湖长制的指导意见》等重要文件为依据，对河湖管理范围内“四乱”问题进行清理

整治。

乱占主要包括：围垦湖泊；未依法经省级以上人民政府批准围垦河道；非法侵占水域、滩地；种植阻碍行洪的林木及高秆作物。

乱采主要包括：河湖非法采砂、取土。

乱堆主要包括：河湖管理范围内乱扔乱堆垃圾；倾倒、填埋、储存、堆放固体废物；弃置、堆放阻碍行洪的物体。

乱建主要包括：河湖水域岸线长期占而不用、多占少用、滥占滥用；违法违规建设涉河项目；河道管理范围内修建阻碍行洪的建筑物、构筑物。

四、组织实施

地方各级水行政主管部门在当地人民政府领导下，在河长、湖长组织下，牵头负责本行政区域“清四乱”专项行动的具体实施，协调有关部门分工协作、共同推进，确保专项行动达到预期效果。中央直管河湖“清四乱”专项行动纳入属地职责范围，流域管理机构要主动配合。专项行动期间，水利部将组织开展巡查暗访、重点抽查、专项督查，省级水行政主管部门和河长制办公室要加强对市、县的督促检查。

五、行动步骤和进度安排

“清四乱”专项行动包括摸底调查、集中整治、巩固提升三个阶段，2018 年 7 月 20 日开始，2019 年 7 月 19 日全面完成。

（一）摸底调查（2018 年 7 月 20 日—9 月 20 日）

以县为单元开展地毯式排查，全面查清河湖“四乱”问题，逐河逐湖建立问题清单。在调查摸底阶段，对发现的违法违规问题要做到边查边改，及时发现、及时清理整治。

请各省（自治区、直辖市）、新疆生产建设兵团水行政主管部门在 9 月 30 日前将调查摸底情况以及附件 1、2 报送水利部。其中，附件 2 由县级水行政主管部门填写，省级水行政主管部门审核后以电子邮件报送水利部。

（二）集中整治（2018 年 9 月 21 日—2019 年 5 月 31 日）

针对调查摸底发现的问题，各地逐项细化明确清理整治目标任务、具体措施、部门分工、责任要求和进度安排，对照问题清单建立销号制度，确保问题清理整治到位。同时，对专项行动期间群众反映强烈或媒体曝光的河湖其他违法违规问题，各地应主动纳入专项行动整治范围。2019 年 5 月底前基本完成集中清理整治，其中，在 2018 年年底前要取得明显进展和成效。

请各省级水行政主管部门在2019年6月10日前将本省份集中整治情况报水利部，对于确实难以按期整治到位的要说明原因，作出具体整改安排，明确完成时限。

（三）巩固提升（2019年6月1日—7月19日）

各地对“清四乱”专项行动实施情况开展全面核查，重点核查漏查漏报、清理整治不到位、整治后出现反弹等问题。对核查时仍存在的涉河湖违法违规行为，坚决依法整治。对整治不力的地方和部门，要督促加快进度，责令限期完成。

各地以“清四乱”专项行动为契机，按照全面推行河长制湖长制要求，进一步落实地方党政领导负责制为核心的河湖管理保护责任体系，落实属地管理责任，细化实化河长湖长职责。建立河湖巡查、保洁、执法等日常管理制度，落实河湖管理保护责任主体、人员、设备和经费，建立完善流域统筹协调和上下游、左右岸联防联控机制，加强河湖管理信息化建设，建立健全河湖管理保护长效机制。

请各省级水行政主管部门在2019年7月31日前将“清四乱”专项行动总结报告报送水利部。

六、工作要求

（一）务必高度重视。“清四乱”专项行动范围广、任务重、时间紧、要求高，各地各有关单位务必高度重视，加强组织领导，强化责任担当，采取有效措施扎实开展工作。各级河长制办公室要提请本级河长湖长切实履行好中央文件明确的工作职责，牵头组织对围垦湖泊、非法采砂、侵占河道等突出问题依法进行清理整治，协调解决重大问题。各省级水行政主管部门和河长制办公室要主动向省级总河长汇报，并积极指导市、县落实河长湖长主体责任，压实属地管理要求，指导督促各地落实好各阶段、各环节的工作任务。

（二）深入排查问题。各地各有关单位要全面细致摸底调查，做到横向到边、纵向到底，信息完整、问题准确，不留空白、不留死角，特别是对发现的“四乱”问题不得隐瞒不报。

（三）加强协同联动。各地各有关单位要依托河长制湖长制平台，加强部门协调联动，形成工作合力。对于跨行政区河湖，相关地方要积极主动对接，可按照下游协调上游、左岸协调右岸，湖泊水域面积大的协调水域面积

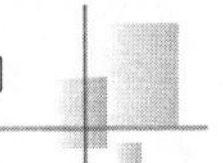

小的原则，协同开展跨界水域专项行动。对于中央直管河湖，地方要主动落实属地管理责任，纳入本地整治范围。

（四）加强暗访明察。地方水行政主管部门和河长制办公室要对下级行政区域各阶段工作开展情况进行指导协调、督导检查、暗访明察。各流域管理机构要对本流域“清四乱”专项行动开展全过程跟踪检查，每个阶段均要做到暗访明察，并及时将相关情况报送水利部。根据专项行动进展情况，水利部将不定期组织开展暗访、飞检、抽查、重点检查，对发现的隐瞒不报、弄虚作假，以及不作为、慢作为、工作组织不力的，将约谈、通报、在媒体公开曝光有关地方、单位及其责任人，并视情况通报给有关省级河长，提请对相关责任人予以责任追究。各省级河长制办公室要将“清四乱”专项行动纳入河长制考核工作。

（五）建立月报制度。为及时掌握各地专项行动进展情况，自2018年10月30日起，请各省级水行政主管部门每月月底前填写附件1报送水利部。

请各省级水行政主管部门明确“清四乱”专项行动分管领导、责任处室与责任人、信息报送联系人，在2018年7月31日前将附件3报送水利部。

附件：

1. ______省（自治区、直辖市）河湖“清四乱”专项行动统计表（略）
2. ______省（自治区、直辖市）______县（市、区）河湖“清四乱”问题清单（略）
3. ______省（自治区、直辖市）河湖“清四乱”专项行动责任人及联系人名单（略）

水利部办公厅

2018年7月7日

水利部办公厅关于明确全国河湖“清四乱”专项行动问题认定及清理整治标准的通知

办河湖〔2018〕245号

各流域管理机构，各省、自治区、直辖市水利（水务）厅（局）、河长制办公室，新疆生产建设兵团水利局：

2018年7月，水利部部署开展全国河湖“清四乱”专项行动，各地高度重视、全力推进，目前已基本完成调查摸底工作，全面进入集中整治阶段。为指导各地切实做好清理整治工作，我部研究制定了“清四乱”专项行动问题认定及清理整治标准，现将有关要求明确如下：

一、问题认定标准

（一）“乱占”问题

围垦湖泊；未依法经省级以上人民政府批准围垦河道；非法侵占水域、滩地；种植阻碍行洪的林木及高秆作物。

（二）“乱采”问题

未经许可在河道管理范围内采砂，不按许可要求采砂，在禁采区、禁采期采砂；未经批准在河道管理范围内取土。

（三）“乱堆”问题

河湖管理范围内乱扔乱堆垃圾；倾倒、填埋、储存堆放固体废物；弃置、堆放阻碍行洪的物体。

（四）“乱建”问题

水域岸线长期占而不用、多占少用、滥占滥用；未经许可和不按许可要求建设涉河项目；河道管理范围内修建阻碍行洪的建筑物、构筑物。

二、清理整治标准

（一）清理整治“乱占”

1. 对于围湖造地、围湖造田，按照国家规定的防洪标准有计划地退地还湖、退田还湖，将违法建设的土堤、矮围等清除至原状高程，拆除地面建筑

物、构筑物，取缔相关非法经济活动。

2. 对于非法围垦河道，限期拆除违法占用河道及其滩地建设的围堤、护岸、阻水道路、拦河坝等，铲平抬高的滩地，恢复河道原状。

3. 对于河湖管理范围内违法挖筑的鱼塘、设置的拦河渔具、种植的碍洪林木及高秆作物，应及时清除，恢复河道行洪能力。

4. 对于河道管理范围内束窄河道、影响行洪安全和水生态、水环境的各类经济活动，应清理整治并恢复河道原状。

（二）清理整治“乱采”

1. 始终保持对非法采砂的高压严打，加强日常监管巡查，采砂秩序总体可控。大型采砂船大规模偷采绝迹，小型船只零星偷采露头就打。

2. 严格落实采砂管理责任制，逐河段落实政府责任人、主管部门责任人和管理单位责任人。

3. 按照《水法》要求，划定禁采区、规定禁采期，并向社会公告。许可采区实行旁站式监理，严禁超范围、超采量、超功率、超时间开采砂石。

4. 盯紧管好采砂业主、采砂船只和堆砂场。对非法采砂业主，依法依规处罚到位，情节严重、触犯刑律的，坚决移交司法机关追究刑事责任；对非法采砂船只，落实属地管理措施；对非法堆砂场，按照岸线保护要求进行清理整治。

（三）清理整治“乱堆”

1. 建立垃圾和固体废物堆放、储存、倾倒、填埋点位清单。

2. 对照点位清单，逐个落实责任，限期完成清理，恢复河湖自然状态。

3. 对于涉及危险、有害废物需要鉴别的，主动向地方人民政府、有关河长汇报，主动协调、及时提交相关部门鉴别分类。

（四）清理整治“乱建”

1. 位于自然保护区、饮用水水源保护区、风景名胜区内的违法违规建设项目，严格按照有关法律法规要求进行清理整治。

2. 未经审批和批建不符的违法违规建设项目，对于其中符合岸线管控要求且不存在重大防洪影响的项目，由各地提出清理整治要求；其他项目由地方水行政主管部门督促项目业主组织提出论证报告，按涉河建设项目审批权限由有关水行政主管部门予以审查，评判是否影响防洪、是否符合岸线管控要求，明确是否拆除取缔或整改规范、是否需采取补救措施消除不利影响等。能立即整改的坚决整改到位，难以立即整改的需提出整改方案，明确责任人和整改时间，限期整改到位。

三、有关要求

1. 河湖“清四乱”专项行动是推动河长制从“有名”向“有实”转变的第一抓手，是水利行业强监管的重要内容，是对各级河长湖长和水行政主管部门履职尽责的底线要求，各地要进一步提高思想认识，加强组织领导，落实责任分工，务必务实推进，确保专项行动取得实效。

2. 请各省级水行政主管部门依据《水法》《防洪法》《河道管理条例》等有关法律法规要求，结合本地实际，抓紧制定出台本地区“清四乱”专项行动问题认定及清理整治具体标准，并于2018年11月30日前抄报水利部。

水利部办公厅

2018年11月2日

水利部关于加快推进河湖管理范围划定工作的通知

水河湖〔2018〕314 号

各省、自治区、直辖市水利（水务）厅（局）、河长制办公室，新疆生产建设兵团水利局，各流域管理机构：

依法划定河湖管理范围，明确河湖管理边界线，是加强河湖管理的基础性工作，也是《水法》《防洪法》《河道管理条例》等法律法规作出的规定，更是中央全面推行河长制湖长制明确的任务要求。近年来，各地结合河长制湖长制工作积极划定河湖管理范围，取得了明显进展，但有的地方仍存在重视不够、进度滞后等问题，一些河湖管理范围边界不清，侵占河湖、破坏河湖问题时有发生，严重影响河湖生态空间管控。各地各有关单位要进一步提高思想认识，从深入贯彻习近平生态文明思想和维护国家水安全的政治高度，将划定河湖管理范围作为推动河长制从“有名”向“有实”转变的重要抓手，作为水利行业强监管的重要举措，作为全国河湖“清四乱”专项行动的基础工作，切实采取措施全面加快工作进度。现将有关事项通知如下。

一、明确工作目标

2020 年年底前，基本完成全国河湖管理范围划定工作。其中，第一次全国水利普查流域面积1000 平方公里以上的河流、水面面积1 平方公里以上的湖泊，省、市级党政领导担任河湖长的河湖，力争提前完成。管理任务较轻的农村河湖，可在 2021 年年底前基本完成；地处无人区的河湖，各地可根据管理需求，结合实际安排河湖管理范围划定工作。

二、认真开展划定工作

（一）明确责任主体

根据《水法》《防洪法》《河道管理条例》规定，由县级以上地方人民政府负责划定河湖管理范围，县级以上地方水行政主管部门商请相关部门开展具体划定工作。流域管理机构直接管理的河湖管理范围，由流域管理机构会同有关县级以上地方人民政府划定。

各地按照省负总责、分级负责的原则开展工作。省级负责统一部署和组织本行政区域河湖管理范围划定工作，省级水行政主管部门要提出操作性强的工作措施，明确工作目标、技术标准和进度要求等。省、市、县级按照河湖管理权限和属地管理职责要求，分级开展河湖管理范围划定工作。

中共中央办公厅、国务院办公厅印发的《关于全面推行河长制的意见》《关于在湖泊实施湖长制的指导意见》，明确将依法划定河湖管理范围作为河长制湖长制的主要任务。各级河长制办公室要积极提请、督促相关河长湖长履职尽责，提请省、市、县级总河长予以安排部署，协调解决经费落实、部门合作等重大问题，提请河湖最高层级河长湖长主动抓总负责所管辖河湖的管理范围划定工作，并将工作任务分解落实到各级各段河长湖长。

（二）依法依规划定

1. 依据法律法规和相关技术规范开展河湖管理范围划定工作。《防洪法》《河道管理条例》明确，有堤防的河湖，其管理范围为两岸堤防之间的水域、沙洲、滩地、行洪区和堤防及护堤地；无堤防的河湖，其管理范围为历史最高洪水位或者设计洪水位之间的水域、沙洲、滩地和行洪区。

2. 有堤防的河湖背水侧护堤地宽度，根据《堤防工程设计规范》（GB50286—2013）规定，按照堤防工程级别确定，1 级堤防护堤地宽度为 30～20 米，2、3 级堤防为 20～10 米，4、5 级堤防为 10～5 米，大江大河重要堤防、城市防洪堤、重点险工险段的背水侧护堤地宽度可根据具体情况调整确定。无堤防的河湖，要根据有关技术规范和水文资料核定历史最高洪水位或设计洪水位。

3. 划定的河湖管理范围，要明确具体坐标，并统一采用 2000 国家大地坐标系。

4. 河湖管理范围划定可根据河湖功能因地制宜确定，但不得小于法律法规和技术规范规定的范围，并与生态红线划定、自然保护区划定等做好衔接，突出保护要求。

（三）公告划定成果

河湖管理范围，由县级以上地方人民政府通过通知公告、网站、电视、报纸、手机短信、微信公众号等多种形式向社会公告。各地可在河湖显著位置设立公告牌，或在已有的河长公示牌上标注河湖管理范围信息，有条件的地区可埋设界桩。

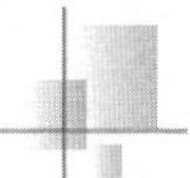

（四）加强信息化管理

各地各有关单位要将河湖管理范围坐标逐一标注在第一次全国水利普查“水利一张图”上，并充分应用到河长制湖长制管理、河湖水域岸线空间管控、河湖监管执法及“清四乱”专项行动等工作中，为加强河湖管理提供信息化技术支撑。同时，地方各级水行政主管部门要加强与相关部门的沟通协调，实现河湖管理范围数据与国土“一张图”数据共享。

三、保障措施

（一）加强组织领导

各地各有关单位务必高度重视，依托河长制湖长制平台，切实加强组织领导，采取有效措施扎实推进河湖管理范围划定工作。县级以上地方水行政主管部门、河长制办公室要主动做好相关工作，积极向有关河湖长汇报，加强与有关部门沟通协调，形成工作合力，推进信息共享。各地要将河湖管理范围划定工作纳入河长制湖长制考核，强化激励问责。

（二）加强业务指导

河湖管理范围划定工作量大、政策性强、问题复杂，各地各有关单位要明确具体工作部门，落实责任人，必要时可抽调熟悉业务、政策的人员组建专班开展工作。省级水行政主管部门要及时掌握本行政区域河湖管理范围划定工作进展，同时，加大对市、县级的技术指导和培训力度，确保基层人员业务水平满足工作需要。

（三）加强舆论宣传

各地各有关单位要通过群众喜闻乐见的方式，广泛宣传河湖管理范围划定工作，普及河湖管理保护法律法规要求及相关知识，形成全社会支持、理解河湖管理范围划定工作的良好氛围。

自 2019 年起，请省级水行政主管部门于每年 7 月 10 日、12 月 30 日前报送河湖管理范围划定工作进展情况（见附件）。

附件：________省（自治区、直辖市）河湖管理范围划定工作进展情况表（略）

水利部

2018 年 12 月 19 日

国土资源部　国家发展改革委　水利部　国家能源局关于加大用地政策支持力度促进大中型水利水电工程建设的意见

国土资规〔2016〕1号

各省、自治区、直辖市国土资源主管部门、发展改革委、水利（水电、水务）厅（局）、能源局，新疆生产建设兵团国土资源局、发展改革委、水利局：

为贯彻落实党中央、国务院关于加快发展重大水利水电工程的战略部署和中央有关文件要求，在坚持最严格的耕地保护制度和节约用地制度的前提下，切实做好大中型水利水电工程建设用地保障和服务，现就进一步加大用地政策支持力度提出如下意见：

一、加强部门协同，保障水利水电工程建设用地需求

（一）加强水利水电工程建设用地规划引导与统筹。各级发展改革和水利水电行业主管部门应在编制水利水电相关发展规划时统筹考虑用地问题，做好与土地利用总体规划的衔接。各有关部门和用地单位在具体水利水电建设项目可行性研究和工程设计阶段，应充分考虑土地利用条件，在用地选址、规划布局等方面严格论证，尽量避让耕地特别是基本农田；要采取有效的工程技术措施和方案，严格控制建设用地规模，切实减少对耕地的占用。对于经充分论证确需占用的土地，在项目投资概算中要足额安排征地补偿费、耕地开垦费等用地有关费用，为工程顺利建设打好基础。水利水电项目在审批（核准）前，要按照《建设项目用地预审管理办法》的规定办理用地预审手续，未取得用地预审手续的，不得通过项目审批（核准）。

（二）积极做好水利水电工程建设用地服务与保障。地方各级国土资源主管部门要及时了解水利水电行业发展情况，将水利水电用地需求、空间布局、建设时序等纳入土地利用总体规划，并及时安排新增建设用地计划指

标；在水利水电建设项目可行性研究、工程设计阶段，要主动服务、提供咨询、参与论证；在建设项目用地预审时，重点要从规划选址、集约节约用地、征地补偿安置、耕地占补平衡等方面严格审查把关。对具备申请用地条件的水利水电项目，市、县国土资源主管部门要及时组织用地报卷，逐级呈报用地；省级国土资源主管部门要认真落实用地预审有关要求，严格审核用地有关事项，确保项目用地符合土地管理各项制度规定。不符合要求的，不予通过用地预审和审查。

二、适应水利水电工程用地特点，改进用地报批工作

（三）分类明确水利水电工程用地报批方式。水利水电枢纽工程建设区、水库淹没区用地原则上应一同报批，但对于施工工期较长的水利水电项目，可根据建设工期分别按单独选址建设项目用地报批；移民迁建用地原则上应安排在土地利用总体规划确定的城市和村庄、集镇建设用地范围内，按城市（村庄、集镇）建设用地报批；专项设施复（改）建用地，要根据项目规划选址和土地利用总体规划，确定按单独选址建设项目或纳入城镇建设用地报批。

水利水电工程枢纽工程建设区和水库淹没区用地由建设用地单位向用地所在市、县人民政府国土资源主管部门提出用地申请；移民迁建和专项设施复（改）建用地由市、县移民主管部门或具体用地单位按移民安置规划及移民安置年度计划，向用地所在市、县人民政府国土资源主管部门提出用地申请。需报国务院批准的水利水电工程用地，涉及多个省份或在省域内涉及多个市、县的，由有关省（区、市）组织各市、县国土资源主管部门分别准备报批材料，省级国土资源主管部门汇总后，以省（区、市）为单位报批。但对于水利线型工程（包括河道整治、堤防，引、调、排、灌工程等水利设施）用地，可以地（市）为单位分段报批。

（四）分类保障移民迁建和专项设施复（改）建用地。属于国家审批（核准）的水利水电项目，移民迁建和专项设施复（改）建用地随主体工程用地一并报批或专项设施复（改）建用地按单独选址建设项目用地独立报批的，用地计划由国家统筹安排。移民迁建用地应符合城市、村镇建设用地标准，原则上不能超出原有被拆迁占地规模。为解决移民生产生活问题，按照移民安置规划，移民迁建用地超出原有被拆迁占地规模的，报批用地需作出详细说明。移民迁建用地占用城市（含建制镇）土地利用总体规划确定的建

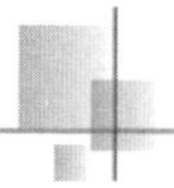

设用地范围内土地、经批准超出原建设用地面积的用地，由当地人民政府依照规定足额缴纳新增建设用地土地有偿使用费。

（五）实行水库水面用地差别化政策。水利水电项目用地报批时，水库水面按建设用地办理农用地转用和土地征收审批手续。涉及农用地转用的，不占用土地利用总体规划确定的建设用地规模和年度用地计划指标；涉及占用耕地和基本农田的，建设单位应履行耕地占补平衡义务，当地政府要足额补划基本农田。

（六）统筹做好工程占用耕地的占补平衡。水利水电项目在工程概算中应足额计列补充耕地所需费用，由建设单位在当地国土资源主管部门的指导下，用于实施土地整治项目自行补充耕地；为安置移民生产和生活新开发出的耕地以及结合工程施工整理复垦新增加的耕地，可用于耕地占补平衡。没有条件自行补充或补充的耕地不符合要求的，应按照各省、自治区、直辖市的规定标准足额缴纳耕地开垦费，专款用于开垦新的耕地。

对于水利水电工程项目采取自行补充耕地方式的，国土资源主管部门应积极予以支持，对补充耕地及时立项、监督指导和组织验收；采用缴纳耕地开垦费、实行委托方式补充耕地的，地方国土资源部门要优先安排本地区补充耕地储备库的耕地用于水利水电工程耕地占补平衡，保障工程顺利报批用地和建设。对于占用耕地多的水利水电项目，用地所在市、县确因耕地后备资源匮乏，难以在本行政区域内做到耕地占补平衡的，省级国土资源主管部门要积极协调，在省域内统筹安排补充耕地，切实做到耕地占补平衡。水利水电工程建设占用 25 度以上、纳入退耕还林计划的陡坡耕地，不计入须补充耕地范围。

（七）规范水利水电工程临时用地管理。水利水电工程开展项目前期论证工作涉及的钻探勘探、施工便道等用地以及工程建设所需施工场地、设备堆放场地、弃（取）土场等用地，按临时用地管理，依照有关规定由县级以上人民政府国土资源主管部门批准，并给予土地权利人相应的损失补偿。临时用地造成土地损毁的，用地单位必须依照《土地复垦条例》有关规定，履行土地复垦义务。

抢险、救灾、防洪等急需使用土地的水利工程，可以先行使用土地。其中，属于临时用地的，灾后应当恢复原状交还原土地使用者使用，不再办理用地审批手续；属于永久性建设用地的，用地单位应当在灾情结束后 6 个月

内申请补办建设用地审批手续。

三、做好水利水电建设征地补偿安置，维护被征地农民权益

（八）足额落实征地补偿费用。水利水电项目征收农民集体所有土地，必须依照有关法律法规和中发〔2015〕1号文件等规定要求确定征地补偿标准，足额核算征地补偿费用，采取多种有效安置途径，做好征地补偿安置工作。各级国土资源主管部门在用地预审时要对征地补偿费用标准严格审查把关，确保足额列入项目投资概算。其中，对于水利水电枢纽工程建设区、水库淹没区用地，应按工程所在地征地补偿标准足额计列征地补偿费，结合安置方式统筹安排用于被征地农民补偿安置；对于异地移民安置和复（改）建专项设施占用土地的，应按所占地地区征地补偿标准给予足额补偿。征地补偿费用应纳入项目总投资。对在贫困地区开发水电占用集体土地的，可试行给原住居民集体股权方式进行补偿，探索对贫困人口实行资产收益扶持制度。

（九）规范征地报批程序。水利水电工程征地报批前要认真履行征地告知、确认、听证程序，就征收土地方案充分听取被征地农民集体和农民意见，确保农民的知情权、参与权、申诉权和监督权。对于在工程移民安置规划大纲或移民安置规划编制过程中，地方政府或有关部门已就征地履行相关程序，达到征地报批前期工作程序和有关规定要求的，用地报批时国土资源主管部门不再另行组织开展征地报批前告知、确认、听证等工作。

四、实行先行用地政策，确保水利水电工程及时开工建设

（十）支持重点建设项目先行用地。对于国家重点水利水电工程，在通过国土资源部用地预审、国务院及国务院有关部门已批准（核准）项目、水利工程初步设计已经批复或初步设计审批单位出具先行建设任务认定意见后，属于工程建设范围内的道路、桥梁、生活营区等施工前期准备工程和控制工期的单体工程，以及因工期紧或受季节影响确需动工建设的其他工程，可申请办理先行用地。考虑到水利水电工程建设的特殊需要，在项目已通过用地预审、但尚未正式审批（核准）前，工程论证设计和前期工作必需的道路、桥梁、生活营区等建设，属于永久性建设用地的，在项目审批（核准）部门出具项目立项（或同意开展前期工作）的认定意见，且水利项目在初步设计审批单位、水电项目在行业主管部门出具先行建设任务认定意见的前提下，也可申请办理先行用地。

先行用地办理原则上限定在国务院及国务院有关部门批准建设的水利水电工程范围内。对于地方审批（核准）的水利水电项目，其中纳入经批准的全国中型水库建设规划、并经有关流域机构审核同意的水利项目，以及纳入经批准的国家水电发展规划的水电项目，确需先行用地的，可参照上述规定执行。

（十一）做好先行用地与用地审批的衔接。先行用地由省级国土资源主管部门向国土资源部提出申请，省级国土资源主管部门要指导市县认真组织申报材料并严格审核把关。申请先行用地前，应查清所需使用土地的权属、地类、面积，就补偿安置充分征得被占地单位群众同意，确保批后及时兑现有关补偿费用或按经批准的相应移民安置规划进行实施，不因先行用地发生信访问题和突发事件。先行用地批准后，不得超出批准范围动工建设，超出的按违法用地严肃查处；同时，必须在规定时限内申请办理正式用地审批手续。

本意见自下发之日起执行，有效期五年。原《国土资源部国家经贸委水利部关于水利水电工程建设用地有关问题的通知》（国土资发〔2001〕355号）同时废止。

国土资源部　国家发展改革委　水利部　国家能源局

2016 年 1 月 8 日

水利部关于加快水利工程土地划界工作的通知

水管〔1995〕13号

各省、自治区、直辖市水利（水电）厅（局），各流域机构，新疆生产建设兵团：

水利工程及其设施的土地申报、地籍调查、权属审核、注册登记和领取土地使用证工作（统称为“水利工程用地划界工作”）是一项政策性强、工作量大、有一定难度的工作，但通过各地几年来的不懈努力，工作取得了新的进展。根据对全国27个省、自治区、直辖市水利（水电）厅（局）和黄河水利委员会、海河水利委员会等部直属单位土地划界情况的初步统计，在其管辖范围内，除了水域与部分河滩地外，国管河道、水库和灌排等工程用地，按有关规定应划定的土地面积为28667平方公里，水利部门实际占有的土地面积为22853平方公里。已向土地部门申报面积共有15164平方公里，占应划定面积的53%，已领取土地使用证的面积10146平方公里，占申报面积的67%，占应划定面积的35%。情况表明，经过努力，水利部门已领取了一批土地使用证，有的省取证率达80%以上，但各地工作进展不平衡，有些省、自治区、直辖市工作任务还很艰巨。

为进一步推动水利工程用地确权划界工作，我部水管司、农水司、财务司于今年（1995年）11月上旬共同主持召开了“全国水利工程土地划界第二次工作会议”，会议检查、总结了前阶段工作情况并部署了今后工作。为加快水利工程用地划界工作，现通知如下：

一、要深化对水利工程土地划界工作重要性的认识。水利工程及其设施的用地是水利资产的重要组成部分，确权划界是建立水利资产经营管理体系中一项重要的基础工作。它不仅是保证工程安全、充分发挥工程效益和依法管理水资源与水工程的重要保障，而且为充分利用水土资源，壮大水利管理单位经济实力打下基础。因此各地要进一步提高对水利工程用地划界工作的认识，与清产核资工作结合起来加快进行。

二、根据目前全国开展这项工作的进展情况和清产核资工作进度的安排，要求1995年底要基本完成国家管理的水利工程（包括河道、水库、灌排、农电、供水、水土保持和水文测验等工程或设施）用地的划界工作，领取水利工程用地土地使用证达90％以上。由于受土地部门地籍管理工作进度限制而不能按期确权、取证的，要做好申报登记的准备工作，并向上级部门提出情况报告。对于少数确权难度大的宗地，要向上级部门提出处理意见，争取1996年全面完成划界工作。

三、对于已经领取土地使用证的，要建立完整的土地档案，并按照分级管理的原则，按规定的办法验收。验收办法由各地根据具体情况制定。

四、土地登记、确权、取证的费用要严格按照《关于土地登记收费及其管理办法》（〔1990〕国土〔籍〕字第93号）执行。经费由工程主管部门在有关水利经费中调剂解决。

五、今后凡是新建、续建和更新改造工程，必须在工程立项和建设中明确水利工程用地权属，并及时领取土地使用证。否则，计划部门不予立项，建设部门不予开工，竣工验收时管理部门不予验收。

六、要做好土地资源的综合利用工作，在保证工程安全和正常发挥工程效益的前提下，做好土地资源综合利用的统一规划，并采取多种形式进行开发利用，以取得水土资源的最大效益。

水利部

1995年1月12日

国家土地管理局关于印发《确定土地所有权和使用权的若干规定》的通知

〔1995〕国土〔籍〕字第26号

各省、自治区、直辖市土地（国土）管理局（厅）：

国家土地管理局《关于确定土地权属问题的若干意见》（〔1989〕国土〔籍〕字第73号，以下简称《意见》）印发五年多来，对于贯彻《土地管理法》，解决土地权属争议，促进土地登记工作起到了重要作用。随着土地使用制度改革的深化和发展，需要对《意见》加以充实和完善。为此，我局在研究、总结了各地确权实践及各方面意见和建议的基础上，根据有关法律、法规和政策，将《意见》修订为《确定土地所有权和使用权的若干规定》。现印发给你们，请遵照执行，原《意见》同时废止。

国家土地管理局

1995年3月11日

确定土地所有权和使用权的若干规定

第一章　总　　则

第一条　为了确定土地所有权和使用权，依法进行土地登记，根据有关的法律、法规和政策，制订本规定。

第二条　土地所有权和使用权由县级以上人民政府确定，土地管理部门具体承办。

土地权属争议，由土地管理部门提出处理意见，报人民政府下达处理决定或报人民政府批准后由土地管理部门下达处理决定。

第二章　国家土地所有权

第三条　城市市区范围内的土地属于国家所有。

第四条　依据一九五〇年《中华人民共和国土地改革法》及有关规定，

凡当时没有将土地所有权分配给农民的土地属于国家所有；实施一九六二年《农村人民公社工作条例修正草案》（以下简称《六十条》）未划入农民集体范围内的土地属于国家所有。

第五条 国家建设征用的土地，属于国家所有。

第六条 开发利用国有土地，开发利用者依法享有土地使用权，土地所有权仍属国家。

第七条 国有铁路线路、车站、货场用地以及依法留用的其他铁路用地属于国家所有。土改时已分配给农民所有的原铁路用地和新建铁路两侧未经征用的农民集体所有土地属于农民集体所有。

第八条 县级以上（含县级）公路线路用地属于国家所有。公路两侧保护用地和公路其他用地凡未经征用的农民集体所有的土地仍属于农民集体所有。

第九条 国有电力、通讯设施用地属于国家所有。但国有电力通讯杆塔占用农民集体所有的土地，未办理征用手续的，土地仍属于农民集体所有，对电力通讯经营单位可确定为他项权利。

第十条 军队接收的敌伪地产及解放后经人民政府批准征用、划拨的军事用地属于国家所有。

第十一条 河道堤防内的土地和堤防外的护堤地，无堤防河道历史最高洪水位或者设计洪水位以下的土地，除土改时已将所有权分配给农民，国家未征用，且迄今仍归农民集体使用的外，属于国家所有。

第十二条 县级以上（含县级）水利部门直接管理的水库、渠道等水利工程用地属于国家所有。水利工程管理和保护范围内未经征用的农民集体土地仍属于农民集体所有。

第十三条 国家建设对农民集体全部进行移民安置并调剂土地后，迁移农民集体原有土地转为国家所有。但移民后原集体仍继续使用的集体所有土地，国家未进行征用的，其所有权不变。

第十四条 因国家建设征用土地，农民集体建制被撤销或其人口全部转为非农业人口，其未经征用的土地，归国家所有。继续使用原有土地的原农民集体及其成员享有国有土地使用权。

第十五条 全民所有制单位和城镇集体所有制单位兼并农民集体企业的，办理有关手续后，被兼并的原农民集体企业使用的集体所有土地转为国

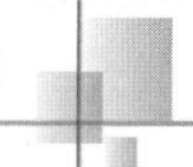

家所有。乡（镇）企业依照国家建设征用土地的审批程序和补偿标准使用的非本乡（镇）村农民集体所有的土地，转为国家所有。

第十六条 一九六二年九月《六十条》公布以前，全民所有制单位，城市集体所有制单位和集体所有制的华侨农场使用的原农民集体所有的土地（含合作化之前的个人土地），迄今没有退给农民集体的，属于国家所有。

《六十条》公布时起至一九八二年五月《国家建设征用土地条例》公布时止，全民所有制单位、城市集体所有制单位使用的原农民集体所有的土地，有下列情形之一的，属于国家所有：

1. 签订过土地转移等有关协议的；
2. 经县级以上人民政府批准使用的；
3. 进行过一定补偿或安置劳动力的；
4. 接受农民集体馈赠的；
5. 已购买原集体所有的建筑物的；
6. 农民集体所有制企事业单位转为全民所有制或者城市集体所有制单位的。

一九八二年五月《国家建设征用土地条例》公布时起至一九八七年《土地管理法》开始施行时止，全民所有制单位、城市集体所有制单位违反规定使用的农民集体土地，依照有关规定进行了清查处理后仍由全民所有制单位、城市集体所有制单位使用的，确定为国家所有。

凡属上述情况以外未办理征地手续使用的农民集体土地，由县级以上地方人民政府根据具体情况，按当时规定补办征地手续，或退还农民集体。一九八七年《土地管理法》施行后违法占用的农民集体土地，必须依法处理后，再确定土地所有权。

第十七条 一九八六年三月中共中央、国务院《关于加强土地管理、制止乱占耕地的通知》发布之前，全民所有制单位、城市集体所有制单位租用农民集体所有的土地，按照有关规定处理后，能够恢复耕种的，退还农民集体耕种，所有权仍属于农民集体；已建成永久性建筑物的，由用地单位按租用时的规定，补办手续，土地归国家所有。凡已经按照有关规定处理了的，可按处理决定确定所有权和使用权。

第十八条 土地所有权有争议，不能依法证明争议土地属于农民集体所有的，属于国家所有。

第三章　集体土地所有权

第十九条　土地改革时分给农民并颁发了土地所有证的土地，属于农民集体所有；实施《六十条》时确定为集体所有的土地，属农民集体所有。依照第二章规定属于国家所有的除外。

第二十条　村农民集体所有的土地，按目前该村农民集体实际使用的本集体土地所有权界线确定所有权。

根据《六十条》确定的农民集体土地所有权，由于下列原因发生变更的，按变更后的现状确定集体土地所有权。

（一）由于村、队、社、场合并或分割等管理体制的变化引起土地所有权变更的；

（二）由于土地开发、国家征地、集体兴办企事业或者自然灾害等原因进行过土地调整的；

（三）由于农田基本建设和行政区划变动等原因重新划定土地所有权界线的。行政区划变动未涉及土地权属变更的，原土地权属不变。

第二十一条　农民集体连续使用其他农民集体所有的土地已满二十年的，应视为现使用者所有；连续使用不满二十年，或者虽满二十年但在二十年期满之前所有者曾向现使用者或有关部门提出归还的，由县级以上人民政府根据具体情况确定土地所有权。

第二十二条　乡（镇）或村在集体所有的土地上修建并管理的道路、水利设施用地，分别属于乡（镇）或村农民集体所有。

第二十三条　乡（镇）或村办企事业单位使用的集体土地，《六十条》公布以前使用的，分别属于该乡（镇）或村农民集体所有；《六十条》公布时起至一九八二年国务院《村镇建房用地管理条例》发布时止使用的，有下列情况之一的，分别属于该乡（镇）或村农民集体所有：

1. 签订过用地协议的（不含租借）；

2. 经县、乡（公社）、村（大队）批准或同意，并进行了适当的土地调整或者经过一定补偿的；

3. 通过购买房屋取得的；

4. 原集体企事业单位体制经批准变更的。

一九八二年国务院《村镇建房用地管理条例》发布时起至一九八七年

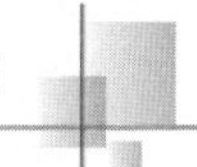

《土地管理法》开始施行时止，乡（镇）、村办企事业单位违反规定使用的集体土地按照有关规定清查处理后，乡（镇）、村集体单位继续使用的，可确定为该乡（镇）或村集体所有。

乡（镇）、村办企事业单位采用上述以外的方式占用的集体土地，或虽采用上述方式，但目前土地利用不合理的，如荒废、闲置等，应将其全部或部分土地退还原村或乡农民集体，或按有关规定进行处理。一九八七年《土地管理法》施行后违法占用的土地，须依法处理后再确定所有权。

第二十四条　乡（镇）企业使用本乡（镇）、村集体所有的土地，依照有关规定进行补偿和安置的，土地所有权转为乡（镇）农民集体所有。经依法批准的乡（镇）、村公共设施、公益事业使用的农民集体土地，分别属于乡（镇）、村农民集体所有。

第二十五条　农民集体经依法批准以土地使用权作为联营条件与其他单位或个人举办联营企业的，或者农民集体经依法批准以集体所有的土地的使用权作价入股，举办外商投资企业和内联乡镇企业的，集体土地所有权不变。

第四章　国有土地使用权

第二十六条　土地使用权确定给直接使用土地的具有法人资格的单位或个人。但法律、法规、政策和本规定另有规定的除外。

第二十七条　土地使用者经国家依法划拨、出让或解放初期接收、沿用，或通过依法转让、继承、接受地上建筑物等方式使用国有土地的，可确定其国有土地使用权。

第二十八条　土地公有制之前，通过购买房屋或土地及租赁土地方式使用私有的土地，土地转为国有后迄今仍继续使用的，可确定现使用者国有土地使用权。

第二十九条　因原房屋拆除、改建或自然坍塌等原因，已经变更了实际土地使用者的，经依法审核批准，可将土地使用权确定给实际土地使用者；空地及房屋坍塌或拆除后两年以上仍未恢复使用的土地，由当地县级以上人民政府收回土地使用权。

第三十条　原宗教团体、寺观教堂宗教活动用地，被其他单位占用，原使用单位因恢复宗教活动需要退还使用的，应按有关规定予以退还。确属无法退还或土地使用权有争议的，经协商、处理后确定土地使用权。

第三十一条 军事设施用地（含靶场、试验场、训练场）依照解放初土地接收文件和人民政府批准征用或划拨土地的文件确定土地使用权。土地使用权有争议的，按照国务院、中央军委有关文件规定处理后，再确定土地使用权。

国家确定的保留或地方代管的军事设施用地的土地使用权确定给军队，现由其他单位使用的，可依照有关规定确定为他项权利。

经国家批准撤销的军事设施，其土地使用权依照有关规定由当地县级以上人民政府收回并重新确定使用权。

第三十二条 依法接收、征用、划拨的铁路线路用地及其他铁路设施用地，现仍由铁路单位使用的，其使用权确定给铁路单位。铁路线路路基两侧依法取得使用权的保护用地，使用权确定给铁路单位。

第三十三条 国家水利、公路设施用地依照征用、划拨文件和有关法律、法规划定用地界线。

第三十四条 驻机关、企事业单位内的行政管理和服务性单位，经政府批准使用的土地，可以由土地管理部门商被驻单位规定土地的用途和其他限制条件后分别确定实际土地使用者的土地使用权。但租用房屋的除外。

第三十五条 原由铁路、公路、水利、电力、军队及其他单位和个人使用的土地，一九八二年五月《国家建设征用土地条例》公布之前，已经转由其他单位或个人使用的，除按照国家法律和政策应当退还的外，其国有土地使用权可确定给实际土地使用者，但严重影响上述部门的设施安全和正常使用的，暂不确定土地使用权，按照有关规定处理后，再确定土地使用权。一九八二年五月以后非法转让的，经依法处理后再确定使用权。

第三十六条 农民集体使用的国有土地，其使用权按县级以上人民政府主管部门审批、划拨文件确定；没有审批、划拨文件的，依照当时规定补办手续后，按使用现状确定；过去未明确划定使用界线的，由县级以上人民政府参照土地实际使用情况确定。

第三十七条 未按规定用途使用的国有土地，由县级以上人民政府收回重新安排使用，或者按有关规定处理后确定使用权。

第三十八条 一九八七年一月《土地管理法》施行之前重复划拨或重复征用的土地，可按目前实际使用情况或者根据最后一次划拨或征用文件确定

使用权。

第三十九条 以土地使用权为条件与其他单位或个人合建房屋的，根据批准文件、合建协议或者投资数额确定土地使用权，但一九八二年《国家建设征用土地条例》公布后合建的，应依法办理土地转让手续后再确定土地使用权。

第四十条 以出让方式取得的土地使用权或以划拨方式取得的土地使用权补办出让手续后作为资产入股的，土地使用权确定给股份制企业。

国家以土地使用权作价入股的，土地使用权确定给股份制企业。

国家将土地使用权租赁给股份制企业的，土地使用权确定给股份制企业。企业以出让方式取得的土地使用权或以划拨方式取得的土地使用权补办出让手续后，出租给股份制企业的，土地使用权不变。

第四十一条 企业以出让方式取得的土地使用权，企业破产后，经依法处置，确定给新的受让人；企业通过划拨方式取得的土地使用权，企业破产时，其土地使用权由县级以上人民政府收回后，根据有关规定进行处置。

第四十二条 法人之间合并，依法属于应当以有偿方式取得土地使用权的，原土地使用权应当办理有关手续，有偿取得土地使用权；依法可以以划拨形式取得土地使用权的，可以办理划拨土地权属变更登记，取得土地使用权。

第五章 集体土地建设用地使用权

第四十三条 乡（镇）村办企业事业单位和个人依法使用农民集体土地进行非农业建设的，可依法确定使用者集体土地建设用地使用权。对多占少用、占而不用的，其闲置部分不予确定使用权，并退还农民集体，另行安排使用。

第四十四条 依照本规定第二十五条规定的农民集体土地，集体土地建设用地使用权确定给联营或股份企业。

第四十五条 一九八二年二月国务院发布《村镇建房用地管理条例》之前农村居民建房占用的宅基地，超过当地政府规定的面积，在《村镇建房用地管理条例》施行后未经拆迁、改建、翻建的，可以暂按现有实际使用面积确定集体土地建设用地使用权。

第四十六条 一九八二年二月《村镇建房用地管理条例》发布时起至一

九八七年一月《土地管理法》开始施行时止，农村居民建房占用的宅基地，其面积超过当地政府规定标准的，超过部分按一九八六年三月中共中央、国务院《关于加强土地管理、制止乱占耕地的通知》及地方人民政府的有关规定处理后，按处理后实际使用面积确定集体土地建设用地使用权。

第四十七条 符合当地政府分户建房规定而尚未分户的农村居民，其现有的宅基地没有超过分户建房用地合计面积标准的，可按现有宅基地面积确定集体土地建设用地使用权。

第四十八条 非农业户口居民（含华侨）原在农村的宅基地，房屋产权没有变化的，可依法确定其集体土地建设用地使用权。房屋拆除后没有批准重建的，土地使用权由集体收回。

第四十九条 接受转让、购买房屋取得的宅基地，与原有宅基地合计面积超过当地政府规定标准，按照有关规定处理后允许继续使用的，可暂确定其集体土地建设用地使用权。继承房屋取得的宅基地，可确定集体土地建设用地使用权。

第五十条 农村专业户宅基地以外的非农业建设用地与宅基地分别确定集体土地建设用地使用权。

第五十一条 按照本规定第四十五条至第四十九条的规定确定农村居民宅基地集体土地建设用地使用权时，其面积超过当地政府规定标准的，可在土地登记卡和土地证书内注明超过标准面积的数量。以后分户建房或现有房屋拆迁、改建、翻建或政府依法实施规划重新建设时，按当地政府规定的面积标准重新确定使用权，其超过部分退还集体。

第五十二条 空闲或房屋坍塌、拆除两年以上未恢复使用的宅基地，不确定土地使用权。已经确定使用权的，由集体报经县级人民政府批准，注销其土地登记，土地由集体收回。

第六章　附　　则

第五十三条 一宗地由两个以上单位或个人共同使用的，可确定为共有土地使用权。共有土地使用权面积可以在共有使用人之间分摊。

第五十四条 地面与空中、地面与地下立体交叉使用土地的（楼房除外），土地使用权确定给地面使用者，空中和地下可确定为他项权利。

平面交叉使用土地的，可以确定为共有土地使用权；也可以将土地使用

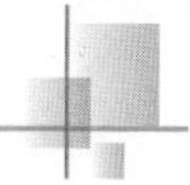

权确定给主要用途或优先使用单位，次要和服从使用单位可确定为他项权利。

上述两款中的交叉用地，如属合法批准征用、划拨的，可按批准文件确定使用权，其他用地单位确定为他项权利。

第五十五条 依法划定的铁路、公路、河道、水利工程、军事设施、危险品生产和储存地、风景区等区域的管理和保护范围内的土地，其土地的所有权和使用权依照土地管理有关法规确定。但对上述范围内的土地的用途，可以根据有关的规定增加适当的限制条件。

第五十六条 土地所有权或使用权证明文件上的四至界线与实地一致，但实地面积与批准面积不一致的，按实地四至界线计算土地面积，确定土地的所有权或使用权。

第五十七条 他项权利依照法律或当事人约定设定。他项权利可以与土地所有权或使用权同时确定，也可在土地所有权或使用权确定之后增设。

第五十八条 各级人民政府或人民法院已依法处理的土地权属争议，按处理决定确定土地所有权或使用权。

第五十九条 本规定由国家土地管理局负责解释。

第六十条 本规定自一九九五年五月一日起施行。一九八九年七月五日国家土地管理局印发的《关于确定土地权属问题的若干意见》同时停止执行。

国家土地管理局关于重新印发《土地登记规则》的通知

〔1995〕国土〔法〕字第184号

各省、自治区、直辖市及计划单列市土地（国土）管理局（厅），解放军土地管理局，新疆生产建设兵团土地管理局：

根据深化改革，强化管理，建立社会主义市场经济体制的需要，国家土地管理局对1989年11月18日颁布的《土地登记规则》作了补充和修改。现将修改后的《土地登记规则》印发给你们，请遵照执行。

一九九五年十二月二十八日

土地登记规则

第一章 总 则

第一条 根据《中华人民共和国土地管理法》《中华人民共和国城市房地产管理法》规定，为建立土地登记制度，维护土地的社会主义公有制，保障土地权利人的合法权益，特制定本规则。

第二条 土地登记是国家依法对国有土地使用权、集体土地所有权、集体土地使用权和土地他项权利的登记，本规则所称土地他项权利，是指土地使用权和土地所有权以外的土地权利，包括抵押权、承租权以及法律、行政法规规定需要登记的其他土地权利，土地登记分为初始土地登记和变更土地登记。初始土地登记又称总登记，是指在一定时间内，对辖区全部土地或者特定区域的土地进行的普遍登记；变更土地登记，是指初始土地登记以外的土地登记，包括土地使用权、所有权和土地他项权利设定登记，土地使用权、所有权和土地他项权利变更登记，名称、地址和土地用途变更登记，注销土地登记等。

第三条 国有土地使用者、集体土地所有者、集体土地使用者和土地他项权利者，必须依照本规则规定，申请土地登记，申请土地登记，申请者可

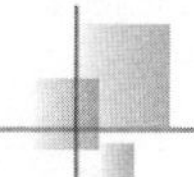

以授权委托代理人办理。授权委托书应当载明委托事项和权限，依法登记的土地使用权、所有权和土地他项权利受法律保护，任何单位和个人不得侵犯。

第四条 土地登记以县级行政区为单位组织进行。具体工作由县级以上人民政府土地管理部门负责。

第五条 土地登记以宗地为基本单元，拥有或者使用两宗以上土地的土地使用者或土地所有者，应当分宗申请登记，两个以上土地使用者共同使用一宗土地的，应当分别申请登记。跨县级行政区使用土地的，应当分别向土地所在地县级以上地方人民政府土地管理部门申请登记。

第六条 土地登记依照下列程序进行：

（一）土地登记申请；

（二）地籍调查；

（三）权属审核；

（四）注册登记；

（五）颁发或者更换土地证书。

第七条 国家土地管理局主管全国的土地登记工作县级以上地方人民政府土地管理部门主管本行政区域内的土地登记工作。

第二章 初始土地登记

第八条 初始土地登记，由县级以上地方人民政府发布通告。通告的主要内容包括：

（一）土地登记区的划分；

（二）土地登记的期限；

（三）土地登记收件地点；

（四）土地登记申请者应当提交的有关证件；

（五）其他事项。

第九条 国有土地使用权由使用国有土地的单位及法定代表人或者使用国有土地的个人申请登记。集体土地所有权由村民委员会或者农业集体经济组织及法定代表人申请登记。集体土地使用权由使用集体土地的单位及法定代表人或者使用集体土地的个人申请登记。

土地他项权利需要单独申请的，由有关权利人申请登记。

第十条 土地登记申请者申请土地使用权、所有权和土地他项权利登记，必须向土地管理部门提交下列文件资料：

（一）土地登记申请书；

（二）单位、法定代表人证明，个人身份证明或者户籍证明；

（三）土地权属来源证明；

（四）地上附着物权属证明。

委托代理人申请土地登记的，还应当提交授权委托书和代理人资格身份证明。

第十一条 申请土地登记，申请者须向土地管理部门领取土地登记申请书。

土地登记申请书应当载明下列基本事项，并由申请者签名盖章：

（一）申请者名称、地址；

（二）土地坐落、面积、用途、等级、价格；

（三）土地所有权、使用权和土地他项权利权属来源证明；

（四）其他事项。

第十二条 土地管理部门接受土地登记申请者提交的申请书及权属来源证明，应当在收件簿上载明名称、页数、件数，并给申请者开具收据。

第十三条 土地管理部门负责组织辖区内的地籍调查。地籍调查规程由国家土地管理局制定。

第十四条 土地管理部门应当根据地籍调查和土地定级估价成果，对土地权属、面积、用途、等级、价格等逐宗进行全面审核，填写土地登记审批表。土地登记审批表以宗地为单位填写。两个以上土地使用者共同使用一宗土地的，应当分别填写土地登记审批表。

第十五条 经土地管理部门审核，对认为符合登记要求的宗地予以公告。

公告的主要内容包括：

（一）土地使用者、所有者和土地他项权利者的名称、地址；

（二）准予登记的土地权属性质、面积、坐落；

（三）土地使用者、所有者和土地他项权利者及其他土地权益有关者提出异议的期限、方式和受理机关；

（四）其他事项。

第十六条 土地登记申请者及其他土地权益有关者在公告规定的期限内，可以向土地管理部门申请复查，并按规定缴纳复查费。经复查无误，复查费不予退还；经复查确有差错的，复查费由造成差错者承担。

第十七条 土地登记过程中的土地权属争议，按照《中华人民共和国土地管理法》第十三条规定进行处理后，再行登记。

第十八条 公告期满，土地使用者、所有者和土地他项权利者及其他土地权益有关者对土地登记审核结果未提出异议的，由人民政府批准后，按照以下规定办理注册登记：

（一）根据对土地登记申请的调查审核结果，以宗地为单位逐项填写土地登记卡，并由登记人员和土地管理部门主管领导在土地登记卡的经办人、审核人栏签字；

（二）根据土地登记卡的有关内容填写土地归户卡，并由登记人员在土地归户卡的经办人栏签字。土地归户卡以权利人为单位填写，凡在一个县级行政区范围内对两宗以上土地拥有权利的，应当填写在同一土地归户卡上；

（三）根据土地登记卡的相关内容填写土地证书。土地证书以宗地为单位填写。两个以上土地使用者共同使用一宗土地的，应当分别填写土地证书。

第十九条 由县级以上地方人民政府向国有土地使用者、集体土地所有者、集体土地使用者分别颁发《国有土地使用证》《集体土地所有证》和《集体土地使用证》。县级以上地方人民政府土地管理部门向土地他项权利者颁发土地他项权利证明书。

第二十条 尚未确定土地使用权、所有权的土地，由土地管理部门进行登记造册，不发土地证书。

第二十一条 本章除有关通告和公告的规定外适用于变更土地登记。

第三章　土地使用权、所有权和土地他项权利设定登记

第二十二条 设定土地使用权、所有权和土地他项权利，必须依照本章规定向土地管理部门申请登记。

第二十三条 以划拨方式取得国有土地使用权的，按照以下规定办理土地登记手续：

（一）新开工的大中型建设项目使用划拨国有土地的，建设单位应当在

接到县级以上人民政府发给的建设用地批准书之日起三十日内，持建设用地批准书申请土地预登记，建设项目竣工验收后，建设单位应当在该建设项目竣工验收之日起三十日内，持建设项目竣工验收报告和其他有关文件申请国有土地使用权设定登记；

（二）其他项目使用划拨国有土地的，土地使用单位或者个人应当在接到县级以上人民政府批准用地文件之日起三十日内，持批准用地文件申请国有土地使用权设定登记。划拨新征用农民集体所有土地的，被征地单位应当依照本规则规定，同时申请集体土地所有权注销登记或者变更登记。

第二十四条 集体土地依法转为国有土地后，原集体土地使用者继续使用该国有土地的，应当在土地所有权性质变更后三十日内，持原《集体土地使用证》和其他有关文件申请国有土地使用权设定登记。

第二十五条 使用本集体土地进行建设或者生产的，集体土地使用单位或者个人应当在接到有批准权的地方人民政府批准用地文件或者农地使用合同签订之日起三十日内，持批准用地文件或者农地使用合同申请集体土地使用权设定登记。

第二十六条 以出让方式取得国有土地使用权的，受让方应当在按出让合同约定支付全部土地使用权出让金后三十日内，持土地使用权出让合同和土地使用权出让金支付凭证申请国有土地使用权设定登记，成片开发用地采取一次出让、分期付款、分期提供出让国有土地使用权的，受让方应当在每期付款后三十日内，持土地使用权出让合同和土地使用权出让金支付凭证申请国有土地使用权设定登记。

第二十七条 国家将国有土地使用权以作价入股方式让与股份制企业的，该企业应当在签订入股合同之日起三十日内，持土地使用权入股合同和其他有关证明文件申请国有土地使用权设定登记。

第二十八条 依法向政府土地管理部门承租国有土地的，承租人应当在签订租赁合同之日起三十日内，持土地租赁合同和其他有关证明文件申请承租国有土地使用权登记。

第二十九条 依法抵押土地使用权的，当事人应当在抵押合同签订后十五日内，持抵押合同以及有关文件申请土地使用权抵押登记。土地管理部门应当在被抵押土地的土地登记卡上登记，并向抵押权人颁发土地他项权利证明书，同一宗地多次抵押时，以收到抵押登记申请先后为序办理抵押登记和

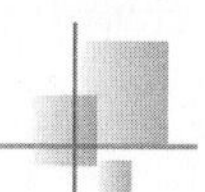

实现抵押权。

第三十条 有出租权的土地使用者依法出租土地使用权的，出租人与承租人应当在租赁合同签订后十五日内，持租赁合同及有关文件申请土地使用权出租登记。土地管理部门应当在出租土地的土地登记卡上进行登记，并向承租人颁发土地他项权利证明书。

第三十一条 设定法律、行政法规规定需要登记的其他土地他项权利的，当事人应当在确定之日起十五日内，申请设定登记。

第四章 土地使用权、所有权和土地他项权利变更登记

第三十二条 依法变更土地使用权、所有权和土地他项权利的，必须依照本章规定向土地管理部门申请登记。

第三十三条 申请土地使用权、所有权变更登记时，申请者应当依照规定申报地价；未申报地价的，按宗地标定地价进行登记。

第三十四条 划拨土地使用权依法办理土地使用权出让手续的，土地使用者应当在缴纳土地使用权出让金后三十日内，持土地使用权出让合同、出让金缴纳凭证及原《国有土地使用证》申请变更登记。

第三十五条 企业将通过出让或者国家入股等形式取得的国有土地使用权，再以入股方式转让的，转让双方当事人应当在入股合同签订之日起三十日内，持以出让或者国家入股等方式取得土地使用权的合法凭证、入股合同和原企业的《国有土地使用证》申请变更登记。

第三十六条 集体土地所有者将集体土地使用权作为联营条件兴办三资企业和内联企业的，双方当事人应当在联营合同签订后三十日内，持县级以上人民政府批准文件和入股合同申请变更登记。

第三十七条 有下列情形之一的，土地使用权转让双方当事人应当在转让合同或者协议签订后三十日内，涉及房产变更的，在房产变更登记发证后十五日内，持转让合同或者协议、土地税费缴纳证明文件和原土地证书等申请变更登记：

（一）依法转让土地使用权的；

（二）因买卖、转让地上建筑物、附着物等一并转移土地使用权的。

房屋所有权变更而使土地使用权变更的，在申请变更登记时，应当提交变更后的房屋所有权证书。

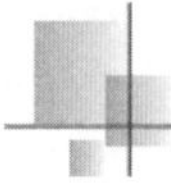

第三十八条 因单位合并、分立、企业兼并等原因引起土地使用权变更的，有关各方应当在合同签订后三十日内或者在接到上级主管部门的批准文件后三十日内，持合同或者上级主管部门的批准文件和原土地证书申请变更登记。

第三十九条 因交换、调整土地而发生土地使用权、所有权变更的，交换、调整土地的各方应当在接到交换、调整协议批准文件后三十日内，持协议、批准文件和原土地证书共同申请变更登记。

第四十条 因处分抵押财产而取得土地使用权的，取得土地使用权的权利人和原抵押人应当在抵押财产处分后三十日内，持有关证明文件申请变更登记。

第四十一条 商品房预售，预售人应当在预售合同签订后三十日内，将预售合同报县级以上人民政府房产管理部门和土地管理部门登记备案，县级以上人民政府土地管理部门建立商品房预售合同登记备案簿，记录预售人和预购人名称、商品房所占土地位置、预售金额、交付使用日期、预售面积等内容。

第四十二条 出售公有住房，售房单位与购房职工应当在县级以上地方人民政府房产管理部门登记房屋所有权之日起三十日内，持公房出售批准文件、售房合同、房屋所有权证书和售房单位原土地证书申请变更登记。

第四十三条 土地使用权抵押期间，抵押合同发生变更的，抵押当事人应当在抵押合同发生变更后十五日内，持有关文件申请变更登记。

第四十四条 土地使用权出租期间，租赁合同发生变更的，出租人和承租人应当在租赁合同发生变更后十五日内，持有关文件申请变更登记。

第四十五条 变更法律、行政法规规定需要登记的其他土地他项权利的，当事人应当在变更之日起十五日内，申请变更登记。

第四十六条 依法继承土地使用权和土地他项权利的，继承人应当在办理继承手续后三十日内，持有关证明文件申请变更登记。

第四十七条 其他形式的土地使用权、所有权和土地他项权利变更，当事人应当在发生变更之日起三十日内，持有关证明文件申请变更登记。

第五章　名称、地址和土地用途变更登记

第四十八条 土地使用者、所有者和土地他项权利者更改名称、地址和依法变更土地用途的，必须依照本章规定向土地管理部门申请登记。

第四十九条 土地使用者、所有者和土地他项权利者更改名称、地址的，应当在名称、地址发生变更之日起三十日内，持有关证明文件申请名称、地址变更登记。

第五十条 国有土地的用途发生变更的，土地使用者应当在批准变更之日起三十日内，持有关部门批准文件和原《国有土地使用证》申请土地用途变更登记。以出让方式取得国有土地使用权的用途发生变更的，土地使用者还应当提交签订的土地使用权出让合同变更协议或者重新签订的土地使用权出让合同。

第五十一条 农村集体所有土地进行农业结构调整涉及已登记地类变化的，集体土地所有者应当在农业结构调整后三十日内，持批准文件、《集体土地所有证》和《集体土地使用证》申请土地用途变更登记。

第五十二条 集体土地建设用地的用途发生变更的，土地使用者应当在接到有批准权的地方人民政府批准文件之日起三十日内，持批准文件和原《集体土地使用证》申请土地变更登记。

第六章 注销土地登记

第五十三条 集体所有的土地依法被全部征用或者农业集体经济组织所属成员依法成建制转为城镇居民的，应当在集体土地被全部征用或者办理农转非的同时，注销集体土地所有权登记。

第五十四条 县级以上人民政府依法收回国有土地使用权的，土地管理部门在收回土地使用权的同时，办理国有土地使用权注销登记，注销土地证书。

第五十五条 国有土地使用权出让或者租赁期满，未申请续期或者续期申请未获批准的，原土地使用者应当在期满之日前十五日内，持原土地证书申请国有土地使用权注销登记。

第五十六条 因自然灾害等造成土地权利灭失的，原土地使用者或者土地所有者应当持原土地证书及有关证明材料，申请土地使用权或者土地所有权注销登记。

第五十七条 土地他项权利终止，当事人应当在该土地他项权利终止之日起十五日内，持有关证明文件申请土地他项权利注销登记。

第五十八条 土地使用者、所有者和土地他项权利者未按照本规则规定申请注销登记的，土地管理部门可以依照规定直接办理注销土地登记，注销土地证书。

第七章　土地登记文件资料

第五十九条　土地登记形成的文件资料主要有以下几种：

（一）土地登记申请书；

（二）土地登记收件单；

（三）土地权属证明文件、资料；

（四）土地登记审批表；

（五）地籍图；

（六）土地登记簿（卡）；

（七）土地证书签收簿；

（八）土地归户册（卡）；

（九）土地登记复查申请表；

（十）土地登记复查结果表；

（十一）确权过程中形成的协议书、决定书等文件、资料。土地登记文件资料由土地管理部门指定专人管理、更新、提供应用。

第六十条　土地登记卡以街道（乡、镇）为单位，按街坊（村）及宗地号顺序排列组装土地登记簿，宗地分割的，在原土地登记卡顺序上按宗地分割后支号的顺序排列，宗地合并的，以合并后的宗地号顺序排列。

第六十一条　土地归户卡以县级行政区为单位，按土地权利人名称第一个字（或姓氏）笔画排列组装土地归户册。

第六十二条　土地登记文件资料的查阅，按照土地管理部门规定办理。未经允许不得向第三者提供或者公布，土地使用权转让、抵押和出租应当以土地登记文件资料为准。需要查询土地登记文件资料的，受让人、抵押权人和承租人应当提出书面请求。凡符合查询规定的，土地管理部门应当出具书面查询结果或资料。

第六十三条　任何单位和个人不得伪造、擅自涂改和复制土地证书、土地登记文件资料。

第六十四条　《国有土地使用证》《集体土地所有证》《集体土地使用证》和土地他项权利证明书式样由国家土地管理局统一制定，由国家土地管

理局或其授权的单位统一印制。土地登记卡和土地归户卡由国家土地管理局统一格式，由县级以上地方人民政府土地管理部门印制，土地登记所需的其他表、卡、簿按照国家土地管理局制订的基本格式要求，各省、自治区、直辖市人民政府土地管理部门可进行适当补充规定，任何单位和个人不得非法印制土地证书。非法印制的土地证书无效。

第六十五条 土地登记卡是土地登记的主件，也是土地使用权、所有权和土地他项权利的法律依据；土地证书是土地登记卡部分内容的副本，是土地使用者、所有者和土地他项权利者持有的法律凭证。

第八章 附 则

第六十六条 有下列情形之一的，土地管理部门不予受理土地登记申请：

（一）申请登记的土地不在本登记区的；

（二）提供的证明材料不齐全的；

（三）不能提供合法证明的；

（四）土地使用权转让、出租、抵押期限超过土地使用权出让年限的；

（五）按规定应当申报地价而未申报的，或者地价应当经土地管理部门确认而未办理确认手续的；

（六）其他依法不予受理的。

第六十七条 有下列情形之一的，土地管理部门可以作出暂缓登记的决定：

（一）土地权属争议尚未解决的；

（二）土地违法行为尚未处理或者正在处理的；

（三）依法限制土地权利或者依法查封地上建筑物、其他附着物而限制土地权利的；

（四）法律、法规规定暂缓登记的其他事项。

第六十八条 土地管理部门应当在受理土地使用权、所有权设定登记，土地使用权、所有权变更登记，名称、地址和土地用途变更登记申请之日起三十日内，对登记申请和地籍调查结果进行审核，并报经批准后进行注册登记，颁发、更换或者更改土地证书，土地管理部门应当在受理土地他项权利设定登记，土地他项权利变更登记和注销土地登记申请之日起十五日内，对登记申请和地籍调查结果进行审核后办理注册登记或者注销登记，颁发或者更换土地他项权利证明书，或者将注销登记的结果书面通知当事人，土地管理部门作出不予受理土地登记申请或者暂缓登记决定的，应当自接到申请之日起十五日内将作出决定的理由书面通知当事人。

第六十九条 土地使用者、所有者凡不按规定如期申请初始土地登记的，按照非法占地的处理办法论处；对凡不按规定如期申请变更土地登记的，除按违法占地处理外，视情节轻重报经县级以上人民政府批准，注销土地登记，注销土地证书。

第七十条 土地管理部门工作人员违反本规则，严重失职的，应当根据情节给予政纪处分和经济处罚，直至依法追究刑事责任。

第七十一条 土地登记后，发现错登或者漏登的，土地管理部门应当办理更正登记；利害关系人也可以申请更正登记。

第七十二条 临时用地的登记办法由省、自治区、直辖市人民政府土地管理部门制定，报省、自治区、直辖市人民政府批准后执行。

第七十三条 土地证书实行定期查验制度。土地使用者、所有者和土地他项权利者应当按照土地管理部门规定的期限办理土地证书查验手续。具体办法由省、自治区、直辖市人民政府土地管理部门制定。

第七十四条 土地使用者、所有者和土地他项权利者应当按照国家规定缴纳土地登记费用。

第七十五条 土地管理部门具体负责土地登记的人员及执业土地登记申请代理人员须经考核合格、领取资格证书后，持证上岗。具体办法另行规定。

第七十六条 经省、自治区、直辖市人民政府确定，县级以上地方人民政府由一个部门统一负责房产管理和土地管理工作的，可以制作、颁发统一的房地产权证书，依法将房屋的所有权和该房屋占用范围内的土地使用权的确认和变更，分别载入房地产权证书。房地产权证书中有关土地权利的记载格式和内容应当符合国家土地管理局的有关规定并报经批准。

第七十七条 本规则由国家土地管理局负责解释。

第七十八条 本规则自 1996 年 2 月 1 日起施行。

国家土地管理局、水利部关于水利工程用地确权有关问题的通知

〔1992〕国土〔籍〕字第11号

各省、自治区、直辖市及计划单列市土地（国土）管理局（厅）、水利（水电）厅（局）、各流域机构：

为依法确认水利工程用地的所有权、使用权，保障水利工程的正常运行和河道的行洪安全，根据《中华人民共和国土地管理法》《中华人民共和国水法》和《中华人民共和国河道管理条例》，对水利工程用地及其管理和保护范围内土地的划界、登记发证有关问题作如下通知：

一、水利工程管理范围内的土地（包括水利工程用地、护渠地、护堤地），符合国家土地管理局《关于确定土地权属问题的若干意见》（〔1989〕国土〔籍〕字第73号）第八条规定范围的，属于国家所有，不再补办用地手续。水利工程用地、护渠地和护堤地应依法确定土地所有权和使用权。护渠地、护堤地和水库库区内滩地已有单位使用的，按照国家土地管理局《关于确定土地权属的若干意见》和《河道管理条例》的有关规定办理。

二、国家兴建水库和整治河道新增可利用的土地属于国家所有。新增可利用的国有土地，由县级以上人民政府在用于移民安置和河道管理以及河道整治工程之后，所余土地由县级以上人民政府统一组织开发利用，水利部门需要使用，可优先考虑。

三、土地管理部门在确定水利工程保护范围内的土地权属时，应根据水利管理有关法规规定土地的用途和其他限制条件。

四、凡土地权属界线明确，与原批准范围相符，但界线内实际面积与原征用或划拨文件批准的面积不一致的，按照原批准征用或划拨的界线确定土地的所有权和使用权，面积误差在登记发证时予以更正，超出或不足部分不再另办手续。

五、凡在同一县（市、区）境内的各河道工程、干渠、支渠、专用防汛公路、水库及其他独立的水利工程用地，均可分别作为一宗地由土地所在地

县级土地管理部门登记。

六、位于城乡居民点及独立工矿区以外的水利工程用地的图件比例尺按土地利用现状调查的规定要求执行。局部需要放大图件比例尺的，经土地和水利部门共同商定后，可由水利部门提供符合登记要求的图件。

位于城乡居民点及独立工矿区内的水利工程用地，由土地管理部门统一组织地籍勘丈，水利部门可以承担全部或部分地籍勘丈任务。

七、水利用地登记发证，按照国家土地管理局第四部局〔1990〕国土〔籍〕字第93号文件《关于土地登记收费及管理办法》中规定的项目及标准进行收费。

希望土地管理部门与水行政主管部门密切配合，做好水利工程用地的确权和登记发证工作。

国家土地管理局　水利部

1992年2月24日

(四) 河道采砂

水利部　交通运输部关于推行河道砂石采运管理单制度的通知

水河湖〔2023〕5号

水利部各流域管理机构，交通运输部长江航务管理局、珠江航务管理局，广东、广西、黑龙江海事局，各省、自治区、直辖市水利（水务）厅（局）、交通运输厅（局、委），新疆生产建设兵团水利局、交通运输局：

河道砂石采运管理单是证明河道砂石来源合法的有效凭证。近年来，水利部流域管理机构、交通运输部航务管理机构和一些地方在长江、黄河、淮河等河道实行砂石采运管理单制度，加强河道砂石开采、运输、堆存等过程监管，及时发现、追踪非法采砂线索，严厉打击非法采砂行为，积累了不少实践经验。为进一步加强河道采砂管理，提高涉砂活动监管效能，精准、高效打击非法采砂行为，维护河道采砂管理秩序，依据《中华人民共和国河道管理条例》《长江河道采砂管理条例》《中华人民共和国道路运输条例》《中华人民共和国内河交通安全管理条例》《国内水路运输管理条例》等法规文件，水利部、交通运输部决定在全国推行河道砂石采运管理单制度。现将有关事项通知如下：

一、适用范围

依法开采的河道管理范围内砂石，其运输、过驳、装卸、堆存等，实行河道砂石采运管理单制度。河道、航道整治疏浚产生的砂石不上岸利用的除外。

二、河道砂石采运管理单信息

河道砂石采运管理单信息主要包括：

（一）砂石来源。包括许可采区或疏浚作业区位置，采砂许可编号、河道疏浚审批文号或采砂可行性论证报告批复文号，采砂人（供砂人）名称及

其联系电话。

（二）过驳、转运。包括水上过驳区或砂场名称及其联系电话、申请过驳的前序运砂船舶船名、船检登记号及其到达时间。

（三）运输。包括砂石运输船舶船名、船检登记号及营业运输证编号、砂石运输车辆品牌型号及车牌号码、承运人及车船驾驶员信息、实际载运量、起运及预计到达时间、卸货地点。

（四）河道砂石采运管理单编号、监督举报电话、查询电话。

（五）各省、自治区、直辖市根据管理需要增加的相关信息。

三、河道砂石采运管理单形式和使用管理

河道砂石采运管理单应当格式统一、内容统一，参考样式附后。河道砂石采运管理单分纸质管理单、电子管理单两种形式，各省、自治区、直辖市可结合实际决定采用任一种形式，鼓励采用电子管理单。采用纸质管理单的，应当设置必要的防伪标志，由省级水行政主管部门组织统一印制、严格保管、按需使用；采用电子管理单的，由省级水行政主管部门会同交通运输等有关主管部门建设河道砂石采运管理信息系统，统一平台、授权登录、分级审核。先行采用纸质管理单的省份，要结合实际逐步向电子管理单过渡，2024年年底前全面实行电子管理单。

河道砂石采运管理单应当在河道砂石装载现场填写，内容清晰、真实、完整、准确。河道砂石需水上过驳或砂场转运的，可由水上过驳区、砂场经营主体依照有关规定出具河道砂石采运管理单。

（一）纸质管理单使用管理

1. 河道砂石需运离许可采区、疏浚作业区或其临时堆场的，由负责河道采砂现场监管的水行政主管部门组织在河道砂石装载现场填写、出具纸质管理单，实行一船（车）次一单。纸质管理单一般一式四联：第一联由河道采砂现场监管机构收执，作为控制采砂总量的依据；第二联由采砂人（供砂人）收执，作为核对采（供）砂量的依据；第三联交砂石承运人，作为运输河道砂石合法来源的凭证，运抵目的地后交砂石接收方收执；第四联交发放采砂许可、批复河道疏浚项目或批复采砂可行性论证报告的水行政主管部门备案。

2. 河道砂石运抵水上过驳区过驳、码头或装卸点装卸（包括上岸堆存或装船离岸）、砂场堆存前，承运人应向有关经营主体提交河道砂石采运管

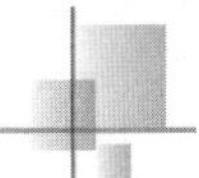

理单。

3. 河道砂石需水上过驳的，水上过驳区经营主体按照有关规定，向接受过驳砂石的承运人出具河道砂石采运管理单，并留存复印件。

4. 砂场因销售或其他原因需转运河道砂石的，砂场经营主体按照有关规定，向承运人出具河道砂石采运管理单，并留存复印件。

（二）电子管理单使用管理

1. 河道砂石需运离许可采区、疏浚作业区或其临时堆场的，由采砂人（供砂人）或承运人登录河道砂石采运管理信息系统（电脑端或手机 APP）填写、上传信息，经负责现场监管的水行政主管部门审核确认后生成唯一的二维码，实行一船（车）次一码。

2. 河道砂石运抵水上过驳区过驳、码头或装卸点装卸（包括上岸堆存或装船离岸）、砂场堆存前，承运人应向有关经营主体提交纸质管理单或出示二维码。

3. 河道砂石需水上过驳的，接受过驳砂石的承运人登录手机 APP，填写、上传河道砂石过驳相关信息，水上过驳区经营主体按照有关规定确认后自动生成新的二维码。

4. 砂场因销售或其他原因需转运河道砂石的，承运人登录手机 APP，填写、上传河道砂石转运相关信息，砂场经营主体按照有关规定确认后自动生成新的二维码。

码头、装卸点、水上过驳区、砂场经营主体应当履行河道砂石运输信息查验义务，承运人无法提供合法有效的河道砂石采运管理单的，有关经营主体应当暂停接收、装卸、过驳，通过有关主管部门及时报告水行政主管部门。

四、有关要求

一是加强组织领导。各地要充分认识推行河道砂石采运管理单制度对提高河道采砂监管效能、维护河道采砂管理秩序的重要意义，把河道砂石采运管理单制度作为强化河道采砂管理的重要抓手，纳入河湖长制推动落实。加强组织领导，强化协调联动，细化任务分工，实化工作措施，有力有序推行河道砂石采运管理单制度。

二是落实各方责任。负责河道采砂现场监管的水行政主管部门，应当公开河道砂石采运管理信息查询电话，明确专人负责审核河道砂石开采、运输

相关信息，对出具的河道砂石采运管理单真实性、准确性负责。采砂人（供砂人）以及码头、装卸点、水上过驳区、砂场经营主体应当建立工作台账、完善工作日志，并接受有关主管部门的检查。采砂人（供砂人）应委托具有合法运输资质的承运人运输河道砂石。

三是加强部门协作。地方各级水行政主管部门会同交通运输主管部门，广东、广西、黑龙江海事局，长江海事局相关机构提请同级地方人民政府建立完善部门协作机制，明晰有关部门落实河道砂石采运管理单制度的职责任务，各司其职、密切配合，形成工作合力。水利部有关流域管理机构要加强与交通运输部派出机构和有关地方协调配合，其直管河道采砂管理同步实行采运管理单制度。砂石装卸港口所在地交通运输主管部门依法对港口内码头河道砂石装卸行为进行监管。

四是加强监督执法。省级水行政主管部门要公布统一的监督举报电话。水利部各流域管理机构，广东、广西、黑龙江海事局，长江海事局以及地方各级水行政主管部门、交通运输主管部门（含水上行政执法机构）等要根据职责分工常态化开展监督检查，及时发现、追踪非法采砂线索，打击非法涉砂行为，涉嫌犯罪的，移送公安机关。

水利部　交通运输部

2023年1月8日

水利部办公厅关于推广应用河道采砂许可电子证照的通知

办河湖〔2022〕263号

各省、自治区、直辖市水利（水务）厅（局），新疆生产建设兵团水利局，有关流域管理机构：

为贯彻落实国务院关于深入推进“互联网+政务服务”的决策部署，根据《国务院关于深化“证照分离”改革进一步激发市场主体发展活力的通知》（国发〔2021〕7号）、《国务院办公厅关于加快推进电子证照扩大应用领域和全国互通互认的意见》（国办发〔2022〕3号）等文件精神，现就推广应用河道采砂许可电子证照有关事项通知如下。

一、总体目标

按照全国一体化在线政务服务平台建设总体部署，完善水利部电子证照系统，推广应用河道采砂许可电子证照，持续优化政务服务，便利企业和群众办事。2022年12月底前，长江、黄河、淮河、海河水利委员会启用河道采砂许可电子证照；2023年6月底前，各省、自治区、直辖市启用河道采砂许可电子证照，全国实现电子证照信息交互共享和互信互认。

二、主要任务

（一）完善电子证照系统。按照《全国一体化在线政务服务平台电子证照河道采砂许可证》（C0290—2022）等有关标准，完善水利部电子证照系统，具备河道采砂许可电子证照签发、查询、验证和日志管理等功能。各省级水行政主管部门结合本地实际，在省级政务服务平台上建设完善本地区的河道采砂许可审批系统，推动河道采砂许可在线审批。

（二）实现部省系统对接。按照《水利部电子证照系统（河道采砂许可证）省级对接技术方案》（见附件），省级河道采砂许可审批系统与水利部电子证照系统对接，具备自动生成、发放统一版式的河道采砂许可电子证照条件。暂不具备对接条件的省份，登录水利部电子证照系统，通过信息录入方式生成河道采砂许可电子证照。有关流域管理机构直接应用水利部政务服务平台，河道采砂许可审批与电子证照发放“一站式”办理。

（三）开展电子化、标准化转换。有关流域管理机构和地方各级水行政主管部门对现行有效的河道采砂许可证进行电子化、标准化转换。针对纸质证书，登录水利部电子证照系统，通过信息录入方式实现电子化、标准化转换；针对电子证书，通过系统对接方式套用统一版式的河道采砂许可电子证照，实现标准化转换。

（四）推动电子证照共享互认。水利部信息中心及时将全国河道采砂许可电子证照目录信息归集至全国一体化在线政务服务平台，实现河道采砂许可电子证照信息查询、校验、共享、互认，提高政务服务水平。

三、工作要求

（一）加强组织领导。有关流域管理机构和各省级水行政主管部门要高度重视河道采砂许可电子证照应用推广工作，加强组织领导，强化统筹协调，明确职责分工，实化推进措施，及时完成各项任务，确保按期启用河道采砂许可电子证照。

（二）加强支撑保障。各省级水行政主管部门要积极争取省级政府政务服务平台建设管理部门的支持，将河道采砂许可电子证照应用推广列入政府在线政务服务平台的重点工作内容，强化经费保障、技术支持和运行维护，确保各项工作有序有效推进。

（三）加强审核把关。有关流域管理机构和地方各级水行政主管部门要加强河道采砂许可审批管理，严把数据质量审核关，确保河道采砂许可电子证照信息与许可审批信息完整、准确、一致。

（四）加强安全保障。有关流域管理机构和地方各级水行政主管部门要按照全国一体化在线政务服务平台安全保障要求，强化风险防控，建立健全河道采砂许可电子证照库安全保障体系，规范电子证照的签发、使用、管理以及系统日常运行维护等，确保系统安全和信息数据安全。

（五）加强宣传引导。有关流域管理机构和地方各级水行政主管部门要采取多种形式、利用各种媒介，广泛宣传河道采砂许可电子证照应用的有效做法和典型经验，积极推广应用河道采砂许可电子证照，为进一步优化营商环境提供有力支撑。

水利部办公厅
2022 年 9 月 23 日

水利部关于印发水利部流域管理机构直管河段采砂管理办法的通知

水河湖〔2020〕218号

黄河水利委员会、淮河水利委员会、海河水利委员会，河北、山西、内蒙古、江苏、山东、河南、陕西省（自治区）水利厅：

为加强和规范流域管理机构直管河段采砂管理工作，我部制定了《水利部流域管理机构直管河段采砂管理办法》，已经部长办公会议审议通过，现印发给你们，请遵照执行。

水利部

2020年10月20日

水利部流域管理机构直管河段采砂管理办法

第一条 为加强和规范水利部流域管理机构（以下简称流域管理机构）直接管理的河道、湖泊（以下简称直管河段）采砂管理工作，依据《中华人民共和国水法》《中华人民共和国防洪法》《中华人民共和国河道管理条例》等法律法规和河长制湖长制有关规定，制定本办法。

第二条 流域管理机构负责直管河段的采砂管理。流域管理机构直管河段名录按照《水利部关于流域管理机构决定〈防洪法〉规定的行政处罚和行政措施权限的通知》（水政法〔1999〕231号）执行。

根据管理需要，流域管理机构与省级人民政府水行政主管部门可以就流域管理机构直管河段采砂管理有关权限协商调整，调整方案应明确各方责任，并报水利部同意。水利部对流域管理机构直管河段采砂管理权限已有规定的，从其规定。

第三条 根据河长制湖长制有关规定，各级河长湖长负责牵头组织对非法采砂等突出问题依法进行清理整治，协调解决重大问题。流域管理机构直管河段采砂管理纳入河长制湖长制工作体系。

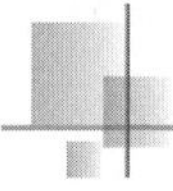

对有采砂管理任务的直管河段，应逐级逐段明确采砂管理河长责任人、主管部门责任人、现场监管责任人和水行政执法责任人，并根据管理权限向社会公告。

第四条 流域管理机构直管河段采砂规划由流域管理机构组织编制，征求有关省级人民政府水行政主管部门意见后，报水利部批准。

河道采砂规划涉及其他有关部门的，应征求其意见。

第五条 河道采砂规划应当依法划定禁采区、确定禁采期。流域管理机构直管河段的禁采区和禁采期由流域管理机构或县级以上地方人民政府水行政主管部门公告。

第六条 流域管理机构直管河段的采砂许可原则上由流域管理机构组织实施。

许可实施前，许可机关应组织编制年度采砂实施方案，报流域管理机构审查同意后，将拟开展许可的可采区位置、范围、开采量、开采期限等信息向社会公告，并明确许可的方式和时间。

第七条 流域管理机构直管河段采砂许可应当通过招标等方式依法决定。

采用招标方式许可的，应综合考虑申请人报价、技术能力、信用、开采方案、河道修复能力等，优先选择信誉好、实力强、有河道修复能力的企业，推进集约化、规模化、规范化开采。

第八条 河道采砂许可证应当载明采砂业主信息、开采范围、控制开采高程、采砂控制量、作业方式、采砂船舶名称、船舶识别号、采砂船舶功率、挖掘机械数量以及许可证有效期限等内容。

第九条 许可机关应当运用智能化、信息化等技术手段，加强河道采砂现场监管，对依法开采的河道砂石核发砂石来源证明，并对砂石开采、登记、计量、装（转）运等方面实施全过程监管。

第十条 河道采砂许可证有效期届满或者累计采砂量达到许可证规定的采砂控制量的，采砂单位和个人应当终止采砂，并按照河道清理修复方案对作业现场进行清理、修复。许可机关应当及时注销河道采砂许可证，并组织对许可采区进行验收。

第十一条 在流域管理机构直管河段依法从事河道整治、航道整治和清淤疏浚等活动涉及采砂的，应在项目实施方案中明确河砂开采、堆放、处置

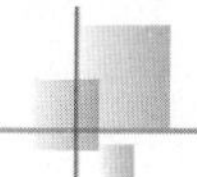

等方面要求，所采砂石应由流域管理机构商项目所在地县级以上地方人民政府处置。

第十二条 流域管理机构应积极协调有关河长湖长，推动各相关部门建立完善定期会商、信息共享、联合检查、联合执法、案件移交等制度，形成采砂管理合力。

流域管理机构应推动建立完善跨界河段、省际边界河段采砂管理区域合作和联防联控机制，协调解决河道采砂有关规划、许可等方面问题，组织对跨界河段、省际边界河段非法采砂问题进行清理整治。

流域管理机构应根据实际工作需要，商有关县级以上地方人民政府及其有关部门就直管河段建立联合监管执法工作机制。

第十三条 流域管理机构应通过暗访、巡查、专项检查等方式，加强对直管河段采砂活动的监督检查。

对发现的无证采砂、不按照许可要求采砂以及采砂完成后未按规定清理修复河道等违法违规行为，流域管理机构应依据管理权限及时依法依规予以查处或指导、监督有关地方水行政主管部门进行查处。

第十四条 流域管理机构和省级人民政府水行政主管部门应做好非法采砂砂石价值和危害防洪安全的认定评估工作，并加强与公安等部门合作，实现行政执法和刑事司法有效衔接，严厉打击非法采砂行为。

第十五条 对未依法依规认真履行河道采砂管理职责，监管不力导致乱采乱挖现象严重，造成重大损失或恶劣影响的，以及滥用职权、玩忽职守、徇私舞弊、收受贿赂的，依纪依法追究相关人员的责任，对负有领导责任的主要负责人或者有关领导干部依法依规进行问责。

第十六条 流域管理机构应加强采砂管理队伍和能力建设，根据采砂管理任务配备采砂管理人员、装备，保障河道采砂管理经费。

第十七条 本办法所称流域管理机构，包括流域管理机构本级及其所属机构。

第十八条 本办法自印发之日起施行。

水利部　公安部　交通运输部
关于建立长江河道采砂
管理合作机制的通知

水河湖〔2020〕37号

水利部长江水利委员会，公安部长江航运公安局，交通运输部长江航务管理局，四川、重庆、湖北、湖南、江西、安徽、江苏、上海等省（直辖市）水利（水务）厅（局）、公安厅（局）、交通运输厅（局、委）：

《长江河道采砂管理条例》施行以来，水利部、公安部、交通运输部务实合作，共同打造了长江河道采砂总体可控、稳定向好的良好局面。当前，由于供需矛盾突出，砂价持续上涨，非法采砂反弹压力较大，长江河道采砂管理面临新的形势。为进一步提升管理水平，维护长江河道采砂管理秩序，水利部、公安部、交通运输部决定建立长江河道采砂管理合作机制（以下简称三部合作机制）。现将有关事项通知如下：

一、指导思想

以习近平新时代中国特色社会主义思想为指引，紧紧围绕统筹推进“五位一体”总体布局和协调推进“四个全面”战略布局，深入贯彻落实习近平总书记在深入推动长江经济带发展座谈会上的重要讲话精神，牢固树立生态优先、绿色发展理念，共抓大保护，不搞大开发，坚持惩防并举、疏堵结合、标本兼治，积极拓展长江河道采砂管理合作渠道，实现部门间优势互补，形成工作合力，共同维护长江河道采砂良好秩序，为助推经济社会发展提供支撑。

二、工作目标

水利部、公安部、交通运输部通过建立三部合作机制，实现共建共享、深度融合，使长江河道采砂管理沟通联系更加紧密，采运砂船舶监管力度进一步提升，行政执法与刑事司法衔接更加顺畅，对非法采运砂行为的高压严打态势进一步增强，确保长江河势稳定和航道稳定，保障防洪安全、通航安全和生态安全。

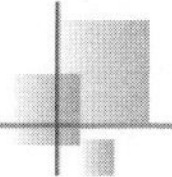

三、合作领域

（一）打击非法采砂行为。建立完善联合执法机制，针对重点江段、敏感水域或重点时段开展联合执法打击行动，持续保持对非法采砂的高压严打态势。健全信息沟通、案件移送等制度，完善行政执法与刑事司法衔接机制，有效实施《最高人民法院最高人民检察院关于办理非法采矿、破坏性采矿刑事案件适用法律若干问题的解释》（法释〔2016〕25号），依法严厉打击非法采砂犯罪行为，做好河道非法采砂中的扫黑除恶工作，确保长江河道采砂管理秩序稳定可控。

（二）加强涉砂船舶管理。进一步完善和落实长江河道砂石采运管理单制度、采砂船舶汛期集中停靠制度。建立完善涉砂船舶台账和从业人员动态数据库。建设长江采运砂船舶联合监管信息平台，实现涉砂船舶信息共享，推动涉砂船舶安装北斗终端，力争实现对此类船舶的24小时全程监控。依法查处证照不齐全的采运砂船舶、非法改装的“隐形”采砂船舶、非法码头以及违法运输砂石等行为，依法对航道内涉砂碍航船舶进行检查和查处。

（三）推进航道疏浚砂综合利用。水利部、交通运输部在推进长江航道疏浚砂综合利用试点的基础上，持续深化疏浚砂综合利用合作，共同研究出台长江疏浚砂综合利用指导意见。总结长江口、荆州太平口航道疏浚砂综合利用试点经验，在长江沿线逐步推广航道疏浚砂综合利用，指导地方在坚持政府主导原则下，合理利用河道砂石资源。

四、保障措施

（一）成立三部合作机制领导小组。水利部、公安部、交通运输部分管副部长任组长，下设领导小组办公室。领导小组办公室设在水利部河湖管理司，具体负责三部合作日常事务。水利部长江水利委员会、公安部长江航运公安局、交通运输部长江航务管理局进一步深化合作机制，落实相关任务，指导合作机制向基层延伸。沿江各地各级水利、公安、交通运输行政主管部门充分发挥各自职能优势，推进部门、区域联防联控，提升长江河道采砂监管合力。

（二）建立联席会议制度。水利部河湖管理司、公安部治安管理局、交通运输部水运局作为三方合作联系部门，具体负责组织合作事宜的沟通协调。三方定期或不定期召开联席会议，通报相关信息，研究、协调、解决长江河道采砂管理中的重大问题。若遇紧急情况，三方均可提议召开会议，商议对策措施。

（三）加强协同联动。水利部、公安部、交通运输部及水利部长江水利委员会、公安部长江航运公安局、交通运输部长江航务管理局要加强联动，适时组织开展联合专项打击或清江行动。沿江各地各级水利、公安、交通运输行政主管部门应结合实际开展深层次合作。各有关方面要充分利用现代技术手段，增进信息互通、资源共享，推进在采砂规划编制、案件查处、河道航道治理等方面高效合作。

水利部　公安部　交通运输部

2020 年 3 月 12 日

水利部办公厅关于组织开展黄河流域河道采砂专项整治的通知

办河湖函〔2020〕202号

水利部黄河水利委员会，青海、四川、甘肃、宁夏、内蒙古、山西、陕西、河南、山东省（自治区）河长制办公室、水利厅：

为深入贯彻落实习近平总书记在黄河流域生态保护和高质量发展座谈会上的重要讲话精神，进一步加强黄河流域河道采砂管理，规范河道采砂秩序，切实维护黄河流域河道安全，经研究，水利部决定组织开展黄河流域河道采砂专项整治。现将有关事项通知如下：

一、工作目标

以习近平生态文明思想为指导，按照黄河流域“共同抓好大保护，协同推进大治理”的总体要求，认真践行水利改革发展总基调，坚持惩防并举、疏堵结合、标本兼治，严厉打击非法采砂行为，坚决遏制流域内非法采砂乱象；规范合法采砂行为，提升河道采砂管理水平，确保流域内河道砂石有序开采；逐河段落实采砂管理责任，推动建立完善河道采砂管理长效机制，促进黄河采砂科学规范、有序可控，切实保障黄河河势稳定、防洪安全、供水安全、基础设施安全和生态安全。

二、整治范围

黄河干流，湟水、洮河、祖厉河、大黑河、窟野河、无定河、汾河、渭河、伊洛河、沁河、大汶河等重要支流。

黄河流域其他河道采砂整治，由流域各省（自治区）水行政主管部门参照本文件精神组织开展。

三、组织实施

按照中央全面推行河长制湖长制要求和属地管理原则，本次专项整治由水利部统筹指导、黄河水利委员会组织协调、省负总责、市县具体抓落实。各省（自治区）县级以上河长制办公室要主动提请各级河长牵头组织对本行政区域、责任河段非法采砂进行清理整治，协调解决重大问题，主动指导督促有关部门和下级河长履职尽责。县级以上水行政主管部门在本级政府的统一领导下，会同有关部门具体负责组织开展黄河流域河道采砂专项整治。流域管理机构直管河道采砂专项整治纳入属地职责范围，黄河水利委员会要加强协调、主动配合地方做好整治工作。水利部适时组织河湖保护中心等单位开展督导检查和重点抽查。

四、工作安排

（一）落实责任（2020 年 3—4 月）

黄河干流和重要支流有采砂管理任务的河道，要逐河段全面落实采砂管理县级以上河长、水行政主管部门、现场监管和行政执法 4 个责任人。各河段责任人名单经市级河长办签章后，由各省（自治区）水行政主管部门汇总并于 4 月 20 日前报黄河水利委员会，抄报水利部。黄河干流托克托至入海口，沁河紫柏滩至入黄口，大汶河戴村坝至东平湖入湖口，洛河故县水库库区及东平湖老湖区的河道采砂管理 4 个责任人，由黄河水利委员会商地方予以明确，其中黄河干流晋陕峡谷段除地方责任人外，黄河水利委员会应逐段明确流域管理机构责任人。

（二）全面自查（2020 年 3—9 月）

以县为单元组织开展拉网式排查，所有河段、所有许可采区全覆盖，查清采砂管理现状和存在的问题，建立台账，实行销号制度。

一是查责任制落实情况。是否落实并公布黄河干流和重要支流采砂管理 4 个责任人名单，是否层层建立责任制和责任追究制，汇总采砂管理责任追究情况。

二是查规划编制、审批和执行情况。是否编制河道采砂规划，采砂规划的编制、审批是否合规。是否公告禁采区、禁采期。是否制定年度实施方案（计划）。汇总已批规划、年度实施方案（计划）、开采控制总量等情况，形成规划台账（见附件 1）。

三是查采砂许可情况。是否以批准的规划为依据进行许可。采取什么方式许可。许可程序是否合法规范。汇总每个许可采区的位置、范围、深度、期限、许可总量和实际开采量等，形成许可台账（见附件 2）。

四是查许可采区监管情况。采砂现场是否设立许可采砂场名称、开采方式、开采指标等明显标志。如何实施现场监管。是否落实现场监管人员。现场是否有计重计量措施、是否采取信息化等手段实施监控。许可的采砂船

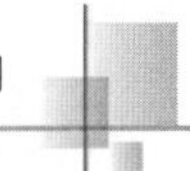

（挖掘机械）是否具有有效证件。采砂业主是否按许可要求进行采砂作业，是否存在超范围、超深度、超船数、超期限、超许可量等行为。是否按规定平整修复河道。

五是查违法违规采砂情况。是否定期开展日常巡查，巡查频次是多少。如何强化重点河段、敏感水域采砂管理。查清河道内采砂船、挖掘机械、运砂车辆数量。是否落实采砂船及机具管理措施。河道内是否存在非法堆砂、筛砂、洗砂和无证偷采盗采等问题。

（三）整改整治（2020 年 4—9 月）

按照自查自纠、边查边改的要求，完善河道违法违规采砂问题“查、认、改、罚”查处机制，确保河道违法违规采砂问题能够及时发现、准确认定、迅速整改、严肃问责。建立排查问题查处台账（见附件 3），实行销号管理，对违法违规采砂问题发现一起、查处一起、整改一起、销号一起。

对无证采砂、不按许可要求采砂等违法违规采砂行为，要组织有关部门坚决予以查处，依法采取行政处罚措施。及时移交问题线索，推进采砂入刑实践，落实好河道非法采砂中的扫黑除恶各项工作。对于禁采期、禁采区非法盗采行为从严从重予以查处。

对于许可采砂，要在采砂现场设置标识牌，载明河道采砂许可证相关事项，在采砂船（挖掘机械）明显位置悬挂采砂许可证副本。对于违法违规采砂问题严重的许可采区业主，依法吊销采砂许可证。

对未经批准擅自在河道管理范围内筛砂、洗砂、堆砂的，依法予以查处，责令停止违法行为，限期整改。对历史遗留沙坑、被破坏河床和河岸护坡（岸坡）进行整治、修复。对河道管理范围内严重影响环境、损害群众利益的违法违规砂石堆放、转运、销售场所，依法依规采取相应整治措施，并依法追究当事人责任。

全面自查和整改整治工作实行月报告制度。请各省（自治区）水行政主管部门于 6 月 5 日前将规划、许可、问题查处台账及专项整治情况汇总表（见附件 4）报黄河水利委员会，抄报水利部。规划、许可、问题查处台账及汇总表实行动态更新、清单式管理，自 6 月起每月 5 日前报送。

对于黄河干流晋陕峡谷段等违法违规采砂活动易发多发河段，山西、陕西省河长制办公室、水行政主管部门要以问题为导向，突出重点，组织开展

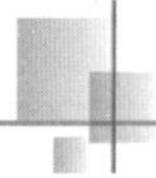

专项打击和清理整治，并进行全过程跟踪检查、核查。对于未取得采砂许可的采砂船，结合实际依法采取严格管控措施，原则上不得在河道内滞留，坚决防止偷采盗采。对于许可采区，要落实责任人，强化现场管理措施，确保河道采砂依法规范有序。黄河水利委员会要加强指导，组织经常性检查，覆盖该河段所有县（市）的巡查检查每月不少于 1 次，视情况适时组织两省开展集中打击、联合执法行动，相关情况及时报告水利部。水利部将组织重点抽查、核查。

（四）建章立制（2020 年 4—11 月）

坚持清理整治与规范管理相结合，按照务实、高效、管用要求，在责任制落实、规范化管理等方面研究制定相关制度，推动建立黄河河道采砂管理长效机制。

一是完善河道采砂管理责任体系。按照全面推行河长制湖长制要求，对辖区内有采砂管理任务的河道逐河段落实河长、水行政主管部门、现场监管和行政执法责任人，建立健全河长统一领导、水利部门牵头、有关部门各司其职、社会各界共同参与的河道采砂管理联动机制。

二是强化规划许可管理。黄河流域有采砂管理任务的河道要实现采砂规划全覆盖。以规划为依据，采取招标等公平竞争的方式依法开展采砂许可。加强事中事后监管，落实现场管理责任人、日常监管措施及河道修复方案。积极推行统一开采管理模式，实行规模化、集约化、规范化开采。推进河道采砂与河道治理相结合。鼓励河道疏浚砂综合利用。

三是强化日常监管。建立完善日常巡查监管制度。充分运用实时监控、卫星定位、无人机等信息化手段，提升监管效能。建立进出场计重计量、监控、登记等制度，加强许可采区现场监管。深化部门、区域联防联控机制，建立联合检查、联合执法、案件移交等制度，完善行政执法与刑事司法衔接机制。强化源头管控，根据年度采砂控制量合理确定采砂船数量，加强采砂船禁采期管理。

请各省（自治区）水行政主管部门于 11 月 15 日前将本次专项整治总结报黄河水利委员会，抄报水利部。黄河水利委员会汇总并进行全面总结，11 月 30 日前报水利部。

五、工作要求

（一）提高政治站位。本次专项整治是贯彻落实习近平总书记在黄河流

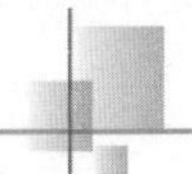

域生态保护和高质量发展座谈会上的重要讲话精神的重要举措，黄河水利委员会、流域各省（自治区）各级河长制办公室、水行政主管部门要切实提高政治站位，充分认识加强河道采砂管理、维护黄河流域河道采砂秩序的极端重要性和紧迫性，强化使命意识和责任担当，按照中央关于统筹推进新冠肺炎疫情防控和经济社会发展工作部署，采取切实有力措施有序推进，确保高质量完成专项整治各项任务。

（二）周密安排部署。各省（自治区）河长制办公室、水行政主管部门要抓紧制订实施方案，明确时间表、路线图和责任分工，组织专门力量开展河道采砂专项整治。排查工作要做到横向到边、纵向到底，不留空白、不留死角；整改措施要落实落细，确保到位。黄河水利委员会要加强组织协调，确保专项整治有力有序，取得成效。请黄河水利委员会和各省（自治区）水行政主管部门明确一位处级联络员，并将联系方式于4月6日前报水利部。

（三）加强协同联动。各省（自治区）各级河长制办公室、水行政主管部门要充分利用河长制湖长制工作平台，统筹上下游、干支流、左右岸，加强部门协调联动，统筹部门力量，分工负责、协调配合，联合开展执法打击和专项整治。针对跨行政区域河道，相关地方要主动对接，黄河水利委员会要加强指导协调，督促建立完善联防联控机制，协同开展流域专项整治。做好宣传舆论引导，及时回应社会关切。

（四）强化督导检查。各省（自治区）河长制办公室、水行政主管部门要将河道采砂专项整治纳入河长制考核，对督查检查发现责任不落实、整改整治不力的责任单位和责任人，要提请相关部门予以追责问责。黄河水利委员会要组织开展全流域专项监督检查，不定期开展暗访巡查，做好动态跟踪和巡查督促，并运用卫星遥感比对等信息化手段，有针对性地开展督查督办。水利部适时组织跟踪督导和抽查检查，对问题多发地区进行重点督查，对突出问题挂牌督办，对整治工作推进不力、排查整改走过场、采砂管理秩序混乱的区域，将予以约谈、通报或公开曝光，并视情况通报给有关省级河长，提请对相关责任人予以责任追究。

附件1：____省（自治区）黄河流域河道采砂规划台账（略）

附件2：____省（自治区）黄河流域河道采砂许可台账（略）

附件3：____省（自治区）黄河流域河道采砂违法违规问题查处台账（略）

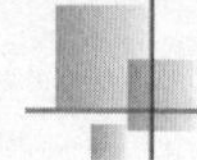

附件 4：____省（自治区）黄河流域河道采砂专项整治情况汇总表（略）

水利部办公厅

2020 年 3 月 27 日

水利部　交通运输部关于加强长江干流河道疏浚砂综合利用管理工作的指导意见

水河湖〔2020〕205号

水利部长江水利委员会，交通运输部长江航务管理局，四川省、重庆市、湖北省、湖南省、江西省、安徽省、江苏省、上海市水利（水务）厅（局）：

近年来，随着经济社会的快速发展，砂石需求居高不下，同时江河、湖泊总体来沙量持续减少，砂石供需矛盾日益突出。党中央、国务院对此高度重视，出台了一系列政策措施，促进砂石行业健康有序发展。水利和交通运输部门联合在长江口、荆州等地组织开展了长江航道疏浚砂上岸综合利用试点，在一定程度上缓解了砂石供需矛盾，取得了良好效益。为进一步规范长江干流河道疏浚砂综合利用管理，现提出如下意见。

一、总体要求

（一）指导思想。以习近平新时代中国特色社会主义思想为指导，全面贯彻党的十九大和十九届二中、三中、四中全会精神，深入贯彻习近平总书记关于推动长江经济带发展的重要讲话精神，牢固树立“生态优先、绿色发展”理念，坚持疏堵结合、标本兼治，在确保长江河道、航道安全的前提下，有序开展疏浚砂综合利用。

（二）工作原则。坚持政府主导，部门联动。疏浚砂综合利用涉及多个部门，必须在地方人民政府领导下，强化各相关部门的协同配合。坚持资源国有，统一处置。长江河道疏浚作业中产生的砂（含土、卵石等），原则上鼓励上岸利用，由政府统一处置，不得由企业或个人自行销售。坚持重点保障，统筹利用。长江河道疏浚砂利用优先保障重点基础设施建设和民生工程，有条件的情况下可兼顾社会市场需求。坚持严格监管，规范实施。强化监管责任、监管制度和监管措施的落实，对疏浚砂利用实行全过程监管，确保疏浚砂利用的高效、安全、规范、有序。

二、规范疏浚砂综合利用实施程序

长江干流河道管理范围内实施河道、航道等涉水工程建设及运行维护性活动（以下简称长江河道、航道工程项目），涉及疏浚砂综合利用的，应严格依法履行相关程序，坚持科学论证，确有必要。

长江河道、航道工程项目所产生的砂石上岸综合利用，由相关省级水行政主管部门提请省级人民政府制定疏浚砂处置办法，明确综合利用实施方案编制（包括砂石可利用量、上岸方式、砂石堆放等内容）、组织实施、监督管理等，坚决杜绝假借疏浚名义规避河道采砂许可等管理制度、以工程之名行采砂之实。处置办法应征求长江水利委员会（以下简称长江委）、长江航务管理局（以下简称长航局）意见。

因整修长江堤防进行吹填固基或者整治长江河道、航道采砂的，按《长江河道采砂管理条例》及其实施办法执行。

长江河道疏浚砂综合利用应在地方人民政府的统一领导下组织实施和监督管理。

长江委和省级水行政主管部门负责对长江河道疏浚砂综合利用管理的指导和监督检查，长航局负责其中涉及长江航道与通航安全有关事项的指导和监督检查工作。

三、加强项目现场监督管理

长江河道疏浚砂综合利用项目所在地县级以上地方人民政府水行政主管部门应加强项目现场监督管理。要充分运用现代信息技术，建立完善进出场计重、监控、登记等制度，重点加强对疏浚砂上岸环节的监管。

长江河道疏浚砂综合利用项目有关单位应设立明显的标识牌，对建设单位、施工单位、疏浚范围、疏浚砂利用量等信息进行公示。不得擅自变更疏浚时间、范围、控制高程、疏浚方式等，确保疏浚作业及疏浚砂综合利用有序实施。疏浚砂上岸后，使用单位应严格按照地方人民政府的规定履行疏浚砂提货程序，不得擅自提取、交付、发运、转让或将疏浚砂挪作他用。

疏浚砂综合利用项目有关单位应落实疏浚现场安全生产管理责任制，严格遵守航行规则，确保施工安全，防止污染环境。疏浚作业船和运砂船必须持有合法有效的船舶、船员证书，配员符合要求。长江海事管理机构应加强对通航安全的监管，维持正常的通航秩序。

四、保障措施

（一）加强组织领导。长江河道疏浚砂综合利用管理严格贯彻落实河长

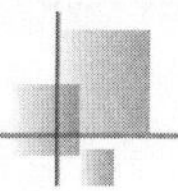

制湖长制和采砂管理地方人民政府行政首长负责制，县级以上地方人民政府应加强组织领导，明确职责分工，及时协调解决突出问题，确保疏浚砂综合利用顺利实施。同时，要加强巡查监管，严厉打击非法采砂行为，切实维护采砂管理的良好秩序。

（二）建立联动机制。长江河道疏浚砂综合利用所在地水行政主管部门应积极向地方人民政府汇报，提请建立水利、交通运输及有关部门参加的协调机制，形成政府主导、部门各司其职、协调联动的管理模式。长江委、长航局要主动做好沟通协调，加强有关疏浚作业与疏浚砂综合利用的有机衔接，完善与省级人民政府水行政主管部门的长江河道疏浚砂综合利用沟通协调联动机制。

（三）强化督促检查。长江委、长航局联合省级人民政府水行政主管部门加强对有关长江河道疏浚砂综合利用项目的监督指导，适时开展联合检查，确保疏浚砂综合利用的科学合理和安全有序。对在疏浚砂综合利用中存在超范围采砂、擅自处置疏浚砂等行为，依法严肃查处。情节严重、导致采砂管理秩序混乱的，应停止疏浚砂的综合利用，并追究相关责任单位和责任人的责任。

本意见所称长江河道疏浚砂综合利用管理，是指长江河道、航道工程项目所产生的砂石除项目自用外，需要上岸综合利用的管理。本意见适用于长江宜宾以下干流河道，长江流域其他河道可参照执行。

水利部　交通运输部

2020 年 9 月 25 日

水利部办公厅关于加快规划编制工作、合理开发利用河道砂石资源的通知

办河湖函〔2019〕1054号

各流域管理机构，各省、自治区、直辖市水利（水务）厅（局），新疆生产建设兵团水利局：

河道砂石是河床的组成部分，也是重要的建筑材料。为合理开发利用河道砂石资源，规范河道采砂秩序，现就有关事项通知如下：

一、充分认识合理开发利用河道砂石资源的重要性

合理开发利用河道砂石，对于缓解建筑市场供需矛盾，促进经济社会发展意义重大。近年来，各地加强河道采砂管理，严厉打击非法采砂，有效遏制非法采砂乱象，有力维护了河道采砂秩序。但是，有的地方在采砂管理中不重视河道采砂规划、许可和日常监管，简单采取“一禁了之”的做法，片面搞“一刀切”，既没有管住非法采砂，又没有发挥河道砂石的资源功能，一定程度上也加大了采砂管理难度。各地要切实提高政治站位，从经济社会发展全局、大局出发，充分认识合理开发利用河道砂石的重要性，坚持疏堵结合，既严厉打击非法采砂，维护河势稳定，保护河道及生态安全；又在保证安全和生态的前提下，通过科学规划、有效监管，合理开发利用砂石资源。

二、加快编制河道采砂规划，为合理开发利用河道砂石资源提供科学依据

各地和各流域管理机构要加快组织编制河道采砂规划。河道砂石供需矛盾突出的地区，要全面摸清当地河砂总体情况及缺口底数，通过编制规划，合理确定可采区、可采期、可采量等，科学挖掘河砂潜力，积极盘活河砂存量。依法依规合理划定禁采区、规定禁采期，不得不切实际、片面扩大禁采区、长期全年禁采。

各流域管理机构组织编制或修编的重要江河湖泊采砂规划中，长江上游

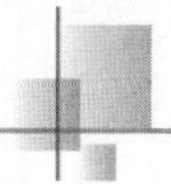

干流宜宾以下河道、黄河流域重要河段采砂规划，应在2019年12月31日前完成，其他流域相关河道采砂规划应在2020年6月30日前完成。各省级水行政主管部门也要组织指导各地加快推进相应的河道采砂规划编制工作，其中，各地上报、水利部公布的全国河道采砂管理重点河段、敏感水域，要在2020年6月30日前全部完成采砂规划编制，对于实行禁采的重点河段、敏感水域，也应在相应河流（段）采砂规划中予以明确。在2020年12月31日前，有采砂管理任务的河道要基本实现采砂规划全覆盖。

河道采砂规划编制，按照《水利部关于河道采砂管理工作的指导意见》（水河湖〔2019〕58号）和《河道采砂规划编制规程》（SL 423—2008）相关规定执行。地方性法规对河道采砂规划编制、批准权限已有规定的，按地方性法规执行。

在河道采砂规划没有编制完成或批准前，确因防汛抢险、国家重点工程建设等急需应急用砂的，在确保河道及生态安全的前提下，县级以上地方人民政府水行政主管部门可编制河道采砂临时应急方案，方案要务求实效，突出针对性、时效性和可操作性，主要包括可采区范围、深度、开采量、作业方式、堆砂场设置、河道修复及现场监管等内容，经上一级水行政主管部门同意，由本级人民政府批准后依法实施。河道采砂临时应急方案规定的开采期不超过2020年6月30日。

三、规范河道采砂管理，推动河道砂石资源有序开采

各地和各流域管理机构应以批准的规划为依据，按照管理权限依法许可河道采砂，按照国务院“简政放权、放管结合、优化服务”要求，优化简化办事流程，提供高效便捷服务。

加强事中事后监管，确保合理有序开采。要充分运用现代技术手段，加强对许可采区的现场监管，推行砂石采运管理单（四联单）等制度，强化砂石开采、运输、销售等各环节全过程监管，探索政府主导的统一经营管理模式。

将河道采砂与河道清淤疏浚、河道综合治理相结合。因地制宜，加大河道疏浚力度，推进疏浚砂综合利用。清淤疏浚、河道综合治理工程涉及开采河道砂石的，应在项目实施方案中明确河砂开采、堆放、处置等方案，相关部门要强化现场监管，确保严格按照实施方案实施。

四、加强组织领导，抓好责任落实

各地和流域管理机构要高度重视河道采砂管理工作，正确处理保护与开

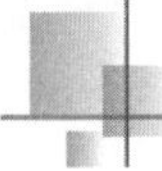

发的关系，坚持疏堵结合，要坚决杜绝“一禁了之”，也要防止“一放就乱”。要按照本通知要求，从组织编制河道采砂规划工作入手，立即进行部署，组织快编快审。要建立工作台账，抓好责任落实，明确时间表、路线图，确保各项任务落实。要以河长制湖长制为抓手，全面落实河道采砂管理责任制，注重发挥好各级河长和相关部门的作用，形成工作合力。通过科学规划、规范许可、有效监管，推动河道砂石合理开发利用，在维护河湖健康生命的同时，有效缓解建筑市场砂石供需矛盾，促进地方经济社会发展。

水利部

2019 年 9 月 27 日

水利部关于河道采砂管理工作的指导意见

水河湖〔2019〕58号

各流域管理机构，各省、自治区、直辖市水利（水务）厅（局），新疆生产建设兵团水利局：

为深入贯彻落实习近平生态文明思想和党的十九大精神，进一步加强河道（含湖泊，下同）采砂管理，维护河势稳定，保障防洪安全、供水安全、通航安全、生态安全和重要基础设施安全，根据《水法》《防洪法》《河道管理条例》等法律法规和中央全面推行河长制湖长制相关要求，现就河道采砂管理工作提出如下意见：

一、切实提高政治站位，高度重视河道采砂管理

保护江河湖泊事关人民群众福祉，事关中华民族长远发展。河道采砂管理是保护江河湖泊的重要内容。经过多年努力，河道采砂管理工作不断加强，全国采砂秩序总体可控。但是，近年来，随着经济社会不断发展，砂石需求居高不下，加之河流、湖泊总体来沙量持续减少，一些地方河道无序开采、私挖乱采等问题时有发生，造成河床高低不平、河流走向混乱、河岸崩塌、河堤破坏，严重影响河势稳定，威胁桥梁、涵闸、码头等涉河重要基础设施安全，影响防洪、航运和供水安全，危害生态环境。

各地要深入贯彻落实习近平生态文明思想，牢固树立“四个意识”，坚定“四个自信”，坚决做到“两个维护”，积极践行人与自然和谐共生、绿水青山就是金山银山的理念，正确处理河湖保护和经济发展的关系，充分认识加强河道采砂管理工作的重要性、紧迫性、艰巨性、复杂性和长期性，按照“保护优先、科学规划、规范许可、有效监管、确保安全”的原则和要求，保持河道采砂有序可控，维护河湖健康生命。

二、以河长制湖长制为平台，落实采砂管理责任

根据中共中央办公厅、国务院办公厅《关于全面推行河长制的意见》《关于在湖泊实施湖长制的指导意见》，各级河长湖长对本行政区域内河湖管

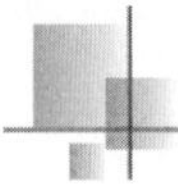

理和保护负总责，各河段河长是相应河湖管理保护的第一责任人，负责牵头组织对非法采砂等突出问题进行清理整治。各地要根据中央要求，落实河长湖长的河湖管理保护责任，将采砂管理成效纳入河长制湖长制考核体系。

各级水行政主管部门要坚持守河有责、守河担责、守河尽责，切实承担起河道采砂管理这项法定职责，加强统一监督管理。要将河长制湖长制与采砂管理责任制有机结合，建立河长挂帅、水利部门牵头、有关部门协同、社会监督的采砂管理联动机制，形成河道采砂监管合力。加强对"采、运、销"三个关键环节和"采砂业主、采砂船舶和机具、堆砂场"三个关键要素的监管。各地要对辖区内有采砂管理任务的河道，逐级逐段落实采砂管理河长责任人、行政主管部门责任人、现场监管责任人和行政执法责任人，由县级以上水行政主管部门按照管理权限向社会公告，并报省级水行政主管部门备案。其中，水利部商各地明确的采砂管理任务较重的重点河段、敏感水域相关责任人名单要在每年 4 月 20 日前报水利部，由水利部统一向社会公告。

三、坚持保护优先原则，强化规划刚性约束

采砂规划是河道采砂管理的依据，是规范河道采砂活动的基础。各地要根据河湖管理权限，对具有采砂任务的河湖，抓紧编制采砂规划。河道采砂规划一经批准，必须严格执行，确需修改的，应当依照原批准程序报批。

河道采砂规划要按照《河道采砂规划编制规程》（SL 423—2008）相关要求进行编制。落实保护优先、绿色发展的要求，坚持统筹兼顾、科学论证，确保河势稳定、防洪安全、通航安全、生态安全和重要基础设施安全，严格规定禁采期，划定禁采区、可采区，合理确定可采区采砂总量、年度开采总量、可采范围与高程、采砂船舶和机具数量与功率要求。采砂规划要按照水利规划环境影响评价的有关要求，编写环境影响篇章或说明。

河道采砂规划由县级及以上地方水行政主管部门组织编制，经上一级水行政主管部门审查同意，由本级人民政府审批。省级水行政主管部门编制的河道采砂规划，批准前需征得有关流域管理机构同意。水利部流域管理机构主持编制的流域内重要江河湖泊河道采砂规划，由水利部或其授权的单位审批。

县级以上人民政府水行政主管部门应依法划定禁采区和规定禁采期，并予以公告。

四、严格许可审批管理，加强事中事后监管

根据《河道管理条例》，河道采砂须经有关河道主管机关批准。未经批准，不得从事河道采砂活动。水利部流域管理机构直管河道的采砂许可，由有关流域管理机构依法组织实施。

河道采砂许可应以批复的采砂规划、年度采砂计划为依据，依法依规进行。对于采砂规划不到位、现场管理责任人不到位、日常监管措施不到位，无可采区实施方案、堆砂场设置方案及河道修复方案的，不得许可河道采砂。采砂许可应对采砂作业范围、作业方式、作业时间、采砂船只和机具数量及规格等予以明确规定。积极探索推行统一开采经营等方式，具体由县级以上人民政府确定。

因吹填固基、整治疏浚河道、航道和涉水工程进行河道采砂的，应当编制采砂可行性论证报告，报经有管辖权的水行政主管部门批复同意。依法整治疏浚河道、航道和涉水工程产生的砂石一般不得在市场经营销售，确需经营销售的，按经营性采砂管理，由当地县级以上人民政府统一组织经营管理。

按照“谁许可、谁监管”原则，加强许可采区事中事后监管。实行旁站式监管，建立进出场计重、监控、登记等制度，确保采砂现场监管全覆盖、无盲区。采砂现场应设立明显标志，载明相关许可信息，确保作业安全。采砂船和机具统一登记、规范管理。

河道采砂必须严格按照许可的作业方式开采，不得超范围、超深度、超功率、超船数、超期限、超许可量，采砂结束后及时撤离采砂船和机具、平复河床。堆砂场应设置在河道管理范围以外，确需设置在河道管理范围内的，应符合岸线规划，并按有关规定办理批准手续。积极探索推行河道砂石采运管理单制度，强化采、运、销全过程监管。

各地应加强采砂船舶属地管理，探索推行采砂船集中停靠制度。根据本地河道砂石资源状况，出台有关政策和措施，积极引导切割过剩采砂船，引导采砂业主、涉砂从业人员转产与分流。

五、加强日常监督巡查，严厉打击非法采砂

加强日常监督巡查。建立河道采砂监督巡查制度，坚持明察与暗访相结合，更多采取不发通知、不打招呼、不听汇报、不用陪同，直奔管理一线、直插现场的方式。水利部各流域管理机构、地方各级水行政主管部门要加强监督巡查，对重点河段、敏感水域、问题多发区域和重要时段加大巡查频次。强化对禁采区和禁采期的巡查监管，及时发现并解决问题，杜绝以整改代替处罚、以处罚代替监管的现象。对河道采砂监管中不担当、不作为、慢作为、乱作为，致使河道非法采砂问题突出的相关责任人，要依法依纪严肃问责追责。

始终保持对非法采砂高压严打态势。要充分利用河长制湖长制平台，在河长湖长的统一领导下，统筹有关部门力量，建立定期会商、信息共享、联合检查、联合执法、案件移交等制度。跨界河段（水域）要建立区域联防联控机制，形成上下统一、区域协调、部门联动的执法监管格局。要按照中共中央、国务院关于开展扫黑除恶专项斗争的决策部署，认真落实《最高人民法院　最高人民检察院关于办理非法采矿、破坏性采矿刑事案件适用法律若干问题的解释》（法释〔2016〕25 号），推进行政执法与刑事司法有效衔接，严厉打击非法采砂行为。要做好打击非法采砂中的扫黑除恶工作，及时发现移交问题线索，并配合公安等部门做好后续调查取证和查处工作，形成强大攻势和威慑力。

坚持日常执法与重点打击相结合，适时开展执法打击和专项整治行动。推行执法公示制度、执法全过程记录制度、重大执法决定法制审核制度。

六、加大舆论宣传力度，强化监管能力建设

充分发挥新闻媒体、社会舆论和群众监督作用，营造良好的社会舆论氛围，为加强河道采砂管理和打击违法行为创造有利条件。通过主题宣传活动、宣传公告栏等，加大对河湖保护的宣传教育力度。设立曝光台，主动曝光违法典型案件，形成有效震慑。建立河道非法采砂举报制度，充分发挥群众监督作用。

强化采砂监管信息化手段。按照“务实、管用、高效”的要求，积极运用卫星遥感技术、无人机、GPS 定位、视频监控等现代信息技术，丰富监管手段，提高监管效能和精准度。对许可的采砂船要安装定位系统，对采砂船集中停靠地实行在线监控。对可采区、堆砂场、采砂船集中停靠地等，要在“水利一张图”上进行标注。

加强采砂管理队伍建设。落实河道采砂监管和执法力量，进一步充实采砂管理人员和执法队伍，配备必要的执法装备，落实执法经费，加强队伍培训。强化廉政风险防控和作风建设，按照风清气正、业务过硬、执法严格的要求，打造一支忠诚、干净、担当的河道采砂监管和执法队伍。

长江宜宾以下干流河道采砂管理按《长江河道采砂管理条例》《长江河道采砂管理条例实施办法》执行。

水利部

2019 年 2 月 20 日

水利部　交通运输部关于长江河道采砂管理实行砂石采运管理单制度的通知

水河湖〔2019〕64号

长江水利委员会，长江航务管理局，重庆、上海、四川、湖南、湖北、江西、安徽、江苏省（市）水利（水务）、交通运输厅（局、委）：

为加强长江河道采砂管理，规范长江河道采砂秩序，根据《长江河道采砂管理条例》《内河交通安全管理条例》等行政法规，水利部、交通运输部决定长江河道采砂管理实行砂石采运管理单制度。现将有关事项通知如下：

一、适用范围

长江干流宜宾以下河道内的采、运砂船舶及从其他支流（湖泊）进入长江干流的运砂船舶实行砂石采运管理单制度。

长江流域其他河流（湖泊、水库）采运砂管理可参照此规定执行。

二、砂石采运管理单的形式及内容

对依法办理了采砂许可证的可采区，负责采砂现场监管的主管部门，应根据运砂船舶每艘次实际承运情况，出具砂石采运管理单。

砂石采运管理单一式四联：第一联由采砂现场监管部门收执，作为控制采砂总量的依据；第二联由采砂船收执，作为核对采砂量的依据；第三联由运砂船收执，作为其运输砂石的证明；第四联由现场监管部门交发放采砂许可证的水行政主管部门备案。

砂石采运管理单应注明可采区名称，采砂许可证编号及核定可采砂总量，采运砂船舶船名、运砂船船舶经营人，运砂船实际载运量、运砂船《船舶营业运输证》编号、装砂起止时间及到达码头或装卸点等信息，采砂现场监管的主管部门盖章方能生效。采砂船负责人、运砂船负责人及现场监管人员应对上述信息进行核对并签字确认。

砂石采运管理单由各省（直辖市）根据格式要求自行印制，并加盖省统一的票据专用图章。

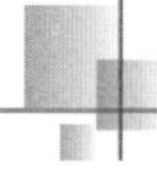

长江水利委员会组织开发砂石采运管理单信息平台，强化信息化管理。

对于涉及砂石转运和过驳的，还应提供相应证明。

三、砂石采运管理单的使用

砂石采运管理单是采、运砂船舶证明其砂源合法有效的证明，任何单位和个人不得伪造、变更和转借。

砂石堆放场所、经营场所的管理人或经营人，在接收运砂船舶砂石时，应检查并收存砂石采运管理单；对不能提供合法砂石采运管理单的，应拒绝接收。

四、砂石转运和过驳管理

县级以上人民政府认定或划定的合法砂场、水上过驳区方能转运或者过驳砂石。

合法砂场、水上过驳区的经营业主应向承运的运砂船舶出具砂石转运（过驳）证明。对不能提供砂石转运（过驳）证明的，运砂船舶不得转运或过驳。

砂石转运（过驳）证明由县级以上人民政府统一印制，内容与砂石采运管理单一致。

砂场、水上过驳区所在地水行政主管部门应加强转运或过驳砂石来源及相关单证的监督管理。

五、砂石采运管理单的监督管理

各级水行政主管部门、海事管理机构（或交通运输综合行政执法机构）在日常巡查或联合执法检查中发现船舶载运砂石的，应检查其砂石采运管理单或砂石转运（过驳）证明，发现有下列行为又不能提供其砂石合法来源证明的，按属地管理原则交地方人民政府给予处罚：

（一）未持有砂石采运管理单或转运（过驳）证明从事砂石运输的；

（二）所持砂石采运管理单或转运（过驳）证明与实际情况明显不符的。

附件：长江河道砂石采运管理单（略）

水利部　交通运输部

2019 年 2 月 22 日

水利部办公厅关于开展全国河湖采砂专项整治行动的通知

办建管函〔2018〕685号

各流域管理机构，各省（自治区、直辖市）水利（水务）厅（局）、河长办，新疆生产建设兵团水利局：

非法采砂严重影响河势稳定，威胁防洪安全、通航安全和生态安全。根据中央关于全面推行河长制湖长制的要求，各级河长、湖长负责牵头组织对非法采砂等突出问题依法进行清理整治。为深入贯彻落实党的十九大精神和习近平总书记系列重要讲话精神，以及近期中央领导同志有关指示，进一步加强河湖采砂管理，严厉打击非法采砂行为，切实维护河湖健康生命，经研究，自2018年6月20日起，水利部在全国范围内组织开展为期6个月的河湖采砂专项整治行动（行动方案见附件）。

本次专项整治行动包括调查摸底、执法打击和集中整治、建立长效机制等阶段，各省（自治区、直辖市）和新疆生产建设兵团水行政主管部门要在地方人民政府领导下，在河长、湖长的具体组织下，负责本行政区域内的河湖采砂专项整治，中央直管河道由流域管理机构联合有关省份实施。

2018年7月31日前各地各有关单位完成调查摸底，10月31日前完成执法打击和集中整治，7—12月，水利部将组织开展督导检查、重点抽查。集中整治后，各地持续建立完善河湖采砂管理长效机制。

各级水行政主管部门和河长制办公室要按照本地人民政府和河长湖长的统一部署，协调组织各有关部门明确目标，落实责任，有力有序开展专项整治行动，确保专项整治达到预期效果，促进河湖采砂管理秩序依法有序可控。

水利部办公厅

2018年6月19日

附件：全国河湖采砂专项整治行动方案（略）

关于印发《关于促进砂石行业健康有序发展的指导意见》的通知

发改价格〔2020〕473 号

各省、自治区、直辖市及计划单列市人民政府，新疆生产建设兵团：

为稳定砂石市场供应、保持价格总体平稳、促进行业健康有序发展，经国务院同意，现将《关于促进砂石行业健康有序发展的指导意见》印发你们，请认真组织落实。

国家发展改革委　工业和信息化部　公安部　财政部　自然资源部　生态环境部　住房城乡建设部　交通运输部　水利部　商务部　应急管理部　市场监管总局　国家统计局　中国海警局　中国国家铁路集团有限公司

2020 年 3 月 25 日

关于促进砂石行业健康有序发展的指导意见

砂石是工程建设中最基本且不可或缺的建筑材料。长期以来，砂石主要由区域市场就近供应，总体处于供求平衡状态，价格保持基本稳定。经过多年大规模开采，天然砂石资源逐渐减少，近年来国内主要江河来沙量大幅下降，加之一些地方对砂石基础性重要性认识不足，行业整治工作简单粗放，没有统筹好“堵后门”和“开前门”的关系，企业数量产量明显减少，造成区域性供需短期失衡，价格大幅上涨，低质砂石进入市场，增加基建投资和重大项目建设成本的同时，影响工程建设进度并带来质量安全隐患，亟须采取措施妥善解决。为稳定砂石市场供应、保持价格总体平稳、促进行业健康有序发展，经国务院同意，现提出以下意见。

一、总体要求

以习近平新时代中国特色社会主义思想为指导，按照党中央、国务院决策部署，牢固树立和坚决践行新发展理念，充分发挥市场在资源配置中的决定性作用，更好发挥政府作用，切实落实地方政府主体责任，坚持先立后

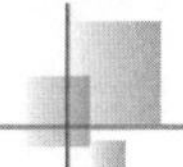

破，加快“开前门”和坚决“堵后门”并重，综合施策、多措并举，合理控制河湖砂开采，逐步提升机制砂石等替代砂源利用比例，优化产销布局，加快构建区域供需平衡、价格合理、绿色环保、优质高效的砂石产业体系，为基础设施投资建设和经济平稳运行提供有力支撑。

二、推动机制砂石产业高质量发展

（一）大力发展和推广应用机制砂石。加快落实《关于推进机制砂石行业高质量发展的若干意见》（工信部联原〔2019〕239 号），统筹考虑各类砂石资源整体发展趋势，逐步过渡到依靠机制砂石满足建设需要为主，在规划布局、工艺装备、产品质量、污染防治、综合利用、安全生产等方面加强联动，加快推动机制砂石产业转型升级。（各省级人民政府，工业和信息化部、发展改革委、自然资源部、生态环境部、住房城乡建设部、交通运输部、水利部、应急部、市场监管总局，中国国家铁路集团有限公司）强化上下游衔接，加快建立并逐步完善机制砂石产品及应用标准规范体系，不断提高优质和专用产品应用比例。（工业和信息化部、住房城乡建设部、交通运输部、水利部、市场监管总局，中国国家铁路集团有限公司）

（二）优化机制砂石开发布局。统筹资源禀赋、经济运输半径、区域供需平衡等因素，积极有序投放砂石采矿权，支持京津冀及周边、长三角等重点区域投放大型砂石采矿权。在引导中小砂石企业合规生产的同时，通过市场化办法实现砂石矿山资源集约化、规模化开采，建设绿色矿山。（各省级人民政府，自然资源部、发展改革委、工业和信息化部、住房城乡建设部、交通运输部、水利部，中国国家铁路集团有限公司）加强资源富集地区和需求量大地区的衔接，沿主要运输通道布局一批千万吨级大型机制砂石生产基地，加强对重点地区的供应保障。引导联合重组，促进产业集聚，建设生产基地与加工集散中心，改进装卸料方式，

减少倒装，有效改变“小、散、乱”局面。（各省级人民政府，工业和信息化部、发展改革委、自然资源部、交通运输部，中国国家铁路集团有限公司）

（三）加快形成机制砂石优质产能。加强土地、矿山、物流等要素保障，加快项目手续办理。引导各类资金支持骨干项目建设，推动大型在建、拟建机制砂石项目尽快投产达产，增加优质砂石供给能力。（各省级人民政府，工业和信息化部、发展改革委、自然资源部、生态环境部、交通运输部，中

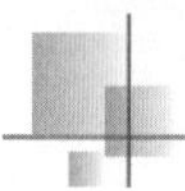

国国家铁路集团有限公司）对符合条件的已设砂石采矿权，支持和引导地方依法予以延续登记，并推动尽快恢复正常生产。鼓励暂未达到相关要求的厂矿进行升级改造，完善必要设施设备，具备条件的尽快复工复产。（各省级人民政府，自然资源部、生态环境部、水利部、应急部）

（四）降低运输成本。推进砂石中长距离运输“公转铁、公转水”，减少公路运输量，增加铁路运输量，完善内河水运网络和港口集疏运体系建设，加强不同运输方式间的有效衔接。推进铁路专用线建设，对年运量 150 万吨以上的机制砂石企业，应按规定建设铁路专用线。（各省级人民政府，交通运输部，中国国家铁路集团有限公司）

三、加强河道采砂综合整治与利用

（五）加强非法采砂综合治理。加强砂石行业全环节、全流程监管，及早发现问题隐患，完善管理制度规范。对无证采砂、不按许可要求采砂等非法采砂行为，保持高压态势，强化行刑衔接，加大打击力度。严格管控长江中下游采砂活动，严防河道非法采砂反弹，维护长江采砂秩序，确保长江健康。（各省级人民政府，水利部、公安部、生态环境部、交通运输部）

（六）合理开发利用河道砂石资源。加强行业指导，加快河道采砂规划编制，在保障防洪、生态、通航安全的前提下，合理确定可采区、可采期、可采量，鼓励和支持河砂统一开采管理，推进集约化、规模化开采。尽快清理不合理的禁采区和禁采期，调整不切实际片面扩大设置的禁采区，纠正没有法律依据实施长期全年禁采的“一刀切”做法。（各省级人民政府，水利部、生态环境部、交通运输部）

（七）加大河道航道疏浚砂利用。及时总结推广河道航道疏浚砂综合利用试点经验，推进河砂开采与河道治理相结合，建立疏浚砂综合利用机制，促进疏浚砂利用。（各省级人民政府，水利部、交通运输部）

（八）探索推进三峡库区等淤积砂开采利用。强化生态保护约束，加强顶层设计，加快探索三峡库区等开展水库淤积砂综合利用试点，努力增加资源供应。（各省级人民政府，水利部、交通运输部）

四、逐步有序推进海砂开采利用

（九）合理开采海砂资源。全面实施海砂采矿权和海域使用权联合招标拍卖挂牌出让，优化出让环节和工作流程。建立完善海砂开采管理长效机制。（有关省级人民政府，自然资源部）

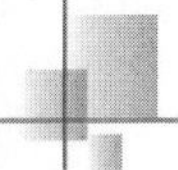

（十）严格规范海砂使用。严格执行海砂使用标准，确保海砂质量符合使用要求。严格控制海砂使用范围，严禁建设工程使用违反标准规范要求的海砂。（有关省级人民政府，住房城乡建设部、交通运输部、水利部、市场监管总局，中国国家铁路集团有限公司）

五、积极推进砂源替代利用

（十一）支持废石尾矿综合利用。在符合安全、生态环保要求的前提下，鼓励和支持综合利用废石、矿渣和尾矿等砂石资源，实现“变废为宝”。（各省级人民政府，工业和信息化部、自然资源部、生态环境部、应急部）

（十二）鼓励利用固废资源制造再生砂石。鼓励利用建筑拆除垃圾等固废资源生产砂石替代材料，清理不合理的区域限制措施，增加再生砂石供给。（各省级人民政府，住房城乡建设部、发展改革委、工业和信息化部、生态环境部）

（十三）推动工程施工采挖砂石统筹利用。对经批准设立的工程建设项目和整体修复区域内按照生态修复方案实施的修复项目，在工程施工范围及施工期间采挖的砂石，除项目自用外，多余部分允许依法依规对外销售。（各省级人民政府，自然资源部、交通运输部、水利部）

（十四）积极推广钢结构装配式建筑。逐步提高钢结构装配

式建筑在学校、医院、办公楼、写字楼等公共建筑中的应用比例，稳步推进钢结构装配式建筑在城镇住宅和农房建设中的推广应用。（住房城乡建设部、发展改革委、工业和信息化部）

六、进一步压实地方责任

（十五）明确责任主体。各地要落实属地管理责任，建立工作协调机制，明确牵头责任单位，加强部门协作，统筹做好促生产、保供应、稳价格、强监管等工作，保障工程建设和民生需要。（各省级人民政府）

（十六）确保重点工程项目需要。市场供应紧张、价格涨幅较大的地区，要针对性制定应急保供方案，切实采取有效措施，加强货源和运输调度的统筹协调，确保重点工程项目建设不受影响。（各省级人民政府）

（十七）切实保障防汛等应急用砂石。针对防汛抢险等应急用砂石，根据需要建立应急开采机制，制定应急方案，在严格执行方案要求、实行专砂专用的前提下，由地方政府统筹启动应急开采和保障供应。（各省级人民政府）

（十八）营造良好环境。推进相关领域“放管服”改革，简化申请资料

要件，优化工作流程，提高办事效率。（各省级人民政府）坚持一视同仁，积极吸引社会资本进入，允许和支持民营企业平等进入砂石矿山开采、河道采砂、海砂开采等行业，保护民营砂石生产企业合法权益。（各省级人民政府，工业和信息化部、自然资源部、水利部）

七、进一步加强市场监管

（十九）严厉查处违法违规行为。结合扫黑除恶专项斗争，依法严厉查处违法开采、非法盗采、违规生产、污染破坏环境、造假掺假等违法违规行为，以及建设工程违规使用海砂行为，严格追究相关单位与个人的责任。落实长江河道采运管理“四联单”制度，依法查处“三无”采砂船及非法改装、伪装、隐藏采砂设备的船舶。（各省级人民政府，公安部、工业和信息化部、自然资源部、生态环境部、住房城乡建设部、交通运输部、水利部、市场监管总局，中国海警局）

（二十）规范市场秩序。全面加强砂石质量抽查监管力度。（住房城乡建设部、市场监管总局按照各自职能共同负责）严厉打击互相串通、操纵市场价格、哄抬价格以及不正当竞争等违法违规行为，规范市场和价格秩序。（市场监管总局）

（二十一）加强进出口管理。从严管控砂石出口，合理引导市场主体扩大砂石进口规模。（商务部）

八、建立健全工作机制

（二十二）建立部门工作协调机制。加强部门联动，形成工作合力，建立砂石保供稳价工作协调机制，强化工作指导，定期会商研究相关问题。（发展改革委会同相关部门）

（二十三）加强监测预警和信息发布。加强砂石市场供应和价格监测预测预警，及时分析研判市场供求变化，每两个月调度一次全国砂石供求情况。及时发布砂石市场信息，积极引导市场主体及早做出反应，稳定市场预期。（发展改革委会同相关部门）

各地区要进一步提高认识，切实落实主体责任，把做好砂石保供稳价、促进行业健康有序发展提上重要议事日程，抓紧建立工作机制，制定实施方案，狠抓工作落实。有关职能部门要强化政策协调，加强工作指导，积极推动产业高质量发展。当前，要在科学做好新冠肺炎疫情防控工作前提下，结合工程项目有序复工复产进度，切实保障砂石市场供应和价格基本稳定。

水利部办公厅关于开展全国河道非法采砂专项整治行动的通知

办河湖〔2021〕252 号

各省、自治区、直辖市河长制办公室、水利（水务）厅（局），新疆生产建设兵团水利局，各流域管理机构：

为贯彻落实中央扫黑除恶常态化暨加快推进重点行业领域整治的决策部署，严厉打击“沙霸”及其背后“保护伞”，水利部决定组织开展全国河道非法采砂专项整治行动，现就有关事项通知如下。

一、充分认识开展河道非法采砂专项整治的重要意义

非法采砂影响河势稳定，危及防洪、供水、航运和基础设施安全，危害生态环境。习近平总书记高度重视，多次作出重要指示批示，要求严厉打击“沙霸”及其背后“保护伞”，其他中央领导同志也多次提出明确要求。整治非法采砂作为深化重点行业领域整治的重要内容，已纳入中央扫黑除恶常态化工作部署。各地要切实提高政治站位，坚持以习近平新时代中国特色社会主义思想为指导，全面贯彻落实党的十九大和十九届二中、三中、四中、五中全会精神，深入学习贯彻习近平总书记重要指示批示精神，坚决落实党中央、国务院决策部署，立足新发展阶段、贯彻新发展理念、构建新发展格局，推动高质量发展，统筹发展和安全，正确处理保护与开发的关系，充分认识开展河道非法采砂专项整治的重要意义，以更高站位、更实举措、更严作风抓紧抓好。

二、准确把握专项整治行动的总体要求

自 2021 年 9 月 1 日起，集中一年时间，对全国有采砂管理任务的河湖，持续深入开展非法采砂专项整治（以下简称专项整治）。专项整治坚持以打击为先、以防控为基、以监管为重、以立制为本、以明责为要，对非法采砂坚决重拳出击，严厉打击“沙霸”及其背后“保护伞”，坚决打赢河道非法采砂整治攻坚战。加大对重点河段、水域、人员、船舶管控力度，全面遏制非法采砂反弹势头，推动河道采砂领域涉黑涉恶现象得到有效治理、河道采

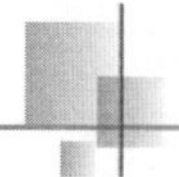

砂秩序持续向好、采砂管理机制进一步完善、河湖面貌不断改善、人民群众满意度持续提升。

三、多措并举，协调联动，严厉打击非法采砂行为

各地由省级水行政主管部门组织，以县为单元综合运用拉网式排查、不间断暗访、常态化巡查等方式，及时发现非法采砂问题。按照自查自纠、边查边改的要求，对未经批准擅自采砂，在禁采区、禁采期采砂，以及超范围、超深度、超期限、超许可量等未按许可要求采砂的各类非法采砂行为，坚持露头就打，发现一起、整治一起。对在禁采区、禁采期非法采砂的一律从严处罚。加强行政执法与刑事司法衔接，配合司法机关打击非法采砂犯罪行为，对涉砂有关涉黑涉恶线索及时向公安机关移送。积极配合政法、纪检监察等部门，彻查非法采砂案件涉及的利益链条、深挖背后“保护伞”。针对非法采砂船舶突出问题，地方各级水行政主管部门应提请河长湖长组织开展采砂船舶综合治理，严厉打击无证采砂或未按许可要求采砂的船舶；严查证件不齐、船证不符的采砂船，尤其是无船名船号、船舶证书、船籍港的“三无”采砂船；严禁对船舶非法改装以及建造伪装、隐藏采砂设备的采砂船。对查获的“三无”和“隐形”采砂船依法予以拆解。

四、严格规划、许可、监管、执法各环节管理，规范河道采砂秩序

目前，大江大河河道采砂规划已全部批复实施，其他有采砂管理任务的河道采砂规划已基本完成，未完成采砂规划编制的地区应加快完成相关工作。各地要以采砂规划为依据开展河道采砂许可。对于采砂规划不到位、现场管理责任人不到位、日常监管措施不到位，无可采区实施方案、堆砂场设置方案及河道修复方案的，不得开采。要加强许可采砂现场监管，建立进出场计重、监控、登记等制度，坚决防止违规开采。开采完成后应及时平整修复河道，并按照规划、许可要求组织验收。加大日常巡查力度，对于问题多发区域和重要时间节点增加巡查频次。加强对河道支流非法采砂、隐蔽型非法采砂等动向的发现和打击能力，紧盯“采、运、销”关键环节和“采砂业主、采砂船舶（机具）、堆砂场”关键要素，强化全链条监管。加大行政执法力度，落实水行政执法“三项制度”，把好事实关、证据关、程序关和法律适用关，严格规范公正文明执法。充分运用大数据、云计算、卫星遥感、视频监控、无人机航拍航测等先进科技手段，提升信息化智能化监管水平。

五、坚持疏堵结合，联防联控，建立河道采砂管理长效机制

各地要严格落实河道采砂管理责任制，明确河道采砂管理河长、水行政

主管部门、现场监管和行政执法责任人并向社会公布，接受社会监督，将河道采砂管理纳入河湖长制考核体系。建立健全河长湖长统一领导、水利部门牵头、有关部门各司其职、社会各界共同参与的河道采砂管理联动机制。完善与政法、纪检监察等部门的信息共享、线索移交、联合执法长效机制。加强区域联防联控，统筹上下游、干支流、左右岸，确保边界、跨行政区域河（湖）段（片）执法监管不缺位。要深刻认识近年来河道来沙量及河砂供给占比逐年下降现状，坚持疏堵结合，统筹砂石供给，综合考虑区域砂石资源禀赋，推进集约化、规模化统一开采管理，将河砂开采与河道治理、水库清淤相结合，依法合规综合利用河道疏浚砂、水库淤积砂。同时，积极配合有关部门，大力推广使用机制砂，缓解建设用砂供需矛盾。

六、精心组织，压实责任，确保专项整治行动取得实效

本次专项整治行动由中央统筹、省负总责、市县抓落实。各地要充分发挥河长湖长牵头抓总和组织协调作用，地方各级河湖长制工作办公室、水行政主管部门要协助河长湖长抓好任务分工和责任落实。加强部门协调联动，必要时集中抽调专门力量，组织开展联合执法和监督检查，实现打击非法采砂与打击“沙霸”及其背后“保护伞”工作有机衔接。流域管理机构直管河道打击非法采砂纳入属地管理范围，协同开展专项整治。流域管理机构应不定期对本流域河湖开展暗访检查，加强指导协调。水利部适时组织对问题多发区域、河段进行抽查，重大问题挂牌督办。结合河湖长制考核，对整治工作推进不力、排查整改走过场、采砂秩序混乱的地区，提请有关部门予以追责问责。

长江河道采砂综合整治按照水利部、公安部、交通运输部、工业和信息化部、市场监管总局等五部门相关文件要求执行。

请各省级水行政主管部门、各流域管理机构自 2021 年 11 月起，逢单月 10 日前通过河长制管理信息系统平台非法采砂整治专报模块填报有关数据（样表见附件）；2022 年 1 月 15 日前，将专项整治行动阶段性总结报水利部；2022 年 9 月 15 日前，将专项整治行动总结材料报水利部。

水利部办公厅
2021 年 8 月 16 日

水利部　公安部　交通运输部关于开展长江河道采砂综合整治行动的通知

水河湖〔2021〕80号

水利部长江水利委员会，公安部长江航运公安局，交通运输部长江航务管理局，云南、四川、重庆、湖北、湖南、江西、安徽、江苏、上海等省（直辖市）水利（水务）厅（局）、公安厅（局）、交通运输厅（局、委）：

为全面落实习近平总书记在推动长江经济带发展座谈会上的重要讲话精神，深入贯彻《中华人民共和国长江保护法》，按照习近平总书记等中央领导同志有关批示要求，水利部、公安部、交通运输部决定即日起联合开展长江河道采砂综合整治行动。现将有关事项通知如下：

一、行动目的

压实河道采砂管理责任，规范长江河道采砂管理，严格案件查处，严厉打击非法采、运砂行为，推动扫黑除恶常态化，切实维护长江河道采砂管理秩序，坚决防止非法采砂反弹，确保长江防洪、供水、通航和生态安全。

二、行动范围

长江干流河道及通江支流、湖泊。

三、行动时间

即日起至2021年12月31日。

四、工作任务

（一）落实河道采砂管理责任制。各地对辖区内有采砂管理任务的河道，逐级逐段落实采砂管理河长、行政主管部门、现场监管和行政执法责任人，并向社会公告。长江干流和纳入全国河道采砂管理重点河段、敏感水域的相关责任人名单，按照水利部有关工作要求，4月底前在水利部网站进行公告。

（二）规范河道采砂规划和许可管理。各级水行政主管部门要加快长江干、支流河道及相关湖泊采砂规划编制与审批，依法依规合理划定禁采区、规定禁采期。长江水利委员会（以下简称长江委）及沿江有关水行政主管部门应以批准的规划为依据，依法许可河道采砂。鼓励和支持河砂统一开采管

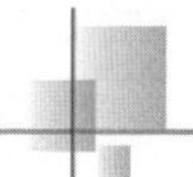

理，推行集约化、规范化、规模化开采。

（三）加强日常巡查监管。各地要加强日常监管，加大巡查力度，对重点江段、敏感水域加密巡查频次，充分运用信息化技术手段，及时发现非法采砂问题。长江委、长江航运公安局（以下简称长航公安局）和长江航务管理局（以下简称长航局）加强对问题易发多发的重点江段和交界水域的暗访巡查。

（四）严厉打击非法采运砂行为。对非法采、运砂行为保持高压严打态势，对发现的违法案件依法从严从快查处。落实扫黑除恶常态化要求，加强行政执法与刑事司法有效衔接，水利、交通运输部门要及时向公安机关移交采砂领域犯罪案件和涉黑涉恶线索，与公安部已经部署开展的打击长江非法采砂犯罪专项行动进行有效衔接。水利部门配合做好砂石价值认定和非法采砂危害防洪安全鉴定工作。

（五）强化涉砂船舶综合治理。强化源头治理，三部会同其他相关部门联合开展长江河道非法采砂行为专项整治行动，推动沿江各地压实属地管理责任，依法查处证件不齐、船证不符的采砂船舶，全面清理整治“三无”采砂船和“隐形”采砂船。严禁对采砂船舶进行非法改装，伪装、隐藏采砂设备。依法对采砂船舶实行集中停靠管理。落实砂石采运管理单制度，按有关规定对运输无合法来源证明砂石的船舶进行处罚。

（六）加强疏浚砂综合利用管理。贯彻执行《水利部　交通运输部关于加强长江干流河道疏浚砂综合利用管理工作的指导意见》，指导沿江各地尽快制定符合本地实际的疏浚砂综合利用管理办法，加强部门间协调配合，提高利用效率。加强对疏浚砂综合利用现场的监督检查，严厉打击以疏浚之名非法采砂。

五、有关要求

（一）抓好组织领导和任务落实。本次行动由水利部、公安部、交通运输部牵头组织，沿江各省（直辖市）水利、公安、交通运输部门具体实施。长江委、长航公安局和长航局切实履行相关职责，主动作为，加强巡江检查，共同推进各项任务落实。水利部、公安部、交通运输部将组成督导组，对综合整治行动进行督导，确保取得实效。

（二）加强部门、区域联防联控。水利、公安、交通运输等部门要加强沟通协作，并建立信息沟通、案件移送、联合执法等制度，推动部门间采砂管理合作机制向基层延伸。强化省际间协同配合和联防联控，交界水域相关地区要完善采砂管理合作机制，形成齐抓共管合力，坚决防止非法采砂反弹。

（三）做好舆论宣传和行动总结。各地各部门要通过电视、广播、网络、报刊等媒体，加大宣传力度，发挥案件查处警示作用，营造良好的河道采砂管理社会环境和高压严打非法采砂舆论氛围。各省（直辖市）有关主管部门及长江委、长航公安局、长航局及时总结相关工作，由长江委汇总后于12月31日前将总结报告报送水利部、公安部、交通运输部。

水利部　公安部　交通运输部

2021年3月11日

水利部　公安部　交通运输部
工业和信息化部　市场监管总局关于
进一步明确长江河道采砂综合整治
有关事项的通知

水河湖〔2021〕113号

云南省、四川省、重庆市、湖北省、湖南省、江西省、安徽省、江苏省、上海市水利、公安、交通运输、船舶工业、市场监管行政主管部门，水利部长江水利委员会，公安部长江航运公安局，交通运输部长江航务管理局：

为深入贯彻落实习近平总书记等中央领导同志关于长江河道采砂的重要指示批示精神，水利部、公安部、交通运输部部署开展了长江河道采砂综合整治行动，采砂船舶治理是其中重要内容。为进一步强化采砂船舶源头管控，水利部、公安部、交通运输部、工业和信息化部、市场监管总局决定对长江河道采砂船舶和采砂行为专项治理（以下简称专项治理）有关事项通知如下。

一、指导思想

以习近平新时代中国特色社会主义思想为指导，全面贯彻落实党的十九大和十九届二中、三中、四中、五中全会精神，深入学习贯彻习近平总书记关于推动长江经济带发展系列重要讲话，坚决落实中央领导同志指示批示精神，坚持问题导向、源头治理，严肃查处非法采砂船舶，严厉打击非法采砂行为，切实保障防洪安全、生态安全、通航安全和人民群众生命财产安全，为推动长江经济带高质量发展提供有力支撑和保障。

二、目标任务

推动地方人民政府落实属地责任，调动各相关部门执法力量，对长江非法采砂船舶实施集中清理整治。严厉打击无证采砂或未按许可要求采砂的船舶。严查证件不齐、船证不符的采砂船舶，尤其是无船名船号、船舶证书、船籍港的“三无”采砂船舶。严禁对船舶非法改装以及建造伪装、隐藏采砂

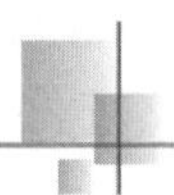

设备的采砂船舶。对查获的“三无”采砂船和“隐形”采砂船依法予以拆解。暂停沿江各地新增采砂船舶注册登记（已经批准开工建造的除外），推动采砂船舶“减存量、控增量”。依法对采砂船舶实行指定停泊。本次专项治理与水利部、公安部、交通运输部正在开展的长江河道采砂综合整治行动相衔接，通过综合整治，推进长江采砂船舶规范管理，严厉打击非法采砂行为，切实维护长江河道采砂秩序。

三、责任分工

在沿江地方各级人民政府的领导下，各有关部门具体组织实施专项治理，开展日常巡查和联合执法打击。

沿江地方各级人民政府水行政主管部门和长江水利委员会（以下简称长江委）负责河道采砂管理和监督检查工作。

沿江地方公安机关和长江航运公安局（以下简称长航公安局）负责长江水上治安管理工作，严厉打击非法采砂犯罪和涉砂黑恶势力，以及干扰、威胁执法检查工作人员的违法犯罪行为。

沿江地方交通运输部门和长江航务管理局（以下简称长航局）配合地方人民政府查处“三无”采砂船舶和船证不符的采砂船舶，严厉打击非法采砂船舶碍航、破坏航道条件的违法行为。

沿江地方船舶工业主管部门负责对船舶建造企业的行业管理。

沿江地方市场监管部门负责依法查处无照经营砂石的违法行为。

四、组织实施

专项治理包括全面摸排、集中整治、建章立制等三个阶段。落实长江采砂管理地方人民政府行政首长负责制，水利、公安、交通运输、船舶工业、市场监管等主管部门在地方人民政府统一领导下具体组织实施。

（一）全面摸排（2021 年 6 月 20 日前完成）

一是全面摸排长江干流及通江支流和湖泊停泊、移动或作业的采砂船舶。包括船名、船号、船籍港、船舶种类、功率、船舶建（改）造信息等；采砂作业的需登记采砂许可证等具体信息；已经报废或无人认领的采砂船舶也需如实登记造册。

二是全面摸排采砂船舶指定停泊情况。包括指定停泊点名称、坐标、责任单位、责任人及信息化监控情况；指定停泊停靠的采砂船舶登记造册和管理情况；采砂船舶违反指定停泊规定非法移动情况等。

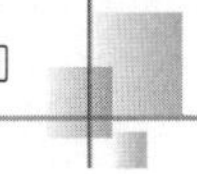

三是全面摸排本行政区域内采砂船舶建（改）造点。包括企业名称、营业执照、产能等信息，以及 2020 年以来已出厂和在建的采砂船数量、类型等。

（二）集中整治（2021 年 10 月 20 日前完成）

对发现的非法采砂以及运输、收购、销售违法违规开采的河道砂石的行为，立即开展执法打击，从严从快予以处罚，对构成犯罪的非法采砂业主和从业人员要依法追究刑事责任。

严格落实指定停泊制度，对擅自离开指定停泊点的采砂船舶，依法严肃查处。

对无法提供合法有效证照的采砂船舶，以及故意隐藏采砂设备的隐形采砂船，依法采取扣押、没收、拆解等方式处置。其中，被扣押船舶应集中停靠在当地人民政府指定的集中扣押点，并由当地人民政府派人负责看守。

对未经批准或未按照相关批准要求从事采砂船舶建（改）造，以及建（改）造隐藏采砂设施的隐形采砂船舶的建（改）造点，要依法处罚、取缔，对其建（改）造的采砂船舶按“三无”船舶相关规定进行处理。

严厉打击干扰、威胁执法检查工作人员的违法犯罪行为和涉砂黑恶势力。

（三）建章立制（2021 年 12 月 20 日前完成）

以案促改，以打促治，各地各有关部门要及时梳理总结全面摸排和集中整治过程中存在的问题和经验做法，要在落实采砂船舶管理责任制、强化部门协作、开展联合执法、加强日常监管巡查以及采砂船舶指定停泊管理、采砂船舶建（改）造管理、非法船舶处置等方面建立完善相关制度，推动建立完善采砂船舶管理长效机制，实行常态化管理，确保专项治理结束以后，对新出现的各类非法采砂船舶，做到露头就打，阶段性动态清零。

专项治理期间，水利部、公安部、交通运输部、工业和信息化部、市场监管总局组织对各地工作开展情况进行督导检查，对非法采砂船舶问题突出的重点区域进行抽查，对存在工作组织不力、不作为、慢作为等问题以及仍发现有非法采砂船舶的，将约谈有关地方和部门，并在一定范围进行通报。

五、工作要求

（一）加强领导，落实责任。沿江各省（直辖市）要高度重视，按照本通知要求，结合实际成立本地区专项治理工作组，统一组织协调推进相关工作，细化方案、分工协作，压紧压实责任，统筹部门力量，确保取得预期成效。

（二）严格执法，不走过场。沿江各地各有关部门要对重点区域、重点目标依法依规进行严查，做到不留死角、不打折扣、不走过场。对专项治理期间发现的非法采砂船舶和非法建（改）造采砂船行为，依法从严处罚，构成犯罪的，及时移交司法机关，追究刑事责任。

（三）加强宣传，及时总结。沿江各地各有关部门要做好专项治理的舆论引导，加强法律政策宣传，曝光典型案件，实现查处一批、震慑一批、教育一批，营造正向舆论氛围。各省（直辖市）专项治理工作组要对工作开展情况及时总结，于专项治理结束后 10 日内向五部门报送总结报告。

水利部　公安部　交通运输部

工业和信息化部　市场监管总局

2021 年 4 月 8 日

水利部关于加强长江河道采砂现场监管和日常巡查工作的通知

水建管〔2013〕467号

长江水利委员会，四川、重庆、湖北、湖南、江西、安徽、江苏、上海省（直辖市）水利（水务）厅（局）：

为进一步落实长江采砂管理责任制，加强长江河道采砂现场监管和日常巡查工作，依法严厉打击非法采砂行为，维护长江干流河道采砂总体可控的良好局面，保障防洪安全、通航安全和河势稳定，现就有关事项通知如下：

一、严格落实长江采砂管理责任制

各地要按照《长江河道采砂管理条例》的规定，严格落实以地方行政首长负责制为核心的长江采砂管理责任制。要按照管辖权限，逐江段落实采砂管理地方人民政府行政首长责任人、水行政主管部门责任人和现场监管责任人。要建立健全责任追究制度，对因责任不落实、监管不到位导致偷采现象严重、采砂秩序混乱、造成重大责任事故、影响防洪和通航安全的责任人，按照有关规定严肃处理。

沿江各省、市、县水行政主管部门每年4月1日前在本地主要媒体上向社会公告本行政区域内长江采砂管理地方行政首长责任人、水行政主管部门责任人和现场监管责任人名单。长江水利委员会每年4月30日前在《中国水利报》、水利部网站等媒体上公告长江干流河道采砂管理各责任人名单，并报水利部备案。

二、加强许可采区现场监管

沿江各地要切实加强许可采区的现场监管工作，要结合实际制定完善现场监管办法，按年度制定现场监管实施方案或工作计划，对许可采区现场监管作出具体安排，并报省级水行政主管部门备案。

许可采区现场监管的重点是采砂船只是否持有有效的河道采砂许可证，是否按采砂许可证规定的要求采砂，是否存在超范围、超时限、超功率、超采量、超船数等违规采砂行为。现场监管人员对发现的违法违规采砂行为要及时制止，并立即报告相关水行政执法部门或水政执法人员，依照《长江河道采砂管理条例》予以查处。

获得许可的采砂船舶一律安装卫星定位系统。许可采区实行 24 小时旁站式监管和交接班制度，每个班次不少于 2 人，重大节假日、敏感时段、敏感江段要实行领导带班。现场监管人员要认真填写《许可采区现场监管日志》（附表 1），单位负责同志次日审核签字。

三、规范禁采期采砂船舶集中停靠管理

各地要依法加强禁采期采砂船舶集中停靠管理。禁采期内，采砂船舶一律集中停放，无正当理由，不得擅自离开指定地点。对禁采期未在集中停靠点停靠或擅自离开指定地点的采砂船舶，要依法严肃查处。可采期内采砂船舶的管理，依照各省（直辖市）的相关规定执行。

各地应统一规划、科学合理地设置禁采期采砂船舶集中停靠点，制定集中停靠点管理制度，明确具体管理单位和责任人。沿江县级以上水行政主管部门要定期公布本行政区域内的禁采期采砂船舶集中停靠点名称及其相应坐标，同时公布集中停靠点的具体监管单位和责任人；省级水行政主管部门要将本行政区域内采砂船舶集中停靠点名称、坐标及监管单位和责任人报长江水利委员会备案。

各地要加强对集中停靠点的现场监管。要对进入集中停靠点的采砂船舶登记造册，填写《集中停靠点停放船舶花名册》（附表 2），并对船只进出及原因作出详细记录，填写附表 3。有条件的地方可在集中停靠点安装视频监控系统，对进入集中停靠点的采砂船舶加装卫星定位系统，采用信息化手段对集中停靠点船舶实行 24 小时管控。

四、强化河道日常巡查

沿江各地要组织水政执法人员、河道采砂监管人员、河道管理单位对河道采砂实行常态化巡查监管。各地要建立河道采砂日常巡查制度，结合本地实际制定年度巡查方案或计划，报省级水行政主管部门备案。原则上各地对所辖江段每天至少巡查一次，主汛期、重大节假日、敏感时段、敏感水域要加大巡查频次。日常巡查可视实际情况灵活采取乘船巡查或乘车沿岸线陆路巡查等多种方式。巡查时发现非法采砂行为，要立即采取相应处置措施，并由有管辖权的水行政主管部门依照《长江河道采砂管理条例》进行处罚。

日常巡查时，要把沿江砂场作为巡查的一项重要内容，检查沿岸设立的

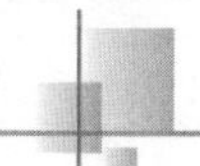

砂场是否符合水域岸线管理规划、是否经相关主管部门审批、砂场设置与审批地点是否一致等。对于不符合上述要求的非法砂场，要依照相关规定及时查处。

巡查人员要做好日常巡查记录，认真填写附表4，对巡查时间、巡查河段、发现问题、处理措施等作出详细记录。

五、加大监督检查力度

长江水利委员会和沿江各省、直辖市人民政府水行政主管部门要切实加强对长江采砂的监督检查。

定期开展监督检查。省级水行政主管部门的监督检查要做到每月至少一次，长江水利委员会每季度至少组织一次监督检查。监督检查的重点是各地采砂管理责任制落实情况、采砂管理制度执行情况、现场监管和日常巡查情况、对非法采砂活动打击与查处情况、历次检查发现问题的整改情况等。

创新监督检查方式。坚持明查与暗访相结合，多采取不发通知、不打招呼、不听汇报、不用陪同，直奔管理一线、直插采砂现场的方式，暗查暗访，掌握采砂一线监管真实情况，切实督促采砂现场监管做到"全覆盖、零容忍、严执法、重实效"。对于敏感水域、重要时段、问题多发地区，要适时组织开展集中打击行动、专项整治活动。

完善督促整改机制和情况通报制度。对监督检查中发现的非法采砂和现场监管问题，要督促地方立即整改，对整改落实情况要组织进行复查。省级水行政主管部门监督检查发现的问题，情节严重的，应在全省范围内通报。长江水利委员会监督检查发现的问题要及时通报给相关省级水行政主管部门和非法采砂发生地的市、县地方人民政府，发现重大问题，要及时报告省级人民政府和水利部。通报时，应将非法采砂发生地的地方行政首长责任人、水行政主管部门责任人、现场监管责任人一并通报。

六、建立信息报送制度

建立长江河道采砂管理信息报送制度。平时实行月报制度，主汛期实行半月报制度，报告期内遇有重大问题要及时报告，未发现非法采砂情况的，也要进行"零报告"。各县（市、区）水行政主管部门要在每月5日（主汛期在5日、20日）前，将上个月（主汛期为上半个月）的采砂管理情况汇总，填写《长江河道采砂管理月/半月报表》（附表5），连同本时段的《许可采区现场监管日志》《河道采砂日常巡查记录》和《集中停靠点管理记录》

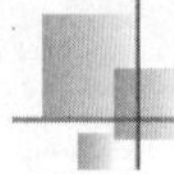

复印件报送本省水行政主管部门。每月10日（主汛期为10日、25日）前，各省级水行政主管部门将本省《长江河道采砂管理月/半月报表》以书面文件和电子文件方式报送长江水利委员会。长江水利委员会每季度第一个月15日前将上季度长江采砂管理情况书面报告水利部，主汛期每月书面报告一次。

七、加强采砂管理队伍能力建设

沿江各地要按照长江河道采砂管理实行专门管理机构、专职管理人员、专用执法装备和专项管理经费“四个专门”的要求，进一步加强长江采砂管理队伍能力建设。要根据本地采砂管理工作需要，进一步充实采砂管理人员，配备必要的执法装备，稳定经费渠道，落实采砂管理和执法经费。省级水行政主管部门要积极协调有关市、县和部门，帮助基层解决装备和经费等问题。要加大对采砂监管人员的培训力度，强化采砂管理队伍的廉政建设，落实廉政建设责任制，加强廉政风险防控教育。

采砂监管执法工作责任重大、条件艰苦。各地除要保证正常的监管执法工作经费外，还可参照防汛值班补贴的相关做法，对正常工作时间以外从事值班、暗访、现场监管、巡查、执法打击等工作的一线人员予以适当补贴，并做好人身保险工作。

其它流域机构、其它省（自治区、直辖市）水利（水务）部门河道采砂现场监管和日常巡查工作参照本通知执行。

水利部

2013年12月10日

（五）水行政许可

水利部办公厅关于进一步加强河湖管理范围内建设项目管理的通知

办河湖〔2020〕177号

各流域管理机构，各省、自治区、直辖市水利（水务）厅（局），新疆生产建设兵团水利局：

加强河湖管理范围内建设项目（以下简称涉河建设项目）管理，关系到防洪安全、河势稳定、生态安全，是全面推行河长制湖长制、加强河湖管理保护的重要内容。近年来，在河湖“清四乱”工作中，一些地方未批先建、违规审批涉河建设项目等问题不同程度存在，今年汛期，新闻媒体对一些违法违规涉河建设项目也有报道，引发社会各界广泛关注。为进一步加强涉河建设项目管理，依据《中华人民共和国水法》《中华人民共和国防洪法》《中华人民共和国河道管理条例》，现就有关要求明确如下：

一、总体要求

以习近平新时代中国特色社会主义思想为指导，全面贯彻党的十九大和十九届二中、三中、四中全会精神，积极践行“节水优先、空间均衡、系统治理、两手发力”的治水思路，紧紧围绕“水利工程补短板、水利行业强监管”水利改革发展总基调，坚持依法依规，严格河湖水域岸线管控，规范涉河建设项目行政许可和实施监管，健全源头预防、过程控制、损害赔偿、责任追究的管理体系，进一步推进涉河建设项目管理有序规范，为建设幸福河湖提供有力保障。各流域管理机构、地方各级水行政主管部门要高度重视涉河建设项目管理，完善制度标准，严格许可程序，加强实施监督，各省级河长制办公室要将清理整治违法违规问题作为河长制湖长制的重要任务，纳入日常工作和考核问责。

二、进一步规范涉河建设项目许可

（一）规范许可范围。在河湖管理范围内建设跨河、穿河、穿堤、临河的桥梁、码头、道路、渡口、管道、缆线等工程设施，要依法依规履行涉河建设项目许可手续。禁止在河湖管理范围内建设妨碍行洪的建筑物、构筑物，倾倒、弃置渣土。禁止围垦湖泊，禁止违法围垦河道。严禁超项目类别进行审批许可，不得以涉河建设项目名义许可尾矿库、永久渣场，不得以桥梁、道路、码头等为名，对开发建设房屋建筑、风雨廊桥、景观工程、别墅等进行许可。对光伏发电、风力发电等建设项目，要符合相关规划，进行充分论证，严格控制，严重影响防洪安全、河势稳定、生态安全的，不得许可。

（二）明确许可权限。各流域管理机构、地方各级水行政主管部门要按照规定的权限进行涉河建设项目许可，对许可行为的依法合规性负直接责任。各流域管理机构涉河建设项目许可权限由水利部确定，其他涉河建设项目许可权限由省级水行政主管部门确定，严禁越权许可。省级水行政主管部门要根据河湖重要程度、项目规模等情况，合理确定省级及以下地方水行政主管部门的许可权限，并指导监督市、县级水行政主管部门的许可工作。流域管理机构许可重要建设项目时，应征求有关省级水行政主管部门的意见，省级的许可文件应抄送有关流域管理机构备案。

（三）严格许可要求。各流域管理机构、地方各级水行政主管部门要依据相关法律法规、技术标准和规划，严格涉河建设项目许可，不仅要维护防洪安全、河势稳定，也要维护河湖空间完整、功能完好、生态安全。对于重要涉河建设项目，要告知建设单位组织编制专门的防洪评价报告，充分论证涉河建设项目对防洪的影响，以及涉河建设项目自身防洪安全。

（四）提高许可效率。各流域管理机构、地方各级水行政主管部门要按照精简、便民、高效的原则，规范审批流程，精简审批手续，依法依规向社会公开有关许可情况，接受社会监督。要主动与发展改革、交通运输等相关部门和建设单位沟通，在桥梁、港口、铁路等重大项目规划、前期立项等环节提前介入，将相关水法律法规、水利规划、防洪等要求落实到设计方案中。

三、切实加强涉河建设项目实施监管

（一）明确监管责任主体。各流域管理机构、地方各级水行政主管部门

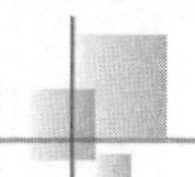

要按照“谁审批、谁监管”要求，在许可文件中，明确涉河建设项目监管责任单位和责任人，提出监管要求。

（二）加强项目实施监管。监管责任单位要强化事中事后监管，指导督促涉河建设项目按照批准的工程建设方案、位置界限、度汛方案等实施。加强对防洪补救措施的实施监管，防洪补救措施需与涉河建设项目主体工程同步实施，同步验收，同步投入使用。

（三）建立日常巡查制度。各流域管理机构、地方各级水行政主管部门要建立健全河湖日常监管巡查制度，并结合水利工程巡查管护、防汛检查等工作，加强对涉河建设项目的巡查检查，对违法违规问题早发现、早处理。地方各级河长制办公室要提请河长在巡河时加强对涉河建设项目的巡查检查。河道管理单位或水利工程管理单位在日常巡查中，发现问题要立即制止，并及时报告有关水行政主管部门依法处理。

（四）加大行政执法力度。各流域管理机构、地方各级水行政主管部门要加强对涉河建设项目许可、建设等环节的监督，严厉查处违法侵占河湖的行为，对违法违规的责任主体要依法依规进行处罚，对有关责任单位和责任人要依法依纪严肃问责。同时，鼓励有条件的地方探索对涉河建设项目实施、防洪评价报告编制等实行信用管理，将存在未批先建、批建不符、弄虚作假等突出问题的市场主体纳入失信惩戒对象名单。

四、加强涉河建设项目管理的保障措施

（一）依法划定河湖管理范围。划定河湖管理范围是加强涉河建设项目管理的基础。有堤防的河湖，管理范围包括两岸堤防之间的水域、沙洲、滩地、行洪区和堤防及护堤地，堤防背水侧护堤地宽度，根据《堤防工程设计规范》（GB 50286—2013）规定，按照堤防工程级别确定，1 级堤防护堤地宽度为 30～20 米，2、3 级堤防为 20～10 米，4、5 级堤防为 10～5 米，大江大河重要堤防、城市防洪堤、重点险工险段的背水侧护堤地宽度可根据具体情况调整确定；无堤防的河湖，管理范围为历史最高洪水位或者设计洪水位之间的水域、沙洲、滩地和行洪区，历史最高洪水位或设计洪水位要根据有关防洪规划、技术规范和水文资料核定。各流域管理机构、地方各级水行政主管部门要严格依照相关法律法规，加快划定河湖管理范围，严禁为避让违法违规建设项目故意缩小河湖管理范围。

（二）落实岸线保护与利用规划约束。各流域管理机构、地方各级水行

政主管部门要按照河湖岸线保护与利用规划编制指南要求，加快规划编制工作，突出保护优先，合理划分岸线保护区、保留区、控制利用区和开发利用区，明确分区管理和用途管控要求，并主动与发展改革、自然资源主管部门对接，将规划成果纳入发展规划和国土空间规划。要以河湖岸线保护与利用规划为依据严格涉河建设项目管理，与规划要求不符的，新建项目一律不得许可，已建项目要因地制宜、有计划地调整或退出。

（三）加强涉河建设项目信息化管理。各流域管理机构、各省级水行政主管部门要组织对管辖范围内的涉河建设项目进行排查，逐步建立完善涉河建设项目台账，并积极利用卫星遥感、视频监控、无人机等技术手段，动态采集河湖水域岸线、涉河建设项目变化情况，实行动态跟踪管理。要依托全国河长制湖长制管理信息系统，逐步将河湖岸线功能分区、涉河建设项目信息纳入“水利一张图”，推进信息化管理。

（四）广泛宣传涉河建设项目法规政策。各流域管理机构、地方各级水行政主管部门要通过报纸、电视、网络、新媒体、宣传册、讲座等多种方式，向河长湖长、有关行政主管部门、建设单位、设计咨询单位、施工企业、社会群众广泛宣传水法律法规和有关政策、涉河建设项目管理知识，要结合河湖“清四乱”常态化规范化，加大对违法违规典型案例的曝光和宣传力度，搭建公众知情平台，畅通公众知情渠道，提升全社会对加强涉河建设项目管理的理解和支持，推动形成知法守法、保护河湖的浓厚氛围。

水利部办公厅
2020 年 8 月 13 日

水利部关于印发《水利部简化整合投资项目涉水行政审批实施办法（试行）》的通知

水规计〔2016〕22号

部机关各司局，部直属各单位，各省、自治区、直辖市水利（水务）厅（局），各计划单列市水利（水务）局，新疆生产建设兵团水利局：

为贯彻落实《国务院办公厅关于印发精简审批事项规范中介服务实行企业投资项目网上并联核准制度的工作方案的通知》（国办发〔2014〕59号）精神，深化水利行政审批制度改革，简化整合投资项目涉水行政审批事项，创新审批方式，优化审批流程，提高审批效率，我部研究制定了《水利部简化整合投资项目涉水行政审批实施办法（试行）》。现予以印发实施。

水利部

2016年1月19日

水利部简化整合投资项目涉水行政审批实施办法（试行）

为贯彻落实《国务院办公厅关于印发精简审批事项规范中介服务实行企业投资项目网上并联核准制度的工作方案的通知》（国办发〔2014〕59号）精神，深化水利行政审批制度改革，进一步简化整合投资项目涉水行政审批事项，创新审批方式，优化审批流程，提高审批效率，现制定简化整合投资项目涉水行政审批的实施办法。

一、整合审批事项

（一）对投资项目涉水行政审批内容相近事项进行分类整合。将取水许可和建设项目水资源论证报告书审批2项整合为“取水许可审批”。将水工程建设规划同意书审核、河道管理范围内建设项目工程建设方案审批、非防

洪建设项目洪水影响评价报告审批、国家基本水文测站上下游建设影响水文监测工程的审批归并为“洪水影响评价类审批”。生产建设项目水土保持方案审批作为1项审批事项保持不变。

二、明确适用范围

（二）取水许可审批适用范围。利用取水工程或者设施直接从江河、湖泊或者地下取用水资源的单位和个人，除《取水许可和水资源费征收管理条例》（国务院令第460号）第四条规定的情形外，都应当申请取水许可。直接取用其他取水单位或者个人的退水或者排水的，应当申请取水许可。在取水许可申请受理阶段需一并提交建设项目水资源论证报告书，作为取水许可审批的依据。

（三）洪水影响评价类审批适用范围。有下列情形之一或以上的，办理洪水影响评价类审批。以项目法人为单位编制一份送审技术报告，技术报告应包含涉及情形相应内容，并符合原审批事项的有关技术要求。

1. 在江河、湖泊上新建、扩建以及改建并调整原有功能的水工程；

2. 在河道、湖泊管理范围内的建设项目；

3. 在洪泛区、蓄滞洪区内建设非防洪建设项目；

4. 在国家基本水文监测站上下游建设影响水文监测的工程。

（四）生产建设项目水土保持方案审批适用范围。在山区、丘陵区、风沙区以及水土保持规划确定的容易发生水土流失的其他区域开办可能造成水土流失的生产建设项目，生产建设单位应当编制水土保持方案，报县级以上人民政府水行政主管部门审批。

三、规范审批权限

（五）取水许可审批权限。按照《取水许可和水资源费征收管理条例》（国务院令第460号）、《取水许可管理办法》（水利部第34号令）等有关规定的审批权限开展建设项目水资源论证报告书技术审查和取水许可审批工作，审批主体为流域管理机构、地方水行政主管部门。

（六）洪水影响评价类审批权限

1. 对只涉及（三）中1种情形的投资项目，仍按该种情形的原审批管理权限执行。

（1）在江河、湖泊上新建、扩建以及改建并调整原有功能的水工程，依据《水工程建设规划同意书制度管理办法（试行）》（水利部令第31号）确

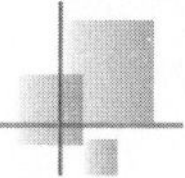

定审批权限，审批主体为流域管理机构、地方水行政主管部门。

（2）在河道、湖泊管理范围内的建设项目，依据《河道管理范围内建设项目管理的有关规定》（水政〔1992〕7号）确定审批权限，审批主体为流域管理机构、地方水行政主管部门。流域管理机构审批权限按照水利部授权文件办理。

（3）在洪泛区、蓄滞洪区内建设非防洪建设项目，依据《关于加强洪水影响评价管理工作的通知》（水讯〔2013〕404号）确定审批权限，审批主体为水利部、流域管理机构和地方水行政主管部门。

（4）在国家基本水文监测站上下游建设影响水文监测的工程，依据《水文条例》确定审批权限，审批主体为水利部、流域管理机构和地方水行政主管部门。

2. 涉及（三）中2种情形及以上的投资项目，实行一个审批机关为主，有关机关会同或者参与的方式开展审批工作，只下达一份审批文件。审批文件针对相应情形分别出具审查意见。

审批权限属于不同层级，由高一级水行政主管部门组织开展审批工作。审批权限属于流域管理机构和地方水行政主管部门的，由流域管理机构负责实施，有关地方水行政主管部门参与；审批权限属于两级以上或者两个以上地方水行政主管部门的，原则上由上级或者共同的上一级地方水行政主管部门负责实施，有关的下级水行政主管部门参与；审批权限分别属于水利部和流域管理机构的，由流域管理机构负责实施；审批权限属于不同流域管理机构的，项目法人可以选择向一个流域管理机构提出申请，由首先受理申请的流域管理机构牵头，会同有关流域管理机构办理。各审批机关根据投资项目涉水行政审批主要内容确定牵头办理部门。

四、优化审批流程

（七）统一受理。水利部及7个流域管理机构分别设立水行政服务窗口，统一受理水行政审批事项，编制服务指南，明确办理流程和时限要求。推行受理单制度，对申请材料符合规定的要予以受理并出具受理单。地方水行政主管部门要参照水利部和流域管理机构做法，加快服务窗口建设，实行统一受理。

（八）规范审查。有关涉水行政审批事项简化整合后，由牵头审批机关组织技术审查，相关审批机关参与。需委托技术支撑单位开展技术审查的，

采用竞争性方式选择审查单位开展审查。牵头部门在审批中要主动征求相关部门意见，会同办理的审批机关不再进行单独审查或拆分审查，要积极参与技术审查并提出书面审查意见。

（九）限时办结。各部门和单位要按照审查审批时限要求，限时办结。建立审批时限预警制和政府鼓励事项审批绿色通道，提高审批效率。审批完成后，审批文件交由水行政服务窗口统一送达行政相对人。

（十）加强监管。切实加强审批事项的后续监管工作，明确监管责任，落实监管任务，确保监管到位。负责实施审批的流域管理机构和各级水行政主管部门，要按照管理权限，加强对审批事项的监督管理。在投资项目涉水行政审批的批复文件中，要明确后续监管主体和监管责任。

五、提出保障措施

（十一）加强组织领导。流域管理机构和各级水行政主管部门要提高对投资项目涉水行政审批改革重要性的认识，落实工作责任，抓好工作部署，及时研究和解决改革中的重大问题。要按照特事特办、专盯专办的要求推进审批改革，提高审批效率，加强事中事后监管，提升服务质量。

（十二）制定实施细则。流域管理机构和各级水行政主管部门要根据本流域、本地区实际，抓紧制定实施细则，建立相关配套制度，并做好宣贯落实工作，本着依法、便民、高效的原则，确保改革措施落实到位。

（十三）完善工作机制。要完善投资项目涉水行政审批工作机制，加强审批机关各有关部门之间的衔接协调，同时，抓紧建立相关流域之间、流域与区域、区域之间办理审批中的工作衔接机制。

（十四）及时总结经验。流域管理机构和各级水行政主管部门在贯彻落实改革措施的过程中要加强调查研究，广泛听取基层水行政主管部门和项目法人的意见，不断总结完善。实施中发现的问题，要及时报水利部。

（十五）做好衔接实施。本办法自印发之日起实施，水利部发布的有关投资项目涉水行政审批的规定与本办法不一致的，依照本办法执行。办理高速公路涉水行政审批事项的，依照《水利部关于高速公路涉水行政审批改革的通知》（水政法〔2015〕431号）执行。

水利部关于印发河湖管理范围内建设项目各流域管理机构审查权限的通知

水河湖〔2021〕237 号

部机关有关司局，部直属有关单位，各省、自治区、直辖市水利（水务）厅（局），新疆生产建设兵团水利局：

根据《中华人民共和国水法》《中华人民共和国防洪法》《中华人民共和国河道管理条例》等法律法规，为加强河湖管理范围内跨河、穿河、穿堤、临河的桥梁、码头、道路、渡口、管道、缆线等建设项目工程建设方案审查（以下简称涉河建设项目审查），我部进一步明确了各流域管理机构的审查权限。现印发给你们，请认真贯彻落实，并就有关要求明确如下。

一、各流域管理机构、地方各级水行政主管部门要把涉河建设项目管理作为加强河湖水域岸线管理的重要内容，纳入河湖长制管理范畴，依法依规强化全链条监管，强化责任落实和日常监管，切实维护河湖自然生态空间完好、功能完整，维护防洪、供水、航运、生态等公共安全，坚决守住防洪安全底线，确保河湖管理保护到位。

二、各流域管理机构、地方各级水行政主管部门要按照本通知规定的审查权限、项目类别，遵循涉河建设项目确有必要、无法避让河湖管理范围的原则，严格审查，不得超审查权限、超项目类别进行许可。

三、各流域管理机构审查权限范围内的建设项目，应依据相关行业技术标准确定建设规模。各流域管理机构商有关省级水行政主管部门对大、中型建设项目进行分类和细化，报水利部备案。

四、对于已有岸线保护利用规划的河湖，各流域管理机构需在相应涉河建设项目审查文件中注明项目所在岸线功能分区。

五、本通知自 2021 年 9 月 1 日起施行。《关于长江流域河道管理范围内建设项目审查权限的通知》（水管〔1995〕5 号）、《关于黄河水利委员会审查河道管理范围内建设项目权限的通知》（水政〔1993〕263 号）、《关于淮河水

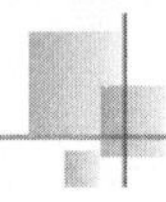

利委员会审查河道管理范围内建设项目权限的通知》（水政〔1993〕143号）、《关于海河流域河道管理范围内建设项目审查权限的通知》（水管〔1997〕128号）、《关于珠江水利委员会河道管理范围内建设项目审查权限的通知》（水建管〔2000〕81号）、《关于松花江、辽河流域河道管理范围内建设项目审查权限的通知》（水管〔1996〕284号）、《关于太湖流域河道管理范围内建设项目审查权限的通知》（水建管〔1999〕61号）自本通知施行之日起废止，上述文件中涉及蓄滞洪区非防洪建设项目审查的按《水利部关于加强非防洪建设项目洪水影响评价工作的通知》（水汛〔2017〕359号）执行，涉及水工程建设项目审查的按《水工程建设规划同意书制度管理办法（试行）》（水利部令第31号）执行。

水利部

2021年8月2日

河湖管理范围内建设项目
长江水利委员会审查权限

一、在下列河段兴建的大型建设项目

1. 长江干流：源头至向家坝枢纽；
2. 汉江干流：汉中孤山汉江大桥至孤山枢纽；
3. 乌江干流：东风枢纽至乌江渡枢纽；
4. 嘉陵江干流：西汉水入江口至亭子口枢纽；
5. 岷江干流：松潘小姓沟入江口至紫坪铺枢纽；
6. 澜沧江干流：金河入江口至小湾枢纽；
7. 怒江干流：达曲入江口至勐古怒江特大桥；
8. 雅鲁藏布江干流：多雄藏布入江口至拉萨河入江口。

二、在下列河段兴建的大、中型建设项目

1. 长江干流：向家坝枢纽至入海口（原50号灯标）；
2. 汉江干流：丹江口枢纽至入江口（武汉）；
3. 乌江干流：乌江渡枢纽至入江口（涪陵）；
4. 嘉陵江干流：亭子口枢纽至入江口（重庆）；
5. 岷江干流：紫坪铺枢纽至入江口（宜宾）；

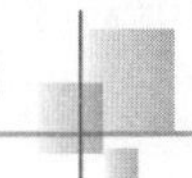

6. 澜沧江干流：小湾枢纽以下；

7. 怒江干流：勐古怒江特大桥以下；

8. 雅鲁藏布江干流：拉萨河入江口以下；

9. 洞庭湖、四水入湖尾闾（湘江湘潭水文站以下、资水桃江水文站以下、沅水桃源水文站以下、澧水石门水文站以下）；

10. 鄱阳湖、五河入湖尾闾（赣江外洲水文站以下、抚河李家渡水文站以下、信江梅港水文站以下、饶河虎山和渡峰坑水文站以下、修水虬津水文站以下）；

11. 澜沧江以西（含澜沧江）区域国际或国境边界湖泊；

12. 长江流域和澜沧江以西（含澜沧江）区域省界湖泊。

三、在下列河段兴建的所有建设项目

1. 三峡水库库区；

2. 丹江口水库库区；

3. 陆水水库库区；

4. 水阳江干流：杨村枢纽至入江口（含石臼湖、固城湖、南漪湖）；

5. 滁河干流：金银浆至入江口（含驷马山水道、马汊河）；

6. 荆南四河（即松滋河、虎渡河、藕池河、调弦河）；

7. 长江流域和澜沧江以西（含澜沧江）区域其他省界河流边界河段，省界上、下游各10公里河段；

8. 澜沧江以西（含澜沧江）区域国际或国境边界河流河段，国境内10公里河段。

河湖管理范围内建设项目
黄河水利委员会审查权限

一、在下列河段兴建的大、中型建设项目

1. 黄河干流：河源至托克托河段；

2. 支流：湟水（含大通河）、皇甫川、窟野河、渭河（含泾河）、沁河（紫柏滩以上）。

二、在下列河段兴建的所有建设项目

1. 黄河干流：托克托至入海口；

2. 小浪底（含西霞院）水库库区；

3. 三门峡水库库区（含渭河库区河道）；

4. 故县水库库区；

5. 沁河：紫柏滩至入黄口；

6. 大汶河：戴村坝至马口 30 公里河道；

7. 黄河流域其他省界河流边界河段，省界上、下游各 10 公里河段。

河湖管理范围内建设项目
淮河水利委员会审查权限

一、在下列河段兴建的大、中型建设项目

1. 淮河干流：河南省息县至江苏省三江营（包括洪泽湖、高邮湖、邵伯湖，沿线的行洪区以及蒙洼、城西湖、城东湖和瓦埠湖）；

2. 洪汝河：河南省新蔡县班台至洪河口（包括洪河分洪道）；

3. 沙颍河：河南省周口市区至安徽省阜阳市区；

4. 新汴河：安徽、江苏省界河段，安徽省泗县 104 国道公路桥至江苏省溧河洼；河南、安徽省界河段，河南省永城市至安徽省濉溪县岱桥闸；

5. 涡河：河南省鹿邑县城至安徽省亳州市区。

二、在下列河段兴建的所有建设项目

1. 临淮岗洪水控制工程库区范围：淮河干流临淮岗洪水控制工程主坝至洪河口段；史灌河桥沟镇以下至入淮口；洪河分洪道地理城以下至入淮口（包括濛河分洪道）；谷河王化镇以下至濛河分洪道；

2. 沂河：跋山水库以下至骆马湖；支流祊河入沂河河口上游 39 公里处；

3. 沭河：青峰岭水库以下至新沂河；支流汤河入沭河河口上游 6 公里处；

4. 新沂河：嶂山闸至入海口；

5. 新沭河：大官庄闸至石梁河水库（包括石梁河水库）；

6. 邳苍分洪道：江风口闸至滩上；

7. 中运河、韩庄运河：韩庄闸至骆马湖；

8. 分沂入沭：彭家道口闸至大官庄闸；

9. 南四湖及骆马湖；

10. 淮河流域其他省界河流边界河段，省界上、下游各 10 公里河段。

河湖管理范围内建设项目
海河水利委员会审查权限

一、在下列河段兴建的大、中型建设项目

永定新河河口管理范围。

二、在下列河段兴建的所有建设项目

1. 永定河：卢沟桥至屈家店枢纽；

2. 白洋淀；

3. 北运河：北关拦河闸至筐儿港枢纽；

4. 潮白河：苏庄橡胶坝至潮白新河津蓟铁路桥；

5. 泃河：海子水库至九王庄闸；

6. 蓟运河：九王庄闸至江洼口；

7. 大清河：赵王新河自枣林庄枢纽至西码头闸、大清河自西码头闸至独流减河进洪闸；新盖房分洪道自新盖房枢纽至刘家铺；

8. 清漳河：匡门口至合漳；

9. 浊漳河：侯壁至合漳；

10. 漳河干流；

11. 卫河：淇门至徐万仓；

12. 共产主义渠：刘庄闸至老观咀；

13. 卫运河；

14. 南运河：四女寺枢纽至第三店；

15. 漳卫新河；

16. 滦河：潘家口水库至大黑汀水库；

17. 海河河口、独流减河河口；

18. 岳城水库库区、潘家口水库库区、大黑汀水库库区；

19. 海河流域其他省界河流边界河段，省界上、下游各10公里河段。

河湖管理范围内建设项目
珠江水利委员会审查权限

一、在下列河段兴建的大、中型建设项目

1. 红河（元江）云南省境内干流河段；

2. 红河水系李仙江、藤条江、南溪河、盘龙江、普梅河（南利河）等河流国境内10公里河段；

3. 西江干流：清水江口至入海口（经梧州、马口、天河、灯笼山）；

4. 北江干流：飞来峡至入海口（经清远、三水、紫洞、三善滘、三沙口）；

5. 东江干流：新丰江河口至入海口（经石龙、大盛）；

6. 柳江：柳城至入江口（三江口）；

7. 百色水利枢纽库区。

二、在下列河段兴建的所有建设项目

1. 大藤峡水利枢纽库区；

2. 澜沧江以东（不含澜沧江）国际边界河流河段，国境内10公里河段；

3. 珠江流域、韩江流域、粤桂沿海诸河及深圳河等省界河流边界河段，省界上、下游各10公里河段。

三、其他

珠江河口管理范围内建设项目审查管理权限，按照《珠江河口管理办法》的有关规定执行。

河湖管理范围内建设项目
松辽水利委员会审查权限

一、在下列河段兴建的大、中型建设项目

1. 松花江干流：拉林河口至大顶子山航电枢纽；

2. 第二松花江：丰满水库坝下至三岔河口；

3. 嫩江：诺敏河口至雅鲁河口，泰来县格达耐至白沙滩；

4. 西辽河：苏家堡闸至福德店；

5. 东辽河：二龙山水库坝下至梨树县刘家馆子镇；

6. 辽河河口：盘山闸至入海口；

7. 松辽流域国际边界河流河段，国境内10公里河段；

8. 松辽流域国际边界湖泊。

二、在下列河段兴建的所有建设项目

1. 松花江干流：三岔河口至拉林河口；

2. 嫩江：那都里河口至诺敏河口、雅鲁河口至泰来县格达耐、白沙滩至

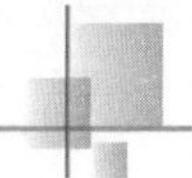

三岔河口；

3. 诺敏河：莫力达瓦达斡尔族自治旗后乌尔科至河口；

4. 绰尔河：音德尔镇至河口；

5. 拉林河：五常市蛤拉河子林场至向阳镇、五常市兴盛镇至拉林河口；

6. 老哈河：叶赤铁路桥至赤通铁路桥；

7. 新开河：双辽市同乐村至河口；

8. 东辽河：东辽县泉太镇至二龙山水库库尾、梨树县刘家馆子镇至福德店；

9. 浑江：宽甸县下露河至河口；

10. 尼尔基水库库区及坝下管理范围；

11. 察尔森水库库区及坝下管理范围；

12. 松辽流域其他省界河流边界河段，省界上、下游各10公里河段。

河湖管理范围内建设项目
太湖流域管理局审查权限

一、在下列河段兴建的大、中型建设项目

1. 太浦河；

2. 望虞河；

3. 太湖。

二、在下列河段兴建的所有建设项目

1. 太浦河：太浦闸管理范围内的河道；

2. 望虞河：望亭立交枢纽管理范围内的河道；

3. 望虞河：常熟枢纽管理范围内的河道；

4. 吴淞江：包括吴淞江、蕰藻浜；

5. 红旗塘：包括红旗塘、大蒸港、圆泄泾、横潦泾；

6. 京杭运河：平望至嘉兴段（苏州市吴江区苏嘉运河桥至嘉兴市秀洲区王江泾大桥段）；

7. 澜溪塘：江苏省、浙江省省界上、下游各10公里河段（苏州市吴江区鸭子坝至嘉兴市桐乡市幸福桥段）；

8. 頔塘：江苏省、浙江省省界上、下游各10公里河段（苏州市吴江区

苏震桃公路长湖申线大桥至湖州市南浔区南林路桥段）。

三、其他

太湖流域和东南诸河其他跨省界河流边界上、下游各10公里河段兴建的建设项目，须由建设项目的省（直辖市）征求相邻省（直辖市）的意见。如经协商一致并取得同意书，由所在省（直辖市）审查同意，报太湖流域管理局备案，否则需报太湖流域管理局审查同意。

关于明确由长江水利委员会负责审查并签署水工程建设规划同意书的河流（河段）湖泊名录和范围（试行）的通知

水规计〔2010〕175 号

长江水利委员会，青海、西藏、四川、云南、重庆、湖北、湖南、江西、安徽、江苏、上海、贵州、甘肃、陕西、河南、广西、广东、浙江、福建省（自治区、直辖市）水利（水务）厅（局）：

根据《中华人民共和国水法》《中华人民共和国防洪法》及《水工程建设规划同意书制度管理办法（试行）》（水利部第 31 号令），经研究，现将由长江水利委员会负责审查并签署水工程建设规划同意书的河流（河段）湖泊名录和范围（试行）通知如下：

一、长江干流及其主要一级支流、湖泊

（一）长江干流

长江干流自源头至入海口。

（二）主要一级支流、湖泊

1. 当曲、楚玛尔河、硕曲、水洛河、雅砻江、牛栏江、横江、岷江、赤水河、沱江、綦江、嘉陵江、乌江、清江、陆水河、汉江、府渡河、水阳江、青弋江、漳河、滁河。

2. 洞庭湖水系：洞庭湖，湘江（源头—入洞庭湖口），沅水（源头—入洞庭湖口，含清水江），澧水（源头—入洞庭湖口），资水（桃江—入洞庭湖口）。

3. 鄱阳湖水系：鄱阳湖，赣江（源头—入鄱阳湖口），抚河（李家渡—入鄱阳湖口），信江（梅港—入鄱阳湖口），饶河（石镇街—入鄱阳湖口），修水（虬津—入鄱阳湖口）。

二、跨省（自治区、直辖市）重要河流及省际边界河流

鲜水河、大渡河、绰斯甲河、阿柯河、白龙江、涪江、渠江、州河、大

通江、白水江、芙蓉江、濯河（阿蓬江）、堵河、丹江、唐白河、夹河（金钱河）、松滋河、虎渡河、藕池河、调弦河、渌江（渌水）；夫夷水、舞水（又名舞阳河）、酉水、辰水（又名锦江、得旺河）、渠水（洪州河）、溇水、昌江；其他省际边界河流（河段）、湖泊和省际矛盾比较突出的跨省（自治区、直辖市）河流（河段）、湖泊。

三、跨国界、边界河流及其主要支流

澜沧江及其主要支流南腊河、南缆河、子曲、吉曲（昂曲）、黑惠江（漾濞江）；雅鲁藏布江及其主要支流锡约尔河、多雄藏布、年楚河、拉萨河、尼洋河、帕隆藏布、美曲藏布；怒江及其主要支流南汀河、南卡江、索曲；伊洛瓦底江及其主要支流大盈江、龙江（瑞丽江）；察隅曲、丹龙曲（达兰河）、西巴霞曲、鲍罗里河、达旺凿、洛扎雄曲、坎拉河、比焖河，朋曲、叶如藏布，朗钦藏布（象泉河）、森格藏布（狮泉河）、嘎尔藏布；其他跨国界、边界河流和湖泊。

四、长江水利委员会和有关省（自治区、直辖市）水行政主管部门要根据《水工程建设规划同意书制度管理办法（试行）》（水利部令第31号）和水利部办公厅《关于认真贯彻实施〈水工程建设规划同意书制度管理办法（试行）〉的通知》（办规计〔2008〕7号）的要求，依法执行水工程建设规划同意书制度，并组织制定《水工程建设规划同意书制度管理办法（试行）》实施细则。

长江水利委员会要与有关省（自治区、直辖市）水行政主管部门密切配合，相互协调，全面加强水工程建设规划同意书制度实施的有效管理。

中华人民共和国水利部

二〇一〇年三月十四日

关于明确由黄河水利委员会负责审查并签署水工程建设规划同意书的河流（河段）湖泊名录和范围（试行）的通知

水规计〔2010〕74号

黄河水利委员会，河北省、山西省、内蒙古自治区、山东省、河南省、四川省、西藏自治区、陕西省、甘肃省、青海省、宁夏回族自治区、新疆维吾尔自治区水利厅，新疆生产建设兵团水利局：

根据《中华人民共和国水法》《中华人民共和国防洪法》及《水工程建设规划同意书制度管理办法（试行）》（水利部第31号令），经研究，现将由黄河水利委员会负责审查并签署水工程建设规划同意书的河流（河段）湖泊名录和范围（试行）通知如下：

一、干流及其主要支流

（一）黄河干流

黄河干流自源头至入海口（含黄河三角洲地区规划流路）。

（二）主要一级支流

渭河、洮河、湟水、伊洛河（伊河、洛河）、黑河、白河、汾河、无定河、沁河、大汶河、大夏河、贾曲、曲什安河、泽曲、东科曲、达日勒曲（达日河）、切木曲、热曲、隆务河、窟野河、西科曲、科曲（柯曲）、沙曲（沙柯河）、吉迈河、大黑河、大河坝河、秃尾河、多曲、延河、巴曲（巴沟）、西科河、三川河、章安河、芒拉河、清水河、浑河、优尔曲、皇甫川、祖厉河、蟒河、苦水河、杨家川、偏关河、清水川、孤山川、金堤河、卡日曲（喀日曲）、庄浪河、都斯图河（都思兔河）、清涧河、昕水河、涑水河和东平湖，由源头至与黄河干流汇合口。

二、跨省（自治区）重要江河

大通河、泾河、黑河、北洛河、千河、马莲河、葫芦河、榆溪河、丹河、蒲河、牛川、葫芦河、通关河、茹河、海流兔河、洪河、东川、湘乐川（湘郎河）、达溪河、支党河（洪岩河）。

三、跨国界、边界河流及其主要支流

伊犁河及其一级支流特克斯河、喀什河、巩乃斯河、霍尔果斯河；额尔齐斯河及其一级支流喀依尔特河、喀拉额尔齐斯河、克兰河、布尔津河、哈巴河、别列则克河、阿拉克别克河；额敏河。

其他跨国界、边界河流委托新疆维吾尔自治区水行政主管部门审签水工程建设项目规划同意书，报黄河水利委员会备案。

四、西北内陆河重要河流和湖泊

黑河干流由河源至尾闾（含东、西居延海）；

重要湖泊：扎陵湖、鄂陵湖、青海湖、红碱淖。

五、黄河水利委员会和有关省（自治区）水行政主管部门要根据《水工程建设规划同意书制度管理办法（试行）》（水利部令第 31 号）和水利部办公厅《关于认真贯彻实施〈水工程建设规划同意书制度管理办法（试行）〉的通知》（办规计〔2008〕7 号）要求，依法执行水工程建设规划同意书制度，并组织制定《水工程建设规划同意书制度管理办法（试行）》实施细则。

黄河水利委员会要与有关省（自治区）水行政主管部门密切配合，相互协调，全面加强水工程建设规划同意书制度实施的有效管理。

中华人民共和国水利部

二〇一〇年三月九日

关于明确由淮河水利委员会负责审查并签署水工程建设规划同意书的河流（河段）湖泊名录和范围（试行）的通知

水规计〔2009〕144 号

淮河水利委员会，河南、安徽、江苏、山东、湖北省水利厅：

根据《中华人民共和国水法》《中华人民共和国防洪法》及《水工程建设规划同意书制度管理办法（试行）》（水利部令第 31 号），经研究，现将淮河流域由淮河水利委员会负责审查并签署水工程建设规划同意书的河流（河段）、湖泊名录和范围（试行）通知如下：

一、干流及其主要一级支流

（一）淮河干流

1. 淮河干流：淮河出山店—三江营（包括沿岸的行区、蓄洪区和洪泽湖、高邮湖、邵伯湖）

2. 怀洪新河：西坝口及新开沱河—入洪泽湖口

3. 分入：洪泽湖二河闸—新沂河

4. 入海水道：洪泽湖二河闸—入海口

（二）淮河主要一级支流

1. 洪汝河：河南省新蔡县班台—入淮河口（包括洪河分道）

2. 沙颍河：河南省周口闸—入淮河口

3. 汾泉河：河南省沈丘县泥河口—安徽省临泉县杨桥闸

4. 涡河：河南省鹿具付桥、东孙营闸—安徽省亳州市大寺闸

5. 包浍河：包河河南省邑县王楼闸和绘河永城县黄口闸安徽省淮北市南坪闸

6. 奎濉河：查河江苏省徐州市囊桥闸—安徽省宿州市马元闸，濉河安徽省泗县里桥闸—泗洪县七里沟入溧河洼

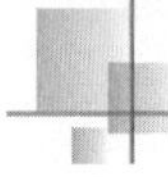

7. 新汴河：跨皖苏省界段（安徽省泗县 104 国道公路桥—江苏省溧河），跨豫皖省界段（河南省永城县张桥闸—安徽省濉溪县岱桥闸

8. 史灌河：史河安徽省金寨县红石以下、灌河河南省商城县鲇鱼山水库—入淮河口

（三）沂沭泗河

1. 新沭河：石梁河水库以下—入海口

二、其他跨省及省际边界河流

跨省河流省界上、下游各 10 公里之内的河段和省际边界河段。

三、流域管理机构直接管理的河流

1. 沂河：山水库以下—骆马湖，支流枋河入沂河河口—上游 39 公里处

2. 邳苍分洪道：江风口闸—入中运河口

3. 沭河：青峰岭水库以下—新沂河，支流汤河入沭河河口—上游 6 公里处

4. 分沂入沭：彭家道口闸—大官庄枢纽

5. 新沭河：大官庄枢纽—石梁河水库（含水库）

6. 韩庄运河、中运河：韩庄闸—骆马湖（包括伊家河）

7. 新沂河：嶂山闸—入海口

8. 南四湖和骆马湖：全湖

四、淮河水利委员会和各有关省水行政主管部门要根据水利部第 31 号令和办规计〔2008〕7 号文的要求，依法执行水工程建设规划同意书制度；按照分级管理权限和水工程规模，抓紧制定《水工程建设规划同意书制度管理办法（试行）》实施细则。

淮河水利委员会要与各有关省水行政主管部门密切配合，相互协调，全面加强水工程建设规划同意书制度实施的有效管理。

水利部

2006 年 5 月 26 日

关于明确由海河水利委员会负责审查并签署水工程建设规划同意书的河流（河段）名录和范围（试行）的通知

水规计〔2009〕457 号

海河水利委员会，北京市、天津市、河北省、山西省、山东省、河南省、内蒙古自治区、辽宁省水利（水务）厅（局）：

根据《中华人民共和国水法》《中华人民共和国防洪法》及《水工程建设规划同意书制度管理办法（试行）》（水利部令第 31 号），经研究，现将海河流域由海河水利委员会负责审查并签署水工程建设规划同意书的河流（河段）名录和范围（试行）通知如下：

一、干流及河口

1. 海河干流：三岔口—海河防潮闸。

2. 滦河干流：白城子—入海口。

3. 永定（新）河干流：朱官屯—永定新河防潮闸。

4. 大清河干流：任庄子—独流减河防潮闸。

5. 子牙新河干流：献县枢纽—入海口。

6. 漳卫河干流：徐万仓—漳卫新河入海口。

7. 河口：滦河口、永定新河口、海河口、独流减河口、子牙新河口、漳卫新河口。

二、主要一级支流

1. 滦河水系：闪电河的闪电河水库、伊逊河的庙宫水库至入滦河干流处；吐力根河、小滦河、武烈河、瀑河、青龙河源头至入滦河干流处。

2. 北三河系：蓟运河（九王庄—蓟运河防潮闸），潮白（新）河（潮河土城子、白河云州水库—宁车沽防潮闸），北运河（北关拦河闸—屈家店枢纽）。

3. 永定河系：桑干河（册田水库—朱官屯），洋河（东洋河皂火口水库、西洋河源头、南洋河源头—朱官屯）。

4. 大清河系：赵王新渠（枣林庄枢纽—任庄子），新盖房分洪道（新盖房枢纽—入东淀）。

5. 子牙河系滹沱河（济胜桥—献县枢纽）。

6. 漳卫河系：漳河（浊漳河石梁、清漳河下交漳—徐万仓），卫河（共产主义渠，大沙河源头—徐万仓）。

三、其他跨省（自治区、直辖市）重要河流

1. 北三河系：还乡河，泃河，州河，青龙湾减河。

2. 大清河系：拒马河，北拒马河，小清河，唐河，沙河。

3. 子牙河系：冶河（桃河平定—绵河—黄壁庄水库）。

4. 漳卫河系：南运河。

5. 黑龙港及运东地区诸河：青静黄排水渠。

四、海河水利委员会和有关省（自治区、直辖市）人民政府水行政主管部门要根据水利部第31号令和办规计〔2008〕7号文的要求，依法执行水工程建设规划同意书制度；按照分级管理权限和水工程规模，抓紧制定《水工程建设规划同意书制度管理办法（试行）》实施细则。

海河水利委员会要与有关省（自治区、直辖市）人民政府水行政主管部门密切配合，相互协调，全面加强水工程建设规划同意书制度实施的有效管理。

中华人民共和国水利部

二〇〇九年九月十七日

附件：海河水利委员会负责审查并签署水工程建设规划同意书的河流（河段）名录和范围（试行）表（略）

关于明确由珠江水利委员会负责审查并签署水工程建设规划同意书的河流（河段）名录和范围（试行）的通知

水规计〔2008〕358号

珠江水利委员会，福建省、江西省、湖南省、广东省、广西壮族自治区、海南省、贵州省、云南省水利（务）厅（局）：

根据《中华人民共和国水法》《中华人民共和国防洪法》及《水工程建设规划同意书制度管理办法（试行）》（水利部第31号令），经研究，现将珠江流域由珠江水利委员会负责审查并签署水工程建设规划同意书的河流（河段）名录和范围（试行）通知如下：

一、珠江干流

1. 西江干流：源头经磨刀门水道—灯笼山水文（水位）站

2. 北江干流：源头经顺德水道、沙湾水道—三沙口水文（水位）站

3. 东江干流：源头经东江北流—大盛水文（水位）站

4. 珠江河口八大口门区及河口延伸区

八大口门区：自虎门黄埔（东江北干流大盛、南支流泗盛、北江干流沙湾水道三沙口水位站）蕉门南沙、洪奇门万顷沙西、横门横门水位站、磨刀门灯笼山、鸡啼门黄金、虎跳门西炮台、崖门黄冲水位站以下至伶仃洋赤湾半岛、内伶仃、横琴、三灶、高栏、荷苞、大襟岛、赤溪半岛间的连线之间的河道、水域及岸线。

河口延伸区：自上述赤湾、赤溪半岛连线以下，与从深圳河口起沿广东省与香港特别行政区水域分界线至南面海域段18号点（北纬22°08′54.5″，东经114°14′09.6″）和由18号点与外伶仃岛、横岗岛、万山岛、小襟岛南面外沿、赤溪半岛鹅头劲的连线之间的水域及岸线。

二、西江水系主要一级支流

北盘江、郁江、柳江、桂江、贺江、北流江源头至与西江干流汇合口。

三、跨省（自治区）重要江河

1. 韩江干流、河口（潮安经西溪、外砂河—南港口，潮安经东溪、莲阳河—北港口）及支流汀江、梅潭河。

2. 其他跨省（自治区）重要江河

清水江、龙江（打狗河）、大环江、古宜河（寻江）黄华河、恭城河、东安江（太平河）锦江、武水、九洲江。

四、省际边界河流

黄泥河、清水河（拖长江）、可渡河、六硐河（牛河）、曹渡河、西洋江、普宁河、深圳河。

五、国际河流及其主要支流

1. 红河流域

红河干流：源头—河口镇出境断面。

红河主要支流：李仙江、藤条河、南溪河、盘龙河、普梅河，以上级支流从源头至出境断面。

2. 左江水系

平而河：入境断面—龙州

水口河：入境断面—龙州

黑水河：源头—那岸水文站

3. 北仑河：源头—河口

4. 披劳河：源头—出境断面

六、海南岛主要河流

南渡河、昌化江、万泉河源头至河口。

水利部办公厅

2020 年 5 月 29 日

关于明确由松辽水利委员会负责审查并签署水工程建设规划同意书的河流（河段）名录和范围（试行）的通知

水规计〔2008〕521号

松辽水利委员会，辽宁省、吉林省、黑龙江省、内蒙古自治区、河北省水利厅：

根据《中华人民共和国水法》《中华人民共和国防洪法》及《水工程建设规划同意书制度管理办法（试行）》（水利部令第31号），经研究，现将松花江、辽河流域由松辽水利委员会负责审查并签署水工程建设规划同意书的河流（河段）、湖泊名录和范围（试行）通知如下：

一、松花江、辽河干流及其主要一级支流

（一）干流

嫩江干流（南翁河口—三岔河口），松花江干流（三岔河口—同江口），第二松花江干流（白山水库—三岔河口）；辽河干流（福德店—入海口），西辽河干流（西拉木伦河口—福德店）。浑河（大伙房水库—浑太汇合处），太子河（观音阁水库—浑太汇合处），大辽河（浑太汇合处—入海口）。

（二）主要一级支流

甘河，饮马河，辉发河，讷谟尔河，乌裕尔河，呼兰河，蚂蚁河，倭肯河，汤旺河。绕阳河，西拉木伦河。

二、跨省（自治区）重要江河

诺敏河，绰尔河，洮儿河及其一级支流二龙涛河和蛟流河、二级支流那金河和额木特河，阿伦河，雅鲁河及其一级支流济沁河、罕达罕河，霍林河，音河，牡丹江及其一级支流海浪河招苏台河及其一级支流二道河，乌力吉木仁河，老哈河及其一级支流崩河、二级支流阴河、三级支流西路嘎河，柳河。绥芬河（含大绥芬河，源头—金苍），浑江，大凌河西支及大凌河一级支流牡牛河老虎山河。其他跨省（自治区）河流。

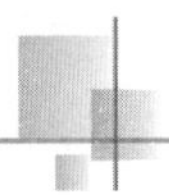

三、省际边界河流

雅鲁河二级支流乌尔其根河（罕达罕乡农场—新林镇岗岗屯），拉林河［五常市沙河子镇（含）—入松花江口］及其支流溪浪河（舒兰市平安镇—五常市山河镇）。东辽河［辽源市（含）—福德店］，招苏台河支流条子河（四平市好仁屯—铁岭邓家），柳河支流新开河（库伦旗先进林场西南—养畜牧河与新开河汇合处）浑江支流富尔江（通化县小堡—抚顺旺清门镇）。其他省际边界河流。

四、国际河流（含跨界、边界河流和湖泊）

额尔古纳河，达兰鄂勒木河，努木尔根河，胡德仁河，黑龙江，乌苏里江，白棱河，松阿察河，绥芬河，瑚布图河，图们江，鸭绿江，以上河流国际界河段。克鲁伦河［入境断面—呼伦湖（含）］，哈拉哈河（源头—入贝尔湖，中国侧），沙尔勒金河（起始端—入乌尔逊河口），贝尔湖（中国侧），兴凯湖（中国侧），长白山天池（中国侧）。

五、其他重要河流

海拉尔河及其一级支流伊敏河，辉河乌尔逊河，激流河，根河，额穆尔河，呼玛河，逊别拉河，挠力河，穆棱河。

六、对于上述河流（河段）、湖泊名录和范围中的松花江辽河主要一级支流、其他重要河流以及浑河、太子河、大辽河，需由国务院及国家有关主管部门审批（核准、备案）的水工程，或与已批规划任务、规模有调整的水工程，由松辽水利委员会负责审查并签署水工程建设规划同意书；其他水工程建设规划同意书由相关省（自治区）人民政府水行政主管部门负责审查并签署。

七、松辽水利委员会和有关省（自治区）人民政府水行政主管部门要根据水利部第 31 号令和办规计〔2008〕7 号文的要求，依法执行水工程建设规划同意书制度；按照分级管理权限和水工程规模，抓紧制定《水工程建设规划同意书制度管理办法（试行）》实施细则。

松辽水利委员会要与有关省（自治区）人民政府水行政主管部门密切配合，相互协调，全面加强水工程建设规划同意书制度实施的有效管理。

中华人民共和国水利部

二〇〇八年十一月二十六日

附件：松辽水利委员会负责审查并签署水工程建设规划同意书的河流（河段）湖泊名录和范围（试行）表（略）

关于明确由太湖流域管理局负责审查并签署水工程建设规划同意书的河流（河段）湖泊名录和范围（试行）的通知

水规计〔2011〕687号

太湖流域管理局，上海市、江苏省、浙江省、安徽省、福建省水利厅（水务局）：

根据《中华人民共和国水法》《中华人民共和国防洪法》及《水工程建设规划同意书制度管理办法（试行）》（水利部令第31号），经研究，现将由太湖流域管理局负责审查并签署水工程建设规划同意书的河流（河段）湖泊名录和范围（试行）通知如下：

一、太湖及主要出入湖河道

（一）太湖

太湖管理范围内。

（二）流域骨干河道

望虞河（沙墩口—与长江交汇处）、新孟河（与长江交汇处—与太湖交汇处）、太浦河（与太湖交汇处—与泖河交汇处）。

（三）主要敞开出入湖河道（河段）

百渎港、殷村港、沙塘港、茭渎港、社渎港、官渎港、洪巷港、陈东港、大浦港、朱渎港、黄渎港、庙渎港、双桥港、八房港、定跨港、溪港、大港河、夹浦港、双港、沉渎港、合溪新港、长兴新港（新塘港）、杨家浦港、小梅港（机坊港）、长兜港。

二、跨省（直辖市）重要河流和省际边界河道（湖泊）

（一）太湖流域

京杭运河、京杭古运河、吴淞江、红旗塘、大泖港、拦路港、黄姑塘、淀山湖、元荡、急水港、千灯浦、长牵路港、北横塘、横古塘（南横塘）、岫塘、百老桥港、里斯庙港、南长兴港、青云港、博成桥港、白铁桥港、潘家塘、桃花港、横泾港、紫荇塘、斜港、桃园港、双北圩南水道、铁店港、斜路港、大坝河段；其他省际边界河道（湖泊）。

（二）东南诸河流域

新安江干流；柘泰溪、寿泰溪、东溪干流、托溪、修竹溪；其他省际边界河道（湖泊）。

三、太湖流域管理局和有关省（直辖市）水行政主管部门要根据《水工程建设规划同意书制度管理办法（试行）》（水利部令第 31 号）和水利部办公厅《关于认真贯彻实施〈水工程建设规划同意书制度管理办法（试行）〉的通知》（办规计〔2008〕7 号）要求，依法执行水工程建设规划同意书制度，并组织制定《水工程建设规划同意书制度管理办法（试行）》实施细则。

太湖流域管理局要与有关省（直辖市）水行政主管部门密切配合，相互协调，全面加强水工程建设规划同意书制度实施的有效管理。

中华人民共和国水利部

二〇一一年十二月三十日

附件：太湖流域管理局负责审查并签署水工程建设规划同意书的河流（河段）湖泊名录和范围（试行）表（略）

（六）监督检查

水利部关于印发水利监督规定的通知

水监督〔2022〕418 号

部机关各司局，部直属各单位，各省、自治区、直辖市水利（水务）厅（局），各计划单列市水利（水务）局，新疆生产建设兵团水利局：

《水利监督规定》已经部务会议审议通过，现印发给你们，请认真遵照执行。

水利部

2022 年 12 月 5 日

水利监督规定

第一章　总　　则

第一条　为强化水利行业监督管理，依法履行水利监督职责，规范水利监督行为，依据《中华人民共和国水法》等法律法规和《水利部职能配置、内设机构和人员编制规定》等有关文件，制定本规定。

第二条　本规定所称水利监督，是指水利部、流域管理机构、地方各级水行政主管部门在法定职权范围内，对本级及下级水行政主管部门、其他行使水行政管理职责的机构及其所属企事业单位，组织开展的监督工作。

前款所称“本级”包括内设机构和所属单位。

第三条　水利监督坚持依法依规、客观公正、问题导向、分级负责、统筹协调的原则，实行综合监督、专业监督、专项监督、日常监督相结合的监督体制。

水利监督应当按照中央关于统筹规范督查检查考核事项的有关要求，加强计划统筹管理，执行中强化统筹协调，避免集中扎堆、交叉重复，切实减轻基层负担。

第四条 水利部统筹协调、组织指导全国水利监督工作。

流域管理机构依据职责和授权，负责流域内或指定范围的水利监督工作。

地方各级水行政主管部门按照管理权限，负责本行政区域内的水利监督工作。

第二章 范围和事项

第五条 水利监督范围包括：党中央、国务院重大决策部署落实情况，水利部重要工作部署落实情况，法定职责履行情况等。

第六条 水利监督事项主要包括：

（一）水利安全生产和质量监督管理；

（二）流域综合规划、流域专业（专项）规划、区域水利规划编制与实施，水利建设项目前期工作；

（三）重点防洪工程设施水毁修复、大中型水库防洪调度和汛限水位执行、山洪灾害监测预警、蓄滞洪区建设和管理；

（四）水资源开发、利用、节约、保护、配置和管理；

（五）河长制湖长制落实，河湖水域及其岸线管理和保护，河道采砂管理；

（六）水土保持和水生态修复；

（七）灌区工程、农村供水工程建设与管理，小水电管理；

（八）水利建设市场监督管理，水利工程建设与运行；

（九）水资源调度及调水工程调度运行管理；

（十）中央水利资金使用和管理；

（十一）水文水资源监测、预报、评价；

（十二）水利工程移民及水库移民后期扶持政策落实；

（十三）水政监察和水行政执法；

（十四）水利网络安全和信息化建设及应用；

（十五）其他水利监督事项。

第三章 机构及职责

第七条 水利部成立水利监督工作领导小组，统筹协调、组织指导水利

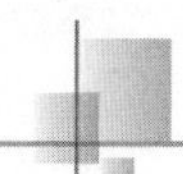

监督工作，水利监督工作领导小组办公室设在监督司。

流域管理机构成立水利监督工作领导小组，统筹协调流域内或指定范围的水利监督工作。

第八条 水利部水利监督工作领导小组职责：

（一）审定水利监督规章制度；

（二）研究部署水利监督重点工作；

（三）协调解决有关重大问题；

（四）提出责任追究意见。

第九条 综合监督由监督司负责，具体承担以下工作：

（一）制订年度水利监督检查考核工作计划并统筹协调组织实施；

（二）拟订水利监督规章制度；

（三）督促水利重大政策、决策部署和重点工作的贯彻落实，组织开展职责范围内的监督检查，受理监督检查异议问题申诉；

（四）指导协调水利行业监督检查体系建设和水利监督信息化建设；

（五）综合汇总各项监督检查成果，组织实施责任追究和年度水利监督工作综合评价；

（六）完成水利监督工作领导小组交办的其他工作。

第十条 专业监督由各业务司局负责，具体承担以下工作：

（一）按照职责提出本业务范围内的年度监督检查考核工作计划，配合做好中央计划事项和备案事项申报管理；

（二）根据工作需要组织制订或修订专业监督检查办法，明确监督检查方式方法、问题清单、责任追究标准等；

（三）组织开展专业监督检查，提出本业务范围内的监督检查工作要求，对有关问题进行认定，指导督促问题整改，实施责任追究；

（四）组织汇总分析专业监督检查成果，对典型性、系统性问题进行分析，提出加强行业管理的政策措施。

第十一条 专项监督由监督司负责，具体承担以下工作：

（一）开展对党中央、国务院领导同志指示批示贯彻落实情况、“急难险重”事项的监督检查；

（二）对水利部或流域管理机构直接管理的重大水利工程开展监督检查，指导督促问题整改，实施责任追究；

（三）重要举报事项调查。

第十二条 日常监督由流域管理机构负责，具体承担以下工作：

（一）统筹流域内年度监督检查考核工作计划和任务；

（二）组织开展、协调指导列入年度工作计划的监督检查任务，对发现问题进行认定，印发整改通知，提出责任追究建议或参与实施责任追究，指导督促问题整改；

（三）参与流域内水利监督工作考核评价；

（四）参与搭建水利监督信息系统；

（五）完成水利部交办的其他工作。

第十三条 地方各级水行政主管部门按照规定的权限，制定年度监督检查考核工作计划，统筹协调开展本行政区域内的监督检查，对有关问题进行认定，指导督促问题整改，实施责任追究，配合上级水行政主管部门或有关流域管理机构的监督检查工作。

第十四条 水利监督与水行政执法等相互协调、分工合作。水利监督检查发现有关单位、个人等涉水活动主体涉嫌违反水法律法规的，可根据具体情节联合相关部门开展前期调查取证工作，并移送水行政执法机构查处；发现涉嫌违反党纪政纪等行为，向纪检监察机关移送问题线索。

第四章　程序及方式

第十五条 水利监督通过“查、认、改、罚”等环节开展工作，相关信息应及时录入水利监督信息系统，主要工作流程如下：

（一）按照年度工作计划制定监督检查工作方案；

（二）组建监督检查组，组织开展监督检查；

（三）对发现的问题进行现场认定；

（四）提出问题整改及责任追究意见建议，建立问题台账，下发整改通知；

（五）实施责任追究；

（六）跟踪问题整改和开展复查。

第十六条 水利监督检查方式包括飞检、检查、稽察、调查、考核评价等。

飞检，是指以“四不两直”方式开展工作，检查前不发通知、不向被检

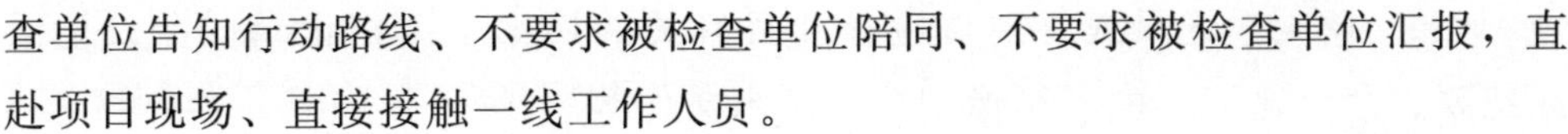

查单位告知行动路线、不要求被检查单位陪同、不要求被检查单位汇报，直赴项目现场、直接接触一线工作人员。

检查，是针对某个单项或专题开展的现场检查或巡查，一般在检查前印发通知，通知中明确检查时间、内容、对象、范围和参加人员，以及需要配合的工作要求等。

稽察，是按照国家有关法律、法规、规章、政策和技术标准等，对水利工程建设活动全过程进行监督检查。主要包括项目前期工作与设计工作、项目建设管理、项目计划下达与执行、资金使用、工程质量和安全等。

调查，是针对举报线索、某项专题或带有普遍性问题开展的专项活动，可结合其他监督方式开展工作。

考核评价，是针对某个专项或综合性工作开展的年度或阶段性考核，一般通过日常考核和终期考核相结合实施。

第十七条 水利监督检查依据相关法律法规、规章制度和技术标准等认定问题，并向被检查单位或其上级主管单位反馈意见。被检查单位对认定结果有异议的，可提交说明材料，向有关监督检查单位或监督工作组织单位反映。必要时，可聘请第三方技术服务机构协助复核。

第十八条 水利监督工作组织单位或监督检查单位按照各自职责，依据相关规定和工作程序，向被检查单位或其上级主管单位印发整改意见通知，适时视情开展复查。

被检查单位接到整改意见通知后，制定整改措施，建立销号台账，明确整改责任，组织问题整改，整改情况要在规定期限内反馈，同时向上级主管单位报告。

第十九条 被检查单位是问题整改的责任主体，其上级主管单位是督促问题整改的责任单位。

第二十条 水利监督工作组织单位或检查单位依据职责或授权，按照本规定或专业监督检查办法相关标准实施责任追究。

第五章 权限和责任

第二十一条 监督检查组一般由两名或以上监督人员组成，工作现场应主动出示工作证件，可采取以下措施：

（一）进入与检查项目有关的场地、实验室、办公室等场所；

（二）调阅、记录或复制与检查项目有关的档案、工作记录、会议记录或纪要、会计账簿、电子影像记录、技术文件等；

（三）查验与检查项目有关的单位资质、个人资格等证件或证明，水利工程项目建设参与方签署和履行廉洁协议情况；

（四）调阅、复制涉嫌造假的记录、单位资质、行政许可证件、个人资格、验收报告等资料，涉嫌重大问题线索的相关账簿、凭证、档案等资料；

（五）责令停止使用已经查明的存在瑕疵、缺陷或以假充真、不符合国家相关标准的产品；

（六）运用遥感卫星、无人机、无人船、监测站网、在线业务系统等监测技术手段进行检查；

（七）协调有关机构或部门参与调查，控制可能发生严重问题的现场，进行必要的延伸检查和质证等；

（八）按照行政职责可采取的其他措施。

第二十二条 水利监督检查应落实回避要求。监督人员遇有下列情况应主动报告，并申请回避：

（一）涉及本人利害关系的；

（二）涉及与本人有需要回避近亲属关系的；

（三）其他可能影响公正履职关系的。

上述申请经组织程序批准后生效。

第二十三条 被检查单位应遵守国家法律法规和有关规定，接受或配合监督检查，提供与检查内容相关的文件、记录、账簿等资料。

被检查单位有维护本地区、本部门、本项目正当合法权益的权利，有对检查发现问题进行合理申辩的权利，有向监督工作组织单位或纪检监察机关反映的权利。

第二十四条 监督人员应当具备与其从事监督工作相适应的专业知识和业务能力，应当廉洁自律、客观公正、保守秘密。

水利监督工作接受社会监督，不得干预被检查单位的正常工作，凡发现监督检查组存在不符合有关规定、监督人员违反工作纪律等情况，可向有关监督工作组织单位或纪检监察机关反映。

第二十五条 各级水行政主管部门要保障监督检查工作顺利开展，依法依规落实监督工作经费、人员力量、业务培训和必要的监督工作装备等。

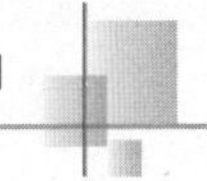

第六章　责　任　追　究

第二十六条　水利部按照职责权限，对工作中不履行或不正确履行工作职责的单位和个人，依法依规实施责任追究或提出责任追究建议。

第二十七条　责任追究包括单位责任追究和个人责任追究。

单位责任追究，是对被检查单位进行的责任追究，以及对该单位上级主管单位进行的行政管理责任追究。

个人责任追究，是对检查发现问题的直接责任人的责任追究，以及对直接责任人的直接领导、分管领导和主要领导进行的责任追究。

第二十八条　对单位的责任追究，一般包括：责令整改、约谈、情况通报（含向省级水行政主管部门通报、水利行业内通报、地方人民政府通报等，下同），以及其他相关法律法规、规章等规定的责任追究方式。

对个人的责任追究，由有管理权限的单位实施。一般包括：责令整改、约谈、情况通报，以及劳动合同约定的责任追究方式。构成违规违纪违法的，按照有关规定提出处理建议。

第二十九条　责任单位或责任人发生弄虚作假、隐瞒问题、干扰或拒不配合监督检查、严重问题整改措施不当或拒不整改等恶劣行为，以及一年内多次被责任追究等，应予以从重责任追究。责任单位或责任人主动自查自纠问题，并及时采取有效措施消除问题隐患的，可予以减轻或免于责任追究。

第三十条　对发现严重问题或问题较多，以及未按要求整改或整改不到位的地区或单位，报水利部水利监督工作领导小组审定后，纳入有关考核评价。

第七章　附　　则

第三十一条　流域管理机构、地方各级水行政主管部门可结合本流域、本地区工作实际制定相关实施办法。

第三十二条　本规定自颁布之日起施行。2019 年 7 月 19 日水利部印发的《水利监督规定（试行）》同时废止。

水利部关于印发河湖管理监督检查办法（试行）的通知

水河湖〔2019〕421号

各流域机构，各省、自治区、直辖市河长制办公室、水利（水务）厅（局），新疆生产建设兵团河长制办公室、水利局，各有关单位：

为加强和规范河湖监督检查工作，督促各级河长湖长和河湖管理有关部门履职尽责，依据法律法规及有关规定，我部制定了《河湖管理监督检查办法（试行）》，现予印发，请结合实际认真贯彻落实。

水利部

2019年12月26日

河湖管理监督检查办法（试行）

第一章　总　　则

第一条　为规范河湖监督检查工作，督促各级河长湖长和河湖管理有关部门履职尽责，全面强化河湖管理，持续改善河湖面貌，依据法律法规及有关规定，制定本办法。

第二条　本办法适用于水利部及其流域管理机构组织的河湖管理监督检查。地方各级河长制办公室、水行政主管部门依照法定职责开展河湖管理监督检查时参照执行。

第三条　河湖管理监督检查坚持务实、高效、管用原则，实行分级负责，按照经有关部门批准的年度督查计划依法依规开展。

第四条　水利部负责组织指导全国河湖管理监督检查工作。

水利部河长制湖长制工作领导小组办公室负责统筹协调、具体组织实施全国河湖管理监督检查工作。

流域管理机构根据职责和水利部授权，负责本流域或指定范围内的河湖管理监督检查工作。

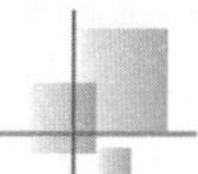

地方各级河长制办公室、县级以上地方人民政府水行政主管部门负责组织本行政区域内河湖管理监督检查工作。

第五条 水利部每年组织流域管理机构开展常规性河湖管理监督检查，对全国31个省（自治区、直辖市）的所有设区市实现全覆盖，对除无人区、交通特别不便地区以外的流域面积1000平方公里以上河流、水面面积1平方公里以上湖泊实现全覆盖。

关于领导批示办理、群众举报调查、媒体曝光问题调查等专项调查或督查随机安排。

第六条 监督检查单位应当培养一支作风过硬、责任心强、业务水平高、专业化、规范化的监督检查队伍。

监督检查单位及其工作人员应当依法依规履行监督检查职责，严格执行中央八项规定精神，严格执行有关回避制度，不得违规透露监督检查相关信息，不得干扰被检查地方和单位的正常工作秩序。

被检查地方和单位有义务接受并配合河湖管理监督检查。

第二章 监督检查内容

第七条 监督检查内容主要包括河湖形象面貌及影响河湖功能的问题、河湖管理情况、河长制湖长制工作情况、河湖问题整改落实情况等。

水利部根据河湖管理及河长制湖长制工作进展情况，确定水利部组织的监督检查年度重点。

第八条 河湖形象面貌及影响河湖功能的问题主要包括乱占、乱采、乱堆、乱建等涉河湖违法违规问题：

（一）“乱占”问题。围垦湖泊；未依法经省级以上人民政府批准围垦河道；非法侵占水域、滩地；种植阻碍行洪的林木及高秆作物。

（二）“乱采”问题。未经许可在河道管理范围内采砂，不按许可要求采砂，在禁采区、禁采期采砂；未经批准在河道管理范围内取土。

（三）“乱堆”问题。河湖管理范围内乱扔乱堆垃圾；倾倒、填埋、储存、堆放固体废物；弃置、堆放阻碍行洪的物体。

（四）“乱建”问题。水域岸线长期占而不用、多占少用、滥占滥用；未经许可和不按许可要求建设涉河项目；河道管理范围内修建阻碍行洪的建筑物、构筑物。

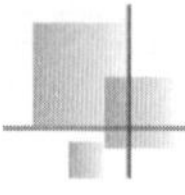

（五）其他有关问题。未经许可设置排污口；向河湖超标或直接排放污水；在河湖管理范围内清洗装储过油类或者有毒污染物的车辆、容器；河湖水体出现黑臭现象；其他影响防洪安全、河势稳定及水环境、水生态的问题。

第九条 河湖管理情况主要包括：

（一）河湖管理制度建立及执行情况，主要包括日常巡查维护制度、监督检查制度、涉河建设项目审批管理制度、河道采砂审批管理制度等。

（二）水域岸线保护利用情况，主要包括涉河建设项目审批管理是否规范，涉河建设项目监督检查是否到位。

（三）河道采砂管理情况，主要包括采砂管理责任制是否落实，河道采砂许可是否规范，采砂现场监管是否到位，堆砂场设置是否符合要求。

（四）河湖管理基础工作情况，主要包括河湖管理范围划定、水域岸线保护利用规划、采砂管理规划、河湖管理信息化建设等。

（五）河湖管理保护相关专项行动开展情况，涉河湖违法违规行为执法打击情况。

（六）河湖管理维护及监督检查经费保障情况。

（七）其他河湖管理情况。

第十条 河长制湖长制工作情况主要包括：

（一）河长制湖长制工作年度部署情况。

（二）河长湖长巡河（湖）调研、检查及发现问题处置情况。

（三）河长湖长牵头组织对侵占河道、围垦湖泊、超标排污、非法采砂、破坏航道、电毒炸鱼等突出问题依法进行清理整治情况。

（四）河长湖长协调解决河湖管理保护重大问题情况，明晰跨行政区域河湖管理责任，协调上下游、左右岸实行联防联控机制情况；部门协调联动和社会参与河长制湖长制工作情况。

（五）县级及以上河长湖长组织对相关部门和下一级河长湖长履职情况进行督导考核及激励问责情况。

（六）河长湖长组织体系情况，河长湖长公示牌设立情况；河长制办公室日常管理工作情况，组织、协调、分办、督办等职责落实情况。

（七）出台并落实河长制湖长制政策措施及相关工作制度情况；“一河（湖）一档”建立情况，“一河（湖）一策”编制及实施情况，河长制湖长制

管理信息系统建设运行情况。

（八）其他河长制湖长制工作情况。

第十一条 河湖问题整改情况主要包括：

（一）党中央、国务院交办水利部或地方查处的河湖问题整改情况。

（二）水利部或地方党委政府领导批示查处的河湖问题整改情况。

（三）历次监督检查发现的河湖问题整改情况。

（四）媒体曝光的河湖问题整改情况。

（五）公众信访、举报的河湖问题整改情况。

（六）其他涉河湖问题整改情况。

第三章 监督检查方式与程序

第十二条 根据年度监督检查计划组织开展的河湖管理监督检查，主要采取暗访方式。媒体曝光、公众信访举报、上级单位交办、领导批示的河湖突出问题，可以采取暗访与明察相结合的方式开展专项调查、检查、督查等。

暗访应当采取“四不两直”方式开展，即检查前不发通知、不向被检查地方和单位告知行动路线、不要求被检查地方和单位陪同、不要求被检查地方和单位汇报，直赴现场、直接接触一线工作人员。

第十三条 河湖管理监督检查按照“查、认、改、罚”四个环节开展，实行闭环管理，主要工作流程如下：

（一）查。实地查看河湖面貌，拨打监督电话，查阅档案资料，问询河长湖长和相关工作人员，走访群众，填写检查记录，留取影像资料。充分运用卫星遥感、无人机无人船、视频监控等科技手段，提高监督检查效率和成果质量。

（二）认。监督检查结束后，监督检查单位应当及时通过河长制督查系统向被检查地方反馈发现问题情况，被检查地方对疑似问题作进一步调查核实，对认定结果有异议的，可提交佐证材料，由省级水行政主管部门在10个工作日内向监督检查单位申请复核。

（三）改。对确认为违法违规的问题，被检查地方按照整改标准和时限要求，及时组织对问题进行整改，按时报送整改结果。

（四）罚。有关地方依法依规对违法违规单位和个人给予处罚，对相关责任单位和责任人进行责任追究。

第十四条 监督检查单位应当制定监督检查工作方案，明确监督检查的目标、任务、范围、方法等；对监督检查人员进行相关政策、法律法规、技术标准、安全知识、纪律要求培训；及时保存监督检查中产生的文字、图片、影像等资料。

监督检查工作完成后，监督检查单位应当按要求及时向监督检查组织部门提交监督检查报告。

第四章 问题分类及处理

第十五条 河湖管理监督检查发现的问题，按照严重程度分为重大问题、较严重问题和一般问题。河湖管理监督检查发现问题严重程度分类表见附件1。

监督检查单位按前款规定对发现问题的严重程度进行初步认定。本办法未作出规定的，由监督检查单位根据实际情况依法依规对问题严重程度进行认定。

第十六条 水利部组织的常规性河湖管理监督检查发现的问题全部上传水利部河长制督查系统，经有关各方核实认定后，按分类要求形成问题台账。

第十七条 水利部组织的常规性河湖管理监督检查，一般问题由监督检查单位通过河长制督查系统反馈问题清单，提示按时限要求组织整改。

能够立行立改的问题可现场反馈，同时上传至河长制督查系统。

第十八条 水利部组织的常规性河湖管理监督检查，较严重问题由实施检查的流域管理机构印发“一省一单”，及时向省级河长制办公室、水行政主管部门通报（通报内容应当载明问题所在河湖分级分段河长湖长），要求限期组织整改。

第十九条 水利部组织的常规性河湖管理监督检查，重大问题由水利部向有关地方发函，通报问题情况（通报内容应当载明问题所在河湖分级分段河长湖长），提出整改要求，抄送问题所在河湖最高层级河长湖长，并予以挂牌督办。

第二十条 被检查地方收到问题反馈或通报后，应及时组织对问题进行整改。能立行立改的问题要立即整改；不能按期完成整改的问题，要制定切

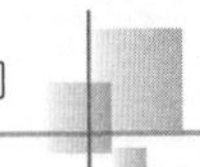

实可行的整改计划，并按计划整改到位。

第二十一条 问题整改到位后，被检查地方应当及时上报整改结果。水利部组织的常规性河湖管理监督检查，一般问题，由省级河长制办公室或水行政主管部门通过河长制督查系统及时反馈整改结果；重大或较严重问题，应按整改通知要求，以正式文件向水利部或有关流域管理机构上报整改结果。

第二十二条 监督检查组织部门、监督检查单位收到整改结果反馈后，应及时组织进行核实，对于确已整改到位的问题予以销号；对于尚未整改到位的问题，责成相关地方继续整改。

第二十三条 水利部实行河湖管理监督检查年度通报制度。每年第一季度，在水利部网站和官方微信公众号通报上一年度全国河湖管理监督检查及问题整改情况。

第五章 责 任 追 究

第二十四条 责任追究对象主要包括涉河湖违法违规单位、组织和个人，河长、湖长，河湖所在地各级有关行业主管部门、河长制办公室、有关管理单位及其工作人员。

第二十五条 责任追究主体及方式：

（一）责令整改。由监督检查组织部门或监督检查单位按照第十七条、第十八条、第十九条规定责令被检查地方组织整改。

（二）警示约谈。对于河湖重大问题多、问题整改不力或整改不到位、较严重及以上问题反复出现的，由监督检查组织部门或委托相关单位约谈相关地方河长湖长、河长制办公室负责人、水行政主管部门负责人。

（三）通报批评。对于社会影响较大、性质恶劣的重大问题，由监督检查组织部门在一定范围内进行通报批评。

河湖管理监督检查发现问题责任追究分类见附件2、附件3。

第二十六条 被检查地方按照管理权限依法依规对涉河湖违法违规单位、组织和个人进行行政处罚，并追究责任。追究违法违规单位和组织的领导责任人、直接责任人的责任主要包括通报批评、停职、调整岗位、党纪政纪处分或解除劳动合同等。

针对河湖重大问题多、问题整改不力或整改不到位、较严重及以上问题反复出现的，监督检查组织部门或监督检查单位建议有关地方按照管理权限依法依规追究相关河长湖长，河长制办公室、有关行业主管部门、管理单位及其工作人员的管理责任。

第二十七条 受到警示约谈、通报批评的，由监督检查组织部门在其官方网站或微信公众号公示不少于1个月。

第二十八条 监督检查人员有违规违纪行为的，按照有关规定予以处理。

第六章 附 则

第二十九条 各地可结合本地实际，制定河湖管理监督检查的具体办法或实施细则。

第三十条 本办法由水利部负责解释。

第三十一条 本办法自印发之日起实施。

附件1 河湖管理监督检查发现问题严重程度分类表（略）

附件2 河湖管理监督检查发现问题责任追究分类表（行政区域）（略）

附件3 河湖管理监督检查发现问题责任追究分类表（河湖）（略）

水利部关于印发水资源管理监督检查办法（试行）的通知

水资管〔2019〕402号

部机关各司局，部直属各单位，各省、自治区、直辖市水利（水务）厅（局），各计划单列市水利（水务）局，新疆生产建设兵团水利局：

为加强水资源监督管理，落实最严格水资源管理制度，我部组织编制了《水资源管理监督检查办法（试行）》，已经部长办公会议审议通过，现印发给你们，请遵照执行。

水利部

2019年12月21日

水资源管理监督检查办法（试行）

第一章 总 则

第一条 为强化水资源管理，规范监督检查行为，确保最严格水资源管理制度有效落实，依据《中华人民共和国水法》《取水许可和水资源费征收管理条例》《取水许可管理办法》《水利监督规定（试行）》等有关规定，制定本办法。

第二条 本办法适用于水资源管理的监督检查、问题认定和责任追究。节约用水监督检查办法另行制定。

第三条 本办法所称水资源管理监督检查是指水利部及其流域管理机构依照法定职责和程序，对各级水行政主管部门、其他行使水行政管理职责的机构及其所属企事业单位贯彻落实水资源管理法律法规，履行法定职责的监督检查。

第四条 水资源管理监督检查坚持依法依规、客观公正、问题导向、分级负责的原则。

第五条 水利部负责统筹协调、组织指导全国水资源管理监督工作。

流域管理机构依据职责和水利部授权，负责所管辖范围内的水资源管理监督工作。

地方各级水行政主管部门按照管理权限负责本行政区域内的水资源管理监督工作，并按要求做好水资源管理问题自查自纠工作。

第六条 水资源管理监督检查要与实行最严格水资源管理制度考核相衔接，年度检查要实现31个省区市全覆盖。以问题为导向，每年选择重点事项进行重点监督检查。

第二章 监 督 事 项

第七条 水资源管理监督主要事项包括：水量分配、用水总量控制、取水许可（取水口监管）、生态流量（水量）管控、水资源费（税）征收有关工作、地下水管理、饮用水水源保护以及水利部其他水资源管理重大决策部署、重点工作任务落实情况等。

第八条 水量分配监督主要内容：

（一）跨省重要江河流域水量分配方案制订、分解和实施；

（二）跨市县行政区江河流域水量分配方案制订和实施。

第九条 用水总量控制监督主要内容：

（一）规划水资源论证制度实施；

（二）取用水总量控制指标分解和落实。

第十条 取水许可（取水口监管）监督主要内容：

（一）取水许可审批管理；

（二）取水计划实施和取用水计量统计监管。

第十一条 生态流量（水量）管控监督主要内容：

（一）河湖生态流量（水量）保障目标确定情况；

（二）河湖生态流量（水量）保障措施落实情况；

（三）水库、水电站、闸坝等河道内取水工程生态流量监管情况。

第十二条 水资源费（税）征收有关工作监督主要内容：

（一）水资源费（税）改革政策落实；

（二）水资源费征收管理。

第十三条 地下水管理监督主要内容：

（一）地下水超采治理；

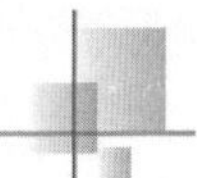

（二）地下水保护与利用监管。

第十四条 饮用水水源保护监督主要内容：

（一）饮用水水源问题通报与整改监督；

（二）饮用水水源保护措施落实情况。

第十五条 其他水资源管理重大决策部署、重点工作任务落实情况等。

第三章 程序与方式

第十六条 水资源管理监督检查通过“查、认、改、罚”等环节开展工作，主要工作程序如下：

（一）按照年度水资源管理监督检查工作重点，制订工作方案；

（二）组织开展水资源管理监督检查工作；

（三）进行问题认定并提出问题整改及责任追究建议；

（四）下发整改通知，督促问题整改及整改情况复核；

（五）落实责任追究。

检查发现违反相关法律、法规、规章的，按照相关规定执行。

第十七条 水资源管理监督检查通过飞检、检查、考核、调查等方式开展工作。

飞检，是针对部分单项工作开展的检查工作，主要采用“四不两直”方式，即对检查对象不发通知、不打招呼、不用陪同接待、不听汇报，直奔基层、直赴现场。

检查，是针对某个具体事项或专题开展的专项检查，一般在检查前发通知，通知中明确检查内容、时间、参加人员，以及需要配合的工作要求等。

考核，是最严格水资源管理考核年度或阶段性安排的综合性检查工作，一般通过日常考核和终期考核相结合实施。日常考核主要采用“四不两直”方式进行检查，终期考核根据日常考核与核查情况进行年度考核结果评定。

调查，是针对举报、某项专题或系统性问题开展的专项活动，一般可结合飞检、检查等方式开展。调查应尽量减少对被调查单位正常工作的影响，可要求被调查单位提供相关资料。

水资源管理监督检查要充分利用水资源信息管理系统进行实时监控和数据分析。

第十八条 监督检查组在进行监督检查时，有权进入与检查项目有关的场地、实验室等生产场所，地方水行政主管部门应积极做好配合。被检查单位应如实提供有关情况和材料。监督检查人员有义务为被检查单位保守在检查中获取的商业秘密。

第四章 问题认定与整改

第十九条 水资源管理监督检查依据相关法律法规、相关工作程序，认定违反水资源管理法律法规方面的问题。水资源管理问题按照严重程度分为一般问题、较重问题和严重问题三个等级。水资源管理问题分类见附件1。

第二十条 监督检查组在监督检查工作结束后，应与被检查单位交换意见，对监督检查发现问题予以确认。水资源管理问题确认单（式样）见附件2。

第二十一条 被检查单位对监督检查发现的问题有异议的，可在5日内提供相关材料进行申辩，监督检查组应进行复核并提出复核意见。

第二十二条 水利部或流域管理机构对监督检查发现的严重问题、较重问题和出现频次较多的一般问题，应及时向省级水行政主管部门印发问题整改清单，督促整改落实。

第二十三条 省级水行政主管部门和被检查单位应按照整改要求，制定整改措施，明确整改事项、整改时限、责任单位和责任人等，并将整改落实情况，在规定期限内反馈水利部或流域管理机构。

水利部或流域管理机构要对问题整改情况进行核实，整改到位的予以销号。对整改不到位的问题，继续跟踪落实。

第五章 责任追究

第二十四条 水利部可根据发现问题的数量、性质、严重程度，直接或责成流域管理机构、省级水行政主管部门对有关责任单位和责任人实施责任追究，必要时可向地方人民政府提出责任追究建议。

责任单位是指对检查中发现的问题负有监管职责的水行政主管部门、其他行使水行政管理职责的机构及其所属企事业单位。

责任人是指对检查中发现的问题负有责任的单位负责人、分管领导和直接责任人员。

第二十五条 责任追究包括对责任单位和责任人的责任追究。责任追究

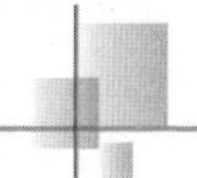

分类标准见附件 3、附件 4。

责任单位包括直接责任单位及其上级主管单位；责任人包括检查发现问题的直接责任人及其领导。

第二十六条 对责任单位的责任追究方式分为：

（一）责令整改；

（二）约谈；

（三）通报批评（含向省级水行政主管部门通报、水利行业内通报、向省级人民政府通报等）；

（四）其他相关法律、法规、规章等规定的责任追究。

第二十七条 对责任人的责任追究方式分为：

（一）书面检讨；

（二）约谈；

（三）通报批评；

（四）建议调离岗位；

（五）建议降级降职；

（六）法律、法规、规章等规定的其他责任追究方式。

上述责任追究，按照管理权限由水利部监督机构直接实施或责成、建议有管理权限的单位实施。

第二十八条 责任单位或责任人有下列情况之一，从重责任追究：

（一）弄虚作假、隐瞒水资源管理重大问题的；

（二）未按规定时限完成问题整改或整改不到位的；

（三）拒绝接受监督检查的；

（四）一个地区或一个部门在一年内多次被责任追究的。

第二十九条 由水利部实施水利行业内通报批评（含）以上的责任追究，将在水利部网站公示 1 个月。

第三十条 开展水资源管理监督检查，每个检查组应至少配备一名水资源管理专业人员。监督检查人员实施监督检查行为，应遵守《中华人民共和国水法》等法律、法规、规章和水利部有关监督管理规定。

第三十一条 对监督检查中发现的取水单位或个人违反水资源管理法律法规行为，水利部监督机构交由具有管辖权的水行政执法机构依法进行处理，并将行政处罚信息按国家有关规定记入企业和个人信用档案。

第六章　附　　则

第三十二条　地方各级水行政主管部门可参照本办法，结合工作实际制定相关制度。

第三十三条　本办法自印发之日起施行。

附件：1. 水资源管理问题分类（略）

2. 水资源管理问题确认单（式样）（略）

3. 责任单位责任追究分类标准（略）

4. 责任人责任追究分类标准（略）

水利部关于印发《水功能区监督管理办法》的通知

水资源〔2017〕101号

各流域机构，各省、自治区、直辖市水利（水务）厅（局），各计划单列市水利（水务）局，新疆生产建设兵团水利局：

为落实《国务院关于全国重要江河湖泊水功能区划（2011—2030年）的批复》《中共中央办公厅　国务院办公厅关于全面推行河长制的意见》等文件要求，全面加强水功能区监督管理，有效保护水资源，保障水资源的可持续利用，推进生态文明建设，依据《中华人民共和国水法》《中华人民共和国水污染防治法》等法律法规，我部对《水功能区管理办法》进行了修订，并更名为《水功能区监督管理办法》。现印发你们，请遵照执行。

水利部

2017年2月27日

水功能区监督管理办法

第一条　为加强水功能区监督管理，有效保护水资源，保障水资源的可持续利用，推进生态文明建设，依据《中华人民共和国水法》《中华人民共和国水污染防治法》等法律法规，制定本办法。

第二条　本办法适用于中华人民共和国领域内的江河、湖泊、运河、渠道、水库等地表水体（以下统称江河湖泊）水功能区的保护和监督管理。

本办法所称水功能区，是指为满足水资源合理开发、利用、节约和保护的需求，根据水资源的自然条件和开发利用现状，按照流域综合规划、水生态系统保护和经济社会发展要求，依其主导功能划定范围并执行相应保护和管理要求的水域。

第三条　对水功能区实行保护和监督管理，应当根据其功能定位和分级分类要求，统筹水量、水质、水生态，严格管理和控制涉水活动，促进经济社会发展与水资源水环境承载能力相协调。

第四条 国家实行水功能区限制纳污制度和水功能区开发强度限制制度。县级以上地方人民政府应当加强水功能区限制纳污红线管理，严格控制对其水量水质产生重大影响的开发行为，严格控制入河湖排污口设置和污染物排放总量，保障水功能区水质达标和水生态安全，维护水域功能和生态服务功能。

第五条 水功能区监督管理实行流域管理与行政区域管理相结合。

国务院水行政主管部门对全国水功能区实施统一监督管理。

流域管理机构负责流域内重要江河湖泊水功能区监督管理的综合协调，并对含有省界断面的水功能区（包括省界缓冲区）以及流域管理机构直接管理的河道（河段）、湖泊、水库的水功能区实施监督管理。其他水功能区按省、自治区、直辖市人民政府水行政主管部门确定的管理权限监督管理。

第六条 水功能区的划定应当协调好与国民经济和社会发展、主体功能区、土地利用、城市建设等相关规划的关系，并遵守《中华人民共和国水法》规定的程序和水功能区划有关标准。

水功能区分为一级区和二级区。一级水功能区宏观上解决水资源开发利用与保护的问题，主要协调地区间用水关系，长远考虑可持续发展的需求，包括保护区、保留区、缓冲区和开发利用区。二级水功能区对一级水功能区中的开发利用区进行划分，主要协调用水部门之间的关系，包括饮用水源区、工业用水区、农业用水区、渔业用水区、景观娱乐用水区、过渡区和排污控制区。

第七条 经批准的水功能区划是水资源开发利用与保护、水污染防治和水环境综合治理的重要依据，应当在水资源管理、水污染防治、节能减排等工作中严格执行。

第八条 保护区是对源头水保护、饮用水保护、自然保护区、风景名胜区及珍稀濒危物种的保护具有重要意义的水域。

禁止在饮用水水源一级保护区、自然保护区核心区等范围内新建、改建、扩建与保护无关的建设项目和从事与保护无关的涉水活动。

第九条 保留区是为未来开发利用水资源预留和保护的水域。

保留区应当控制经济社会活动对水的影响，严格限制可能对其水量、水质、水生态造成重大影响的活动。

第十条 缓冲区是为协调省际间、矛盾突出地区间的用水关系、衔接内河功能区与海洋功能区、保护区与开发利用区水质目标划定的水域。

缓冲区应当严格管理各类涉水活动，防止对相邻水功能区造成不利影响。在省界缓冲区内从事可能不利于水功能区保护的各类涉水活动，应当事先向流域管理机构通报。

第十一条 开发利用区是为满足工农业生产、城镇生活、渔业、景观娱乐和控制排污等需求划定的水域。

开发利用区应当坚持开发与保护并重，充分发挥水资源的综合效益，保障水资源可持续利用。

同时具有多种使用功能的开发利用区，应当按照其最高水质目标要求的功能实行管理。

第十二条 饮用水源区是为城乡提供生活饮用水划定或预留的水域。

已经提供城乡生活饮用水的饮用水源区，应当划定饮用水水源保护区，优先保证饮用水水量水质。在饮用水水源保护区内，禁止设置（含新建、改建和扩大，下同）排污口。

为城乡预留生活饮用水的饮用水源区，应当加强水质保护，严格控制排放污染物，不得新增入河排污量。

第十三条 工业用水区是为满足工业用水需求划定的水域，农业用水区是为满足农业灌溉用水需求划定的水域。

工业用水区和农业用水区应当优先满足工业和农业用水需求，严格执行取水许可有关规定。

在工业用水区和农业用水区设置入河排污口的，排污单位应当保证该水功能区水质符合工业和农业用水目标要求。

第十四条 渔业用水区是为保护水生生物养殖需求划定的水域。

渔业用水区应当维护渔业用水的基本水量需求，保护天然水生生物的重要栖息地、产卵场、越冬场、索饵场及主要洄游通道，并按照渔业用水水质要求，禁止排放对鱼类生长、繁殖有严重影响的重金属及有毒有机物。

从事水产养殖的单位和个人应当严格控制水污染，确保水功能区水质达标。

第十五条 景观娱乐用水区是为满足景观、娱乐和各种亲水休闲活动需求划定的水域。

景观娱乐活动不得危及景观娱乐用水区的水质控制目标。

第十六条 过渡区是为使水质要求有差异的相邻水功能区顺利衔接划定的水域。

过渡区应当按照确保下游水功能区符合水质控制目标的要求实施管理，严格控制可能导致水体自净能力下降的涉水活动。

第十七条 排污控制区是集中接纳生活、生产废污水且对下游水功能区功能不会造成重大不利影响的水域。

在排污控制区排放废污水，不得影响下游水功能区水质目标。县级以上地方人民政府应当结合城市综合整治措施，逐步减少排污控制区。

第十八条 国务院水行政主管部门会同国务院发展改革、环境保护行政主管部门，可以根据社会经济发展和水资源开发利用情况，对全国重要江河湖泊水功能区划做出修订。修订后的区划经国务院批准后实施。

省、自治区、直辖市人民政府可以对全国重要江河湖泊水功能区划提出局部调整建议，报国务院水行政主管部门，并附具流域管理机构的审核意见。国务院水行政主管部门会同国务院发展改革、环境保护行政主管部门审查后，报国务院或者其授权的部门批准。

县级以上地方人民政府水行政主管部门可以会同有关部门对辖区内其他水功能区划提出补充完善和调整建议，报原批准机关审查批准，并报原备案部门备案。

第十九条 设置取水口、入河排污口或者实施可能对水功能区有影响的活动，有关单位在提交的取水许可申请（水资源论证报告）、入河排污口设置申请、河道管理范围内工程建设项目申请、防洪评价报告等行政审批申请文件中，应当按照法律法规要求论证涉水活动对水功能区水质、水量、水生态的影响，提出预防、减缓、治理、补偿等措施。预防、减缓、治理、补偿等措施应当与取水口设置、入河排污口设置或者其他活动一并实施。

县级以上地方人民政府水行政主管部门或流域管理机构在审查前款所列行政审批申请文件时，应当对其是否符合水功能区保护要求进行审核，不符合水功能区保护要求的，不予批准。

第二十条 流域管理机构应当会同有关省、自治区、直辖市人民政府水行政主管部门，核定全国重要江河湖泊水功能区水域纳污能力，提出限制排污总量意见，报送国务院水行政主管部门和环境保护主管部门。

县级以上地方人民政府水行政主管部门应当核定辖区内水功能区水域纳污能力，向环境保护行政主管部门提出限制排污总量意见，同时报本级人民政府和上一级水行政主管部门。

各级人民政府要把限制排污总量作为水污染防治和污染减排工作的重要依据，完善入河湖排污管控机制和考核体系。

第二十一条 水功能区达标率未达到国务院或地方人民政府批准的控制目标的，县级以上地方人民政府应当组织相关部门制定并实施水功能区限期达标整治方案，通过截污控污、生态修复等工程和非工程措施，限期达到确定的控制目标。

第二十二条 流域管理机构应当根据水功能区保护目标、水域纳污能力、敏感水生态保护目标，以及流域水污染防治和水资源保护等规划要求，提出流域入河排污口布局规划或指导意见。

县级以上地方人民政府水行政主管部门应当会同有关部门，按照经批准的入河排污口布局规划或指导意见，编制入河排污口整治方案，报同级人民政府批准后实施。

在实施河道整治、中小河流治理、河湖水系连通工程时，应当统筹考虑入河排污口的综合整治。

第二十三条 在江河湖泊设置入河排污口的建设项目，建设单位应当取得县级以上地方人民政府水行政主管部门或者流域管理机构出具的入河排污口设置同意文件。

入河排污口的设置审查和出具同意文件实行分级办理。具有以下情形之一的，由流域管理机构负责入河排污口设置审查和出具同意文件：

（一）环境影响评价文件由国务院环境保护行政主管部门审批的建设项目需要设置入河排污口的；

（二）取水许可申请（水资源论证）文件由国务院水行政主管部门或者流域管理机构审批的建设项目需要设置入河排污口的；

（三）河道管理范围内工程建设方案审查文件由流域管理机构审批的建设项目需要设置入河排污口的；

（四）在流域管理机构直接管理的河道（河段）、湖泊、水库设置入河排污口的。

在含有省界断面的水功能区（包括省界缓冲区）内设置入河排污口的，

应当事先征求流域管理机构的意见。

其他入河排污口设置同意的分级权限由省、自治区、直辖市人民政府水行政主管部门确定。

入河排污口需经设置同意部门验收，并取得排污许可证后方可使用。

第二十四条 县级以上地方人民政府水行政主管部门和流域管理机构应当按照管理权限对入河排污口设置、审批及排污情况建立档案，并及时纳入国家水资源管理系统。

第二十五条 向水功能区排污的单位应当于每年1月底前向有管辖权的水行政主管部门或者流域管理机构报告上一年度入河排污情况。两个以上排污单位通过同一入河排污口排放废水污水的，应分别报告。入河排污口暂停使用、永久封闭或者排污情况发生较大变化的，入河排污口设置单位应当及时向有管辖权的水行政主管部门报告。

第二十六条 水功能区应当设立明显标识。含有省界断面的水功能区（包括省界缓冲区）以及流域管理机构直接管理的河道（河段）、湖泊、水库的水功能区的标识由流域管理机构设立，其他水功能区的标识由县级以上地方人民政府水行政主管部门按照管理权限设立。标识内容由国务院水行政主管部门确定。

任何单位和个人不得毁坏、擅自移动水功能区标识或者挪作他用。

第二十七条 国务院水行政主管部门组织开展水功能区水量、水质、水生态监测和评价，建立水功能区监测评价体系。

流域管理机构负责组织流域内全国重要江河湖泊水功能区的监测评价，对含有省界断面的水功能区（包括省界缓冲区）、流域管理机构直接管理的河道（河段）、湖泊、水库的水功能区水量、水质、水生态实施日常监测评价，对其他水功能区实施监督性监测。

县级以上地方人民政府水行政主管部门按照各自管理权限，负责辖区内有关水功能区的监测评价。

流域管理机构与有关省、自治区、直辖市人民政府水行政主管部门及其他有关部门应当按照规定建立信息交换机制，实现水功能区的水量水质信息、入河排污口与污染源排污量等相关信息共享。

第二十八条 流域管理机构负责组织流域内入河排污口监测，负责含有省界断面的水功能区（包括省界缓冲区）内的入河排污口以及由流域管理机

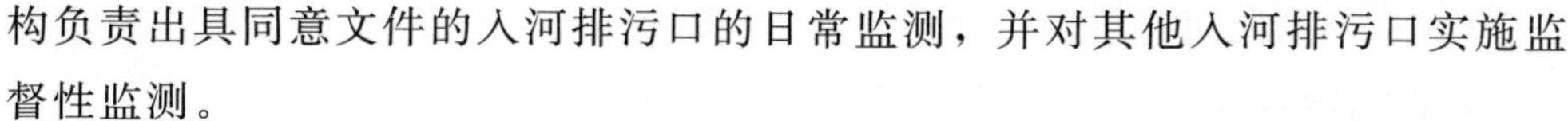

构负责出具同意文件的入河排污口的日常监测，并对其他入河排污口实施监督性监测。

县级以上地方人民政府水行政主管部门对辖区内其他入河排污口实施日常监测，定期统计辖区内入河排污量、废污水量和减排量，监测和统计结果应当及时纳入国家水资源管理系统。

第二十九条 县级以上地方人民政府水行政主管部门和流域管理机构根据管理权限，对入河排污口实施巡查和监督检查，必要时可会同有关部门开展联合监督检查。被检查单位应当如实提供有关情况和资料。

第三十条 县级以上地方人民政府水行政主管部门或者流域管理机构发现重点水污染物排放总量超过水功能区控制指标的，或者水功能区的水质未达到其使用功能对水质要求的，应当及时报告有关地方人民政府采取治理措施，并通报有关地方人民政府环境保护行政主管部门。

第三十一条 水功能区监测评价结果和限制纳污制度落实情况是最严格水资源管理制度考核的重要内容。考核结果不合格的地区应当按照有关规定整改。整改期间，暂停该地区建设项目新增取水许可和入河排污口设置同意。

第三十二条 违反本办法规定，有下列行为之一的，责令改正，予以通报批评，对负有责任的主管人员和其他责任人员，由其上级主管部门、单位或者监察机关依法给予处分；构成犯罪的，依法追究刑事责任：

（一）违法审批入河排污口设置的；

（二）不遵守水功能区管理和保护要求的；

（三）伪造或者擅自修改监测和评价结果的；

（四）不履行监督检查职责，或者发现违法行为不予查处的；

（五）其他滥用职权、玩忽职守、徇私舞弊的行为。

第三十三条 未经水行政主管部门或者流域管理机构同意，在江河湖泊新建、改建、扩大入河排污口的，按照《中华人民共和国水法》和《中华人民共和国水污染防治法》的规定处罚。

第三十四条 违反本办法规定，具有下列情形之一的，有管辖权的县级以上地方人民政府水行政主管部门或者流域管理机构应当责令限期整改：

（一）未经验收的入河排污口设置或者验收不合格，擅自使用入河排污口排污的；

（二）拒不按照县级以上地方人民政府水行政主管部门或流域管理机构的要求报告入河排污情况的。

第三十五条 拒绝依照本办法规定接受有监督管理权的机关的监督检查，或者在接受监督检查时弄虚作假的，由县级以上地方人民政府水行政主管部门按照《中华人民共和国水法》的规定处罚。

第三十六条 在水功能区监督管理中涉及防洪、抗旱、水污染防治的，依照《中华人民共和国水法》《中华人民共和国防洪法》《中华人民共和国水污染防治法》等有关法律法规执行。

第三十七条 本办法自2017年4月1日起施行。《水功能区管理办法》（水资源〔2003〕233号）同时废止。

水利工程运行管理监督检查办法（试行）

水监督〔2019〕123号

第一章 总　　则

第一条 为加强水利工程运行监管，落实运行管理责任，确保工程安全平稳运行，根据《中华人民共和国水法》《中华人民共和国防洪法》《水利工程管理体制改革实施意见》《关于深化小型水利工程管理体制改革的指导意见》等有关法律、法规、规章、政策文件和技术标准，制定本办法。

第二条 本办法适用于水利工程运行管理的监督检查、问题认定和责任追究。

第三条 水利部、各流域管理机构、县级以上人民政府水行政主管部门是水利工程运行管理的监督检查单位，负责监督检查、问题认定和责任追究。

第四条 水利工程管理单位（以下简称水管单位，含纯公益性、准公益性和经营性水管单位）负责所属工程的管理、运行和维护，严格履行各项职责，保证工程安全和效益发挥；水管单位是水利工程运行管理问题的第一责任人，承担对问题进行自查自纠、整改销号和信息建档等工作。

水利工程主管部门（含各级地方人民政府以及水利、能源、建设、交通、农业等有关部门）对所属工程的运行安全和水管单位负有领导责任，负责对水利工程运行管理进行监督指导、组织并督促各类检查发现问题的整改落实、按要求严格履行各项职责及落实责任追究等工作。

第五条 各级水行政主管部门对管辖范围内的水利工程及运行管理问题负有行业监管责任。

第二章 问　题　分　类

第六条 水利工程运行管理问题包括运行管理违规行为和工程缺陷。

第七条 运行管理违规行为是指有关工作人员违反或未严格执行工程运行管理有关法律、法规、规章、政策文件、技术标准和合同等各类运行管理行为。

第八条 运行管理违规行为分一般运行管理违规行为、较重运行管理违规行为、严重运行管理违规行为、特别严重运行管理违规行为。

水利工程运行管理违规行为分类标准见附件1。

第九条 工程缺陷是指因正常损耗老化、除险加固不及时、维修养护缺失或运行管理不当等造成水利工程实体、设施设备等残破、损坏或失去应有效能，影响水利工程运行或构成隐患的问题。

第十条 工程缺陷分一般工程缺陷、较重工程缺陷、严重工程缺陷。

水利工程缺陷分类标准见附件2。

第三章 问题认定与责任追究

第十一条 对检查发现的运行管理问题按照运行管理违规行为分类标准和工程缺陷分类标准进行认定。

第十二条 对运行管理问题进行认定时，被检查单位可现场或在48小时内提供相关材料进行陈述、申辩，各监督检查单位应听取被检查单位的陈述、申辩，对其提出的理由和材料予以复核。

第十三条 水管单位应对所属工程开展定期排查与日常检查，对发现的问题逐一登记、整改处理、建立台账、定期更新并按要求上报相关主管部门。

定期上报并已制订整改计划的运行管理问题，在提供证明材料后，原则上不计入问题数量统计。

第十四条 水利部可直接实施责任追究或责成流域管理机构、省级人民政府水行政主管部门实施责任追究，必要时可向地方人民政府提出责任追究建议，并可建议相关企、事业单位按照有关规定或合同约定实施进一步责任追究。

第十五条 责任追究包括对单位责任追究和对个人责任追究。

单位包括直接责任单位和领导责任单位，其中直接责任单位包括水管单位、工程维修养护单位等；领导责任单位包括负有领导责任的各级行政主管单位或业务主管部门。

个人包括直接责任人和领导责任人，其中直接责任人包括运行管理人

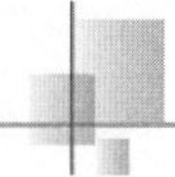

员、工程维修养护单位工作人员等；领导责任人包括直接责任单位和领导责任单位的主要领导、分管领导、主管领导等。

第十六条 对责任单位的责任追究方式分为：

（一）责令整改；

（二）警示约谈；

（三）通报批评（含向省级人民政府水行政主管部门通报、水利行业内通报、向省级人民政府通报等，下同）；

（四）其他相关法律、法规、规章等规定的责任追究。

第十七条 对责任人的责任追究方式分为：

（一）责令整改；

（二）警示约谈；

（三）通报批评；

（四）建议调离岗位；

（五）建议降职或降级；

（六）建议开除或解除劳动合同；

（七）其他相关法律、法规、规章等规定的责任追究。

第十八条 根据运行管理问题的数量与类别，按责任追究标准对责任单位和责任人实施责任追究。

运行管理问题责任追究标准见附件3。

第十九条 责任单位或责任人有下列情况之一，从重责任追究：

（一）对危及工程安全平稳运行的严重隐患未采取有效措施或措施不当；

（二）造假、隐瞒运行管理问题等恶劣行为；

（三）举报的运行管理问题经调查属实；

（四）无特殊情况，运行管理问题未按规定时限完成整改或整改不到位；

（五）一年内，同一直接责任单位被责任追究三次（含）及以上，领导责任单位管辖范围内被责任追究三家次（含）及以上；

（六）其他依法依规应予以从重责任追究的情形。

第二十条 责任单位或责任人有下列情况之一，可予以减轻或免于责任追究：

（一）主动自查自纠运行管理问题；

（二）其他依法依规应予以减轻或免于责任追究的情形。

第二十一条 对责任单位或责任人予以从重、减轻或免于责任追究时，应提供客观、准确并经核实的文件、记录、图片或声像等相关资料。

第二十二条 由水利部实施水利行业内通报（含）以上的责任追究，将按要求在“中国水利部网站”公示6个月。

第二十三条 对水利工程运行维修养护、功能完善、除险加固等项目建设过程中出现的质量问题和合同问题，可参照《水利工程建设质量与安全生产监督检查办法（试行）》《水利工程合同监督检查办法（试行）》有关规定实施责任追究；对运行管理中出现的资金问题，可参照《水利资金监督检查办法（试行）》有关规定实施责任追究。

第四章 附 则

第二十四条 根据运行管理问题的数量与类别，水利部下发“问题整改通知”，对威胁工程安全或不立即处理可能影响工程运行和使用寿命的运行管理问题，水利部委托或责成相关主管部门实施驻点监管，跟踪问题整改落实。

第二十五条 水管单位对照“问题整改通知”要求组织整改，明确整改措施、整改时限、整改责任单位和责任人等，并按要求将整改结果上报。

第二十六条 本办法自印发之日起施行。

附件1、2 水利工程运行管理违规行为分类标准、水利工程缺陷分类标准（略）

附件3 运行管理问题责任追究标准（略）

小型水库安全运行监督检查办法

水监督〔2022〕82号

第一章　总　　则

第一条　为进一步加强小型水库运行管护，落实安全运行主体责任，规范监督检查和责任追究工作，根据《中华人民共和国防洪法》《水库大坝安全管理条例》《国务院办公厅关于切实加强水库除险加固和运行管护工作的通知》《小型水库安全管理办法》《关于深化小型水利工程管理体制改革的指导意见》《水利工程运行管理监督检查办法（试行）》和《关于落实水库安全度汛应急抢护措施的通知》等有关法律、法规、规章、政策文件，制定本办法。

第二条　本办法适用于水利部组织的小型水库安全运行监督检查，地方各级水行政主管部门依照法定职责开展监督检查时参照执行。

第三条　小型水库安全运行监督检查与责任追究工作应坚持依法依规、客观公正、分级实施、措施适当的原则。

第四条　小型水库安全管理责任主体为水库管理单位、水库主管部门（或业主）以及相应的水行政主管部门、地方人民政府。农村集体经济组织所属小型水库安全的主管部门为所在地乡、镇人民政府。

第二章　检查内容、方式方法与程序

第五条　小型水库安全运行监督检查严格按照问题清单进行，主要内容包括运行管理和工程实体两个方面。

运行管理方面主要检查以下内容：

（一）防汛行政责任人、防汛技术责任人、防汛巡查责任人（以下简称防汛“三个责任人”）落实情况；

（二）水库雨水情测报、调度运用方案（调度计划）、大坝安全管理（防汛）应急预案（以下简称防汛“三个重点环节”）落实情况；

（三）日常巡查及维修养护情况；

（四）综合管理情况。

工程实体方面主要检查以下内容：

（一）主体建筑物情况；

（二）设备设施情况。

问题清单详见附件1。

第六条 小型水库安全运行监督检查主要采取“四不两直”方式开展。

对领导批示、信访举报、媒体曝光、交办转办等特殊情况和问题线索，应针对具体情况采取明查与暗访相结合的方式开展专项调查、检查等。

第七条 检查组一般由两名以上具有水利工程管理相关工作经验的人员组成，一般采取下列方法开展现场检查工作：

（一）察看小型水库工程现场；

（二）查阅小型水库注册登记、调度运用、维修养护、巡查巡检、安全鉴定、经费使用、问题上报及处理等资料；

（三）询问管理单位有关人员和防汛“三个责任人”或组织座谈，必要时要求管理单位作出说明；

（四）进行必要的延伸检查和质证等。

第八条 小型水库安全运行监督检查通过“查、认、改、罚”等环节开展工作，主要工作流程如下：

（一）将小型水库安全运行监督检查纳入年度监督检查计划；

（二）制定监督检查工作方案；

（三）组建检查组，组织开展现场监督检查；

（四）对检查发现的问题予以佐证和认定；

（五）及时向管理单位、县级以上水行政主管部门反馈检查发现的问题；

（六）对检查发现的问题提出整改及责任追究意见建议；

（七）下发整改通知，督促问题整改及整改核查；

（八）根据相关规定实施责任追究；

（九）检查发现涉嫌违纪、违法的问题线索，移交相关纪检监察机关或司法机关。

第九条 现场检查发现问题时，检查组应留存必要的佐证材料，如复印相关证明档案、文件，拍摄记录问题的照片和视频等，相关单位和个人应积

极配合检查工作。

第三章　问题认定与整改

第十条　小型水库安全运行监督检查发现的问题严格依据问题清单条款予以具体描述和准确认定。

第十一条　水利部组织监督检查发现的问题经核实认定后，按要求形成问题台账，全部上传至水利监督信息平台。

第十二条　被检查单位应按照整改要求，制定整改措施，明确整改事项、整改时限、责任单位和责任人等，对需长期整改的问题，持续跟踪落实整改情况，确保整改到位。

第十三条　各省级水行政主管部门相关业务主管部门在规定期限内应及时汇总整理问题整改落实情况，并在水利监督信息平台填报整改情况和上传佐证材料。

第十四条　县级以上水行政主管部门负责对本地区检查发现问题整改工作进行督促和指导，对整改状态、佐证材料进行审核。

第十五条　水利部、省级水行政主管部门视情况组织对问题整改情况开展现场复查复核工作。

第四章　责　任　追　究

第十六条　根据检查发现问题的类别、数量，综合量化打分后按责任追究标准对责任单位和责任人实施责任追究。

第十七条　按管理权限，水利部可直接或授权流域管理机构、责成省级水行政主管部门实施责任追究，必要时可向省级人民政府提出责任追究建议，并可建议相关企事业单位按照有关规定或合同约定实施进一步责任追究。

第十八条　责任追究包括对单位责任追究和对个人责任追究。

单位包括直接责任单位和领导责任单位。直接责任单位包括小型水库管理单位、产权所有者、小型水库主管部门（或业主）、工程维修养护单位等；领导责任单位包括负有领导责任的上级行政主管单位或业务主管单位（部门）。

个人包括直接责任人和领导责任人。直接责任人包括防汛“三个责任人”、运行管理人员、工程维修养护单位工作人员等；领导责任人包括直接责任单位和领导责任单位的主要负责人、分管负责人、主管部门负责人等。

第十九条 对单位责任追究的方式分为：

（一）责令整改；

（二）约谈；

（三）情况通报（含向省级人民政府水行政主管部门通报、水利行业内通报、向地方人民政府通报等，下同）；

（四）其他相关法律、法规、规章等规定或合同约定的责任追究方式。

第二十条 对个人责任追究的方式分为：

（一）责令整改；

（二）约谈；

（三）情况通报；

（四）建议调离岗位；

（五）建议降职或降级；

（六）建议开除或解除劳动合同；

（七）其他相关法律、法规、规章等规定的责任追究。

责任追究标准见附件2。

第二十一条 责任单位或责任人有下列情况之一，应予以从重责任追究：

（一）对危及小型水库运行安全的严重隐患未及时发现或发现后未采取有效措施或措施不当；

（二）存在造假、隐瞒安全运行问题等恶劣行为；

（三）未按要求时限完成安全运行问题整改或整改不到位（因雨水情等原因暂时无法实施整改措施且已制定了整改计划的除外）；

（四）上报问题整改情况与实际不符或未按既定整改措施推动整改工作；

（五）同一直接责任单位一年内被“约谈”或“情况通报”两次以上；

（六）其他依法依规应予以从重责任追究的情形。

第二十二条 责任单位主动自查自纠运行问题，并及时采取有效措施消除隐患的，可予以减轻或免于责任追究。

第五章 附 则

第二十三条 小型水库工程运行问题分类、检查、认定、责任追究和整

改等工作的相关要求和程序在其他法律、法规、规章、规范性文件另有规定的从其规定。

第二十四条 小型水库发生垮坝等重大事故时，由水利部组织调查组赴现场开展事故调查，按照管理权限和相关法律法规对责任单位、责任人实施责任追究。

第二十五条 本办法自印发之日起施行，原《小型水库安全运行监督检查办法（试行）》（水监督〔2019〕123号）同时废止。

附件：1. 小型水库安全运行监督检查问题清单（略）

2. 责任追究标准（略）

水利部关于印发农村供水工程监督检查管理办法（试行）的通知

水农〔2019〕243号

各流域管理机构，部直属相关单位，各省、自治区、直辖市水利（水务）厅（局），新疆生产建设兵团水利局：

为贯彻落实“水利工程补短板、水利行业强监管”水利改革发展总基调，加强农村供水工程监督管理，提升农村供水保障水平，水利部组织编制了《农村供水工程监督检查管理办法（试行）》。现印发你单位，请遵照执行。

水利部

2019年8月26日

农村供水工程监督检查管理办法（试行）

第一章 总 则

第一条 为进一步加强农村供水工程监督管理，提升农村供水保障水平，制定本办法。

第二条 本办法所称农村供水工程是指为满足农村居民日常生活用水需要（不包括灌溉用水），向县（市、区）以下（不含县城城区）的乡镇、村庄（社区）等居民区生活饮用水供水的工程。

第三条 本办法适用于全国范围内农村集中供水工程和由水利部门负责监管的城市供水管网延伸工程的监督检查，不含农村分散供水工程和由住建等部门负责监管的城镇供水及其管网延伸工程。

第二章 职 责

第四条 水利部及县级以上地方人民政府水行政主管部门是农村供水工

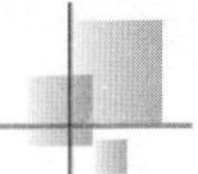

程的监督检查单位，负责实施检查、问题认定、督促整改与责任追究，水利部指导流域管理机构、县级以上地方人民政府水行政主管部门开展农村供水工程监督检查。

流域管理机构根据水利部授权开展农村供水工程监督检查。

第五条 县级以上地方人民政府应落实农村供水保障主体责任。地方各级水行政主管部门应配合水利部及流域管理机构开展农村供水工程监督检查，推动落实问题整改，必要时实施责任追究。

第六条 农村供水工程的建设单位（含参建单位）和运行管理单位是农村供水工程的直接责任单位，应全面落实建设和运行管理主体责任，并对监督检查单位发现的问题进行整改。

县级以上地方人民政府以及各级水行政主管等部门，是所管辖范围内农村供水工程的监督责任单位，县级以上地方人民政府应加强统筹协调，督促各相关部门履行职责，形成合力，提升农村供水保障水平。

第三章 监督检查

第七条 农村供水工程监督检查是对水源、取水工程、输配水工程、水厂、运营管理、安全管理等各个环节建设、运行、管理、维护等情况的监督检查。

农村供水工程的质量、安全、合同、资金监督检查参照《水利工程建设质量安全监督检查办法（试行）》《水利工程建设合同监督检查办法（试行）》《水利资金监督检查办法（试行）》等执行。

第八条 农村供水工程监督检查采取暗访、检查、督查等方式。

第九条 农村供水工程监督检查的主要方法：

（一）听取直接责任单位情况介绍，向相关单位问询了解情况；

（二）实地检查工程建设、管理、水量水质保障、供水设施设备维护等情况；

（三）查阅有关工程建设和管理资料；

（四）与相关人员座谈，走访用水户；

（五）对发现问题线索进行延伸检查。

上述相关单位是指有关勘察、设计、施工、监理、材料设备供应、检验检测等市场主体，以及发展改革、财政、卫生健康、生态环境等相关部门；

相关人员是指农村供水工程直接责任单位、相关单位的人员或与工程有关联的人员。

第十条 农村供水工程监督检查结束后，监督检查单位应及时编制监督检查报告，主要包括基本情况、经验做法、发现问题、整改要求及责任追究建议等内容。

第十一条 对于当年已经接受水利、发展改革、财政、巡视、审计、卫生健康、生态环境等部门农村供水工程监督检查的，除确有需要外，原则上本年度内不再重复检查相关内容。

第四章 问 题 认 定

第十二条 农村供水工程问题是指直接责任单位违反国家有关规章制度和相关标准的问题。农村供水工程问题按照严重程度分为一般、较重和严重三个级别。农村供水工程违规问题分类见附件1。

监督检查单位根据本办法对农村供水问题及其严重程度进行认定。

第十三条 监督检查单位在监督检查工作结束时应与被检查单位交换意见，对监督检查发现问题予以确认。农村供水工程问题确认单（式样）见附件2。

第十四条 被检查单位对监督检查发现的问题如有异议，可提供相关材料进行申辩。派出监督检查单位的水行政主管部门或上一级水行政主管部门应依据被检查单位提供的申辩材料及相关规定作出接受或拒绝申辩的决定，应允许被检查单位申请复议。

第五章 问题整改及责任追究

第十五条 水利部对监督检查发现的问题，按照“一省一单”“一项一单”等方式印发整改通知至省级水行政主管部门，责成省级水行政主管部门督促相关市县级水行政主管部门紧盯被检查单位限期整改，要求被检查单位建立整改问题台账，动态管理，对整改结果、效果进行销号，整改后仍不符合要求的，依据本办法实施加重一级责任追究。

第十六条 责任追究包括对责任单位的责任追究和对责任人的责任追究。

对责任单位的责任追究包括对直接责任单位和行政管理责任单位的责任

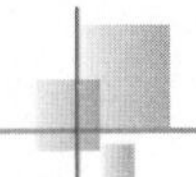

追究。

对责任人的责任追究包括对直接责任单位从事工程勘察、设计、施工、监理、材料设备供应、运行、管理、维护等工作的直接责任人，以及该人员的部门负责人、单位分管领导及主要领导等单位责任人的责任追究。

第十七条 水利部按照管理权限责成省级水行政主管部门或直接对农村供水工程问题的责任单位和责任人实施责任追究或提出责任追究建议。

第十八条 对直接责任单位的责任追究方式按等级分为：

（一）责令整改；

（二）警示约谈；

（三）通报批评；

（四）相关法律法规、规章制度规定的责任追究。

农村供水工程直接责任单位问题责任追究分类见附件 3。视问题严重程度，确定是否对行政管理责任单位进行追责，但通常不高于对直接责任单位的追责等级。

第十九条 对直接责任人的责任追究方式按等级分为：

（一）责令整改；

（二）警示约谈；

（三）通报批评；

（四）对于通报问题拒不整改或一年连续被通报批评 2 次以上的，建议停职、调整岗位或解除劳动合同；

（五）其他相关法律法规、制度规章规定的责任追究。

对直接责任人的责任追究，由直接责任单位或行政管理责任单位实施。视问题严重程度，由行政管理单位确定是否对直接责任单位的部门责任人或领导责任人进行追责，但通常不高于对直接责任人的追责等级。

第二十条 有下列情形之一的，按照第十八条（三）（四）项和第十九条（三）（四）（五）项实施责任追究：

（一）因管理原因发生重大停水事故（连续停水断水超过 1 个月，且供水影响人口超过 1000 人）；

（二）因管理原因供水水质严重超标（严重危害人体健康，且供水影响人口超过 1000 人）；

（三）其他严重问题。

第二十一条 受到通报批评及以上等级责任追究的直接责任单位和行政管理责任单位，由水利部在官方网站公示1个月。

第二十二条 对于农村供水工程监督检查发现涉及勘察、设计、施工、监理、材料设备供应、检验检测等责任主体存在的问题，由水利部责成省级水行政主管部门按照有关规定或建议地方人民政府对直接责任单位予以处理或处罚。

涉及其他部门职责范围内的问题，水利部或地方水行政主管部门将问题清单移交地方人民政府或相关部门，建议地方人民政府或相关部门对相关行政管理责任单位或责任人实施责任追究。

第二十三条 监督检查人员有下列行为之一的，依纪依法给予处理：

（一）故意隐匿问题的；

（二）玩忽职守对重大问题失察的；

（三）滥用监督检查职权谋取私利的；

（四）泄露国家及被检查单位秘密的；

（五）其他违法违纪行为。

第六章 附 则

第二十四条 县级以上地方人民政府水行政主管部门开展农村供水工程监督检查时可参照本办法执行。

第二十五条 本办法由水利部负责解释。

第二十六条 本办法自发布之日起施行。

附件1：农村供水工程监督检查管理办法违规问题分类（略）

附件2：农村供水工程问题确认单（式样）（略）

附件3：农村供水工程直接责任单位问题责任追究分类（略）

水利部关于修订印发汛限水位监督管理规定（试行）的通知

水防〔2020〕99号

各流域管理机构，各省、自治区、直辖市水利（水务）厅（局），新疆生产建设兵团水利局：

修订后的《汛限水位监督管理规定（试行）》已经部长办公会议审议通过，现予印发，请遵照执行。

水利部

2020年5月29日

汛限水位监督管理规定（试行）

第一章　总　　则

第一条　为加强汛限水位监督管理，明确监督管理事项、职责和措施，确保防洪安全，根据《中华人民共和国水法》《中华人民共和国防洪法》《中华人民共和国防汛条例》《水库大坝安全管理条例》和《水利监督规定（试行）》等法律法规规章制度制定本规定。

第二条　本规定所称汛限水位是指所有具有防洪功能的水库、水电站和湖泊（以下统称水库）设置的防洪限制水位或汛期限制水位。

第三条　本规定适用于汛限水位复核、调整和控制运行的监督管理。

第四条　汛限水位监督管理坚持依法依规、属地管理、分级负责的原则，分为监督管理单位对水库运行管理单位及其主管部门（单位）或业主的监督管理，以及上级单位对下级单位的监督管理。

第五条　各级水行政主管部门和流域管理机构是监督管理单位，按照管理权限分级负责汛限水位的监督管理，组织开展监督检查，对发现的问题提出整改要求并督促整改，对责任单位和责任人实施问责或提出责任追究建议。

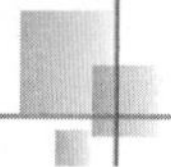

第六条 水库运行管理单位及其主管部门（单位）或业主，地方各级水行政主管部门和流域管理机构是汛限水位监督管理的责任单位。

第七条 汛限水位监督管理以问题为导向，对超汛限水位运行的水库进行重点监督检查。

第二章 汛限水位复核与调整

第八条 所有具有防洪功能的水库应设定汛限水位，汛限水位在工程规划设计审批等文件中确定。

第九条 水库主管部门（单位）或业主汛前应对汛限水位进行复核。

对设计洪水、工程状况、工程运行条件等发生变化需要调整汛限水位的水库，应组织规划设计单位研究提出汛限水位调整意见，报有审批权限单位批准。

对经安全鉴定为病险水库的，应组织论证提出降低运行水位等措施的意见，报主管部门批准。

第十条 汛前，水库主管部门（单位）或业主应向有管辖权的监督管理单位上报经审定的汛限水位。地方各级水行政主管部门和流域管理机构按照管理权限汇总上报的汛限水位，并负责录入信息系统，报上一级水行政主管部门备案。

省级水行政主管部门汇总大型和重要中型水库、水电站及重要湖泊的汛限水位报水利部和相关流域管理机构备案。

第三章 监督管理职责

第十一条 水利部履行以下监督管理职责：

（一）依据有关法律法规规章制度，制定汛限水位监督管理的规定；

（二）组织指导实施汛限水位监督管理工作；

（三）对全国大型和重要中型水库、水电站及重要湖泊实施在线监管；

（四）组织对汛限水位监督管理情况开展现场检查，对发现的问题提出整改要求，检查整改落实情况；

（五）对责任单位和责任人实施责任追究或提出责任追究建议。

第十二条 流域管理机构履行以下监督管理职责：

（一）指导实施本流域片区内水库汛限水位监督管理工作，对直管水库

汛限水位的监督管理负直接责任；

（二）对本流域片区内的大型和重要中型水库、水电站及重要湖泊实施在线监管，开展现场检查；

（三）对发现的问题提出整改要求；

（四）督促问题整改并检查整改情况；

（五）对责任单位和责任人实施责任追究或提出责任追究建议；

（六）按照水利部授权或要求开展汛限水位监督管理有关工作。

第十三条 地方各级水行政主管部门履行以下监督管理职责：

（一）按照管理权限负责本辖区内水库汛限水位监督管理工作，对本级直管水库汛限水位的监督管理负直接责任；

（二）对下级水行政主管部门、水库运行管理单位及其主管部门（单位）或业主负监督责任；

（三）对下级水行政主管部门、水库运行管理单位及其主管部门（单位）或业主开展检查，对发现的问题提出整改要求，督促完成整改，并检查整改情况；

（四）对下级水行政主管部门、水库运行管理单位及其主管部门（单位）或业主实施责任追究或提出责任追究建议；

（五）下级水行政主管部门接受上级水行政主管部门和流域管理机构的监督管理，按整改要求整改，报告整改情况。

第十四条 水库主管部门（单位）或业主负责汛限水位复核、调整、上报，组织、督促水库运行管理单位按要求整改，接受水行政主管部门和流域管理机构的监督。

水库运行管理单位负责执行经批准的汛期调度运用计划、防洪调度指令，按规定报送水情工情信息，接受有管辖权单位的监督管理，负责问题整改。

水库运行管理单位及其主管部门（单位）或业主对汛限水位执行负直接责任。

第四章 监督管理事项

第十五条 汛限水位监督管理包括以下事项：

（一）按相关规定复核、调整、上报汛限水位情况；

（二）汛期按批准的汛限水位运行情况；

（三）按规定或防洪调度指令执行情况；

（四）按规定报送实时水情、工情信息情况；

（五）汛期其他涉及汛限水位调度运行管理事项。

第十六条 水库运行管理单位应严格执行批准的汛期调度运用计划，不得擅自在汛眼水位以上蓄水运行。汛限水位以上防洪库容调度运用，应按照水行政主管部门或流域管理机构下达的防洪调度指令执行。

第十七条 调洪过程的退水阶段，水行政主管部门或流域管理机构应依据雨水情预测预报、洪水调度方案、汛期调度运用计划、水库调度规程，结合洪水过程、水库工程状况、泄洪能力、保护对象等，在确保水库自身安全和下游防洪安全前提下，下达调度指令，将水位降至汛限水位。

水库应按以下原则降至汛限水位：

（一）当预报后期无降雨过程，在确保群众生命财产安全的前提下，按照下游河道安全行洪流量或警戒水位对应的流量下泄，降至汛限水位；

在下列情况下，可调整下泄流量：

1. 水库大坝安全有水位消落幅度要求；

2. 水库库区安全有水位消落幅度要求；

3. 水库下游河道有错峰调度需求；

4. 水库下游应对突发事件需求；

5. 水库上下游有其他特殊需求。

（二）当预报后期有降雨发生标准内洪水，水库水位将明显上涨时，在确保群众生命财产安全和下游防洪工程安全的前提下，按照不小于下游河道安全行洪流量或警戒水位对应的流量，且不大于保证水位对应的流量下泄，降至汛限水位或以下。

（三）当预报后期有强降雨发生超标准洪水，有可能危及水库安全时，应发布预警信息，提请落实人员转移、紧急抢护等措施，可启用正常溢洪道或非常溢洪道，必要时还应采取非常规措施，加大下泄流量降低水库水位，确保水库大坝安全和人民群众生命安全。

遇特殊情况，需报上一级水行政主管部门或流域管理机构批准。

各级水行政主管部门或流域管理机构应根据管理权限监督水库调度过程和执行情况。

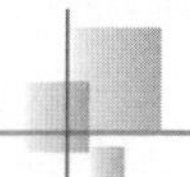

第十八条 汛期，当水库发生险情影响防洪安全时，应降低水位乃至空库运行。水库主管部门（单位）或业主应及时组织安全鉴定，提出降低运行水位意见，按管理权限报水行政主管部门或流域管理机构批准。

第五章 监督管理程序和方式

第十九条 汛限水位监督管理工作程序：

（一）制定汛限水位监督管理工作方案；

（二）组织开展汛限水位监督管理；

（三）发现并确认问题；

（四）提出问题整改意见；

（五）督促问题整改；

（六）提出责任追究意见；

（七）实施责任追究。

第二十条 监督管理单位采取“线上线下”方式开展监督管理。

“线上”方式是指监督管理单位利用实时水雨情系统，通过比对已录入信息系统的汛限水位与水库实时水位，对水库进行 24 小时在线监控。

“线下”方式是指监督管理单位实施现场监督管理。主要采取“四不两直”方式开展。检查完成后，现场监督检查组应按要求及时提交监督检查报告。

第六章 问题确认和整改

第二十一条 通过在线监控和现场检查，超汛限水位运行的水库应列为重点监督对象。

以下情况属于违规行为：

（一）设计洪水、工程状况或运行条件发生变化，水库主管部门（单位）或业主未组织规划设计单位研究提出汛限水位调整意见，并报有审批权限单位批准的；

（二）汛前，水库主管部门（单位）或业主未复核汛限水位的；

（三）汛前，水库主管部门（单位）或业主未向有管辖权的监督管理单位上报经审定的汛限水位的；

（四）未按照管理权限汇总上报水库汛限水位，并录入信息系统，报上一级水行政主管部门或流域管理机构备案的；

（五）水库运行管理单位及其主管部门（单位）或业主未按规定上报实时水情、工情信息的；

（六）无调蓄洪水过程擅自超汛限水位运行的；

（七）汛限水位以上防洪库容调度运用，未按照防洪调度指令执行的；

（八）调蓄洪水过程长时同在汛限水位以上运行，经分析论证水库水位回落过程不合理的；

（九）汛期，当水库发生险情影响防洪安全时，水库主管部门（单位）或业主未降低水位运行的；

（十）拒不整改，推诿、阻碍、拒绝监督检查，造假或隐瞒问题的；

（十一）如有其他情况超汛限水位运行，根据实际情况分析论证认定。

第二十二条 对监督管理发现的汛限水位违规问题，按照严重程度分为一般问题、较重问题和严重问题三个等级。违规问题分类标准见附件1。

监督管理单位按前款规定对发现问题的严重程度进行确认。违规问题确认单（式样）见附件2。本办法未作出规定的，由监督管理单位根据实际情况依法依规对问题严重程度进行认定。

第二十三条 监督管理单位确认问题后应及时向责任单位发出整改通知，督促整改落实。

第二十四条 责任单位接到整改通知后，应明确整改责任人，制定整改措施，按要求完成整改，并向监督管理单位报告。对确认的问题有异议的，在执行整改的同时，可向本级或上一级监督管理单位提出申诉。

第七章 责 任 追 究

第二十五条 监督管理单位按照管理权限，根据发现问题的数量、性质和严重程度，对有关责任单位和责任人实施责任追究或提出责任追究建议。

第二十六条 责任追究包括对责任单位的责任追究和对责任人的责任追究。责任追究分类标准见附件3、附件4。

对责任单位的责任追究包括对直接责任单位和监督管理责任单位的责任追究。

对责任人的责任追究包括对责任单位的直接责任人、分管领导及主要领导等责任人的责任追究。

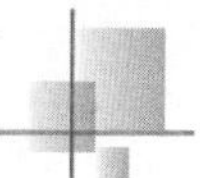

第二十七条 对责任单位的责任追究方式按等级分为：

（一）责令整改；

（二）约谈；

（三）通报批评（含向省级人民政府水行政主管部门通报、水利行业内通报、向省级人民政府通报等，下同）；

（四）其他相关法律法规、规章制度规定的责任追究。

第二十八条 对责任人的责任追究方式按等级分为：

（一）责令整改；

（二）约谈；

（三）通报批评；

（四）建议停职或调整岗位；

（五）建议降职或降级；

（六）建议开除或解除劳动合同；

（七）其他相关法律法规、规章制度规定的责任追究。

第二十九条 有以下情形之一的，从重认定问题等级、从重实施责任追究：

（一）两次（含）以上违规超汛限水位的；

（二）违规超汛限水位运行造成水库严重损毁、河道重大险情、群众生命财产严重损失的。

第八章 附 则

第三十条 地方各级水行政主管部门或流域管理机构可根据本规定制定实施细则。

第三十一条 本规定自发布之日起施行。

附件：1. 汛限水位违规问题分类标准

2. 汛限水位违规问题确认单（式样）

3. 责任单位责任追究分类标准

4. 责任人责任追究分类标准

水利部特定飞检工作规定（试行）

水监督〔2019〕123号

部直属各单位，各省、自治区、直辖市水利（水务）厅（局），各计划单列市水利（水务）局，新疆生产建设兵团水利局：

为加强水利监督管理，我部组织编制了《水利部特定飞检工作规定（试行）》《水利工程运行管理监督检查办法（试行）》《小型水库安全运行监督检查办法（试行）》三个办法。现印发你单位，请遵照执行。

水利部

2019年4月15日

第一章 总　　则

第一条 为加强水利部特定飞检工作，强化问题警示作用，坚持以问题为导向，提高水利行业管理水平，根据《中华人民共和国水法》《水利部职能配置、内设机构和人员编制规定》等，制定本规定。

第二条 本规定所称“特定飞检”系指由水利部部领导带队对水利行业实施的监督检查。特定飞检采取检查前不发通知、不向被检查单位告知行动路线、不要求被检查单位陪同、不要求被检查单位汇报、直赴项目现场、直接接触一线工作人员的“四不两直”工作机制。

第三条 特定飞检依据法律、法规、规章、政策文件、技术标准和合同等有关规定对水利行业实施监督检查，重点关注管理薄弱、工作协调难度大或存在较多敏感性、复杂性、重大性问题的领域，主要检查以下内容：

（一）违反或未严格执行有关法律、法规、规章、政策文件、技术标准和合同等情况；

（二）管理违规行为；

（三）工程实体缺陷；

（四）整改不力或整改后反复出现的问题；

（五）安全风险隐患；

（六）其他问题。

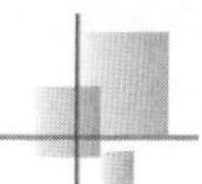

第二章　问题认定与责任追究

第四条　特定飞检发现的问题认定为典型问题，被检查单位可现场或在24小时内提供相关材料进行陈述、申辩。

第五条　水利部可直接实施责任追究或责成流域管理机构、省级人民政府水行政主管部门实施责任追究，必要时可向地方人民政府提出责任追究建议，并可建议相关企、事业单位按照有关规定或合同约定实施进一步责任追究。

第六条　责任追究包括对单位责任追究和对个人责任追究。单位包括直接责任单位和领导责任单位，其中领导责任单位包括负有领导责任的各级行政主管单位或业务主管单位（部门）。个人包括直接责任人和领导责任人，其中领导责任人包括直接责任单位和领导责任单位的主要领导、分管领导、主管领导等。

第七条　对责任单位的责任追究方式分为：

（一）责令整改；

（二）警示约谈；

（三）通报批评（含向省级人民政府水行政主管部门通报、水利行业内通报、向省级人民政府通报等，下同）；

（四）其他相关法律、法规、规章等规定的责任追究。

第八条　对责任人的责任追究方式分为：

（一）责令整改；

（二）警示约谈；

（三）通报批评；

（四）建议调离岗位；

（五）建议降职或降级；

（六）建议开除或解除劳动合同；

（七）其他相关法律、法规、规章等规定的责任追究。

第九条　根据每次特定飞检发现问题的数量，按责任追究标准（附件1、附件2）对责任单位和责任人实施责任追究。

第十条　特定飞检现场发现推诿、隐瞒、造假、阻碍、拒绝等恶劣行为，由水利部部领导现场实施警示约谈、通报批评等即时责任追究；情节特别严重的，对直接责任人从重责任追究，直至提出开除或解除劳动合同的建议。

第十一条 由水利部实施水利行业内通报（含）以上的责任追究，将按要求在“中国水利部网站”公示 6 个月。

第三章 附 则

第十二条 特定飞检发现问题后，水利部下发“典型问题整改通知”，提出即时整改要求；对可能危害人民群众生命财产安全、影响水利行业改革推进和发展、威胁工程安全或不立即处理可能产生严重后果的问题，水利部委托或责成有关单位实施驻点监管，跟踪问题整改落实。

第十三条 被检查单位对照“典型问题整改通知”要求组织整改，明确整改措施、整改时限、整改责任单位和责任人等，并将整改结果上报水利部。

第十四条 水利部或责成流域管理机构对整改情况组织核查，对整改到位的问题予以销号；对未按规定时限整改或整改不到位的问题实施从重责任追究。

第十五条 被检查单位对特定飞检发现的问题要全面排查，汲取教训，杜绝同类问题重复发生；对被检查单位管辖范围内重复发生的同类问题实施从重责任追究。

第十六条 本规定自印发之日起施行。

附件：1. 责任单位的责任追究标准（略）

2. 责任人的责任追究标准（略）

关于流域管理机构决定《防洪法》规定的行政处罚和行政措施权限的通知

水政法〔1999〕231号

各流域机构：

为加强长江、黄河、淮河、海河、珠江、松花江和辽河、太湖等七大流域的防洪工作，依据《中华人民共和国行政处罚法》（以下简称《行政处罚法》）、《中华人民共和国防洪法》（以下简称《防洪法》）第六十四条"除本法第六十条的规定外，本章规定的行政处罚和行政措施，由县级以上人民政府水行政主管部门决定，或者由流域管理机构按照国务院水行政主管部门规定的权限决定"的规定，经研究决定：

一、长江、黄河、淮河、海河、珠江、松辽水利委员会和太湖流域管理局及其所属管理机构（以下简称流域管理机构，见附件1）在以下指定范围内决定《防洪法》第七章规定的行政处罚和行政措施：

1. 在江河、湖泊上建设防洪工程和其他水工程、水电站等，按照有关规定，应由国务院水行政主管部门或者流域管理机构签署规划同意书，而未经其签署规划同意书，擅自建设防洪工程和其他水工程、水电站的；或者违反规划同意书的要求，影响防洪的。

2. 在由国务院水行政主管部门批准规划治导线的河道上，未按照规划治导线整治河道和修建控制引导河水流向、保护堤岸等工程，影响防洪的。

3. 在流域管理机构管理的河段（见附件2），有下列违法行为之一的：

（1）在河道、湖泊管理范围内建设妨碍行洪的建筑物、构筑物；

（2）在河道、湖泊管理范围内倾倒垃圾、渣土，从事采砂、采金、取土、垦殖等影响河势稳定、危害河岸堤防安全和其他妨碍河道行洪的活动；

（3）在行洪河道内种植阻碍行洪的林木和高秆作物；

（4）围湖造地、擅自围垦河道。

4. 在国务院水行政主管部门确定的长江、黄河、珠江、辽河、淮河、海河入海河口范围内，违反河口整治规划围海造地的。

5. 河道管理范围内的建设项目，按照有关规定，应由流域管理机构审查同意、发放建设项目同意书（见附件3），未经其审查同意、发放建设项目同意书，或者未按照其审查批准的位置、界限，在河道、湖泊管理范围内从事工程设施建设活动的。

6. 在由流域管理机构管理的洪泛区、蓄滞洪区内建设非防洪建设项目，未编制洪水影响评价报告的；或者防洪工程设施未经流域管理机构验收，即将建设项目投入生产或者使用的。

7. 破坏、侵占、毁损流域管理机构管理的堤防、水闸、护岸、抽水站、排水渠系等防洪工程和水文、通信设施以及防汛备用的器材、物料的。

第1、2、4项指定范围另文规定。

二、流域管理机构实施行政处罚的程序等，按照《行政处罚法》和水利部令第8号《水行政处罚实施办法》的规定执行。

三、各流域管理机构要切实做好相应的执法工作，按照部《关于流域机构开展水政监察规范化建设的通知》（水政法〔1999〕135号）要求，加大执法力度，与各地密切配合，认真贯彻实施《防洪法》，将依法防洪工作提高到一个新的水平。

附件：1. 决定《防洪法》规定的行政处罚和行政措施主体名单

2. 流域管理机构管理的河段表（略）

3. 流域管理机构审查河道管理范围内建设项目权限表（略）

水利部

1995年5月10日

附件1：

决定《防洪法》规定的行政处罚和行政措施主体名单

水利部长江水利委员会

长江水利委员会长江上游水文水资源勘测局

长江水利委员会长江三峡水文水资源勘测局

长江水利委员会长江中游水文水资源勘测局

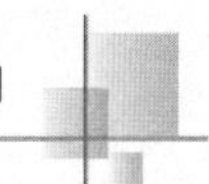

长江水利委员会长江下游水文水资源勘测局

长江水利委员会长江口水文水资源勘测局

长江水利委员会汉江水文水资源勘测局

长江水利委员会荆江水文水资源勘测局

水利部黄河水利委员会

黄委会山东黄河河务局

菏泽地区黄河河务局

东明县黄河河务局

菏泽市黄河河务局

鄄城县黄河河务局

郓城县黄河河务局

山东黄河东平湖管理局

梁山县黄河河务局

梁山县东平湖管理局

东平县东平湖管理局

汶上县东平湖管理局

东平县黄河河务局

东平县出湖闸管理局

聊城市黄河河务局

莘县黄河河务局

阳谷县黄河河务局

东阿县黄河河务局

德州市黄河河务局

齐河县黄河河务局

济南市黄河河务局

平阴县黄河河务局

长清县黄河河务局

济南市槐荫区黄河河务局

济南市天桥区黄河河务局

济南市历城区黄河河务局

章丘市黄河河务局

济阳县黄河河务局

滨州地区黄河河务局

惠民县黄河河务局

滨州市黄河河务局

博兴县黄河河务局

邹平县黄河河务局

淄博市黄河河务局

高青县黄河河务局

黄委会黄河河口管理局

利津县黄河河务局

东营市东营区黄河河务局

垦利县黄河河务局

东营市河口区黄河河务局

黄委会河南黄河河务局

豫西地区黄河河务局

孟津县黄河河务局

郑州市黄河河务局

郑州市邙山金水区黄河河务局

巩义市黄河河务局

中牟县黄河河务局

开封市黄河河务局

开封市郊区黄河河务局

开封县黄河河务局

兰考县黄河河务局

焦作市黄河河务局

武陟县第一黄河河务局

武陟县第二黄河河务局

温县黄河河务局

孟州市黄河河务局

沁阳市沁河河务局

博爱县沁河河务局

新乡市黄河河务局
原阳县黄河河务局
封丘县黄河河务局
长垣县黄河河务局
濮阳市黄河河务局
台前县黄河河务局
范县黄河河务局
濮阳县黄河河务局
濮阳市黄河河务局渠村分洪闸管理处
河南黄河河务局濮阳县金堤管理局
济源市黄河河务局
滑县黄河滞洪管理局
黄委会金堤河管理局
黄委会山东水文水资源局
黄委会河南水文水资源局
黄委会三门峡库区水文水资源局
黄委会中游水文水资源局
黄委会上游水文水资源局
黄委会三门峡水利枢纽管理局
黄委会故县水利枢纽管理局
黄委会黄河小北干流山西河务局
黄委会黄河小北干流芮城县河务局
黄委会黄河小北干流永济市河务局
黄委会黄河小北干流临猗县河务局
黄委会黄河小北干流万荣县河务局
黄委会黄河小北干流河津市河务局
黄委会黄河小北干流陕西河务局
黄委会黄河小北干流潼关县河务局
黄委会黄河小北干流大荔县河务局
黄委会黄河小北干流合阳县河务局
黄委会黄河小北干流韩城市河务局

黄委会黄河上中游管理局

黄委会黑河管理局

水利部淮河水利委员会

水利部淮河水利委员会沂沭泗水利管理局

水利部淮委沂沭泗水利管理局南四湖管理处

沂沭泗水利管理局南四湖管理处二级坝管理所

沂沭泗水利管理局南四湖管理处韩庄闸管理所

沂沭泗水利管理局南四湖管理处鱼台管理所

沂沭泗水利管理局南四湖管理处湖西管理所

沂沭泗水利管理局南四肖管理处蔺家坝管理所

沂沭泗水利管理局南四湖管理处韩庄运河管理所

水利部淮委沂沭泗水利管理局沂沭河管理处

沂沭泗水利管理局沂沭河管理处沂河管理所

沂沭泗水利管理局沂沭河管理处沭河管理所

沂沭泗水利管理局沂沭河管理处大官庄水利枢纽管理所

沂沭泗水利管理局沂沭河管理处江风口闸管理所

沂沭泗水利管理局沂沭河管理处彭道口闸管理所

沂沭泗水利管理局沂沭河管理处黄庄穿涵管理所

水利部淮委沂沭泗水利管理局骆马湖管理处

沂沭泗水利管理局骆马湖管理处宿迁管理所

沂沭泗水利管理局骆马湖管理处嶂山闸管理所

沂沭泗水利管理局骆马湖管理处新沂河灌南河道管理所

沂沭泗水利管理局骆马湖管理处新沂河沭阳河道管理所

沂沭泗水利管理局骆马湖管理处新沂河道管理所

沂沭泗水利管理局骆马湖管理处邳州河道管理所

水利部海河水利委员会

海河水利委员会漳河上游管理局

海河水利委员会引滦工程管理局

海河水利委员会海河下游管理局

海河下游管理局独流减河进洪闸管理处

海河下游管理局独流减河防潮闸管理处

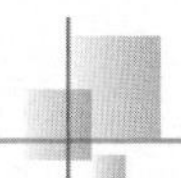

海河下游管理局西河闸管理处

海河下游管理局海河防潮闸管理处

海河下游管理局屈家店枢纽管理处

海河水利委员会漳卫南运河管理局

漳卫南运河管理局德州河务处

漳卫南运河管理局德州河务处夏津县管理段

漳卫南运河管理局德州河务处武城县第一管理段

漳卫南运河管理局德州河务处武城县第二管理段

漳卫南运河管理局德州河务处德城区第一管理段

漳卫南运河管理局德州河务处德城区第二管理段

漳卫南运河管理局德州河务处宁津县管理段

漳卫南运河管理局德州河务处乐陵市管理段

漳卫南运河管理局德州河务处庆云县管理段

漳卫南运河管理局沧州河务处

漳卫南运河管理局沧州河务处吴桥县管理段

漳卫南运河管理局沧州河务处东光县管理段

漳卫南运河管理局沧州河务处南皮县管理段

漳卫南运河管理局沧州河务处盐山县管理段

漳卫南运河管理局沧州河务处海兴县管理段

漳卫南运河管理局卫河河务处

漳卫南运河管理局卫河河务处浚县管理段

漳卫南运河管理局卫河河务处滑县管理段

漳卫南运河管理局卫河河务处汤阴县管理段

漳卫南运河管理局卫河河务处内黄县管理段

漳卫南运河管理局卫河河务处清丰县管理段

漳卫南运河管理局卫河河务处南乐县管理段

漳卫南运河管理局卫河河务处刘庄闸管理所

漳卫南运河管理局邯郸河务处

漳卫南运河管理局邯郸河务处临漳县管理段

漳卫南运河管理局邯郸河务处魏县管理段

漳卫南运河管理局邯郸河务处大名县管理段

漳卫南运河管理局邯郸河务处馆陶县管理段
漳卫南运河管理局聊城河务处
漳卫南运河管理局聊城河务处冠县管理段
漳卫南运河管理局聊城河务处临清市管理段
漳卫南运河管理局聊城河务处引黄穿卫闸管理所
漳卫南运河管理局邢台衡水河务处
漳卫南运河管理局邢台衡水河务处临西县管理段
漳卫南运河管理局邢台衡水河务处清河县管理段
漳卫南运河管理局邢台衡水河务处故城县管理段
漳卫南运河管理局水闸管理处
漳卫南运河管理局水闸管理处祝官屯枢纽管理所
漳卫南运河管理局水闸管理处袁桥闸管理所
漳卫南运河管理局水闸管理处吴桥闸管理所
漳卫南运河管理局水闸管理处王营盘闸管理所
漳卫南运河管理局水闸管理处罗寨闸管理所
漳卫南运河管理局水闸管理处庆云闸管理所
漳卫南运河管理局水闸管理处无棣县管理段
漳卫南运河管理局岳城水库管理处
漳卫南运河管理局四女寺枢纽管理处
水利部松辽水利委员会
松辽委察尔森水库建设管理局
松辽委黑龙江水文勘测队
水利部太湖流域管理局
水利部太湖流域管理局苏州管理处
水利部太湖流域管理局太浦闸管理所
水利部太湖流域管理局望亭水利枢纽管理所
水利部太湖流域管理局望虞河常熟水利枢纽管理所
水利部珠江水利委员会

最高人民检察院　水利部关于印发《关于建立健全水行政执法与检察公益诉讼协作机制的意见》的通知

高检发办字〔2022〕69 号

各省、自治区、直辖市人民检察院、水利（水务）厅（局），新疆生产建设兵团人民检察院、水利局，各流域管理机构：

为深入贯彻落实习近平生态文明思想、习近平法治思想和习近平总书记关于保障国家水安全的重要论述精神，加强水利领域检察公益诉讼工作，推动新时代治水兴水工作高质量发展，最高人民检察院与水利部共同制定了《关于建立健全水行政执法与检察公益诉讼协作机制的意见》，现印发给你们。请结合本地实际，认真贯彻落实。执行中遇到的问题，请及时层报最高人民检察院、水利部。

最高人民检察院　水利部

2022 年 5 月 17 日

关于建立健全水行政执法与检察公益诉讼协作机制的意见

为深入贯彻落实习近平生态文明思想、习近平法治思想和习近平总书记关于治水重要讲话指示批示精神，建立健全水行政执法与检察公益诉讼协作机制，推进水利领域检察公益诉讼工作，充分发挥检察公益诉讼的监督、支持和法治保障作用，加强对水利领域国家利益和社会公共利益的保护，推动新阶段水利高质量发展，保障国家水安全，提出如下意见。

一、深刻认识水行政执法与检察公益诉讼协作的重要意义

水是生存之本、文明之源，是经济社会发展的重要支撑和基础保障。党的十八大以来，习近平总书记专门就保障国家水安全发表重要讲话，从实现中华民族永续发展的战略高度，提出“节水优先、空间均衡、系统治理、两手发力”的治水思路，先后主持召开会议研究部署推动长江经济带发展、黄河流域生态保护和高质量发展、推进南水北调后续工程高质量发展并发表重要讲话，作出一系列重要指示批示，确立起国家“江河战略”，为河湖保护治理提供了根本遵循和行动指南。

建立检察机关提起公益诉讼制度是党中央作出的重大改革部署，是以法治思维和法治方式推进国家治理体系和治理能力现代化的重要举措。习近平总书记在党的十八届四中全会上专门对建立这一制度作了说明，强调“由检察机关提起公益诉讼，有利于优化司法职权配置、完善行政诉讼制度，也有利于推进法治政府建设”。中央全面深化改革领导小组第十二次会议指出，重点是对生态环境和资源保护、国有资产保护、国有土地使用权出让、食品药品安全等领域造成国家利益和社会公共利益受到侵害的案件提起民事或行政公益诉讼，更好维护国家利益和人民利益。党的十九届四中全会明确要求拓展公益诉讼案件范围，完善生态环境公益诉讼制度。

水灾害、水资源、水生态、水环境与公共利益密切相关，其治理管理工作具有很强的公益性特征。目前，妨碍行洪，非法取水，侵占河湖、堤防、水库库容，毁坏水库大坝，人为造成水土流失等违法行为在一些地方还比较突出，威胁国家利益和社会公共利益。建立健全水行政执法与检察公益诉讼协作机制，推动水利部门与检察机关良性互动，形成行政和检察保护合力，共同打击水事违法行为，是深入贯彻习近平生态文明思想、习近平法治思想和党中央决策部署的重要举措，对于强化水利法治管理，在法治轨道上推动水利治理能力和水平不断提升具有重要意义。

各级检察机关要依法推进水利领域检察公益诉讼工作，积极支持水行政执法，共同维护水利领域国家利益和社会公共利益；各级水行政主管部门和国务院水行政主管部门在国家确定的重要江河、湖泊设立的流域管理机构及其所属管理机构（以下简称流域管理机构）要依法全面履职，严格规范执法，协同配合检察机关开展公益诉讼工作。

二、明确水行政执法与检察公益诉讼协作重点领域

建立健全水行政执法与检察公益诉讼协作机制，推进水利领域检察公益诉讼工作，要坚持问题导向、依法治理、协同治理，充分发挥各自职能作用，聚焦水利领域侵害国家利益或者社会公共利益，特别是情节严重、影响

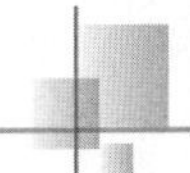

恶劣、拒不整改的违法行为，加大协作力度，提升河湖保护治理水平。水行政执法与检察公益诉讼协作的重点领域主要有：

（一）水旱灾害防御方面。主要包括：在水库库区内围垦、侵占库容；在河道、水库弃置、堆放阻碍行洪的物体，种植阻碍行洪的林木；在河道管理范围内建设妨碍行洪的建筑物、构筑物，非法设置拦河渔具，从事影响河势稳定和其他妨碍河道行洪的活动；在蓄滞洪区内违法建设非防洪建设项目；违法建设水工程及跨河、穿河（堤）、临河的工程设施等。

（二）水资源管理方面。主要包括：未经批准擅自取水，未依照批准的取水许可规定条件取水，违法建设取水工程，地下水取水工程未按规定封井或者回填，地下工程建设对地下水补给、径流、排泄等造成重大不利影响，水利水电、航运枢纽等工程未依法实施生态用水调度等。

（三）河湖管理方面。主要包括：非法侵占河湖水域，违法利用、占用河湖岸线，非法围垦河湖或者围河围湖造地，非法采砂；未经批准，在河道管理范围内挖筑鱼塘、修建厂房或者其他建筑设施等。

（四）水利工程管理方面。主要包括：在水库大坝、堤防等水利工程保护范围内，从事影响工程运行和危害工程安全的爆破、打井、采石、取土等活动，在堤防和护堤地建房、开采地下资源等；破坏、侵占、毁损有关水利设施；违法实施对水文监测有影响的活动等。

（五）水土保持方面。主要包括：违法造成水土流失，不依法履行水土流失防治责任，未批先建、未验先投等违反水土保持方案制度的行为，违法在水土保持方案确定的专门存放地外弃渣等。

（六）其他方面。其他违反《中华人民共和国水法》《中华人民共和国防洪法》《中华人民共和国水土保持法》《中华人民共和国长江保护法》等法律法规，导致国家利益或者社会公共利益受到侵害的水事违法行为。

三、建立水行政执法与检察公益诉讼协作机制

（一）会商研判。水行政主管部门、流域管理机构会同检察机关定期开展工作会商，共同分析研判本区域本流域水事秩序和水利领域违法案件特点，研究协作任务和重点事项，协商解决重大问题；工作事项跨省级行政区的，由有关流域管理机构协调相关省级检察机关和水行政主管部门进行会商研判，强化流域统一治理管理；涉及其他行政机关或单位的，通过联席会议、圆桌会议等形式共同会商研判。

（二）专项行动。水行政主管部门或者流域管理机构会同检察机关加强执法司法联动，在水事违法行为多发领域、重点流域和敏感区域等，联合开展专项行动，共同维护水事秩序，提升治理水平。对跨流域或者跨区域、案情复杂或者办理难度较大等方面违法问题，市级以上水行政主管部门或者流域管理机构可以会同检察机关联合挂牌督办，共同推进问题整改。

（三）线索移送。水行政主管部门或者流域管理机构应当及时处理和评估日常监管、检查巡查、水行政执法、监督举报等渠道发现的违法问题线索，对涉及多个行政机关职责、协调处理难度大、执法后不足以弥补国家利益或者社会公共利益损失，以及其他适合检察公益诉讼的问题线索，及时移送有关检察机关。检察机关办理公益诉讼案件中发现水利领域违法问题线索，可以先行与有关水行政主管部门或者流域管理机构磋商，督促依法处理；对跨行政区域或者重大敏感问题线索，及时向有关水行政主管部门的上级机关或者流域管理机构通报情况。线索处理结果应当相互通报。线索移送具体标准由省级检察机关会同省级水行政主管部门或者流域管理机构共同研究确定。

（四）调查取证。检察机关在调查取证过程中，要加强与水行政主管部门或者流域管理机构的沟通协调。检察机关依法查阅、调取、复制水行政执法卷宗材料，收集书证、物证、视听资料、电子数据等证据的，水行政主管部门或者流域管理机构应当予以配合协助。检察机关需要水利专业技术支持的，水行政主管部门或者流域管理机构应当主动或协调有关机构提供技术支持或者出具专业意见。涉及特别复杂或者跨省级行政区案件专业技术问题的，可以由省级以上水行政主管部门或者流域管理机构协助提供技术支持或者出具专业意见。

（五）案情通报。在案件办理过程中，对于涉及水行政执法及公益诉讼案件的重大情况、舆情等，检察机关和水行政主管部门或者流域管理机构及时相互通报，共同研究对策措施，强化协调联动。检察机关发现水行政主管部门或者流域管理机构可能存在履职不到位或者违法风险隐患的，及时通报，督促其依法履职。根据行政机关执法需要，水利领域公益诉讼案件办结后，检察机关可以向有关水行政主管部门或者流域管理机构通报案件办理相关情况。

四、强化水行政执法与检察公益诉讼协作保障

（一）加强组织领导。各级检察机关、水行政主管部门和流域管理机构

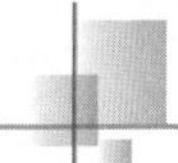

要加强工作统筹，明确责任分工，强化要素保障，抓好督促落实，推动构建上下协同、横向协作、完整配套的工作体系，提升水行政执法与检察公益诉讼协作水平。最高人民检察院指定有关省级人民检察院建立流域检察公益诉讼协作平台，统一对接相关流域管理机构，牵头协调流域线索移送、案情通报等协作工作。最高人民检察院会同水利部，依托协作平台协调重大案件办理，指导推动流域水行政执法与跨省级行政区检察公益诉讼工作协同开展。

（二）推进信息共享和技术协作。检察机关和水行政主管部门或者流域管理机构共同建立水行政执法与检察公益诉讼相衔接的信息交流平台，推进信息共享交换，实现相关数据、执法线索和专业技术联通。根据检察机关办案需要，水行政主管部门或者流域管理机构提供职责范围内有关监测数据、卫星遥感影像资料及行政管理、行政处罚等信息。省级检察机关会同有关水行政主管部门或者流域管理机构可以探索共建实验室，开展涉水司法鉴定、检测和评估等工作，完善相关工作规则和技术规范。

（三）深化业务交流。检察机关与水行政主管部门或者流域管理机构要建立业务联络机制，明确专人负责日常对接，拓宽交流沟通渠道和方式。根据工作需要，建立健全专家库，互派业务骨干，协助或参与相关执法办案、业务培训、政策研究、挂职交流等。检察机关可聘请水行政执法人员或水利专家为特邀检察官助理，协助办理相关案件。水行政主管部门或者流域管理机构可聘请检察官为普法讲师，提供法律咨询意见，参与水利普法工作。

（四）注重宣传引导。检察机关、水行政主管部门和流域管理机构要积极利用报刊、广播、电视等传统媒体和网站、移动客户端、微信公众号、直播平台等新媒体，广泛宣传水行政执法与检察公益诉讼协作情况和案件办理成效，不断巩固协作成果，扩大协作影响。联合开展水利领域检察公益诉讼个案剖析和类案研究，通过印发文件、召开新闻发布会等形式，共同发布典型案例，有效发挥典型案例办理一件、影响一片、规范一类的法律效果和社会效果。

各省级检察机关、水行政主管部门和流域管理机构可以依据本意见，结合本区域、本流域实际制定实施细则。

水利部　公安部印发《关于加强河湖安全保护工作的意见》的通知

水政法〔2022〕362号

各省、自治区、直辖市水利（水务）厅（局）、公安厅（局），新疆生产建设兵团水利局、公安局，各流域管理机构，长江航运公安局：

为深入贯彻落实习近平总书记关于保障国家水安全的重要论述精神，进一步强化水利部门和公安机关的协作配合，健全水行政执法与刑事司法衔接工作机制，保障河湖安全，水利部与公安部共同制定了《关于加强河湖安全保护工作的意见》，现印发给你们。请结合本地实际，认真贯彻落实。执行中遇到的问题，请及时层报水利部、公安部。

水利部　公安部

2022年9月28日

关于加强河湖安全保护工作的意见

为深入贯彻落实习近平新时代中国特色社会主义思想和习近平总书记关于保障国家水安全的重要论述精神，进一步强化水利部门和公安机关的协作配合，健全水行政执法与刑事司法衔接工作机制，提升河湖安全保护工作效能，有效防范和依法打击涉水违法犯罪，维护河湖管理秩序，提出如下意见。

一、充分认识加强河湖安全保护工作的重要性

江河湖泊是水资源的重要载体，是生态系统和国土空间的重要组成部分，是经济社会发展的基础支撑。习近平总书记强调，保护江河湖泊，事关人民群众福祉，事关中华民族长远发展。党的十八大以来，习近平总书记提出"节水优先、空间均衡、系统治理、两手发力"的治水思路，先后就推动长江经济带发展、黄河流域生态保护和高质量发展、推进南水北调后续工程高质量发展等发表一系列重要讲话，确立起国家"江河战略"，为加强河湖

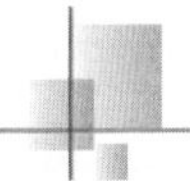

保护治理提供了根本遵循和行动指南。强化水行政主管部门、流域管理机构与公安机关的协作，加强水行政执法与刑事司法衔接，形成打击河湖违法犯罪合力，保障涉水法律法规严格落实，是贯彻落实习近平总书记关于治水重要讲话指示批示精神和中央决策部署的重要举措，对于推动水利法治建设、提升河湖安全保护水平、提高国家水安全保障能力具有重要意义。

水行政主管部门、流域管理机构要依法履行职责，严格执行涉水法律法规，加强河湖日常执法巡查，受理水事违法行为的举报、投诉，依法查处各类水事违法行为，配合和协助公安机关查处涉水治安和刑事案件。公安机关依法受理水行政主管部门、流域管理机构移送的涉嫌犯罪的水事案件，按照治安管理处罚法、刑法等有关规定，依法严厉打击严肃查处暴力抗法和妨碍执法人员依法执行职务等行为。

二、明确河湖安全保护协作重点任务

（一）加强防洪安全保障。水行政主管部门、流域管理机构强化对重点河段、敏感水域常态化执法巡查，对可能影响到人身安全的涉水行为做好提醒劝阻，依法打击非法侵占河湖水域和水库库容、非法占用河湖岸线等行为，依法严厉查处影响河势稳定，危害大坝及其附属设施、河岸堤防等水利工程安全，侵占河道、违法修建跨河临河建筑物构筑物、弃置或堆放阻碍行洪物体等妨碍河道行洪安全的违法案件。公安机关加强汛期社会面治安巡逻防控，依法打击妨碍防洪安全的违法犯罪行为，切实维护良好社会秩序。

（二）加强水资源水生态水环境保护。水行政主管部门、流域管理机构依法依规加强对水资源、水生态、水环境保护的监管，利用日常监管、专项检查等方式，加大对非法取水、河湖“四乱”、人为造成水土流失危害和因地下工程建设对地下水造成重大不利影响等违法行为的查处力度。公安机关对水行政主管部门、流域管理机构移交的非法围垦河湖、破坏水文监测设施、破坏饮用水水源等涉嫌犯罪的案件，依法及时开展调查。

（三）加强河道采砂秩序维护。水行政主管部门、流域管理机构要加大河道采砂监管力度，严肃查处未经批准擅自采砂，在禁采区、禁采期采砂，以及超范围、超深度、超期限、超许可量等未按许可要求采砂等突出问题。对涉嫌犯罪的，及时将案件移送公安机关，配合公安机关做好涉黑涉恶线索摸排、核查等工作。对水行政主管部门、流域管理机构移交的涉嫌犯罪的非法采砂案件，公安机关依法及时开展调查，依法查处，依法严惩其中的黑恶势力犯罪。各级水利部门和公安机关在查处非法采砂违法犯罪案件中发现公职人员包庇纵容以及充当“保护伞”的，按照管辖权限，及时移送纪检监察机关、检察机关依法处理。

（四）加强重点水利工程安全保卫。水行政主管部门、流域管理机构要强化重点水利工程安全监管和执法巡查，督促指导工程管理单位完善水利工程安全保障制度，制定突发事件与反恐怖应急预案，强化安全保卫机构和队伍建设，配备专兼职安保人员、必要的装备设备和技术防范设施，加强对重要部位的日常维护和巡查检查，开展相关应急预案的演练，及时发现消除各类安全隐患。公安机关加强对辖区内重点水利工程治安保卫和反恐怖工作的检查，督促指导完善治安保卫和反恐怖制度、落实治安规范和反恐防恐措施，接到单位内部发生治安案件、涉嫌刑事犯罪案件的报警，及时出警，依法处置。

（五）加强水行政执法安全保障。水行政主管部门、流域管理机构要全面依法履职，严格执行涉水法律法规，加强自身执法能力建设，严防、严管、严查失职渎职、充当“保护伞”的行为，保障水事执法秩序。水行政主管部门、流域管理机构依法履职过程中遇到阻碍执法、暴力抗法等违法犯罪行为，及时向公安机关报警，公安机关要及时依法处置。

三、建立健全河湖安全保护协作机制

（一）建立健全联席会议机制。地方水行政主管部门或流域管理机构与公安机关要定期开展河湖安全保护工作会商，互相通报相关工作情况，研究需要解决的重难点问题。各自明确一名主管领导作为联席会议召集人，一名负责人作为联络员。联席会议原则上每半年召开一次，遇有重大事项或紧急情况可随时召开，必要时邀请其他有关部门参加。双方要通过工作简报、信息网络等形式，及时通报和交换相关信息，实现信息共享。

（二）建立健全水行政执法与刑事司法衔接机制。地方水行政主管部门、流域管理机构查处水事违法案件，对涉嫌犯罪的，应当及时将案件移送公安机关，坚决禁止有案不移、以罚代刑。案件移送时应出具书面文件，办理移交手续，依法依规提供相应的证明材料和证据，并配合开展取证、监测、鉴定等工作。公安机关办理涉嫌犯罪的水事案件，水利部门应提供必要的专业支持、技术协助和工作配合。公安机关对工作中发现的水事违法行为，应及时通报水行政主管部门、流域管理机构处理。水行政主管部门、流域管理机

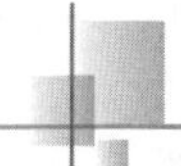

构与公安机关应将处理结果及时告知移送单位。对案情疑难复杂、社会影响大的案件，水行政主管部门、流域管理机构可以与公安机关实施联合挂牌督办。

（三）建立健全流域安全保护协同机制。流域管理机构要协调推动流域内地方水行政主管部门与公安机关建立健全流域安全保护协同机制，以流域为单元，建立健全流域上下游、左右岸、干支流、行政区域间水行政主管部门与公安机关的执法协作工作机制，统筹流域内河湖安全保护工作，明确责任主体和职责分工，形成流域统筹、区域协同、部门协作的河湖安全保护格局。要加强跨区域执法协作，依法打击危害河湖安全的跨区域违法犯罪行为。

四、强化河湖安全保护协作保障

（一）强化组织领导。地方水行政主管部门、流域管理机构和公安机关要加强组织领导，利用好河湖长制平台，建立协作长效机制，明确责任部门和责任人，将相关工作情况纳入水利和公安系统目标责任考核，推进河湖安全保护工作常态化、制度化。双方要建立执法资源共享机制，畅通信息共享和业务优化协同渠道，积极对接执法设备和数据平台，实现相关数据共享利用。

（二）强化培训交流。地方水行政主管部门、流域管理机构和公安机关要将联合培训纳入本部门年度业务培训计划，通过典型案件剖析、支部联学等多种形式，系统学习河湖安全保护和刑事办案涉及的法律法规，重点加强案件调查取证、移送办理及法律适用等内容的培训，提升河湖安全保护执法办案能力。可定期互派业务骨干挂职交流，或通过省市县多层次联合集中培训、互相派员培训等方式，强化实践锻炼和专业化建设，并根据办案需要和各方需求，适时扩大挂职交流的范围。

（三）强化要素保障。地方水行政主管部门、流域管理机构要加强河湖安全保护工作资金保障，加大对水利（河湖）公安派出所、警务室的支持力度。地方各级公安机关充实重点区域、敏感水域的执法力量，积极支持水行政主管部门、流域管理机构加强河湖保护执法，保障河湖安全保护工作机制运转有序。地方水行政主管部门和公安机关要推动基层党委和政府督促水域责任单位加强涉水警情、案情多发频发水域的防护设施建设，在水域周边设置安全隔离带、防护栏、警示牌等，布建满足安全防护需要的视频监控等信息化设备，最大限度消除监管、防护“盲区”，有效预警、防范、处置涉水案件、事故。

（四）强化基地建设。有条件的水行政主管部门、流域管理机构要推动在大中型水利工程、涉水违法犯罪高发频发地区等重点区域建设专门执法基地，会同公安机关联合开展执法培训，进一步加强行政执法与刑事司法衔接，提升执法办案效能。水行政主管部门、流域管理机构要做好基地设施设备、日常运维、人员津贴等经费保障工作。公安机关要配合做好选配执法人员及师资培训力量派驻、装备配备教学使用等工作。

（五）强化宣传引导。地方水行政主管部门、流域管理机构和公安机关要做好河湖安全保护普法和宣传工作，充分利用电视、广播、互联网等各类媒体渠道和深入基层走访座谈、张贴布告等方式，大力宣传河湖安全保护重要意义、法规政策、执法工作成效与典型案例等，通过公布举报电话、邮箱或者公众号等方式，畅通群众涉河湖违法犯罪线索举报渠道，形成强大舆论声势，营造全社会共同保护河湖安全的良好氛围。

地方水行政主管部门、流域管理机构和公安机关可依据本意见，结合实际制定具体实施意见或者协作意见。

（七）其他

自然资源部　农业农村部关于加强和改进永久基本农田保护工作的通知

自然资规〔2019〕1号

各省、自治区、直辖市及计划单列市自然资源、农业农村主管部门，新疆生产建设兵团自然资源、农业农村主管部门，中央军委后勤保障部军事设施建设局，国家林业和草原局，中国地质调查局及部其他直属单位，各派出机构，部机关各司局：

按照党中央、国务院关于全面划定永久基本农田并实行特殊保护的决策部署，自然资源部、农业农村部（以下简称“两部”）精心组织，各省（区、市）党委政府扎实推进，完成了永久基本农田划定工作，并纳入各级土地利用总体规划，实现了上图入库、落到实地，取得积极成效。当前，我国经济转向高质量发展阶段，新型工业化、城镇化建设深入推进，农业供给侧结构性改革逐步深入，对守住耕地红线和永久基本农田控制线提出了更高要求。为巩固划定成果，有效解决划定不实、非法占用等问题，完善保护措施，提高监管水平，现就有关事项通知如下：

一、总体要求

（一）指导思想。以习近平新时代中国特色社会主义思想为指导，深入贯彻党的十九大和十九届二中、三中全会精神，牢固树立新发展理念，实施乡村振兴战略，坚持最严格的耕地保护制度和最严格的节约用地制度，落实“藏粮于地、藏粮于技”战略，以确保国家粮食安全和农产品质量安全为目标，加强耕地数量、质量、生态“三位一体”保护，构建保护有力、集约高效、监管严格的永久基本农田特殊保护新格局，牢牢守住耕地保护红线。

（二）基本原则。坚持从严保护。坚守十分珍惜、合理利用土地和切实

保护耕地的基本国策，牢固树立山水林田湖草是一个生命共同体理念，强化永久基本农田特殊保护意识，将永久基本农田作为国土空间规划的核心要素，摆在突出位置，强化永久基本农田对各类建设布局的约束，严格控制非农建设占用，保护利用好永久基本农田。

坚持底线思维。坚守土地公有制性质不改变、耕地红线不突破、粮食生产能力不降低、农民利益不受损四条底线，永久基本农田一经划定，要纳入国土空间规划，任何单位和个人不得擅自占用或改变用途，充分尊重农民自主经营意愿和保护农民土地承包经营权，鼓励农民发展粮食和重要农产品生产。

坚持问题导向。凡是存在划定不实、补划不足、非法占用、查处不力等问题的，查明情况、分析原因，提出分类处置措施，落实整改、严肃问责，确保永久基本农田数量不减、质量提升、布局稳定。

坚持权责一致。充分发挥市场配置资源的决定性作用，更好发挥政府作用，完善监督考核制度，地方各级政府主要负责人要承担起耕地保护第一责任人的责任，健全管控、建设和激励多措并举的保护机制。

二、巩固永久基本农田划定成果

（三）全面开展划定成果核实工作。各省（区、市）自然资源主管部门会同农业农村主管部门要充分运用卫星遥感和信息化技术手段，以 2017 年度土地变更调查、地理国情监测、耕地质量调查监测与评价等成果为基础，结合第三次全国国土调查、自然资源督察、土地资源全天候遥感监测、永久基本农田划定成果专项检查、粮食生产功能区和重要农产品生产保护区（以下简称“两区”）划定等工作中发现的问题，组织对本省（区、市）永久基本农田划定成果进行全面核实，找准划定不实、违法占用等问题，梳理问题清单，提出分类处置意见，以县级行政区划为单元编制整改补划方案（具体要求详见附件 1）。

（四）全面清理划定不实问题。根据《土地管理法》《基本农田保护条例》等法律法规要求，对下列不符合要求的耕地或其他土地错划入永久基本农田的，按照“总体稳定、局部微调、量质并重”的原则，进行整改补划，并相应对“两区”进行调整，按法定程序修改相应的土地利用总体规划。

1. 将不符合《基本农田划定技术规程》要求的建设用地、林地、草地、园地、湿地、水域及水利设施用地等划入永久基本农田的；

2. 河道两岸堤防之间范围内不适宜稳定利用的耕地；

3. 受自然灾害严重损毁且无法复垦的耕地；

4. 因采矿造成耕作层损毁、地面塌陷无法耕种且无法复垦的耕地；

5. 依据《土壤污染防治法》列入严格管控类且无法恢复治理的耕地；

6. 公路铁路沿线、主干渠道、城市规划区周围建设绿色通道或绿化隔离的林带和公园绿化占用永久基本农田的用地；

7. 永久基本农田划定前已批准建设项目占用的土地或已办理设施农用地备案手续的土地；

8. 法律法规确定的其他禁止或不适宜划入永久基本农田保护的土地。

（五）依法处置违法违规建设占用问题。对各类未经批准或不符合规定要求的建设项目、临时用地、农村基础设施、设施农用地，以及人工湿地、景观绿化工程等占用永久基本农田的，县级以上自然资源主管部门应依法依规严肃处理，责令限期恢复原种植条件。经县级自然资源主管部门会同农业农村主管部门组织核实，市级自然资源主管部门会同农业农村主管部门论证审核确实不能恢复的，按有关要求整改补划永久基本农田和修改相应的土地利用总体规划。对违法违规占用永久基本农田建窑、建房、建坟、挖沙、采石、采矿、取土、堆放固体废弃物或者从事其他活动破坏永久基本农田，毁坏种植条件的，按《土地管理法》《基本农田保护条例》等法律法规进行查处，构成犯罪的，依法移送司法机关追究刑事责任。

（六）严格规范永久基本农田上农业生产活动。按照“尊重历史、因地制宜、农民受益、社会稳定、生态改善”的原则，在确保谷物基本自给和口粮绝对安全、确保粮食种植规模基本稳定、确保耕地耕作层不破坏的前提下，对永久基本农田上农业生产活动有序规范引导，在永久基本农田数据库、国土调查中标注实际利用情况和管理信息，强化动态监督管理。

永久基本农田不得种植杨树、桉树、构树等林木，不得种植草坪、草皮等用于绿化装饰的植物，不得种植其他破坏耕作层的植物。本通知印发前，已经种植的，由县级自然资源主管部门和农业农村主管部门根据农业生产现状和对耕作层的影响程度组织认定，能恢复粮食作物生产的，5 年内恢复；确实不能恢复的，在核实整改工作中调出永久基本农田，并按要求补划。

三、严控建设占用永久基本农田

（七）严格占用和补划审查论证。一般建设项目不得占用永久基本农田；

重大建设项目选址确实难以避让永久基本农田的，在可行性研究阶段，省级自然资源主管部门负责组织对占用的必要性、合理性和补划方案的可行性进行严格论证，报自然资源部用地预审；农用地转用和土地征收依法报批。深度贫困地区、集中连片特困地区、国家扶贫开发工作重点县省级以下基础设施、易地扶贫搬迁、民生发展等建设项目，确实难以避让永久基本农田的，可以纳入重大建设项目范围，由省级自然资源主管部门办理用地预审，并按照规定办理农用地转用和土地征收。严禁通过擅自调整县乡土地利用总体规划，规避占用永久基本农田的审批。

重大建设项目占用永久基本农田的，按照“数量不减、质量不降、布局稳定”的要求进行补划，并按照法定程序修改相应的土地利用总体规划。补划的永久基本农田必须是坡度小于25度的耕地，原则上与现有永久基本农田集中连片。占用城市周边永久基本农田的，原则上在城市周边范围内补划，经实地踏勘论证确实难以在城市周边补划的，按照空间由近及远、质量由高到低的要求进行补划。重大建设项目用地预审和审查中要严格把关，切实落实最严格的节约集约用地制度，尽量不占或少占永久基本农田；重大建设项目在用地预审时不占永久基本农田、用地审批时占用的，按有关要求报自然资源部用地预审。线性重大建设项目占用永久基本农田用地预审通过后，选址发生局部调整、占用永久基本农田规模和区位发生变化的，由省级自然资源主管部门论证审核后完善补划方案，在用地审查报批时详细说明调整和补划情况。非线性重大建设项目占用永久基本农田用地预审通过后，所占规模和区位原则上不予调整。

临时用地一般不得占用永久基本农田，建设项目施工和地质勘查需要临时用地、选址确实难以避让永久基本农田的，在不修建永久性建（构）筑物、经复垦能恢复原种植条件的前提下，土地使用者按法定程序申请临时用地并编制土地复垦方案，经县级自然资源主管部门批准可临时占用，并在市级自然资源主管部门备案，一般不超过两年，同时，通过耕地耕作层土壤剥离再利用等工程技术措施，减少对耕作层的破坏。临时用地到期后土地使用者应及时复垦恢复原种植条件，县级自然资源主管部门会同农业农村等相关主管部门开展土地复垦验收，验收合格的，继续按照永久基本农田保护和管理；验收不合格的，责令土地使用者进行整改，经整改仍不合格的，按照《土地复垦条例》规定由县级自然资源主管部门使用缴纳的土地复垦费代为组织复垦，并由县级自然资源主管部门会同农业农村等相关主管部门开展土地复垦验收。县级自然资源主管部门要切实履行职责，对在临时用地上修建永久性建（构）筑物或其他造成无法恢复原种植条件的行为依法进行处理；市级自然资源主管部门负责临时用地使用情况的监督管理，通过日常检查、年度卫片执法检查等，及时发现并纠正临时用地中存在的问题。

（八）处理好涉及永久基本农田的矿业权设置。全国矿产资源规划确定的战略性矿产，区分油气和非油气矿产、探矿和采矿阶段、露天和井下开采等情况，在保护永久基本农田的同时，做好矿产资源勘查和开发利用。非战略性矿产，申请新设矿业权，应避让永久基本农田，其中地热、矿泉水勘查开采，不造成永久基本农田损毁、塌陷破坏的，可申请新设矿业权。

矿业权申请人依法申请战略性矿产探矿权，开展地质勘查需临时用地的，应依法办理临时用地审批手续。石油、天然气、页岩气、煤层气等油气战略性矿产的地质勘查，经批准可临时占用永久基本农田布设探井。在试采和取得采矿权后转为开采井的，可直接依法办理农用地转用和土地征收审批手续，按规定补划永久基本农田。

煤炭等非油气战略性矿产，矿业权人申请采矿权涉及永久基本农田的，根据露天、井下开采方式实行差别化管理。对于露天方式开采，开采项目应符合占用永久基本农田重大建设项目用地要求；对于井下方式开采，矿产资源开发利用与生态保护修复方案应落实保护性开发措施。井下开采方式所配套建设的地面工业广场等设施，要符合占用永久基本农田重大建设项目用地要求。

已设矿业权与永久基本农田空间重叠的，各级地方自然资源主管部门要加强永久基本农田保护、土地复垦等日常监管，允许在原矿业权范围内办理延续变更等登记手续。已取得探矿权申请划定矿区范围或探矿权转采矿权的按上述煤炭等非油气战略性矿产管理规定执行。矿业权人申请扩大勘查区块范围或扩大矿区范围、申请将勘查或开采矿种由战略性矿产变更为非战略性矿产，涉及与永久基本农田空间重叠的，按新设矿业权处理。矿业权人不依法履行土地复垦义务的，不得批准新设矿业权，不得批准新的建设用地。

四、统筹生态建设和永久基本农田保护

（九）协调安排生态建设项目。党中央、国务院确定建设的重大生态建设项目，确实难以避让永久基本农田的，按有关要求调整补划永久基本农田和修改相应的土地利用总体规划。省级人民政府为落实党中央、国务院决策部署，提出具有国家重大意义的生态建设项目，经国务院同意，确实难以避让永久基本农田的，按照有关要求调整补划。其他景观公园、湖泊湿地、植树造林、建设绿色通道和城市绿化隔离带等人造工程，严禁占用永久基本农田。

（十）妥善处理好生态退耕。对位于国家级自然保护地范围内禁止人为活动区域的永久基本农田，经自然资源部和农业农村部论证确定后应逐步退出，原则上在所在县域范围内补划，确实无法补划的，在所在市域范围内补划；非禁止人为活动的保护区域，结合国土空间规划统筹调整生态保护红线和永久基本农田控制线。不得擅自将永久基本农田和已实施坡改梯耕地纳入退耕范围。对不能实现水土保持的25度以上的陡坡耕地、重要水源地15～25度的坡耕地、严重沙漠化和石漠化耕地、严重污染耕地、移民搬迁后确实无法耕种的耕地等，综合考虑粮食生产实际种植情况，经国务院同意，结合生态退耕有序退出永久基本农田。根据生态退耕检查验收和土地变更调查结果，以实际退耕面积核减有关省份的耕地保有量和永久基本农田保护面积，在国土空间规划编制时予以调整。

五、加强永久基本农田建设

（十一）开展永久基本农田质量建设。根据全国土地利用总体规划纲要、全国高标准农田建设规划和全国土地整治规划安排，优先在永久基本农田上开展高标准农田建设，提高永久基本农田质量。开展农村土地综合整治涉及永久基本农田调整的，在确保耕地数量有增加、质量有提升、生态有改善的前提下，制定所在项目区范围内永久基本农田调整方案，由省级自然资源主管部门会同农业农村主管部门负责审核，按法定程序修改相应的土地利用总体规划，“两部”负责事中事后监管。项目完成并通过验收后，更新完善永久基本农田数据库。

（十二）建立健全耕地质量调查监测与评价制度。定期对全国耕地和永久基本农田质量水平进行全面评价并发布评价结果。完善耕地和永久基本农田质量监测网络，开展耕地质量年度调查监测成果更新。加强耕地质量保护与提升，采取工程、化学、生物、农艺等措施，开展农田整治、土壤培肥改良、退化耕地综合治理、污染耕地阻控修复等，有效提高耕地特别是永久基本农田综合生产能力。

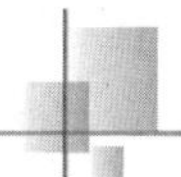

（十三）建立永久基本农田储备区。为提高重大建设项目用地审查报批效率，做到保质保量补划落地，在永久基本农田之外其他质量较好的耕地中，划定永久基本农田储备区。省级自然资源主管部门会同农业农村主管部门根据未来一定时期内重大建设项目占用、生态建设等补划永久基本农田需要，确定市县永久基本农田储备区划定目标任务，负责组织验收永久基本农田储备区划定方案和成果数据库（具体要求详见附件 2）并汇交到“两部”。重大建设项目占用或整改补划永久基本农田的，直接在储备区中补划。储备区内耕地补划前按一般耕地管理和使用，并根据补划和土地综合整治、农田整治、高标准农田建设和土地复垦等新增加耕地等情况，结合年度土地变更调查对永久基本农田储备区进行补充更新。

六、健全永久基本农田保护监管机制

（十四）构建动态监管体系。修订《基本农田划定技术规程》，统一永久基本农田划定、建设、补划、管理和数据库建设标准。完善动态监测监管系统，统一国土空间基础信息平台，建立数据库更新和共享机制。省级自然资源主管部门和农业农村主管部门分别负责组织将本地区永久基本农田保护和“两区”信息变化情况，通过监测监管系统汇交到自然资源部和农业农村部，实时更新和共享永久基本农田占用、补划信息及永久基本农田储备区信息。结合自然资源调查、年度变更调查、耕地质量调查监测与评价、自然资源督察等，对永久基本农田数量、质量变化情况进行全程跟踪，实现动态管理。

（十五）严格监督检查。县级以上自然资源主管部门要强化日常监管，及时发现、制止和严肃查处违法违规占用耕地特别是永久基本农田的行为。经查实属于主观故意、谋利为主、非程序性、非政策性等严重违法行为的，依照法律法规严肃查处并适时公开曝光。各派驻地方的国家自然资源督察局要加强监督检查，对督察发现的违法侵占永久基本农田问题，及时向地方政府提出整改意见并督促整改，整改不力的，按规定移送有权机关追责问责。

（十六）强化考核机制。按照《省级政府耕地保护责任目标考核办法》要求，将永久基本农田保护情况列入省级政府耕地保护责任目标考核、粮食安全省长责任制考核、领导干部自然资源资产离任审计的重要内容，与安排年度土地利用计划、高标准农田建设资金和耕地质量提升资金等相挂钩。对检查考核中发现突出问题的省份，及时公开通报，限期进行整改。

（十七）完善激励补偿机制。省级自然资源主管部门和农业农村主管部门要会同相关部门，认真总结地方经验，按照“谁保护、谁受益”的原则，探索实行耕地保护激励性补偿和跨区域资源性补偿。鼓励有条件的地区建立耕地保护基金，与整合有关涉农补贴政策、完善粮食主产区利益补偿机制相衔接，与生态补偿机制相联动，依据永久基本农田保护任务和“两区”划定与建设任务落实情况、实际粮食生产情况，对农村集体经济组织和农户给予奖补。

七、保障措施

（十八）落实工作责任。各省（区、市）自然资源主管部门和农业农村主管部门要根据通知要求，结合地方实际情况，研究制定加强和改进永久基本农田保护的具体操作办法，明确措施、落实责任；以县级行政区划为单元，组织开展好已划定成果核实整改、严格规范永久基本农田上农业生产活动和建立永久基本农田储备区等各项工作。

县级自然资源主管部门会同农业农村主管部门负责根据永久基本农田现状核实情况，按照问题清单，提出分类处置建议，编制整改补划方案和永久基本农田储备区划定方案，并同步开展永久基本农田数据库更新完善和土地利用总体规划修改报批工作；市级自然资源主管部门会同农业农村主管部门负责对县级提交的工作成果进行论证审核，省级自然资源主管部门会同农业农村主管部门负责验收，并以县级行政区划为单元汇交“两部”。2019 年 12 月 31 日前，与第三次全国国土调查工作同步完成全国永久基本农田储备区建设和核实整改工作。

（十九）严肃工作纪律。各级地方自然资源主管部门和农业农村主管部门要站在讲政治、顾大局的高度，履职尽责、求真务实、敢于碰硬，已经划定的永久基本农田不得随意调整，确保永久基本农田成果的稳定性与信息的真实性。各派驻地方的国家自然资源督察局对加强和改进永久基本农田保护工作跟踪监督，对督察发现的主观故意或明知问题不报告、不查处的，对不按政策要求核实整改补划的，对弄虚作假、敷衍了事的，要督促有关地方人民政府全面整改、严肃问责。自然资源部会同农业农村部将按一定比例以随机抽查方式进行实地核查，发现问题的，督促地方举一反三落实整改。

（二十）营造良好氛围。各地要结合整改补划工作，补充更新永久基本农田保护标志牌和界桩、保护档案等，规范标识内容，保障群众知情权，接受社会监督；要充分依靠中央和地方主流媒体，用好部门媒体，通过多种形

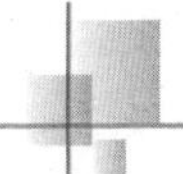

式及时做好永久基本农田划定和特殊保护政策解读与宣传工作；要及时回应社会关切，凝聚起全社会保护耕地共识，营造良好的舆论氛围。

本通知自印发之日起施行，有效期5年。原国土资源部印发的《关于全面实行永久基本农田特殊保护的通知》中有关开展永久基本农田整备区建设、临时用地占用永久基本农田等政策按本通知要求执行。

附件：1. 永久基本农田整改补划方案编制要点（略）

2. 永久基本农田储备区划定工作要求（略）

自然资源部　农业农村部

2019年1月3日

水利部办公厅关于实施乡村振兴战略加强农村河湖管理的通知

办河湖〔2018〕274 号

各省、自治区、直辖市河长制办公室、水利（水务）厅（局），新疆生产建设兵团水利局，各流域管理机构：

加强农村河湖管理是实施乡村振兴战略的重要任务。自全面推行河长制湖长制特别是开展全国河湖“清四乱”专项行动以来，各地狠抓落实，不断加大治理保护力度，农村河湖面貌有了明显改善，但“脏乱差”现象在一些地方仍然较为普遍，管护主体不落实、机制不完善等问题依然突出，农村河湖管理任务艰巨。为深入贯彻实施乡村振兴战略，全面加强农村河湖管理，现就有关事项通知如下。

一、总体要求

（一）指导思想。以习近平新时代中国特色社会主义思想为指导，深入贯彻党的十九大精神和《乡村振兴战略规划（2018—2022 年）》，紧紧围绕实施乡村振兴战略农业农村现代化的总目标，按照“产业兴旺、生态宜居、乡风文明、治理有效、生活富裕”的总要求，牢固树立绿水青山就是金山银山的理念，坚持“节水优先、空间均衡、系统治理、两手发力”的治水方针，落实调整人的行为、纠正人的错误行为的治水思路，通过水利工程补短板、水利行业强监管，着力解决农村河湖管理中存在的突出问题，构建与乡村振兴战略相适应的农村河湖管理保护长效机制和政策保障，打造干净整洁、生态宜居、管理有序的农村河湖，不断提升农民的获得感、幸福感、安全感。

（二）实施范围。农村地区全部中小河湖，包括流域面积 200 平方公里以下河流、水面面积 1 平方公里以下湖泊，以及各地纳入河长制湖长制管理的农村沟渠、山塘等。

（三）工作目标。通过实施河湖“清四乱”专项行动，全面摸清农村河湖乱占、乱采、乱堆、乱建等突出问题，以问题为导向，“清”“管”并举，

标本兼治，全面加强农村河湖管理。2019年年底前，农村河湖“脏乱差”面貌明显改善；2022年年底前，农村河湖管理长效机制和政策保障体系基本建立。在此基础上，持续发力、久久为功，采用现代化的管理理念和管理手段，推进农村河湖系统治理，推进农村河湖面貌持续好转，为建设生态宜居的美丽乡村、实现农业农村现代化的总目标创造条件。

二、重点任务

（一）完善农村河长湖长体系。各地要在全面建立省、市、县、乡四级河长湖长体系的基础上，进一步将河长湖长体系延伸到村，设立村级河长湖长，作为农村河湖管护的直接责任人，承担巡河护河职责，解决农村河湖管理主体“缺位”问题，构建责任明确、协调有序、监管严格、保护有力的农村河湖管理保护机制。

（二）以保洁清洁为重点加快推进农村河湖“清四乱”。根据全国河湖“清四乱”专项行动要求，结合农村人居环境整治三年行动工作安排，摸排查清农村河湖“四乱”问题，建立问题台账，发现一处、清理一处、销号一处。对河岸垃圾清理、水面保洁、河道清障等能够立竿见影的工作，集中力量打好歼灭战。对于水资源保护、水污染治理、水生态修复等长期工作，要明确治理措施和责任部门，列出时间表，持续打好攻坚战。

（三）科学编制农村河湖“一河一档”“一河一策”。全面摸清农村河湖家底，完善河湖基础信息和管理信息，建立“一河一档”。针对农村河湖管理中的突出问题，结合各村实际和河湖管理需要，考虑季节性河流、长流水河流特点，科学编制“一河一策”，提出问题、目标、措施、任务和责任等五个清单，列出时间表、路线图，1～2年为周期滚动编制。

（四）全面划定农村河湖管理范围。区分乡镇和村庄、无人区等不同情况，依法依规、科学合理划定农村河湖管理范围，按照全国河湖管理范围划定工作总体安排，全面完成划定任务并由县级以上地方人民政府向社会公告。

（五）落实农村河湖巡河护河人员。以村为单元明确巡河员、保洁员，负责河湖日常巡查、水面和堤岸保洁等工作，及时将发现的河湖管理问题提交村级、乡级河长或县级河长办处置。结合脱贫攻坚工作，积极吸纳农村贫困劳动力、富余劳动力作为巡河员、保洁员。

三、保障措施

（一）加强组织领导。各级河长办和水行政主管部门要进一步提高思想认识，把加强农村河湖管理作为推进河长制湖长制从“有名”到“有实”转变的重要任务，纳入重要议事日程，按照省级负责，市、县分级具体落实的要求，全力推进农村河湖面貌显著改善。要主动提请相关河长湖长巡河履职，积极协调地方人民政府及有关部门落实农村河湖管理责任主体和经费保障。县级水行政主管部门要在当地人民政府以及河长、湖长领导下，牵头组织制定可操作性强的工作方案，细化农村河湖管理目标任务、责任分工和进度要求，加强组织协同和监督实施。

（二）强化暗访和考核问责。各地要建立常态化暗访机制，及时掌握农村河湖管理情况、河长湖长和水行政主管部门履职情况。要在河长制考核中加强对农村河湖管理工作的考核，强化考核结果运用。要依法对违法违规单位和个人进行行政处罚，构成犯罪的要移交有关部门依法追究刑事责任。对有关河长、责任单位和责任人严格问责，做到真追责、敢追责、严追责。水利部将组织暗访了解各地工作情况，对发现的突出问题，采取一省一单、约谈、通报、挂牌督办、媒体曝光等方式，督促问题整改到位。

（三）建立农村河湖管护长效机制。各地要在“清四乱”专项行动基础上，建立健全农村河湖管理维护、清洁保洁、巡河护河等制度，明确管理主体、人员，落实经费来源，完善农村河湖水行政执法机制，确保农村河湖有人管、管得住、管得好。

（四）加强农村河湖管理信息化建设。要充分利用全国河长制信息系统、全国水利普查成果等，建立城乡融合、一体化的农村河湖管理信息系统，实现“一张图”管理，做到农村河湖突出问题能上图，重点河段、敏感水域能监控。

（五）加强培训和宣传引导。要加大对基层河长湖长、县乡级单位河湖管理人员、巡河员、护河员的培训力度，提高河湖管理业务技能。通过群众喜闻乐见的方式加强农村河湖管理新闻宣传和舆论引导，健全公众举报制度，搭建农村河湖管理公众参与平台。

水利部办公厅
2018 年 12 月 19 日

农业部关于印发《养殖水域滩涂规划编制工作规范》和《养殖水域滩涂规划编制大纲》的通知

农渔发〔2016〕39号

各省、自治区、直辖市及计划单列市渔业主管厅（局），新疆生产建设兵团水产局：

为贯彻落实《中共中央国务院关于加快推进生态文明建设的意见》（中发〔2015〕12号）、《国务院关于促进海洋渔业持续健康发展的若干意见》（国发〔2013〕11号）和《国务院关于印发水污染防治行动计划的通知》（国发〔2015〕17号）的有关要求，促进水产养殖业健康持续发展，加快推进水产养殖业转方式调结构，根据《中华人民共和国渔业法》等法律法规的规定，在广泛征求意见的基础上，我部对现行《养殖水域滩涂规划编制工作规范》和《养殖水域滩涂规划编制大纲》进行了修订。现将修订后的《养殖水域滩涂规划编制工作规范》和《养殖水域滩涂规划编制大纲》印发给你们，请遵照执行。

养殖水域滩涂规划是渔业管理的基本制度，是水产养殖业发展的布局依据，是推进产业转型升级的重要抓手。各级渔业主管部门要高度重视，充分认识养殖水域滩涂规划编制工作的重要性，增强工作责任感和紧迫感，切实把规划编制工作作为当前和今后一个时期一项重点任务抓紧抓好。要科学规划，合理布局水产养殖生产，按照要求划定禁止养殖区、限制养殖区和养殖区，保护水域滩涂生态环境，设定发展底线，稳定基本养殖面积，保障渔民合法权益。要加快进度，尚未发布养殖水域滩涂规划的要尽快编制发布，已发布的要按照本通知要求抓紧修订完善，确保在2018年底前全面完成规划编制工作。《农业部关于印发〈完善水域滩涂养殖证制度试行方案〉的通知》（农渔发〔2002〕5号）附件1、2同时废止。

农业部

2016年12月22日

养殖水域滩涂规划编制工作规范

为贯彻落实《中共中央　国务院关于加快推进生态文明建设的意见》（中发〔2015〕12号）、《国务院关于促进海洋渔业持续健康发展的若干意见》（国发〔2013〕11号）和《国务院关于印发水污染防治行动计划的通知》（国发〔2015〕17号）的有关要求，加快推进水产养殖业转方式调结构，进一步完善养殖水域滩涂规划（以下简称“规划”）制度，科学划定禁止养殖区、限制养殖区和养殖区，制定本规范。

一、指导思想

全面贯彻落实党的十八大、十八届三中、四中、五中、六中全会精神和习近平总书记系列重要讲话精神，以“创新、协调、绿色、开放、共享”五大发展理念为引领，结合本地经济发展和生态保护需要，在科学评价水域滩涂资源禀赋和环境承载力的基础上，科学划定各类养殖功能区，合理布局水产养殖生产，稳定基本养殖水域，保障渔民合法权益，保护水域生态环境，确保有效供给安全、环境生态安全和产品质量安全，实现提质增效、减量增收、绿色发展、富裕渔民的发展总目标。

二、基本原则

规划编制工作遵循以下原则：

——坚持科学规划、因地制宜的原则。各地渔业行政主管部门应根据本地水域滩涂承载力评价结果和水产养殖产业发展需求，形成本区域养殖水域滩涂开发利用和保护的总体思路，根据规划编制工作规范和大纲的具体要求，合理布局水产养殖生产，制定本区域养殖水域滩涂使用管理的具体措施，科学编制规划。

——坚持生态优先、底线约束的原则。要坚持走生产发展、生活富裕、生态良好的文明发展道路，科学开展水域滩涂利用评价，保护水域滩涂生态环境，明确区域经济发展方向，合理安排产业发展空间。要将饮用水水源地、自然保护区等重要生态保护或公共安全“红线”和“黄线”区域作为禁止或限制养殖区，设定发展底线。

——坚持合理布局、转调结合的原则。要稳定海水池塘和工厂化养殖，调减过密近海网箱养殖，发展外海深水网箱养殖；稳定淡水池塘养殖，调减

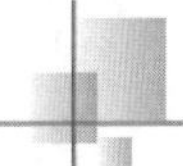

湖泊水库网箱围栏养殖，发展生态养殖，支持设施养殖向工厂化循环水方向发展，发展稻田综合种养和低洼盐碱地养殖，实现养殖水域滩涂的整体规划、合理储备、有序利用、协调发展。

——坚持总体协调、横向衔接的原则。要将规划放在区域整体空间布局的框架下考虑，规划编制要与本行政区域的《土地利用总体规划》和《海洋功能区划》相协调，同时注意与本地区城市、交通、港口、旅游、环保等其他相关专项规划相衔接，避免交叉和矛盾，促进区域经济协调发展。

三、编制要求

（一）规划范围

规划中的养殖水域滩涂是指中华人民共和国管辖水域滩涂内，已经进行水产养殖开发利用和目前尚未开发但适于水产养殖开发利用的所有（全民、集体）水域和滩涂。已经进行水产养殖开发的水域滩涂面积超过 1 万亩或养殖年产量超过 3000 吨的县（市、区），独立编制本行政区域规划，已经进行水产养殖开发的水域滩涂面积不足 1 万亩或养殖年产量低于 3000 吨的县（市、区），可独立编制规划或由上一级渔业行政主管部门牵头统一编制规划。

（二）规划依据

《渔业法》《环境保护法》《水污染防治法》《海洋环境保护法》等法律法规，《中共中央国务院关于加快推进生态文明建设的意见》（中发〔2015〕12 号）、《国务院关于促进海洋渔业持续健康发展的若干意见》（国发〔2013〕11 号）、《国务院关于印发水污染防治行动计划的通知》（国发〔2015〕17 号）、《农业部关于加快推进渔业转方式调结构的指导意见》（农渔发〔2016〕1 号）等文件。

（三）规划期限

规划期至 2030 年。

（四）基本功能区划

养殖水域滩涂功能区分为禁止养殖区、限制养殖区和养殖区（见附表）。

1. 禁止养殖区

（1）禁止在饮用水水源地一级保护区、自然保护区核心区和缓冲区、国家级水产种质资源保护区核心区和未批准利用的无居民海岛等重点生态功能区开展水产养殖。

（2）禁止在港口、航道、行洪区、河道堤防安全保护区等公共设施安全区域开展水产养殖。

（3）禁止在有毒有害物质超过规定标准的水体开展水产养殖。

（4）法律法规规定的其他禁止从事水产养殖的区域。

2. 限制养殖区

（1）限制在饮用水水源二级保护区、自然保护区实验区和外围保护地带、国家级水产种质资源保护区实验区、风景名胜区、依法确定为开展旅游活动的可利用无居民海岛及其周边海域等生态功能区开展水产养殖，在以上区域内进行水产养殖的应采取污染防治措施，污染物排放不得超过国家和地方规定的污染物排放标准。

（2）限制在重点湖泊水库及近岸海域等公共自然水域开展网箱围栏养殖。重点湖泊水库饲养滤食性鱼类的网箱围栏总面积不超过水域面积的1%，饲养吃食性鱼类的网箱围栏总面积不超过水域面积的0.25%；重点近岸海域浮动式网箱面积不超过海区宜养面积10%。各地应根据养殖水域滩涂生态保护实际需要确定重点湖泊水库及近岸海域，确定不高于农业部标准的本地区可养比例。

（3）法律法规规定的其他限制养殖区。

3. 养殖区

（1）海水养殖区，包括海上养殖区、滩涂及陆地养殖区。海上养殖包括近岸网箱养殖、深水网箱养殖、吊笼（筏式）养殖和底播养殖等，滩涂及陆地养殖包括池塘养殖、工厂化等设施养殖和潮间带养殖等。

（2）淡水养殖区，包括池塘养殖区、湖泊养殖区、水库养殖区和其他养殖区。池塘养殖包括普通池塘养殖和工厂化设施养殖等，湖泊水库养殖包括网箱养殖、围栏养殖和大水面生态养殖等，其他养殖包括稻田综合种养和低洼盐碱地养殖等。

（五）规划成果

规划的主要成果包括规划文本、图件和编制说明等，其中规划文本和图件为报批材料，编制说明为报批材料附件。规划文本应按照规划编制大纲的要求编写，规划图件包括养殖水域滩涂总体现状图、养殖功能区规划图等，图件应标明各水域滩涂的四至范围、区域功能等。图件比例尺和幅面：一般为1∶50000，或根据行政辖区实际情况适当调整图件比例尺，幅面一般为

A3，坐标系与投影等参照本辖区土地利用总体规划或海洋功能区划。

四、编制机关及批准机关

各级养殖水域滩涂规划由所在地的县级以上地方人民政府渔业行政主管部门负责编制，报本级人民政府批准后发布实施。省级渔业行政主管部门应加强对规划编制工作的指导和监督检查，制定本省规划编制工作办法或方案，并负责在县市规划的基础上编制本省养殖水域滩涂规划。国务院渔业行政主管部门定期对各地规划编制完成情况进行督导，并负责在各省规划的基础上完成全国养殖水域滩涂规划。

为避免毗邻行政区域间的养殖水域滩涂在进行规划时出现重叠现象和今后管理矛盾的发生，毗邻行政区域的同级渔业行政主管部门在规划上报本级人民政府批准前，应报上一级人民政府渔业行政主管部门审核。规划由本级人民政府批准后，报上一级人民政府渔业行政主管部门备案。

跨界和争议水域的规划，由毗邻县级以上地方人民政府渔业行政主管部门协商编制，分别报本级人民政府批准，并报上一级人民政府渔业行政主管部门备案。协商不成的，由上一级人民政府渔业行政主管部门协调处理。

五、编制程序

（一）编制准备

组织成立各级规划编制工作领导小组、技术指导组和编制组。领导小组由本级渔业行政主管部门领导任组长，有关部门的领导参加，主要职责是统一部署编制工作，提出编制基本要求，审定工作方案；协调解决编制过程中的矛盾和问题，审定规划成果；协助上报本级人民政府批准。技术指导组由领导小组单位推荐的专家组成，主要职责是论证实施方案和技术规范，协助资料收集和分析工作，对编制工作中的矛盾和重大问题提出解决建议，评审专题研究成果和工作成果。编写组由渔业部门工作人员和有关方面的专家组成，具体承担规划编制任务。编写组拟定规划编写工作方案和实施方案，工作方案经领导小组审定，实施方案经技术指导组论证后，由编制组遵照执行。

（二）编制起草

编写组收集分析有关资料，并开展必要的实地调研、勘查测量和专题研究。专题研究成果经技术指导组论证后，由编制组汇总完善，并按照编制大纲的内容和要求编制规划，形成规划征求意见稿。编制工作中的重大问题，由领导小组组织召开技术指导组会议论证，并由领导小组审定。

（三）协调论证

规划征求意见稿在征求有关部门和当地人民政府意见后，由编制组继续修改完善，形成规划评审稿。成立由各有关部门和研究单位的专家组成的规划评审专家组，按照有关评审方法、程序进行评审，并提出评审意见。编制组根据评审意见修改完善并经领导小组审定后，形成规划送审稿。

（四）上报批准

规划送审稿由各级渔业行政主管部门上报本级人民政府批准，由本级人民政府颁布施行。经批准的规划应向社会公开，并报上一级渔业行政主管部门备案。

六、规划修订

规划批准后，未经规定程序任何单位和个人不得随意更改，本级渔业行政主管部门应定期对规划实施情况开展评估，因生态安全、经国务院批准的区域规划或产业规划确定的重大项目建设等原因，养殖水域滩涂环境发生重大改变确需修改的，由本级渔业行政主管部门提出修改建议。一般性修改是指在局部地区进行的不涉及一级养殖水域滩涂类型调整的，可由本级渔业行政主管部门提出修改方案，报同级人民政府批准后修改实施。重大修改是指涉及一级养殖水域滩涂类型调整的，应报上一级渔业行政主管部门审核同意，由本级渔业行政主管部门组织论证，报本级人民政府批准后修改实施。

七、规划实施管理

（一）使用用途管制

规划是养殖水域滩涂使用管理的基本依据，养殖水域滩涂使用管理要严格依据规划开展，严格限制擅自改变养殖水域滩涂使用用途的行为。在规划范围外，不得新建及改扩建养殖项目。其他生态保护或工程建设项目等占用规划内养殖水域滩涂的，必须征求渔业行政主管部门意见，按照有关要求对规划进行修订后实施，造成养殖生产者经济损失的应依法给予补偿。

（二）禁止和限制养殖区管理

禁止养殖区内的水产养殖，由本级人民政府及相关部门负责限期搬迁或关停。限制养殖区内的水产养殖，污染物排放超过国家和地方规定的污染物排放标准的，限期整改，整改后仍不达标的，由本级人民政府及相关部门负责限期搬迁或关停。禁止和限制养殖区内重点生态功能区和公共设施安全区

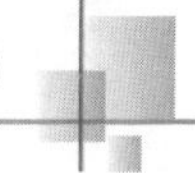

域划定前已有的水产养殖，搬迁或关停造成养殖生产者经济损失的应依法给予补偿，并妥善安置养殖渔民生产生活。

（三）养殖区管理

养殖区内符合规划的养殖项目，应当科学确定养殖密度，合理投饵、使用药物，防止造成水域的环境污染，养殖生产应符合《水产养殖质量安全管理规定》的有关要求。完善全民所有养殖水域、滩涂使用审批，健全使用权的招、拍、挂等交易制度，推进集体所有养殖水域、滩涂承包经营权的确权工作，规范水域滩涂养殖发证登记工作。加强渔政执法，查处无证养殖，对非法侵占养殖水域滩涂行为进行处理，规范养殖水域滩涂开发利用秩序，强化社会监督。

养殖水域滩涂规划编制大纲

第一章　总　　则

第一节　前言：面临形势、编制背景、目的意义。

第二节　编制依据：规划编制依据的法律、法规、规章、规范性文件等。

第三节　目标任务：规划期限、规划目标、重点任务。

第四节　基本原则：规划编制遵循的主要原则。

第五节　规划范围：本地区养殖水域滩涂规划范围。

第二章　养殖水域滩涂利用评价

第六节　水域滩涂承载力分析

第一条　水域滩涂资源状况：包括地理位置、地质地貌、类型范围、面积数量等。

第二条　自然气候条件：包括水文（水温、径流、地下水或潮汐、海流等)、水质（盐度、pH、溶解氧、无机盐等)、气候（气温、降水、蒸发量等)、自然灾害（台风、地震、冰冻、赤潮等）等。

第三条　水生生物资源状况：包括初级生产力、浮游生物、底栖生物、潮间带生物、游泳生物等。

第四条　水域环境状况：包括水域环境监测结果、主要污染物种类、数量、来源、污染原因等。

第五条 水域滩涂承载力评价：根据水域滩涂资源、水文气候条件、水生生物资源、水域环境状况，进行水域滩涂承载力分析，形成评价结论。

第七节 水产养殖产业发展分析

第一条 水产养殖发展现状：包括现有养殖区域、养殖方式、养殖品种、养殖产量、产值效益、水域滩涂开发利用比例等。

第二条 区域经济发展方向：包括区位条件、经济总量、产业结构、调整方向等。

第三条 水产养殖前景预测：包括市场发展潜力、发展趋势、养殖水域滩涂需求等，形成水产养殖产业发展预测结论。

第八节 养殖水域滩涂开发总体思路：根据水域滩涂承载力评价和水产养殖产业发展预测结论，形成养殖水域滩涂开发总体思路。

第三章 养殖水域滩涂功能区划

第九节 功能区划概述：包括禁止养殖区、限制养殖区、养殖区划分方法，养殖水域滩涂开发和保护重点等。

第十节 禁止养殖区：包括禁止养殖区类型、面积、位置、管理措施等。

第十一节 限制养殖区：包括限制养殖区类型、面积、位置、管理措施等。明确二、三级功能区的，分类列举。

第十二节 养殖区：包括养殖区类型、面积、位置、管理措施等。明确二、三级功能区的，分类列举。

第四章 保 障 措 施

第十三节 加强组织领导：包括明确渔业部门管理职责、建立与其他部门的合作联动机制、建立政府统一协调机制、规范规划修订等。

第十四节 强化监督检查：包括加强用途管制、完善养殖水域滩涂使用审批、加强水产养殖生产执法等。

第十五节 完善生态保护：包括加强养殖污染防控、开展养殖排放监测、示范减排技术等。

第十六节 其他保障措施：包括舆论宣传、生产者教育等。

第五章 附 则

第十七节 关于规划效力：养殖水域滩涂规划一经批准，即具有法律效

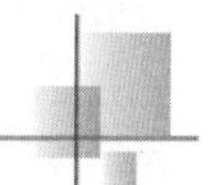

力，必须严格执行。

第十八节 关于规划图件：规划图为规划文本附件，具有与文本同等的法律效力。

附表：养殖水域滩涂功能区划表（略）

关于印发《遥感影像公开使用管理规定（试行）》的通知

国测成发〔2011〕9号

各省、自治区、直辖市、计划单列市测绘地理信息行政主管部门，新疆生产建设兵团测绘地理信息主管部门，局所属各单位：

为加强遥感影像公开使用的管理，维护国家安全和利益，促进遥感影像资源有序开发利用，根据《测绘法》《测绘成果管理条例》和其他有关法律法规规定，我局组织制定了《遥感影像公开使用管理规定（试行）》，现予以印发。

国家测绘地理信息局

二〇一一年十一月二十九日

遥感影像公开使用管理规定（试行）

第一条 为维护国家安全和利益，加强对遥感影像公开使用的管理，促进遥感影像资源有序开发利用，根据测绘法、测绘成果管理条例、地图审核管理规定和其他有关法律法规，制定本规定。

第二条 本规定所称遥感影像包括卫星遥感影像和航空遥感影像，以及采用测绘遥感技术方法加工处理形成的遥感影像图。

第三条 以公开出版、登载、展示和引进、销售、传播等方式公开使用遥感影像时，须遵守本规定。

第四条 公开使用的遥感影像空间位置精度不得高于50米；影像地面分辨率（以下简称分辨率）不得优于0.5米；不标注涉密信息、不处理建筑物、构筑物等固定设施。

第五条 在公开使用的遥感影像上标注地名、地址或者其他属性信息，应当符合下列要求：

（一）符合《基础地理信息公开表示内容的规定（试行）》；

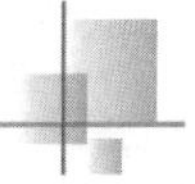

（二）符合《公开地图内容表示若干规定》；

（三）符合《公开地图内容表示补充规定（试行）》；

（四）符合国家其他法规制度要求，不得标注、显示禁止公开的信息。

第六条 属于国家秘密且确需公开使用的遥感影像，公开使用前应当依法送省级以上测绘地理信息行政主管部门会同有关部门组织审查并进行保密技术处理。分辨率优于0.5米的遥感影像，公开使用前应当报送国家测绘地理信息局组织审查并进行保密技术处理。

第七条 向社会公开出版、传播、登载和展示遥感影像的，还应当报送省级以上测绘地理信息行政主管部门进行地图审核，并取得审图号。

第八条 从事遥感影像采集、加工处理、地名地物属性标注等活动，应当按规定取得相应的测绘资质。

第九条 国家测绘地理信息局负责监督管理全国遥感影像公开使用工作，县级以上测绘地理信息行政主管部门负责监督管理辖区内遥感影像公开使用工作。

从事提供或销售分辨率高于10米的卫星遥感影像活动的机构，应当建立客户登记制度，包括客户名称与性质、提供的影像覆盖范围和分辨率、用途、联系方式等内容。每半年一次向所在地省级以上测绘地理信息行政主管部门报送备案。

第十条 为应对重大突发事件应急抢险救灾急需，各级人民政府及其有关部门和军队，可以无偿使用遥感影像，各遥感影像保管单位、销售与提供机构应当无偿提供相关数据和资料。

第十一条 本规定由国家测绘地理信息局负责解释。

第十二条 本规定自发布之日起施行。与本规定不一致的，以本规定为准。